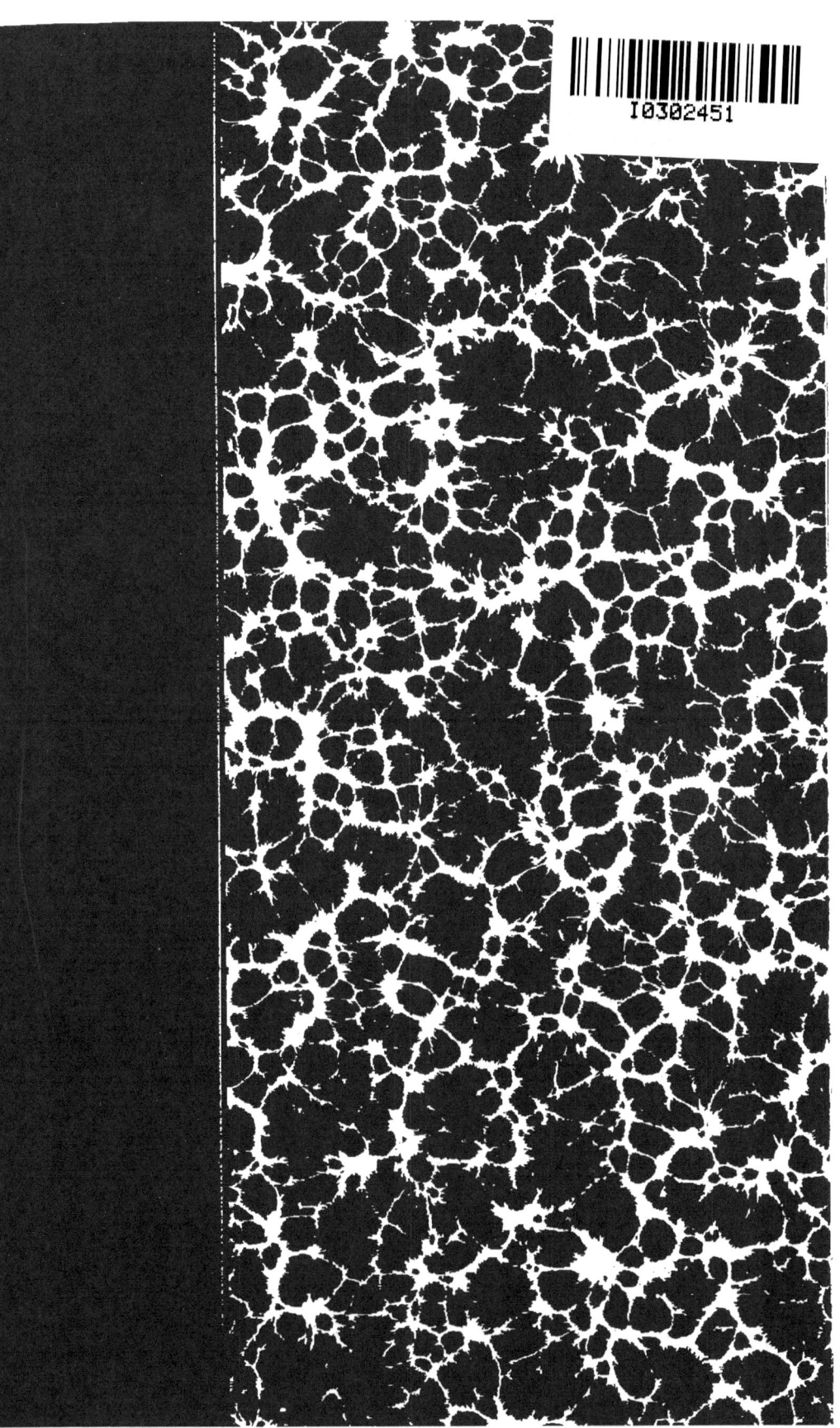

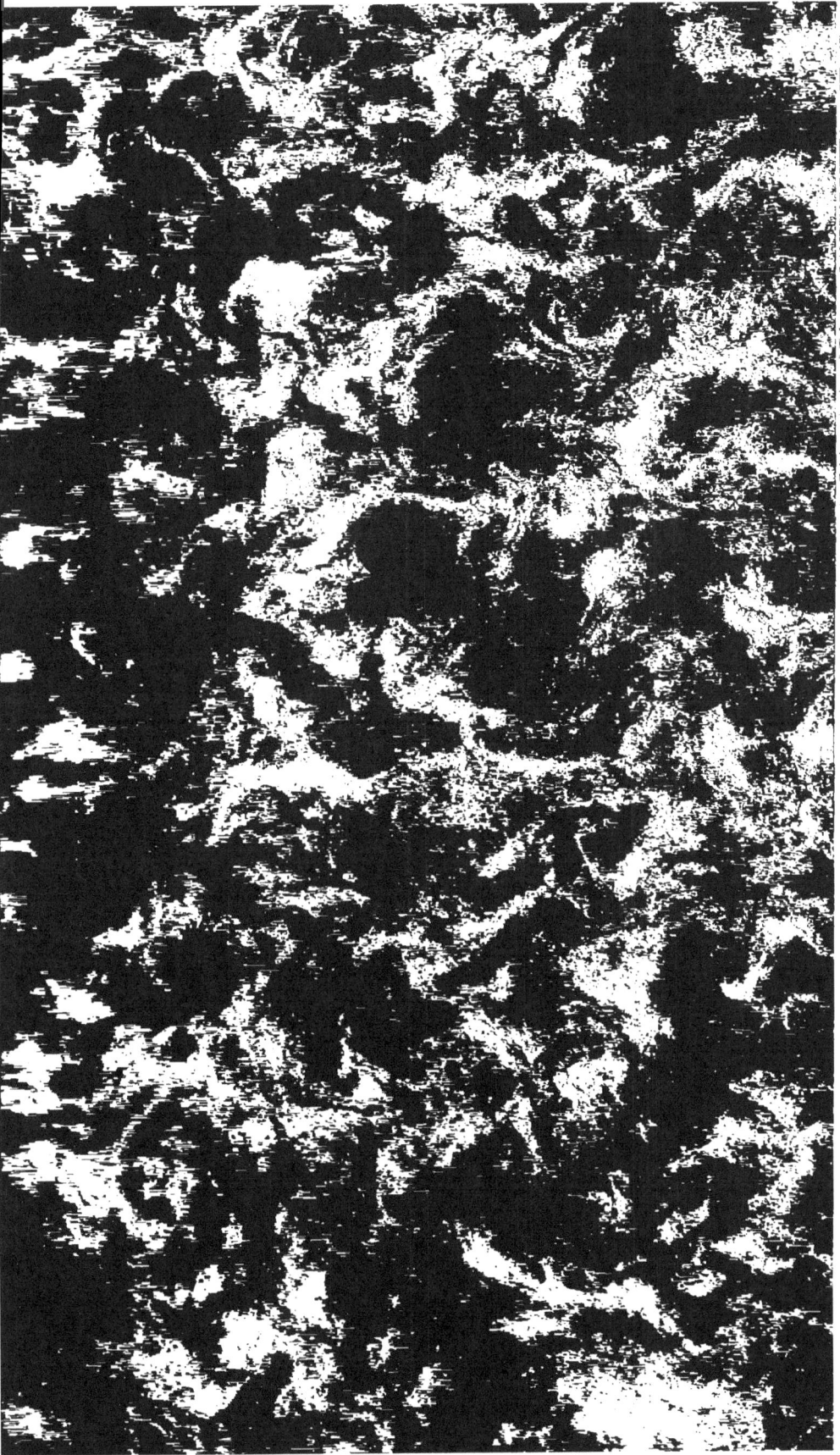

PIERRE LEHAUTCOURT

HISTOIRE

DE LA

GUERRE DE 1870-1871

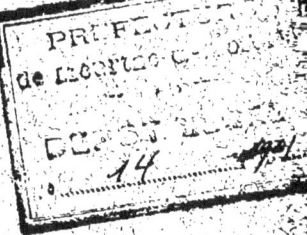

TOME Ier

LES ORIGINES

BERGER-LEVRAULT & Cie, ÉDITEURS

PARIS | NANCY
5, RUE DES BEAUX-ARTS | 18, RUE DES GLACIS

1901

BERGER-LEVRAULT ET C¹ᵉ, ÉDITEURS
PARIS, 5, RUE DES BEAUX-ARTS. — 18, RUE DES GLACIS, NANCY

ARDOUIN-DUMAZET

VOYAGE EN FRANCE

COURONNÉ PAR L'ACADÉMIE FRANÇAISE
LA SOCIÉTÉ DES GENS DE LETTRES, LA SOCIÉTÉ DE GÉOGRAPHIE DE PARIS
ET LA SOCIÉTÉ DE GÉOGRAPHIE COMMERCIALE

VOLUMES PARUS

1. *Le Morvan, le Val de Loire et le Perche.* — 2ᵉ édition, avec 19 cartes.
2. *Anjou, Bas-Maine, Nantes, Basse-Loire, Alpes mancelles, Suisse normande.*
3. *Les Iles de l'Atlantique* : I. D'Arcachon à Belle-Isle. — Avec 19 cartes.
4. *Les Iles de l'Atlantique* : II. D'Hoëdic à Ouessant. — Avec 25 cartes.
5. *Les Iles françaises de la Manche et Bretagne péninsulaire.* — Avec 26 cartes.
6. *Cotentin, Basse-Normandie, Pays d'Auge, Haute-Normandie, Pays de Caux.* — Avec 29 cartes ou croquis.
7. *La Région lyonnaise* : Lyon, Monts du Lyonnais et du Forez. — Avec 19 cartes.
8. *Le Rhône du Léman à la mer* : Dombes, Valromey et Bugey, Bas-Dauphiné, Savoie rhodanienne, La Camargue. — Avec 22 cartes ou croquis.
9. *Bas-Dauphiné* : Viennois, Graisivaudan, Oisans, Diois et Valentinois. — Avec 23 cartes ou croquis.
10. *Les Alpes du Léman à la Durance. Nos Chasseurs alpins.* — Avec 25 cartes.
11. *Forez, Vivarais, Tricastin et Comtat-Venaissin.* — Avec 25 cartes.
12. *Alpes de Provence et Alpes maritimes.* — Avec 31 cartes.
13. *La Provence maritime*, Marseille, le littoral, Iles d'Hyères, Maures, Estérel, Nice. — 2ᵉ édition, avec 28 cartes.
14. *La Corse.* — Avec 2 cartes, 10 vues et 1 planche hors texte.
15. *Charentes et Plaine Poitevine* : Angoumois, Confolentais, Champagne de Cognac, Saintonge, Aunis, Plaine poitevine. — Avec 26 cartes.
16. *De Vendée en Beauce* : Haut-Poitou, Mirebalais, Bocage, Marais, Vendée, Gâtine, Touraine, Beauce. — Avec 30 cartes.
17. *Littoral du pays de Caux, Vexin, Basse-Picardie* : Dieppe, l'Allermont, Pays de Bray, Vexin, Pays de Thelle, Santerre, Varmandois, Vallée de la Somme, Vimeu, Ponthieu. — Avec 28 cartes.
18. *Région du Nord* : I. FLANDRE ET LITTORAL DU NORD. — Avec 30 cartes.
19. *Région du Nord* : II. ARTOIS, CAMBRÉSIS ET HAINAUT. — Avec 28 cartes.
20. *Haute-Picardie, Champagne rémoise et Ardennes*. Noyonnais, Soissonnais, Laonnais, Thiérache, Réthelois, Porcien. — Avec 21 cartes.
21. *Haute-Champagne et Basse-Lorraine* : Brie champenoise, Champagne pouilleuse, Perthois et Der, Pays d'Othe, Bassigny, La Montagne, Plateau de Langres, Vallage, Barrois, Dormois, Argonne, Verdunois. — Avec 27 cartes.
22. *Plateau lorrain et Vosges* : Luxembourg français, Jarnisy, Woëvre, Pays de Haye, Saulnois, Xaintois, La Vôge, Les Faucilles, Les Vosges. — Avec 27 cartes.
23. *Plaine comtoise et Jura.* (Sous presse.)

Chaque volume in-12, d'environ 350 pages, avec cartes, broché . . . **3 fr. 50 c.**
— Élégamment cartonné en toile souple, tête rouge . . . . . **4 fr.**

Envoi sur demande du prospectus détaillé (brochure de 16 pages) des volumes parus ou à paraître.

En cours de publication

DICTIONNAIRE MILITAIRE

Encyclopédie des sciences militaires rédigée par un comité d'officiers de toutes armes. Le *Dictionnaire militaire* formera deux gros volumes grand in-8 jésus à deux colonnes, d'environ 100 feuilles (1,600 pages) chacun. L'ouvrage complet comprendra environ 24 livraisons de 8 feuilles (128 pages). Le tome 1ᵉʳ se termine dans la 13ᵉ livraison. — Les quinze premières livraisons sont en vente. Prix de la livraison . . . . **3 fr.**
Tome Iᵉʳ (lettres A à H). Un fort volume grand in-8 de 1,588 pages, broché. **37 fr. 50 c.**
Relié en demi-maroquin, plats toile . . . . **42 fr. 50 c.**

Ouvrage honoré d'une souscription du Ministère de la guerre.

HISTOIRE

DE LA

GUERRE DE 1870-1871

PIERRE LEHAUTCOURT

HISTOIRE DE LA GUERRE DE 1870-1871

1re Partie. — **La Guerre contre les Armées impériales**

(En cours de publication)

I. — Les Origines (*paru*).
II. — Wissembourg, Frœschwiller, Spicheren (*en préparation*).
III. — Les Batailles sous Metz (*en préparation*).
IV. — Sedan (*en préparation*).
V. — Capitulation de Metz (*en préparation*).

2e Partie. — **La Défense nationale** (déjà publiée).

Cet ouvrage a obtenu de l'Académie française le 2e prix Gobert en 1899 et 1900.

I. — Campagne de la Loire. — Coulmiers, Orléans, 1893.
II. —   —   — Josnes, Vendôme, Le Mans, 1895.
III. — Campagne de l'Est. — Nuits, Villersexel, 1896.
IV. —   —   — Héricourt, La Cluse, 1896.
V. — Campagne du Nord (Nouvelle édition), 1898.
VI. — Siège de Paris. — Châtillon, Chevilly, La Malmaison, 1898.
VII. —   —   — Le Bourget, Champigny, 1898.
VIII. —   —   — Buzenval, la Capitulation, 1898.

PIERRE LEHAUTCOURT

HISTOIRE

DE LA

GUERRE DE 1870-1871

TOME Ier

LES ORIGINES

BERGER-LEVRAULT & Cie, ÉDITEURS

PARIS | NANCY
5, RUE DES BEAUX-ARTS | 18, RUE DES GLACIS

1901

INTRODUCTION

Le premier mot de ce livre nous est dicté par un sentiment de profonde gratitude envers l'Académie française qui, à deux reprises, a bien voulu accorder à la *Défense nationale en 1870-1871* l'une des récompenses les plus enviables dont elle dispose. Nous ne saurions oublier que l'éloquent historien, l'écrivain patriote qui avait à apprécier cet ouvrage, l'a fait en des termes qui nous ont profondément touché. On nous permettra de lui exprimer, ainsi qu'à toute l'Académie, notre respectueuse et sincère reconnaissance.

De si précieux encouragements sont faits pour nous engager à poursuivre l'œuvre que nous avons entreprise il y a des années : porter la lumière dans la malheureuse guerre dont la France est encore meurtrie ; exposer en toute sincérité, dans un détachement aussi complet que possible des passions du dehors, les causes, la marche et les résultats de tant de tragiques événements.

La précédente série de nos études était consacrée à la Défense nationale. Celle qui s'ouvre avec le présent volume dira la guerre contre les armées impériales. On trouvera sans doute que la logique eût justifié un ordre inverse. Nous ne songeons pas à le dissimuler.

Notre seule excuse est dans l'étendue et la nature de la tâche, comme dans les circonstances qui l'ont accompagnée. En publiant, il y a quatorze ans, nos premières recherches sur la campagne de l'armée du Nord, nous ne pensions pas donner à cette ébauche le développement qu'elle a pris. L'accueil qui lui fut fait nous montra qu'une étude plus étendue de la Défense nationale pouvait être de quelque utilité. C'est ainsi que nous fûmes amené à l'entreprendre, malgré les difficultés à vaincre.

Quant à l'esprit qui nous a guidé et nous guide encore, il ressort, beaucoup mieux que nous ne saurions dire, de ces fortes paroles de Montesquieu : « Ce n'est pas la fortune qui domine le monde. Il y a des causes générales, soit morales, soit physiques, qui agissent dans chaque monarchie, l'élèvent, la maintiennent ou la précipitent; tous ces accidents sont soumis à ces causes, et si le hasard d'une bataille, c'est-à-dire une cause particulière, a ruiné un État, il y avait une cause générale qui faisait que cet État devait périr par une seule bataille; en un mot, l'allure principale entraîne avec elle tous les accidents particuliers. »

Ils sont nombreux ceux qui ont facilité notre tâche de leurs conseils ou de leurs communications de tout genre; aux noms que nous avons énumérés dans les volumes qui précèdent d'autres devraient s'ajouter. Parmi eux nous nous bornerons à citer ceux de M. Cresson, ancien préfet de police, ancien bâtonnier de l'ordre des avocats, qui a bien voulu rectifier certains points de nos récits du siège de Paris; de M. Belmontet, maire de Saint-Cloud, qui a eu l'obligeance de nous donner des détails inédits concernant l'incendie de la ville qu'il administre. M. le marquis Philippe de Massa nous a éclairé sur le rôle de M. Thiers au début de la guerre de 1870. Un vieux camarade, le chef de bataillon de l'armée territoriale Tarret, a mis à notre disposition des notes précieuses à plus d'un titre sur la première partie de la campagne. M. Ch. Grandjean, M. Félix Bouvier, l'auteur si apprécié de *Bonaparte en Italie,* M. Félix Chambon, dont les *Lettres inédites* de Mérimée nous ont été d'un précieux secours, ont bien voulu nous continuer leur concours amical. On nous permettra d'adresser ici à tous l'expression de notre reconnaissance.

Compiègne, 1er juin 1900.

GUERRE DE 1870

LES ORIGINES

LIVRE Ier

SADOWA

I

LES ANNÉES DE PAIX. — LES CAMPAGNES DE CRIMÉE
ET D'ITALIE

Napoléon Ier et l'unité allemande. — Le Zollverein. — Aspirations allemandes.
La guerre de Crimée. — Campagne d'Italie.

Les événements qui modifient profondément les rapports des sociétés humaines tiennent à des causes complexes, à une longue série de faits. Prétendre les expliquer, en faire ressortir le développement et les résultats sans remonter à ces origines premières, est faire œuvre incomplète. Quoi qu'on puisse croire parfois, tout est logique dans l'histoire. Il n'est pas de révolution, de bouleversement si imprévu d'apparence, qui ne soit commandé par le passé. C'est le cas de la guerre de 1870.

Réduite à elle-même, sans les événements antérieurs qui en expliquent les causes, la marche et les résultats, elle ne comporte que de faibles enseignements. Elle est même incompréhensible. Comment des motifs si futiles ont-ils eu et auront-ils encore de si graves conséquences? Le jour se fait quand on remonte aux origines. C'est d'elles que l'on peut déduire l'enchaînement des faits qui ont conduit à ce fait capital : l'établissement de l'unité allemande.

Iéna et Auerstaedt avaient presque anéanti la monarchie prussienne. Un moment elle se réduisit à Kœnigsberg et même à Memel. Napoléon lui permit de vivre, mais à la condition d'entretenir au plus une armée de 40,000 hommes. On sait trop comment cette clause humiliante devint l'une des causes de la grandeur du pays. La création de la landwehr, le labeur obstiné des Scharnhorst, des Gneisenau, des Massenbach, permirent de mettre sur pied 180,000 hommes en 1813, 264,000 en 1815. Plus encore que les neiges de la Russie, plus que la ténacité haineuse des Anglais, plus que la résistance obstinée des Espagnols, le patriotisme allemand incarné dans la Prusse provoqua la chute de Napoléon et la perte de nos conquêtes. Le premier artisan de l'unité de l'Allemagne fut bien certainement le vainqueur d'Iéna[1].

Le congrès de Vienne ne donna qu'une insuffisante satisfaction à ces aspirations unitaires. Il détruisit l'œuvre du grand destructeur sans rien lui substituer. La confédération germanique resta un groupement sans cohésion, livré à deux influences contraires, celles de l'Autriche et de la Prusse, la première prépondérante. Ni les princes, ni les peuples ne pouvaient s'en contenter.

Les longues années de paix qui suivirent ne furent pourtant pas perdues. « Quand je fus en haut du Saint-Gothard, a dit Henri Heine, j'entendis l'Allemagne ronfler. Elle dormait paisiblement sous la douce protection de ses trente-six monarques[2]. » En réalité, ce sommeil n'était qu'apparent. Les universités, les écoles, entretenaient pieusement la pensée de l'unité allemande, mettant à profit tout ce qui pouvait passer pour une menace de la France. Dès 1833, celui auquel

---

1. J. Jaliffier, Revue historique, *Journal des Débats* du 14 mars 1899; lieutenant-colonel Rousset, *Histoire de la guerre franco-allemande*, I, 5.
2. Cité par M. Jaliffier, *loc. cit.*

devait revenir l'honneur de la réaliser, M. de Bismarck, pariait qu'elle serait faite avant vingt ans[1].

C'est en 1854 seulement, après les vaines tentatives du parlement de Francfort (1849), que la Prusse risqua un premier pas vers cette unité toujours désirée, mais se dérobant sans cesse. A la suite de longues et laborieuses discussions, le Zollverein réunit toute l'Allemagne, moins l'Autriche, les deux Mecklembourgs et les villes hanséatiques. Ce n'était encore qu'une union douanière, mais la communauté des intérêts devait, dans un avenir prochain, resserrer les liens politiques.

La révolution de Juillet, les événements de 1840, avaient été pour les champions de l'unité allemande l'occasion d'une propagande plus active. Un lent travail se poursuivait, par la voie de l'enseignement oral et des livres, tendant à faire de la Prusse le représentant attitré de l'Allemagne. On ravivait les haines contre la France ; on affichait hautement la volonté de lui reprendre les pays d'origine germanique annexés jadis[2].

Ce n'est point ici le lieu de discuter le bien fondé de ces revendications. Il suffira de dire que, jusqu'au XIXe siècle, l'Allemagne n'a jamais été une nation, mais bien un chaos d'États de toutes dimensions, très souvent en mutuel conflit. Les annexions des Trois-Évêchés en 1551 et de l'Alsace en 1648 furent le prix de l'alliance de nos rois, instamment sollicitée par des princes allemands[3]. D'ailleurs, ce qui fait la nationalité d'une population, ce n'est pas son origine si

---

[1]. M. Muret, Le prince de Bismarck, notes et anecdotes, *Journal des Débats* du 2 août 1898.

[2]. « Si je jetais un regard sur la carte de l'Europe, j'enrageais de ce que la France eût gardé Strasbourg. J'avais été à Heidelberg, j'avais visité Spire et le Palatinat, et ces souvenirs attisaient en moi la haine de la France et me rendaient belliqueux » (Prince de Bismarck, *Pensées et souvenirs*, I, 3, pendant ses années d'université). — L'auteur de la *Wacht am Rhein*, Schneeckenbürger, composait vers 1850 une autre poésie populaire, *Salut de la Forêt-Noire*, qui était une revendication de l'Alsace.

[3]. Schiller, cité dans la *Tyrannie prussienne*, par un Allemand, Paris, Plon, 1872, p. 98 ; Ernest Lavisse, le *Figaro* du 15 mars 1892 et Albert Sorel, *Histoire diplomatique de la guerre franco-allemande*, I, Introduction, cités par M. le lieutenant-colonel Rousset, I, 7.

aisément contestable, ce n'est pas même son histoire, quelque glorieuse ou attachante qu'elle soit, mais bien sa volonté librement exprimée. Aux yeux du juge indépendant, rien autre ne saurait justifier une annexion.

Les revendications allemandes n'étaient encore qu'à l'état d'aspirations vagues vers le milieu de ce siècle, aussi bien, d'ailleurs, que les nôtres sur la rive gauche du Rhin, non moins injustifiées qu'elles[1]. Quoi qu'on puisse penser de la guerre de Crimée, il est certain qu'elle éleva très haut notre situation dans le monde. « Les trois années qui suivirent le congrès de Paris furent l'époque glorieuse de l'Empire ; il faut avoir représenté notre politique à l'étranger de 1856 à 1859 pour se rendre compte de son prestige. Tous les regards se reportaient vers Paris, tout le monde recherchait notre bon vouloir. « C'est la raison cristallisée, *die cristallisirte* « *Vernunft* », disait de l'empereur le vieux Metternich[2]. » A la fin de septembre 1856, l'entrevue de Napoléon III et d'Alexandre II à Stuttgart semblait nous promettre une alliance féconde. Le voyage de l'empereur en Allemagne était un triomphe. L'attention, les sympathies, se concentraient sur lui[3].

Pendant la guerre de Crimée, la Prusse avait gardé la neutralité, sans dissimuler de vives sympathies pour la Russie. Vainement un diplomate encore inconnu, M. de Bismarck, tentait de faire sortir Frédéric-Guillaume IV de cette inaction. Il eût souhaité une attitude de neutralité armée, permettant d'agir à l'occasion contre le puissant empire du Nord ou contre l'Autriche, pour ou contre la France et l'Angleterre, selon les intérêts de la Prusse. Le souverain resta fidèle à sa politique d'amitié traditionnelle pour la Russie comme à ses antipathies contre l'empire révolutionnaire. En 1855, il traitait d'inceste l'union de la France et de l'Angle-

---

1. Th. Juste, *Napoléon III et la Belgique. Le traité secret*, 2.
2. G. Rothan, *Souvenirs diplomatiques. Les origines de la guerre de 1870. La politique française en 1866*, 44, note 1. Ces études ont paru également dans la *Revue des Deux-Mondes*, 1er septembre 1878 et suiv.
3. G. Rothan, *ibid.*, 403, note 1.

terre[1]. Ce n'était pas faute d'incitations en sens contraire, venues de notre pays. Elles se renouvelaient après la guerre.

Les conférences tenues à Paris en vue de l'affaire de Neuchâtel donnaient à l'empereur l'occasion d'affirmer ses idées au sujet de l'unité allemande et aussi de notre extension possible vers le nord-est. En mars 1857, il disait à M. de Bismarck « qu'on l'accusait à tort d'avoir en vue la frontière du Rhin. La rive gauche allemande... ne serait pas défendable pour la France contre l'Europe... plus difficile à conserver qu'à acquérir... », ce serait « un dépôt que l'Europe coalisée viendrait reprendre un jour... » Déjà il faisait prévoir une nouvelle guerre, cette fois au sujet de l'Italie; il offrait à la Prusse, en échange de sa neutralité, l'annexion du Hanovre et des duchés de l'Elbe.

Si nous en croyons M. de Bismarck, il montrait à l'empereur l'impossibilité de cet accord avec Frédéric-Guillaume IV ; il promettait de garder le silence sur ces ouvertures intempestives[2]. Mais il n'en restait pas moins partisan, pour son compte, d'une alliance « borusso-franco-russe », ainsi que le montre la série de ses lettres au général von Gerlach, en particulier celle du 30 mai 1857[3]. Naturellement il aurait payé cet accord de quelques concessions : « Si nous ne voulons rien faire pour devenir marteau, nous serons enclume. »

Ces idées plus prussiennes qu'allemandes[4] ne trouvaient aucun écho auprès du prince régent, le futur roi Guillaume. Celui-ci, conseillé par M. de Schleinitz, obéissant en outre à ses penchants personnels, se montrait résolument hostile à toute compromission avec la France révolutionnaire. La mission du marquis Pepoli, en novembre 1858, donnait la

---

1. Bismarck, *Pensées et souvenirs*, I, 129; Albert Sorel, I, 2-10.
2. Bismarck, *Pensées et souvenirs*, I, 248-252.
3. *Ibid.*, 203 et suiv. (Lettres des 2, 6, 11 et 30 mai 1857).
4. « ...Je vois dans nos affaires fédérales une maladie de la Prusse que tôt ou tard il nous faudra guérir *ferro et igne*..., lorsque nous serons liés avec nos compatriotes d'une façon plus étroite et plus pratique..., alors seulement je lirai volontiers sur nos bannières le mot *allemand* au lieu du mot *prussien* » (Lettre de M. de Bismarck au baron de Schleinitz, 12 mai 1859, citée par M. A. Sorel, *loc. cit.*).

mesure de ces sentiments[1]. Le régent n'allait pas tarder à indiquer beaucoup plus nettement encore de quel côté allaient ses sympathies.

« Il y a entre ces trois dates, 1859, 1866 et 1870, une corrélation manifeste qui n'échappe pas aux esprits sérieux[2]… » Si heureuse qu'elle fût d'apparence, la guerre d'Italie marqua le déclin de notre influence en Europe. Elle révéla également les vices de notre organisation militaire, la faiblesse du commandement, le désordre et l'imprévoyance de l'administration. Elle permit à l'Allemagne de manifester hautement son hostilité à notre égard[3]. Un personnage qui devait contribuer à nourrir chez nous de dangereuses illusions, le premier ministre de la Hesse, von Dalwigk, affichait une haine furieuse pour les Français. Une seule chose l'embarrassait : « A qui donnera-t-on l'Alsace[4] ? »

Chacun sait comment la Prusse prit l'initiative en mobilisant son armée. Les transports de concentration devaient commencer le 15 juillet, quand Napoléon et François-Joseph décidèrent brusquement de conclure un armistice. L'Autriche renonçait à la Lombardie plutôt que d'accepter l'appui humiliant et dangereux de la Prusse[5].

---

1. Massari, *Il conte di Cavour*, 268, cité par M. A. Sorel, *loc. cit.*
2. Duc de Gramont, *La France et la Prusse avant la Guerre*, 7.
3. « L'opinion publique de toute l'Allemagne s'est tellement prononcée contre la France depuis quatre semaines que l'on ne peut fermer les yeux » (Lettre du prince régent de Prusse, futur Guillaume Ier, au prince consort Albert, 2 février 1859 (*Aus dem politischen Briefwechsel des deutschen Kaisers mit dem Prinzgemahl von England, aus den J. 1854-1861*, Gotha, Perthes, 1881, 43). — « Si les Français gagnent une bataille sur le Pô, rien ne pourra empêcher l'Allemagne entière de venir à la rescousse. Les meilleures troupes de France sont en Italie, et elle aurait grand mal à placer cent mille hommes sur le Rhin, où elle aurait peut-être affaire à un demi-million de combattants » (Lettre de M. Brougham à M. Reeve, 21 mai 1859). Le 11 juin, M. Guizot (Lettre à M. Reeve) prévoit aussi « la guerre générale et le chaos européen », si l'Autriche ne capitule pas (*Revue hebdomadaire*, 12 novembre 1898, 245). — Voir également le comte de Beust, *Trois quarts de siècle. Mémoires*, I, 170-198, 199 ; lettres des 5 et 7 mai 1859, *ibid.*, 357, 365 et suiv. ; discours de M. Rouher, au Corps législatif, séances des 16 et 18 mars 1867 ; *Mémoires d'un ancien ministre*, par lord Malmesbury, traduction, 287 et suiv. — « En résumé, la France est l'ennemie de la Prusse. Elle s'efforcera de conquérir les provinces du Rhin. L'Autriche laissera faire » (Mémoire du général de Moltke, daté de 1860, *Revue militaire*, 1899, n° 858, 339).
4. Beust, *Mémoires*, I, 173.
5. Lettre du général de Moltke à son frère, sans date, juillet 1859 (*Moltkes gesammelte Schriften*, IV, 163-167).

Nous reculions devant une grande guerre à laquelle nous n'étions aucunement préparés. Peut-être faut-il le regretter ? Il est possible que la Russie, dans sa haine très vive pour l'Autriche, eût fait « au moins une démonstration » contre la Prusse. Quant à l'Autriche, toujours jalouse de sa rivale allemande, elle « aurait examiné jusqu'à quel point celle-ci avait le droit d'être victorieuse[1] ». Ce n'était pas tout à fait sans raison. On le vit à l'avènement du roi Guillaume Ier, le 2 janvier 1861, quand la mort de Frédéric-Guillaume IV mit un terme à la fiction de la régence. Le nouveau souverain lança une proclamation belliqueuse, représentant la Prusse comme « le symbole de l'Allemagne et souhaitant de la conduire à de nouvelles victoires ». Le 24 septembre 1862, M. de Bismarck devenait ministre des affaires étrangères[2].

---

1. Bismarck, *Pensées et souvenirs*, I, 354.
2. P. de La Gorce, *Histoire du second Empire*, IV, 404-406.

II

L'INSURRECTION DE POLOGNE. — LA GUERRE DES DUCHÉS

La Prusse et la Russie. — La guerre des Duchés. — L'alliance de la Prusse et de l'Autriche. — La convention de Gastein.

La communauté de vues qui s'était établie à Stuttgart, entre Napoléon III et Alexandre II, ne fut pas de longue durée. Survint l'insurrection de Pologne. Prise entre de vieilles sympathies et ses intérêts immédiats, la France hésita. Elle mécontenta le gouvernement russe sans être d'aucun secours aux malheureux Polonais, tandis que, fort habilement, le roi de Prusse prenait l'attitude la plus favorable à la Russie[1]. Chez nous l'opinion se prononçait violemment pour la Pologne. Tous les partis se montraient d'accord, du *Siècle* au *Monde*, de l'impératrice au prince Napoléon[2].

La question des Duchés ne devait pas non plus être favorable à notre influence. Comme l'a dit M. Valfrey, c'est le théâtre en raccourci sur lequel la diplomatie impériale commit le plus de fautes. Elle fit des concessions inopportunes au dangereux principe des nationalités, prévoyant peut-être de fructueuses complications entre l'Autriche et la Prusse[3].

Malgré d'anciennes et cordiales relations avec le Danemark, notre gouvernement crut devoir imiter l'inaction de l'Angleterre et de la Russie, sinon la provoquer. Il venait d'entreprendre la folle expédition du Mexique. Après avoir gardé une attitude plutôt encourageante pour les deux puis-

---

1. Von Sybel, *Die Begründung des deutschen Reiches durch Wilhelm I*, II, 505-506, 533, cité par M. de La Gorce, IV, 426. Voir, au sujet de la convention russo-prussienne du 8 février 1863, les *Parliamentary Papers, Correspondence respecting the insurrection in Poland*, 37-61.
2. P. de La Gorce, IV, 439-448.
3. G. Rothan, *La politique française en 1866*, 16-17. Voir, au sujet du rôle de l'Angleterre et de la France, les dépêches de lord Cowley à lord Russell, 5, 7, 14 janvier 1864 (*Documents diplomatiques*, 1864, 6-8; Spencer Walpole, *Life of John Russell*, II, 389-390; Evelyn Ashley, *Life of Palmerston*, 425, 431, cités par M. de La Gorce, IV, 494-495).

sances allemandes[1] il aventura d'inefficaces et maladroites protestations[2]. Quelle politique pouvait être plus incohérente ?

De toutes les grandes puissances, la Prusse avait été la seule à répondre d'une manière « presque sympathique » à notre appel du 5 novembre 1863 en faveur d'un congrès. Guillaume Ier ne déclinait pas l'invitation de se rendre à Paris, rappelant volontiers « l'accueil cordial qui lui rendait si cher le souvenir de son séjour à Compiègne ». En septembre 1864, au moment où des entrevues répétées des trois souverains du Nord jetaient l'inquiétude dans toute l'Europe, le roi de Prusse, revenant de Vienne, faisait un détour par Schwalbach pour présenter ses respects à l'impératrice[3]. Toutefois, ces bonnes dispositions n'étaient que pure forme. Le même Guillaume Ier faisait célébrer par des réjouissances extraordinaires le 50e anniversaire de 1813. Il promettait son concours à Alexandre II en cas de guerre avec la France, à la condition que la Russie lui prêterait son appui si nous attaquions les provinces rhénanes[4].

---

1. A Vienne, le général von Manteuffel disait, en février 1864, au duc de Gramont : « Nous ne nous plaignons pas de votre gouvernement. Votre attitude est parfaite ». — Vers le 26 juin, M. de Bismarck, rencontrant M. de Gramont à Carlsbad, lui disait : « Grâce à la sagesse de votre souverain, voilà donc la guerre localisée. Nous allons la mener bon train... Après cela vous pouvez être assuré que nous laisserons le roi de Danemark bien tranquille » (Duc de Gramont, correspondance citée par M. de La Gorce, IV, 511-513, 519). Le 3 juillet, M. de Gramont écrit de Carlsbad : « Je ne dois point passer sous silence les protestations de reconnaissance que j'ai recueillies pour la politique suivie par l'empereur dans la question danoise » (*Ibidem*). Il se paie longtemps d'étranges illusions. Le 26 janvier 1864, il écrit : « Je suis convaincu que l'Autriche et la Prusse sont résolues de maintenir, en fin de compte, l'intégrité de la monarchie danoise » (Dépêche citée par M. de La Gorce, IV, 497).

2. « Sur quel principe repose donc la combinaison austro-prussienne ? Nous regrettons de n'y trouver d'autre fondement que la force, d'autre justification que la convenance réciproque des deux copartageants. C'est là une pratique dont l'Europe actuelle était déshabituée, et il en faut chercher les précédents aux âges les plus funestes de l'histoire » (Circulaire de M. Drouyn de Lhuys, 29 août 1865, publiée par le *Constitutionnel* du 20 septembre, d'après la *Gazette d'Augsbourg*, et reproduite par M. Pradier-Fodéré, *Documents pour l'histoire contemporaine*, 13-15).

3. Julian Klaczko, Les préliminaires de Sadowa, *Revue des Deux-Mondes*, 15 septembre 1868, 376; A. Pingaud, Napoléon III et le désarmement, *Revue de Paris*, 15 mai 1899, 289.

4. Voir von Sybel, IV, 533 et suiv., cité par M. de La Gorce, IV, 453-456.

Quant à M. de Bismarck, ses ambitions se bornaient encore, dit-on, à la domination du Nord de l'Allemagne[1]. Il lui fallait d'abord détruire l'influence autrichienne. Le roi ne s'y montrait nullement disposé. Pour l'éloigner de l'alliance avec l'Autriche, le futur chancelier ne trouva rien de mieux que de la lui faire conclure[2]. Mais les Autrichiens l'envisageaient avec répugnance. Afin de leur faire accepter un traité secret, il fallut l'envoi à Vienne du général von Manteuffel; il stipula que la Prusse s'engageait à mobiliser si les Italiens attaquaient la Vénétie, et à entrer en campagne si la France appuyait ses alliés de 1859[3]. Les Austro-Prussiens n'eurent pas grand'peine à triompher du Danemark, et la convention de Gastein (14 août 1865) parut consacrer l'amitié des deux cours. En réalité, c'était un « replâtrage », un simple intermède par lequel chacune s'assurait, pour l'avenir, les moyens de rompre avec son alliée. « L'expérience a complètement réussi, disait M. de Bismarck. Le roi est guéri de l'alliance autrichienne; il a abandonné désormais ses scrupules... et je pourrai le conduire selon mes vues[4]. »

L'Autriche n'était pas plus sincère dans cette fugitive entente. Vainement le comte de Rechberg, ministre des affaires étrangères de l'empire, proposait une étroite alliance entre les deux pays, avec la France pour commun adversaire. Son projet était dédaigneusement écarté[5].

---

1. Rapport du général Govone, 14 mars 1866 (Général La Marmora, *Un peu plus de lumière sur les événements politiques et militaires de l'année 1866*, traduction, 94).
2. Rapport du général Govone, 14 mars 1866, La Marmora, 95.
3. Sir A. Buchanan au comte Russell, 12 mars 1864; Discours de M. Rouher au Corps législatif, 18 mars 1867; *Le général La Marmora et l'alliance prussienne*, Paris, Dumaine, 1868, 29-30 (d'après M. J. Klaczko, c'est un écrit semi-officiel, d'origine italienne. Nous croyons qu'il a été inspiré par le général La Marmora); *Relation de l'état-major autrichien sur la guerre de 1866*; J. Klaczko, *loc. cit.*, 373.
4. Rapport du général Govone, 14 mars 1866, La Marmora, 95.
5. D'après des confidences du comte de Rechberg, publiées par la *Nouvelle Presse libre* en mars 1899, cette proposition fut formulée, après entente avec M. de Bismarck, lors du voyage du roi Guillaume à Vienne, en 1864, après la guerre des Duchés.

III

M. DE BISMARCK A BIARRITZ

M. de Bismarck. — Son passage à Paris. — A Biarritz. — L'empereur et l'Italie.
Les compensations pour la France.

La fin de l'année 1865 vit, entre Napoléon III et M. de Bismarck, des échanges d'idées sur lesquels le jour ne s'est pas fait complètement encore. C'est ici le lieu d'attirer l'attention sur ce diplomate, alors presque inconnu, qui devait si rapidement se faire un nom à l'égal des plus illustres.

Issu d'une famille poméranienne où les soldats ont abondé[1], plus reître qu'homme d'État, « il y a en lui du *Bursche* d'université, du *Junker*, du lieutenant de la garde, du diplomate, du despote et du révolutionnaire, tout cela assaisonné d'une sorte de fantaisie ironique qui fait de lui un artiste et presque un poète[2] ». Il est aristocrate jusque dans les moelles, par tempérament, par le goût et le talent de commander, par un mépris profond de la phrase libérale. Sceptique au plus haut degré, il croit surtout à la sottise humaine ; radical par sa méthode, par son peu de répugnance pour les moyens violents et sommaires, il a beaucoup du Jacobin[3]. L'insolence est un de ses procédés de

---

[1]. Otto-Éduard-Léopold von Bismarck-Schœnhausen, né le 1er avril 1815 sur le domaine de Schœnhausen, à peu de distance de Magdeburg. En 1821, il est mis en pension à Berlin. En 1832, il prend ses inscriptions de droit à l'université de Gœttingue. Il se bat vingt-huit fois en duel durant ses années d'études et blesse toujours ses adversaires, sans recevoir une égratignure. Il remplit ensuite diverses fonctions à Berlin, à Aix-la-Chapelle, à Potsdam, puis représente la Prusse à la diète de Francfort. C'est là que commence sa véritable carrière.

[2]. V. Cherbuliez, La Prusse et l'Allemagne, *Revue des Deux-Mondes*, 15 novembre 1869, 270.

[3]. Il se dit républicain par nature et n'est royaliste, selon lui, que parce qu'il est chrétien. « S'il n'y avait pas un ordre de Dieu, pourquoi me subordonner à ces Hohenzollern ?... Ils sont d'une famille de Souabe, qui n'est pas plus noble que la mienne ! » (*Les Mémoires de Bismarck*, recueillis par Maurice Busch, traduction, I, 145).

gouvernement. Il tient pour la politique des mains libres, prêt à jouer toutes les cartes, sans jamais engager l'avenir. Sa liberté de langage, sa franchise, sont sans égales, quoiqu'il sache fort bien mentir à l'occasion. Il gagne en montrant son jeu. Il est un contraste perpétuel avec le tempérament prussien, formaliste, taciturne, gourmé et boutonné[1].

De haute taille, de carrure massive, grand buveur, gros mangeur, quoiqu'il ne fasse guère qu'un repas par jour, il se targue d'appartenir à une famille où l'on tue : « Tuer des Français, s'écriera-t-il un jour pendant la campagne de France, c'est bien le lot de notre famille ! » Et il remonte complaisamment à son père, à ses trois oncles qui ont combattu Napoléon Ier, à son grand-père qui était à Rosbach, à un aïeul qui a guerroyé contre Louis XIV. Il n'oublie même pas les lointains ancêtres qui ont pris part à la guerre de Trente-Ans, peut-être à nos côtés. Il est l'homme de tous les contrastes, sans doute parce que son mépris pour l'espèce humaine n'a d'égal que son orgueil. S'il ne recule pas devant le mensonge le plus impudent, quand il est nécessaire à ses vues[2], il peut éprouver les scrupules d'un gentilhomme, quitte à ne pas tirer parti d'une occasion favorable[3]. Tra-

---

1. V. Cherbuliez, *ibid.*; E. Caro, *Les jours d'épreuve*, 72-73. En ce qui touche la perfidie de M. de Bismarck, voir ses entretiens avec l'ambassadeur danois en Prusse, M. de Quaade (Rapports à M. Hall, 8, 21-23, 28, 31 octobre et 3 novembre 1863; *Documents relatifs à la question dano-allemande* communiqués au Rigsraad, 1864, cités par M. de La Gorce, IV, 480 et suiv.).

2. Voir les *Mémoires de Bismarck* recueillis par M. Busch, II, 208, au sujet du Journal de Frédéric III : « Nous allons commencer par dire que c'est un faux... Personnellement, je crois encore plus que vous à l'authenticité du journal... Mais ça ne fait rien, il faut le traiter comme un faux !... » Voir *ibid.*, 215; Beust, *Mémoires*, II, 482, au sujet de la Hollande et des provinces allemandes de l'Autriche. — En mars 1863, M. de Rechberg dit au duc de Gramont : « J'ai recommandé au comte Karolyi, notre envoyé à Berlin, d'être très sobre d'entretiens et de conversations avec M. de Bismarck, car il sait tirer parti des moindres circonstances pour en dénaturer le caractère, et pour les tourner au profit de ses desseins » (Duc de Gramont, *correspondance* citée par M. de La Gorce, IV, 410). En 1865, M. de Gramont écrivait de Carlsbad : « Je ne connais pas assez M. de Bismarck pour savoir s'il pense plus qu'il ne dit, ou s'il dit plus qu'il ne pense » (*Ibid.*, IV, 557).

3. Dans une visite qu'il fit au comte de Rechberg, celui-ci le quitta un instant, en lui remettant, non la dépêche qu'il avait en vue, mais une autre pièce qui accompagnait la première et destinée à rester secrète. M. de Bismarck s'en aperçut d'un coup d'œil. A la rentrée de Rechberg, il tendit la dépêche en l'avertissant qu'il s'était trompé, mais que lui, Bismarck, oublierait ce qu'il avait

vailleur infatigable, consacrant ses jours et ses nuits aux occupations les plus absorbantes, il sait être homme du monde et danseur apprécié. C'est aussi un causeur émérite, un écrivain de race. « L'originalité de la pensée n'est surpassée, chez lui, que par l'originalité de l'expression », a dit l'un de ses ennemis [1].

« On me reproche assez d'avoir choisi un ministre qui n'est pas sérieux ; vous devriez bien ne pas danser, pour ne pas le paraître encore moins », lui dit son souverain [2]. Et après le roi de Prusse, l'empereur l'accusera de n'être pas « sérieux », lui, le futur fondateur de l'unité allemande.

Sa vie est une lutte de tous les instants contre son maître, qu'il a mille difficultés à convaincre, même quand il a pour lui l'évidence ; contre le parlement, contre l'opinion, contre les journaux allemands, contre M. de Moltke et l'état-major [3]. Il en impose à force de volonté, de ténacité, par la conscience hautaine qu'il a de sa supériorité, de son génie. Grand Prussien plutôt que grand homme, malgré tout, car son patriotisme n'est pas sans préjugés ni étroitesse d'esprit.

A l'université de Gœttingue, il a donné carrière à ses appétits brutaux beaucoup plus qu'au désir de s'instruire. Puis il végète quelque temps dans des emplois subalternes, non sans colères. Diplomate alors qu'il eût souhaité d'être soldat, il est enfin désigné pour représenter la Prusse à la diète de Francfort. Il ne tarde pas à y affirmer ses instincts de domination et aussi de hautes qualités qui le rendent propre à remplir le plus vaste théâtre [4].

A Saint-Pétersbourg, où il passe plusieurs années, il

---

lu. En effet, il garda un silence absolu et acquit ainsi l'entière confiance de Rechberg (Bismarck, *Pensées et souvenirs*, I, 413).

1. Comte de Beust, *Mémoires*, II, 478. Voir, pour le dernier tour de valse de M. de Bismarck, Mme Carette, *Souvenirs intimes de la cour des Tuileries*, II, 44. Mérimée écrit, le 13 octobre 1865, qu'il est « plein d'esprit... Il a fait ma conquête ».

2. Bismarck, *Pensées et souvenirs*, I, 109.

3. Bismarck, *ibid.*, II, 113 ; *Mémoires de Bismarck*, recueillis par M. Busch, *passim*.

4. M. Busch, *Graf Bismarck und seine Leute während des Krieges in Frankreich*. Leipzig, 1878, *passim* ; M. Muret, Le prince de Bismarck, notes et anecdotes, *Journal des Débats*, du 2 août 1898.

donne encore davantage l'impression d'un homme de la plus haute valeur. « Il a plus l'air d'un soudard que d'un diplomate », dit Khalil-bey au prince Gortschakoff. Celui-ci de répondre : « Ne vous y trompez pas ; ça, c'est un ministre de Frédéric II. » Et M. de Bismarck, auquel Khalil-bey répétera plus tard le propos, de dire tout uniment : « Oui, mais ce qui manque, c'est un Frédéric II. »

Il s'attache à gagner la bienveillance d'Alexandre II et de sa famille. Il y parvient non moins auprès du prince chancelier, son ancien collègue à la diète de Francfort. Il entretient ses rêves de grande politique, tout prêt à lui faire sacrifier les réalités aux chimères.

A Paris, où le conduit ensuite sa carrière diplomatique, il est l'objet de jugements superficiels[1]. On ne voit en lui qu'un homme de l'esprit le plus caustique, d'une verve intarissable, piétinant sur tout et sur tous. Il dépeint complaisamment la déplorable configuration physique de la Prusse, qui « manque de ventre » du côté de Cassel et de Nassau, et « a l'épaule démise » vers le Hanovre. Il daube volontiers sur la Belgique, « ce nid de démagogie[2] ». Il n'épargne ni la chambre des seigneurs de Prusse, « composée de respectables perruques » ; ni celle des députés, « perruques aussi, mais non respectables », ni même son roi, « personnage auguste, le plus respectable, mais le plus perruque de tous. » Les formules les plus osées ne l'effraient pas : « Le libéra-

---

[1]. Il est nommé ambassadeur à Paris le 22 mars 1862. Les 8 et 9 juin, il écrit au général von Roon : « J'ai trouvé notre aimable voisin, l'empereur Napoléon, très calme et fort à son aise ; il est très bienveillant pour nous et très disposé à parler des difficultés de la question allemande... Il espère que la Prusse réussira à résoudre le grand problème qui lui est posé... ». Quelques jours après, le 26 juin, Napoléon III lui demande à brûle-pourpoint s'il croit le roi disposé à contracter une alliance avec la France : l'empereur juge en effet qu'il y a conformité d'intérêts entre les deux pays, « les éléments d'une entente intime et durable... » Il assure que l'Autriche lui fait « les plus singulières ouvertures » en vue d'un accord (Bismarck, *Pensées et souvenirs*, I, 318-324). En septembre, le *Moniteur* lui délivre un brevet de savoir et d'aptitude un peu dédaigneux, comme il sied à un inférieur. M. de Persigny lui donne de bons conseils : « Ne négligez pas votre armée et tenez-la toujours en bon état » (Duc de Persigny, *Mémoires*, 286, cité par M. de La Gorce, *Correspondant* du 10 janvier 1899, 101).

[2]. J. Klaczko, *Revue des Deux-Mondes*, 15 septembre 1868, 377.

lisme n'est qu'un vain mot, mais la révolution est une force dont il faut savoir se servir ». M. Thiers, auquel il fait des ouvertures fort inattendues[1], ne le prend pas au sérieux. Le ministre des affaires étrangères, M. Thouvenel, lui croit « plus d'imagination que son gouvernement n'a d'énergie ». Il le suppose « dans les meilleurs sentiments à notre égard ». Et, de fait, M. de Bismarck affiche volontiers ses sympathies françaises[2].

Il trouve en France un terrain des mieux préparés, non qu'on y devine ce dont il est capable et la somme des forces latentes de la Prusse, mais on coquette avec ce royaume, la plus petite des grandes puissances, à la suite des désillusions éprouvées auprès des autres[3]. En octobre 1864, la légation de Berlin est érigée en ambassade, avec M. Benedetti pour premier titulaire. Le 25 août, M. de Bismarck a offert les provinces rhénanes au duc de Gramont, alors ambassadeur à Vienne, sans doute avec autant de sérieux qu'il en apportait naguère à proposer au comte de Rechberg une alliance contre nous : « …Celui qui peut donner les provinces rhénanes à la France, c'est celui qui les possède. Et le jour où il faudra courir l'aventure, c'est nous qui pourrons mieux que tout autre la courir avec la France, en commençant, non par lui promettre, mais par lui donner un gage pour son concours[4]. »

---

1. « Soyez ministre et, à nous deux, nous arrangerons la carte de l'Europe » (G. Giacometti, l'*Unité italienne*, 2ᵉ partie, Introduction, reproduite dans le *Journal des Débats* du 2 août 1898; J. Klaczko, 377).
2. C'est à ce moment que, se présentant à M. Cavallacci, vice-consul de France à Saint-Sébastien, il lui dit : « Veuillez voir en moi presque un compatriote ; je suis le ministre de Prusse à Paris » (G. Giacometti, *ibid.*).
3. Voir *suprà*, p. 14, le passage cité de Bismarck, *Pensées et souvenirs*, I, 318-324.
4. Dépêche de M. de Gramont, 26 août 1864, citée par M. de La Gorce, *ibid.*, 105. Ces offres de compensations ne sont pas nouvelles. Le 24 décembre 1863, le général Fleury télégraphie à l'empereur, en résumant une conversation avec M. de Bismarck : « Quant aux projets d'agrandissement, de prépondérance au détriment de l'Autriche, c'est entendu. Quant aux frontières du Rhin, le mot a été prononcé, faut-il accentuer ? » (*Souvenirs du général comte Fleury*, II, 284). A rapprocher du passage ci-après, d'après La Marmora, *Un peu plus de lumière*, 128 : « On ne saura jamais les propositions, les cajoleries et les offres avec lesquelles les ministres d'Autriche et de Prusse montaient chaque jour l'escalier des Tuileries ».

L'ambassadeur de Prusse à Paris, M. de Goltz, entre si bien dans ces vues qu'il veut obtenir un traité d'alliance avec la France dès les premiers mois de 1865. M. de Bismarck ne se soucie pas d'aller si vite, non par scrupule à l'égard de l'Autriche, mais parce que ce trompeur émérite craint d'être joué par la France : celle-ci pourrait dévoiler un traité secret. Il est d'ailleurs pleinement convaincu que, si l'Autriche refuse d'abandonner les duchés à la Prusse, l'alliance française deviendra pour celle-ci « l'ancre de salut[1] ».

En même temps que l'ambassade de Prusse à Paris fait paraître une brochure dans ce sens, *La convention de Gastein*, un journal, « l'organe bien connu de la démocratie impériale », publie une série d'articles, *La politique de la Prusse*, développant les mêmes idées et dus à une « plume autorisée et autoritaire ». Ils encouragent la Prusse à balayer « une poussière de petits souverains », et nous poussent à garder « une neutralité bienveillante », à favoriser l'entente italo-prussienne[2].

Dans ces conditions, M. de Bismarck a beau jeu auprès de l'empereur. Celui-ci, fort atteint déjà dans ses forces physiques, se laisse de plus en plus aller à son habituel fatalisme, qui tend à devenir de la passivité devant les événements. Il s'amuse du tour d'esprit de cet étranger, si éloigné du sien ; il prend goût à des combinaisons internationales qui flattent ses aspirations les plus intimes. Aussi le reçoit-il

---

1. Dépêche à M. de Goltz, 20 février 1865 ; von Sybel, *Die Begründung des deutschen Reiches durch Wilhelm I*, IV, 73 et suiv., cité par M. de la Gorce, *loc. cit.*, 108.

2. J. Klaczko, *Revue des Deux-Mondes*, 1ᵉʳ octobre, 524. — *La Convention de Gastein* parut en septembre 1865, chez Dentu. — *La politique de la Prusse* fut publiée en brochure au commencement de mai 1866, à l'imprimerie Dubuisson. La *Convention de Gastein* contenait des passages de ce goût : « L'Allemagne tout entière est possédée de l'irrésistible désir, de l'impérieux besoin de l'unité. La Prusse... joue en Allemagne le rôle que la France de la Révolution a joué en Europe... La France et la Prusse sont, ou du moins devraient être des alliées naturelles... Elles peuvent se tendre une main amie par-dessus les flots du Rhin qui les unit bien plus qu'il ne les sépare. Ennemies, elles se sont fait beaucoup de mal sans profit ni pour l'une ni pour l'autre ; amies et unies à l'Angleterre et à l'Italie, elles peuvent conduire les destinées de l'Europe » (*Le général La Marmora et l'alliance prussienne*, 70).

volontiers à Biarritz dans les automnes de 1864 et de 1865, alors qu'il n'est plus ministre de Prusse à Paris, mais président du conseil à Berlin [1]. Nombre de fois on voit sur la plage Napoléon III marcher lentement au bras de Mérimée, suivi à distance respectueuse par M. de Bismarck, gesticulant, parlant sans cesse et ne recevant d'ordinaire pour réponse qu'un regard terne, légèrement incrédule [2].

Malgré tous ses efforts, il ne parvient pas à découvrir la pensée de l'empereur, peut-être parce qu'elle s'ignore elle-même. Il tente vainement « de pénétrer dans son for intérieur pour y chercher les éléments d'une entente entre les deux gouvernements [3] ». Il est toujours éconduit. La conversation reste vague ou indécise de la part de Napoléon III. Il ne laisse voir qu'une seule idée bien arrêtée, celle d'affranchir Venise. La convention de Gastein lui a inspiré des doutes pour sa réalisation. Il fait encore allusion aux frontières du Rhin, ajoutant aussitôt qu'elles seraient énergiquement refusées par l'Allemagne et si difficiles à gouverner pour la France, qu'il est impossible d'y songer. Quant aux autres compensations que M. de Bismarck fait miroiter à ses yeux, il ne paraît pas disposé à les accepter. Ce désintéressement va si loin que le diplomate prussien n'y peut ajouter foi. Non sans raison, il croit que l'empereur désire une guerre entre la Prusse et l'Autriche, dans la pensée que, quels que soient ses résultats, il en sortira l'affranchissement de la Vénétie, l'agrandissement moral, sinon matériel de la France. D'ailleurs, toutes ses prévisions sont pour la défaite de la Prusse. Devant lui, impassible et muet, M. de Bismarck se

---

1. En 1864, M. de Bismarck part, le 1er octobre, de Berlin pour Bade et de là, le 5, pour Biarritz ; en 1865, il part directement pour Biarritz, le 30 septembre (Bismarck, *Pensées et souvenirs*, II, 30). C'est à la suite du voyage de 1864 qu'il lança sa circulaire du 24 décembre, qui devint le point de départ de son action contre l'Autriche (J. Klaczko, Deux chanceliers, *Revue des Deux-Mondes*, 15 juin 1875, 755 et suiv.).
2. J. Klaczko, 777. L'empereur dit à Mérimée de M. de Bismarck : « Il est fou ! » (*Ibid.*, 778). « En me parlant du comte de Bismarck, M. Benedetti me dit que c'était un diplomate pour ainsi dire maniaque » (Dépêche du général Govone, 6 avril 1866, La Marmora, *Un peu plus de lumière*, 153).
3. J. Klaczko, *ibid.*, 777.

voit, dit-il, dans la situation du dompteur opérant en face de l'Anglais, qui attend son heure. Mais il peut développer à loisir ses projets sur les Duchés, ses idées sur la mission historique de la Prusse. L'alliance qu'il offrait a été, non pas refusée, mais différée. Il aura le champ libre devant lui, à condition de mettre dans son jeu le cabinet de Florence [1]. « Si l'Italie n'existait pas, il faudrait l'inventer », dit-il au chevalier Nigra, en traversant Paris lors de son retour [2]. Il résume ainsi les résultats de son voyage : « D'après les observations que j'ai recueillies, je considère l'opinion actuelle de la cour impériale comme nous étant singulièrement favorable [3]. »

M. de Bismarck était-il sincère dans ses offres de compensation [4] ? Il est permis d'en douter, surtout pour ce qui touche les provinces rhénanes. En ce cas, sa bonne foi n'est rien moins qu'évidente. Certes les scrupules n'étaient pas pour gêner le futur chancelier, mais il savait son roi absolument opposé à toute cession territoriale au détriment

---

1. De Persigny, *Mémoires*, 376-377, d'après un entretien avec M. de Bismarck, lors de l'Exposition de 1867. M. de Persigny, 354, attribue le silence de l'empereur à l'influence de l'impératrice : Napoléon III ajourna ses décisions pour ne pas s'exposer à des difficultés intimes. Au contraire, M. G. Rothan affirme (*La Politique française en 1866*, 57) que M. de Bismarck reçut de l'empereur des assurances verbales qui laissaient le champ libre à la Prusse. L'*International* de Londres, « souvent très bien informé » (n° 2014, 7 septembre 1868), écrivait que M. de Bismarck fit, pour la première fois à Biarritz, en 1865, la proposition d'une alliance, « dont la Belgique, tout au moins, devait être le prix ». — « Très franc et très net », il mit tout à découvert, projets de la Prusse et offres de compensation pour la France ». L'empereur l'écouta « avec une complaisance marquée », sans lui dire un mot de ses intentions personnelles. Il en conclut simplement que Napoléon III ne s'opposait pas à ce que la guerre éclatât en Allemagne. Une défiance mutuelle empêcha de rien conclure (*Le général La Marmora et l'alliance prussienne*, 119). Voir *Le dernier des Napoléon*, traduction, 267, 5e édition, 1875. Cet ouvrage paraît être dû à un diplomate autrichien.

2. La Marmora, *Un peu plus de lumière*, 71.

3. Rapport du 11 octobre au roi Guillaume, von Sybel, *Die Begründung des deutschen Reiches*, IV, 213 et suiv., cité par M. de La Gorce, *loc. cit.*, 118. Le séjour de M. de Bismarck à Biarritz ne dura que du 4 au 11 octobre. « M. de Bismarck est venu surtout pour étudier nos institutions. Nous croyons savoir qu'il est parti très satisfait », disait naïvement le *Journal des Débats* (De La Gorce, *ibid.*).

4. Voir *supra*, p. 5 et 9. — Une dépêche du général Govone, 22 mai 1866, cité par M. G. Rothan, établit que les circonstances pourraient amener M. de Bismarck à offrir les provinces rhénanes à Napoléon III.

du « Vaterland ». Cette opposition, Guillaume ne perdait pas une occasion de l'affirmer. Une guerre avec la France n'avait jamais cessé d'être dans ses prévisions [1].

---

1. Le 17 juin 1860, Napoléon III quitte Bade, et, le 18 juin, anniversaire de Waterloo, le prince régent de Prusse réunit nombre de princes allemands (*Fürstentag*), affirmant hautement devant eux que ses conversations avec l'empereur n'ont rien changé à sa volonté de maintenir les traités de 1815, aussi bien que l'intégrité du sol germanique. Il l'a fait connaître à l'impérial visiteur qui a paru l'admettre (Ernest II, duc de Saxe-Cobourg Gotha, *Aus meinem Leben und aus meiner Zeit*, II, 35-48). Le 4 juin 1866, le roi Guillaume répond à l'archevêque de Cologne, qui exprimait des craintes à cet égard : « Le monde entier sait que je ne céderai volontairement aucun territoire allemand, et qu'il coulera des torrents de sang avant que cela n'arrive » (L. Schneider, *L'empereur Guillaume, Souvenirs intimes*, traduction, I, 349).

Notre attaché militaire à Berlin, colonel de Clermont-Tonnerre, écrit le 20 juin 1866 : « Le roi disait, il y a quelques semaines, à un diplomate allemand, chef de mission et militaire : « Si nous avons maintenant la guerre entre nous, nous nous réconcilierons plus tard, en faisant une autre guerre en commun » (*Vie militaire du général Ducrot*, II, 138, lettre au général Faure, 6 novembre 1866 ; *Papiers sauvés des Tuileries*, suite à la correspondance de la famille impériale, publiés par Robert Halt, 168-170).

IV

RÉDUCTION DE L'ARMÉE EN 1865

Le déclin de l'empire. — L'opposition et les dépenses militaires. — Les économies.
Suppressions de 1865.

Ainsi les difficultés s'amoncellent devant le gouvernement impérial. La question des Duchés reste pendante et la convention de Gastein ne lui apporte qu'une solution provisoire. L'Italie, que nous avons faite de nos mains, un peu malgré nous[1], ne renonce nullement à grandir encore ; elle compte sur un prochain avenir pour lui donner Venise et Rome, serait-ce à nos dépens. Nous sommes engagés, depuis plus de deux ans, dans une expédition qui paraît devoir être interminable et pourra nous conduire aux plus redoutables complications, celle du Mexique. Le prestige personnel de l'empereur, celui de la France ne sont plus ce qu'ils étaient lors du congrès de Paris. L'opposition grandit sans cesse à l'intérieur de l'empire. La foi en la durée du gouvernement impérial s'affaiblit visiblement. L'heure est donc mal choisie pour réduire nos forces. C'est pourtant ce qui va être fait.

A la Chambre des députés, non seulement l'opposition républicaine, mais une partie de la majorité conservatrice protestent contre l'exagération de nos dépenses militaires. En 1865, 64 voix se prononcent contre le chiffre du contingent habituel, 100,000 hommes. Mal soutenu par ses amis, violemment attaqué d'autre part, le gouvernement finit par céder. Le 17 juillet, l'empereur adresse au ministre de la

---

1. Voir, au sujet de l'hostilité du pays et de l'impératrice contre la politique sarde, le journal de lord Malmesbury, 12, 16, 18, 28 janvier, 8 mai 1859 (*Memoirs of an ex-minister, earl of Malmesbury*, Londres, 1884); les lettres de l'impératrice au comte Arese, 26 août 1859, de l'empereur et du docteur Conneau au même, 4 octobre 1859 et 24 juin 1861 (Bonfadini, *Vita di Francisco Arese*, 185, 208, 274), citées par le comte Grabinski, *Un ami de Napoléon III. Le comte Arese et la politique italienne sous le second empire*, 137-192.

guerre, maréchal Randon, une lettre reconnaissant la nécessité d'économies. Il s'agirait de supprimer deux compagnies par régiment d'infanterie, un escadron par régiment de cavalerie, sauf à créer trois nouveaux régiments de tirailleurs indigènes[1]. Après de longues discussions, le ministre fait admettre un projet plus néfaste encore, malgré les apparences. Son rapport du 15 novembre, suivi d'un décret conforme, amène la suppression de 221 compagnies d'infanterie, de 40 escadrons, 16 batteries montées ou à cheval, 22 batteries à pied, 5 compagnies du train d'artillerie, 2 compagnies du génie, sans parler de la gendarmerie, du train des équipages et d'autres corps ou services accessoires. Ces réductions si graves, en particulier pour l'artillerie, déjà insuffisante, ne sont nullement compensées par la création de trois bataillons de tirailleurs indigènes[2]. Du même coup,

---

1. *Mémoires du maréchal Randon*, II, 107. D'après le maréchal, ces économies furent instamment réclamées par la majorité du Corps législatif, qui agit sur le ministre d'État et sur le ministre des finances. — Napoléon III disait à lord Clarendon en avril 1864 : « ...Je ne suis pas préparé à la guerre. Le Corps législatif veut la paix... » (Spencer Walpole, *Life of lord John Russell*, II, 390, 391).

2.   *Garde impériale :*
Réduction à 7 compagnies des bataillons de grenadiers et de voltigeurs, jusqu'alors à 8 compagnies ;
— du régiment de gendarmerie à 2 bataillons de 6 compagnies ;
Suppression du 6ᵉ escadron dans les régiments de cavalerie de réserve et de ligne ;
— de la division d'artillerie à pied ;
— de 2 batteries du régiment monté ;
— de la division du génie ;
— de 1 compagnie dans l'escadron du train.

                      Ligne :
Suppression de 2 compagnies dans chacun des 100 régiments de ligne ;
— du 6ᵉ escadron dans les régiments de cuirassiers, de dragons, de lanciers ;
— de 4 batteries dans chacun des 5 régiments à pied ;
— de 1 batterie par régiment monté ou à cheval ;
— de 2 compagnies d'ouvriers d'artillerie ;
— de 1 compagnie par escadron du train d'artillerie ;
— de 1 compagnie d'ouvriers du génie ;
— de 2 sections d'ouvriers militaires d'administration et 2 sections d'infirmiers ;
— des manutentions et hôpitaux militaires dont le service pourrait être confié à des établissements civils ;
Réduction de 14 à 12 du nombre des régiments de cavalerie de réserve, par

1,268 officiers sont mis à la suite, nos pièces de campagne tombent au chiffre de 684, à peine l'indispensable pour une armée de 340,000 hommes. Que penser de la majorité qui impose ces réductions, des ministres qui les approuvent et du souverain qui les sanctionne en un pareil moment, à la veille de Sadowa ? Les avertissements ne leur ont pas manqué. L'un des fidèles de l'empereur, le duc de Persigny, lui écrit : « Sire, à cause de la question des titres, je n'ai pu vous dire mon impression sur la réduction de l'armée ; mais je ne crois pas qu'on ait fait faire depuis longtemps une faute plus grave à Votre Majesté[1]... » Vain effort ! La franchise parfois brutale du duc est depuis longtemps importune. Les événements de 1866 vont nous prendre au dépourvu.

---

la suppression de 1 régiment de carabiniers sur 2 et de 1 régiment de cuirassiers de la garde sur 2. Les carabiniers passent dans la garde.
Création d'un 4e bataillon dans chacun des 3 régiments de tirailleurs indigènes.
(Mémoires du maréchal Randon, II, 113-115.)

M. A. Le Faure, *Une mauvaise économie. Brochure impériale trouvée aux Tuileries*, 7-9, donne des chiffres différents, visiblement inexacts. Voir aussi le général Thoumas, *Les Transformations de l'armée française*, I, 131 et *passim*.

1. *Papiers et correspondance de la famille impériale*, I, 9, s. d. — Un rapport secret, signé *Élisabeth*, et adressé à l'empereur, célèbre la réduction de l'armée, parce qu'elle ferme sur un point la bouche à l'opposition, et surtout parce qu'elle satisfait le pays, qui veut la paix (*Papiers sauvés des Tuileries*, 107).

V

PREMIERS POURPARLERS ENTRE LA PRUSSE ET L'ITALIE

Venise et l'empereur. — L'empereur et l'alliance italo-prussienne. — Les antipathies entre l'Italie et la Prusse. — Le traité de commerce. — Mission Malaguzzi. — Retour de l'Italie vers la Prusse.

L'empereur, forcé de s'arrêter, en 1856, devant les menaces de la Prusse, n'avait jamais renoncé à délivrer Venise. C'était pour lui une idée fixe ; il voulait la réaliser à tout prix [1]. A défaut d'une nouvelle guerre contre l'Autriche, pour laquelle manquait jusqu'à l'ombre d'un prétexte, un moyen s'offrait à lui : mettre à profit les difficultés existantes entre les deux grandes puissances allemandes et jeter l'Italie dans les bras de la Prusse.

En France, la conviction générale était alors que les forces militaires de ce dernier pays restaient très inférieures à celles de l'Autriche. Le général Desvaux revenait d'une mission en Allemagne, persuadé que l'armée prussienne serait battue haut la main [2]. A l'école de Metz, le professeur d'art militaire écrivait dans son cours, en 1864 : « L'Autriche… a une grande et belle armée qui laisse loin derrière elle, comme organisation, les armées prussienne et russe. Après la France, l'Autriche occupe le premier rang comme puissance militaire… L'armée prussienne… est une organisation magnifique sur le papier ; c'est un instrument douteux pour la défense et qui serait fort imparfait pendant la première période d'une guerre offensive [3] ». Après Sadowa, M. Rouher pouvait dire avec raison au Corps législatif : « C'était là un événement que l'Autriche, que la France, que le militaire, que

---

1. Dépêches de M. Nigra, 28 mai 1866, et du comte de Barral, 23 mai, La Marmora, *Un peu plus de lumière*, 260 et 267.
2. G. Rothan, *loc. cit.*, 60, note 1.
3. Ce professeur était le capitaine, plus tard général, Ferron, mort inspecteur d'armée. Cf. Général Trochu, *L'armée française en 1867*, 7 ; A. Brachet, *L'Italie qu'on voit et l'Italie qu'on ne voit pas*, 134.

le simple citoyen avaient considéré tous comme invraisemblable, car c'était comme une présomption universelle que l'Autriche devait être victorieuse, et que la Prusse devait payer et payer cher le prix de ses imprudences [1]. »

Dès longtemps la pensée d'une guerre entre la Prusse et l'Autriche hantait Napoléon III. A la veille de la campagne de 1859, il chargeait le marquis Pepoli d'en représenter les avantages à Berlin [2]. Il sacrifiait sans scrupule nos intérêts les plus évidents à ce qu'on appelait déjà le principe des nationalités, à la prétendue nécessité de grands groupements ethniques, si loin de la vraie politique française, celle de Henri IV, de Richelieu et de Louis XIV, celle qui a fait notre France. Dans ces conditions, à l'unité italienne devait logiquement correspondre l'unité allemande ; l'empereur l'admettait pleinement, comme une conséquence de la guerre prochaine. Mais il supposait que celle-ci serait longue et difficile, que notre intervention deviendrait nécessaire et qu'elle impliquerait des compensations territoriales, ou du moins un agrandissement moral [3].

Il ne vit donc pas sans satisfaction les premières ouvertures faites par l'Italie à la Prusse. Celle-ci les accueillit avec hésitation, sinon avec froideur [4]. Les origines révolutionnaires de la jeune monarchie n'étaient pas pour lui plaire, quoique la nature des choses impliquât un rapprochement

---

1. J. Klaczko, *loc. cit.*, 765.

2. « En s'enchaînant à l'Autriche, la Prusse se condamne à l'immobilité ; elle ne peut s'en contenter : elle est appelée à une plus haute fortune ; elle doit accomplir en Allemagne les grandes destinées qui l'attendent et que l'Allemagne attend d'elle » (Massari, *Il conte di Cavour*, 268, cité par J. Klaczko, *loc. cit.*, 183) ; Lettre de Napoléon III à Arese, 27 mars 1864, citée par Bonfadini, 330 ; Grabinski, 221.

3. On peut présumer ce que pensait l'entourage de l'empereur par le passage d'un rapport secret signé *Élisabeth* : « Il y a bien des gens qui pensent que la guerre du Schleswig et la convention de Gastein nous vaudront les frontières du Rhin ; mais il est impossible... de ne pas admirer combien, à cet égard, les choses sont bien menées. Si on les a, ce sera non seulement sans coup férir, mais encore du consentement général » (*Papiers sauvés des Tuileries*, 102).

4. Enrico Poggi, *Memorie storiche del governo Toscana*, I, 329-331 et III, 193 et suiv. ; Nicomedo Bianchi, *Storia documentata*, VIII, 239-241, 356-357 ; *Lettere edite et inedite di Camillo Cavour*, VI, 683-689 ; Theodor v. Bernhardi, *Die ersten Regierungsjahre d. Königs Wilhelm I*, 1860-1863, 32, cités par M. de la Gorce, *Correspondant* du 10 janvier 1899, 89-91.

forcé entre elles. Il résultait des traditions historiques, de la politique d'agrandissement continu suivie à travers les siècles, des qualités même et des défauts communs aux deux races comme aux deux dynasties [1].

Malgré tant de points de contact, après le coup d'État de décembre 1851, le gouvernement prussien invitait Victor-Emmanuel à modeler son action sur celle des autres princes italiens, sans rien lui cacher des conséquences que pourrait entraîner l'inobservation de cette « mise en demeure » [2]. En 1860, après Castelfidardo, l'envoyé du roi de Prusse, comte Brassier de Saint-Simon, lisait au comte de Cavour une note très vive au sujet de la politique suivie par la maison de Savoie. Elle exprimait, « de la manière la plus explicite et la plus formelle, la désapprobation des principes adoptés et de l'application qu'on avait cru pouvoir en faire ». En 1861, la Prusse reconnaissait le gouvernement italien, mais sur les instances de la France et avec « tant de restriction et de réserves », que nul ne pouvait se faire illusion sur ses sympathies réelles [3]. Dans une note du 4 juillet 1862 à M. Brassier de Saint-Simon, le comte de Bernstorff insistait pour que l'Italie ne troublât pas la paix européenne au sujet de la Vénétie; il considérait cette possession autrichienne comme indispensable à la sûreté de la Confédération [4].

Lui aussi, M. de Bismarck fermait les yeux à ces affinités, si, comme il est plus probable, il n'y était contraint par les antipathies du roi. Il écrivait à M. de Beust (4 octobre 1862): « Je ne sens pas le besoin d'engager la Prusse sur les chemins de la politique sarde, et, quand bien même quelqu'un le voudrait, il n'aurait guère les moyens de passer de la théorie à la pratique [5]. »

---

[1]. M. de Rechberg nommait la Prusse le *Piémont septentrional* (De La Gorce, IV, 491).
[2]. Chiala, *Une page d'histoire du gouvernement représentatif du Piémont*, Turin, Botta, 1858, cité dans *Le général La Marmora et l'alliance prussienne*, 32.
[3]. *Le général La Marmora et l'alliance prussienne*, 33-34 ; La Marmora, 11 ; Dépêche du général v. Schleinitz, 13 octobre 1860, *ibid.*, 18.
[4]. *Le général La Marmora et l'alliance prussienne*, 34.
[5]. Beust, *Mémoires*, I, 213.

Un peu plus tard, dans une circulaire aux cours allemandes (24 janvier 1863), il signifiait que, si l'on ne revenait « à l'ancienne intimité, l'alliance de la Prusse avec un adversaire de l'Autriche ne serait pas du tout impossible dans un cas semblable à celui de la guerre d'Italie en 1859[1]... » Mais que d'hésitation pour la Prusse avant de prendre ce parti !

A la veille de la guerre des Duchés, elle s'engageait encore à mobiliser, si les Italiens envahissaient la Vénétie[2]. Vers la même époque, au contraire, le ministre des affaires étrangères italien, comte Pasolini, répondait à un messager officieux venu d'Allemagne : « On ne peut douter de nous ; le cas échéant, on nous trouverait toujours avec les ennemis de l'Autriche[3]. » Il faut ajouter que ces dispositions n'excluaient pas, en Italie, « un sentiment général de froideur, pour ne pas dire de répulsion, à l'égard de la Prusse[4] ». L'arrivée au pouvoir du général La Marmora, dont la « prussomanie » était célèbre, marqua un revirement significatif.

Il mit à profit la question du Zollverein afin de risquer un premier pas. Cette union douanière, qui a tant contribué à l'unité de l'Allemagne, devait expirer le 31 décembre 1865. Au commencement de 1864, l'Italie engagea des négociations pour conclure un traité de commerce analogue à ceux que la Prusse venait de signer avec la France et la Belgique (1862, 1863), c'est-à-dire exécutoire à dater du 1er janvier 1866.

La convention avec l'Italie allait être conclue (août 1864), quand la Prusse se refroidit subitement, sans raison apparente. Le 12 novembre, le Zollverein était renouvelé pour douze ans. Désormais, la situation changeait entièrement. L'Italie avait à négocier, non plus avec la Prusse seule, mais avec la Prusse représentant le Zollverein[5]. La déconvenue était complète.

---

1. *Le général La Marmora et l'alliance prussienne*, 37.
2. Voir *suprà*, p. 10.
3. Pasolini, *Memorie raccolte da suo figlio*, 328, cité par M. de La Gorce, *loc. cit.*, 93-95.
4. *Le général La Marmora et l'alliance prussienne*, 36.
5. *Le général La Marmora et l'alliance prussienne*, 42.

D'autre part, en éloignant l'Italie de Rome, la convention du 15 septembre 1864 l'orientait vers Venise, c'est-à-dire vers l'alliance prussienne. Mais les hésitations de la Prusse duraient encore; elle semblait prendre à tâche de décourager les Italiens[1]. Bien plus : après la paix avec le Danemark, M. de Bismarck proposait au cabinet de Vienne de céder les Duchés à la Prusse, sous la condition d'engager une action commune en vue de reprendre la Lombardie à l'Italie[2]. Par contre, Napoléon III disait au comte Pasolini : « Il viendra un jour où les deux puissances allemandes seront amenées à la nécessité de la guerre. Ce sera le bon moment pour vous[3]. » En effet, les pourparlers du traité de commerce furent repris lors des premiers froissements entre l'Autriche et la Prusse (mai 1865). La Marmora admit les propositions prussiennes; la plupart des États allemands, le Hanovre, le Nassau et quelques autres exceptés, reconnurent le jeune royaume. Le traité fut conclu, mais à titre provisoire, tant que ces exceptions subsisteraient. Ce devait être le point de départ de l'alliance italo-prussienne[4].

Le général La Marmora ne tardait pas à communiquer aux Tuileries les ouvertures de M. d'Usedom, le ministre de Prusse à Florence. L'Italie entreprenait des études en vue d'une guerre[5]. Sur les entrefaites, la convention de Gastein marquait un temps d'arrêt dans le rapprochement de la Prusse et de l'Italie. Celle-ci gardait rancune au gouvernement prussien de tromper son attente; elle le soupçonnait d'avoir communiqué à l'Autriche la réponse de La Marmora à M. d'Usedom, afin de lui forcer la main[6]. Ne

---

1. La Marmora, *Un peu plus de lumière*, 45-46 ; Jacini, *Due anni di politica italiana*, Milan, Civelli, 1868, 128; Pasolini, *Memorie*, 412, cités par M. de La Gorce, *loc. cit.*, 96-97.
2. Confidences de M. de Bismarck à M. de Beust, confirmées par un fonctionnaire des affaires étrangères de Vienne (Beust, *Mémoires*, II, 481).
3. Pasolini, *Memorie*, 412, cité par M. de La Gorce, *loc. cit.*, 96-97.
4. *Le général La Marmora et l'alliance prussienne*, 47, d'après Jacini, *Due anni di politioa italiana*.
5. Dépêche à M. Nigra, 4 août 1865, La Marmora, *Un peu plus de lumière*, 53-54; *Le général La Marmora et l'alliance prussienne*, 52.
6. *Le général La Marmora et l'alliance prussienne*, 55-56.

comptant plus sur la Prusse, le cabinet de Florence tenta de s'entendre avec Vienne. Le 9 octobre 1865, La Marmora remettait au comte Malaguzzi des instructions détaillées : il devait proposer au gouvernement autrichien l'achat de la Vénétie, moyennant une somme dont le total ne dépasserait, en aucun cas, un milliard ; il laisserait entrevoir la possibilité de conclure un traité de commerce. Il chercherait même à obtenir une convention secrète, qui facilitât dans l'avenir l'acquisition du Tyrol italien.

En Autriche, le comte Malaguzzi se heurtait à des scrupules plutôt qu'à une opposition véritable. On mettait en avant le point d'honneur militaire, la question de dignité. Il en gardait cette impression que le cabinet de Vienne était virtuellement résigné à l'abandon de la Vénétie, qu'il la céderait après une campagne sauvegardant son amour-propre. Singulière combinaison en vérité [1] !

D'ailleurs, à cet instant, la Prusse redoublait d'efforts pour regagner l'Italie. Le roi envoyait à Victor-Emmanuel le collier de l'Aigle noir ; M. de Bismarck reprenait les négociations du traité de commerce et les menait à bien. Il disait à M. Benedetti : « Vraiment, l'Italie aurait bien tort de dépenser 500 millions pour racheter Venise. La guerre ne lui en coûterait pas 200 et ne laisserait pas pendantes des difficultés de fond, que la paix est impuissante à résoudre [2]. » Le 18 novembre, dans son discours du trône, Victor-Emmanuel lançait une phrase qui, à elle seule, était un programme : « Un changement profond, inévitable, est en train de s'opérer parmi les peuples européens. » Il laissait prévoir « de nouvelles épreuves [3] ». Le 13 janvier 1866, M. de Bismarck

---

1. *Le général La Marmora et l'alliance prussienne*, 58-60 ; La Marmora, *Un peu plus de lumière*, 61-70. — En 1863, le comte de Rechberg disait à M. de Gramont, au sujet de la cession de la Vénétie : « Je ne dis donc point *jamais*; mais il faut tant de choses... que, si le mot *jamais* n'était point de mon vocabulaire politique, je serais tenté de le prononcer ici » (Correspondance de M. de Gramont, citée par M. de La Gorce, IV, 568).

2. La Marmora, cité par M. de La Gorce, 294 et suiv. ; Rapport Govone, 14 mars 1866, La Marmora, 98 ; M. de Bismarck avait eu vent de la mission Malaguzzi et croyait devoir faire quelques représentations au général La Marmora (*Le général La Marmora et l'alliance prussienne*, 60).

3. *Le Général La Marmora et l'alliance prussienne*, 63.

écrivait à M. d'Usedom : « La conduite de l'Autriche a éteint toutes les obligations de conscience qu'avait fait naître dans l'esprit du roi la convention de Gastein[1]. »

Constamment Napoléon III fut tenu au courant de ces tentatives. Il les approuva entièrement. Il fit même plus : il conseilla une alliance offensive et défensive dont les conséquences allaient être Sadowa[2]. Dans la redoutable partie que devaient jouer trois des grandes puissances de l'Europe, tous les risques étaient pour la Prusse. Quoi qu'il arrivât, l'Italie, sûre de l'appui de la France, ne pouvait être atteinte dans son intégrité territoriale. Quant à notre gouvernement, il encourageait sous main la Prusse et l'Italie, tout en prodiguant à leur rivale des témoignages de sympathie. Ce rôle manquait à la fois de franchise et de prudence, car il était uniquement basé sur la supposition que l'Autriche serait victorieuse[3].

---

1. La Marmora, cité par M. de La Gorce, *loc. cit.*, 294 et suiv.
2. G. Rothan, Souvenirs diplomatiques. La France et l'Italie, *Revue des Deux-Mondes*, 15 novembre 1884, 304 ; Rapport du chevalier Nigra au prince de Carignan, juin 1866, publié par le *Courrier d'Italie*, 8 février 1877, reproduit par le général La Marmora, *I segreti di Stato nel governo costituzionale*, I, 404, et par M. G. Rothan, *La politique française en 1866*, 423 et suiv. Le général La Marmora écrivit au chevalier Nigra, en juin 1866 : « L'empereur n'oubliera pas qu'il nous a conseillé le traité avec la Prusse » (G. Rothan, La politique française en 1866, *Revue des Deux-Mondes*, septembre 1878, 291).
3. G. Rothan, *loc. cit.*, 265 et suiv. — Une lettre de M. de Bismarck au général von Manteuffel, 9 juin 1866, publiée par le *Times* et reproduite par le *Journal des Débats* du 29 octobre 1898, montre que l'empereur était tenu au courant des projets agressifs de la Prusse. — « La situation géographique de la Prusse est mal délimitée ; il faut à cette puissance plus d'homogénéité et de force dans le Nord... Dans la lutte qui éclate, la France a deux intérêts : conserver l'équilibre européen, c'est-à-dire s'agrandir si un voisin allemand s'agrandit, et soutenir l'Italie, si elle n'est pas assez forte pour résister à l'Autriche... » (Note du général Frossard à l'empereur, *Papiers sauvés des Tuileries*, 166).

VI

L'ALLIANCE ITALO-PRUSSIENNE

Premières difficultés entre la Prusse et l'Autriche. — Conseil du 28 février à Berlin. — Mission du général Govone. — Échec des pourparlers entre l'Autriche et l'Italie. — Méfiances réciproques de l'Italie et de la Prusse. — Le comte Arese à Paris. — Menaces de guerre. — L'opinion en Prusse. — M. de Bismarck et Napoléon III.

A Berlin, l'année 1866 semblait commencer sous de pacifiques auspices. La question des Duchés résolue par le « replâtrage » de Gastein, aucun autre point noir n'apparaissait [1]. Mais ce calme était de pure surface. En réalité, les rapports étaient si tendus entre la Prusse et l'Autriche que l'on ne pouvait plus guère espérer une réconciliation [2]. M. de Bismarck donnait bientôt à la politique prussienne une allure agressive. Des difficultés s'élevaient entre les généraux von Gablenz et von Manteuffel, qui commandaient dans les Duchés les troupes des deux nations. Dès le 26 janvier, M. de Bismarck adressait au baron de Werther une dépêche qui présageait la guerre. Une note au gouvernement autrichien revêtait la même apparence et la réponse du comte de Mensdorff (7 février) révélait une irritation contenue, mais profonde [3]. Quelques jours après, le ministre prussien annonçait au comte Karolyi que l'entente était rompue entre la Prusse et l'Autriche.

Dans ce pays, on n'attachait pas d'abord aux projets de l'aventureux diplomate l'importance qu'ils méritaient. M. de Gramont écrivait de Vienne à la fin de l'automne 1865 : « On estime ici que la position de M. de Bismarck dans sa patrie sert de contre-poids à la hardiesse de ses concep-

---

1. L. Schneider, *L'empereur Guillaume, Souvenirs intimes*, traduction, I, 214.
2. *Le général La Marmora et l'alliance prussienne*, 61-63 ; État-major autrichien, *Relation de la guerre de 1866*.
3. *Le général La Marmora et l'alliance prussienne*, 63-73 ; P. de La Gorce, *Correspondant* du 25 janvier 1899, 297-302 ; Benedetti, *Ma mission en Prusse*, 27, dépêche du 11 février 1866.

tions... Ce qui serait une grande entreprise pour un ministre populaire, s'appuyant sur un grand parti national et sûr de l'assentiment de son souverain, n'est plus qu'une grande aventure pour un homme d'État réduit à ses forces individuelles[1]. » Notre ambassadeur à Berlin pensait à peu près de même : « ...Du pas dont l'on marche, on pourrait bien se trouver pris, plus tôt qu'on ne pense, entre une témérité et une défaillance[2]. »

En effet, les événements se précipitaient. Le 22 février, les Chambres prussiennes, hostiles aux projets de M. de Bismarck, étaient prorogées. L'ambassadeur de Prusse à Paris se rendait à Berlin où avait lieu le 28 un conseil extraordinaire en présence du roi. M. de Goltz persuadait les assistants de la sincérité et de la cordialité des sentiments de Napoléon III. Le prince royal et le ministre des finances, seuls, se prononçaient pour la conciliation. Le roi était fort hésitant. « Je me déciderai à la guerre, s'il le faut », aurait-il dit. « Je ne m'y déciderai qu'après avoir prié Dieu de me montrer le droit chemin[3]. »

A cette même date, il semblait un instant que l'entente allait se faire entre l'Autriche et l'Italie. Le chevalier Nigra, reçu aux Tuileries le 28 février, proposait la cession volontaire de la Vénétie en échange des provinces danubiennes, dont le prince, Couza, venait de tomber. Ce n'était pas là une idée nouvelle. Dès 1860, l'abandon de Venise à l'Italie faisait l'objet d'une brochure célèbre qu'on attribuait à Napoléon III : *L'empereur François-Joseph et l'Europe*. A la fin de 1864, le général La Marmora risquait des démarches dans le même but auprès des cabinets de Paris et de Londres. Le refus de l'Autriche jetait définitivement l'Ita-

---

1. Cité par M. de La Gorce, *loc. cit.*
2. Lettre du 11 février 1866 (Benedetti, *Ma mission en Prusse*, 31); G. Rothan, *La politique française en 1866*, 103.
3. Assistaient à ce conseil le prince royal, les ministres, les généraux von Moltke, von Manteuffel, le comte de Goltz (La Gorce, *loc. cit.*, 297-302, d'après von Sybel, IV, 281 et suiv.; G. Rothan, *La politique française en 1866*, 106; Benedetti, 35-44; *Le général La Marmora et l'alliance prussienne*, 74-75; Oncken, *Unser Heldenkaiser*, 88).

lie dans les bras de la Prusse¹. En février 1866, Napoléon III accueillit très favorablement la proposition de M. Nigra. Mais il objecta que l'Autriche y adhérerait difficilement. « Pour l'y contraindre, ajouta-t-il, vous devez accepter les propositions de la Prusse et la pousser à conclure une alliance offensive et défensive avec vous. Je me chargerai, moi, de proposer confidentiellement au gouvernement autrichien la combinaison caressée par vous². » Il pensait que le cabinet de Vienne céderait sûrement devant une double menace.

Au conseil du 28 février à Berlin, il avait été décidé qu'on s'entendrait avec l'Italie. M. de Bismarck entrait donc en échanges d'idées avec le comte de Barral, et le général La Marmora s'empressait de répondre qu'on le trouverait toujours prêt à entamer une négociation dirigée contre l'Autriche. Mais il désirait savoir jusqu'à quel point on pouvait compter sur le concours de la Prusse. M. de Bismarck exprimait alors le désir qu'on envoyât, pour être adjoint à M. de Barral « un homme versé à la fois dans l'art militaire et la diplomatie³ ».

Le 9 mars, au parlement de Florence, le marquis Pepoli déclarait le moment venu de « fonder les alliances de l'Europe sur des bases nouvelles, sur la communauté des principes et des intérêts⁴ ». Vers le milieu du mois, le chef d'état-major de l'armée prussienne, général de Moltke, allait partir en mission pour l'Italie, quand survenait un officier général italien, arrivé mystérieusement par la Suisse, sous prétexte d'un voyage d'études. « Le but de la mission de M. le général Govone, écrivait La Marmora à M. de Barral, est de s'assurer des combinaisons militaires que, par suite

---

1. *Le général La Marmora et l'alliance prussienne*, 19-22, d'après un discours du général, 12 novembre 1864, à la Chambre italienne ; Rapport du chevalier Nigra au prince de Carignan, juin 1866 ; G. Rothan, 423.
2. Rapport de M. Nigra au prince de Carignan, juin 1866 ; G. Rothan, 424 ; P. de La Gorce, 302.
3. *Le général La Marmora et l'alliance prussienne*, 74-75 ; La Marmora, *Un peu plus de lumière*, 87.
4. P. de La Gorce, *loc. cit.*, d'après le *Parlamento italiano*, 1865-1866, 903.

de la situation politique actuelle, le gouvernement de S. M. le roi de Prusse pourrait vouloir concerter avec nous pour la défense commune[1]. » M. Benedetti en rendait compte, lui aussi : « On annonce la prochaine arrivée d'un officier général italien, le général Govone, qui viendrait à Berlin chargé d'une mission importante ; cette nouvelle, qui aurait été divulguée, dit-on, par une indiscrétion du maréchal de Wrangel, a causé une certaine émotion. Si elle se confirmait, on ne manquerait pas de croire que la Prusse et l'Italie négocient un traité d'alliance offensive et défensive en prévision d'une guerre prochaine. »

En réalité, Govone était déjà à Berlin, et M. de Bismarck ne faisait pas mystère de ses intentions. Il trouvait seulement cette venue prématurée, car, disait-il, « nos rapports avec l'Autriche ne sont pas encore suffisamment agressifs ». Ainsi, la diplomatie impériale était si peu au courant des intentions du souverain, qu'elle annonçait comme douteuse une alliance dont il avait pris l'initiative quinze jours auparavant. Quelle unité pouvait-il y avoir dans notre politique extérieure[2] ?

Le 14 mars, le général Govone était reçu par M. de Bismarck. Celui-ci essayait d'amener l'Italie à contracter des engagements fermes, tandis que la Prusse resterait libre de ses mouvements. Govone n'avait garde d'y consentir. Il proposait une acceptation conditionnelle, *ad referendum*, sans aucunement renoncer à obtenir la Vénétie de la bonne volonté autrichienne. De la sorte, écrivait-il, « la vipère aura mordu le charlatan[3] ».

Cette habile *combinazione* ne devait pas réussir. La cession des principautés à l'empire austro-hongrois trouvait la Russie nettement hostile, l'Angleterre et l'Autriche froides ou défiantes. Le 17 mars, le chevalier Nigra annonçait un

---

1. Dépêche du 9 mars 1866 ; La Marmora, *Un peu plus de lumière*, 90 ; *Le général La Marmora et l'alliance prussienne*, 77.
2. Benedetti, rapports des 14, 16, 18 mars 1866, 71-73. Voir *suprà*, p. 29.
3. Rapports du général Govone, 14 et 15 mars 1866, La Marmora, *Un peu plus de lumière* ; G. Rothan, *loc. cit.*, 278.

échec : « Notre seule espérance se résume aujourd'hui en une guerre d'accord avec la Prusse. » Mais, à Berlin, les négociations se heurtaient à des méfiances réciproques, qui faisaient croire plusieurs fois à leur arrêt définitif. Nul n'y allait de bon jeu. M. de Bismarck aurait voulu que l'Italie commençât les hostilités[1]. Le général Govone et le comte de Barral entendaient que l'initiative vînt de la Prusse. « L'Italie doit entrer dans la guerre avec cette persuasion qu'elle pourrait fort bien être laissée seule en route », écrivait Govone. Autour du roi Guillaume, dans la bourgeoisie, même dans l'armée, l'hésitation était visible. M. de Bismarck montrait très peu de confiance en ses futurs alliés. S'il livrait la preuve des négociations, l'acte ne passerait-il pas par Vienne avant d'être rapporté à Berlin[2] ?

D'ailleurs, l'attitude de Napoléon III semblait plus que jamais énigmatique. La moindre opposition de sa part eût tout fait échouer[3]. Trois jours avant la signature du traité secret avec l'Italie, M. de Bismarck disait au général Govone : « Tout cela, bien entendu, si la France le veut, car si elle venait à montrer de la mauvaise volonté, alors rien ne pourrait se faire[4]. » Napoléon III était encore, dans toute la force du terme, l'arbitre de la paix en Europe.

A la fin de mars, le général La Marmora entreprit de sonder l'empereur sur la façon dont son gouvernement en-

---

1. Lettre du général Govone, 18 mars 1866 ; La Marmora, *Un peu plus de lumière*, 106 ; Rapport du chevalier Nigra au prince de Carignan, G. Rothan, 425 ; *Le général La Marmora et l'alliance prussienne*, 92. Le 22 mars, Govone annonçait au général La Marmora qu'il se considérait simplement comme devant rester en observation à Berlin. Le 24, M. de Bismarck lançait une circulaire belliqueuse (Bonghi, *Nuova Antologia italiana*, 30 mars 1866, cité dans l'ouvrage précédent, 87-91).
2. Benedetti, 75, lettre du 27 mars.
3. « Quoi qu'on en puisse dire maintenant, si la France s'était opposée à ces démarches, nous ne pouvions courir les risques de nous trouver en face d'une alliance austro-française. La Prusse était aussi préoccupée que nous, peut-être même davantage, de l'attitude que prendrait la France dans le cas d'une guerre de la Prusse et de l'Italie contre l'Autriche » (La Marmora, cité par J. Klaczko, *loc. cit.*, 773) ; Mémoire du colonel von Dœrring, remis à Moltke le 23 février 1866 ; Th. Krieg, *Wilhelm von Dœrring*, 141, cité par la *Revue militaire*, 1899, n° 858, 343.
4. Dépêche du général Govone, 6 avril 1866, La Marmora, *Un peu plus de lumière*, 152 ; P. de La Gorce, IV, 597.

visagerait une alliance italo-prussienne. Le comte Arese, le compagnon aimé de la jeunesse de Napoléon III, ancien *carbonaro* comme lui, celui-là même qui avait été chargé, en décembre 1848, de le complimenter au nom du gouvernement piémontais, se rendit à Paris. Il revint convaincu des sympathies de l'empereur pour l'Italie ; à défaut d'une « solution pacifique », qu'il préférait, Napoléon III ne s'opposerait pas à ce que le jeune royaume profitât de la diversion opérée par la Prusse afin d'accomplir « le vœu national ». Mais, il se réservait une « complète liberté d'action, pour toute éventualité dans laquelle les intérêts de la France courraient quelque danger[1] ». Ses intentions étaient si bien dissimulées sous un voile d'indifférence et d'apathie fataliste que, le 31 mars, le chevalier Nigra pouvait écrire à Florence : « Je crois que l'empereur désire la guerre, mais je crois aussi qu'il ne veut s'engager avec personne avant que la lutte ait éclaté[2]. »

Quelle que fût sa pensée réelle, le gouvernement italien était pleinement rassuré sur ses dispositions à l'égard de l'Italie ; il cherchait à faire partager cette confiance au cabinet de Berlin. Le 20 mai, le général La Marmora écrivait au comte de Barral, un peu naïvement : « L'amitié de la France sera toujours considérée par la Prusse, j'en ai la confiance, comme un gage de plus de notre alliance[3]. »

M. de Bismarck n'était pas homme à négliger une occasion

---

1. Discours de M. Rouher au Corps législatif, 30 mai 1866, *Moniteur universel* du 4 mai ; *Le général La Marmora et l'alliance prussienne*, 121-129, d'après Jacini, *Due anni di politica italiana* ; Bazzoni, *Storia politica d'Italia dall'anno 1848 al 1868 con documenti inediti*, Florence, 1868 ; Berti, discours à la Chambre des députés d'Italie, 12 décembre 1867 ; Lettre d'Arese à La Marmora, 30 mars 1866 (comte Grabinski, *Un ami de Napoléon III*, Bahl, 1898, 226, d'après Bonfadini, 338-339) ; La Marmora, *Un peu plus de lumière*, 139-141. Le comte Arese arrivait à Paris le 30 mars.
2. Rapport au prince de Carignan, juin 1866, G. Rothan, 428 ; Lettre du chevalier Nigra, 29 mars, et télégramme du 31, La Marmora, *Un peu plus de lumière*, 140.
3. *Le général La Marmora et l'alliance prussienne*, 129. — « La question italienne a bien été le secret de la politique de Napoléon III » (Valbert, *Revue des Deux-Mondes*, mai-juin 1889, 209, au sujet de L. Thouvenel, *Le secret de l'empereur*, 2 vol. in-8°, 1889, *Calmann-Lévy*). Le général Cialdini disait de lui en 1865 : « Il est plus Italien que Français » (*ibid.*, 211).

favorable. A son gré, les choses marchaient même trop lentement. Il fit des confidences calculées à la femme du ministre de Saxe à Berlin, comtesse de Hohenthal. M. de Beust crut nécessaire de prendre des précautions. De même pour l'Autriche. Aussitôt la presse prussienne de les exagérer. Les régiments mis en mouvement deviennent des divisions, puis des corps d'armée; Berlin est déjà menacé; des mesures compensatrices sont nécessaires[1]. M. de Bismarck adresse au gouvernement autrichien (24 mars) une note où il relève ses préparatifs, non sans les amplifier. Il en fait prévoir d'autres de la part de la Prusse. Sur l'opinion publique, l'effet produit est nul[2]. Quant à M. de Mensdorff, il se contente d'une réponse très modérée : « Rien n'est plus éloigné des intentions de l'empereur que de prendre une attitude offensive à l'égard de la Prusse. » (31 mars.) M. de Bismarck répond, le 5 avril, presque dans des termes identiques[3]. En même temps, il élargit la question. Il ne s'agit plus seulement des Duchés, mais de la revision du pacte fédéral sur la base de la constitution de 1849 : un pouvoir central chargé de la direction militaire et de la représentation extérieure de l'Allemagne; une assemblée élue par le suffrage universel[4]. Il irait jusqu'à rappeler au besoin le parti libéral, à proclamer la constitution de 1849, à entraîner le sentiment national[5]. En fait, c'est l'unité allemande qu'il réclame, comptant bien qu'elle se fera au profit de la Prusse. Celle-ci n'en proteste pas moins de ses intentions pacifiques, aussi bien que l'Autriche. Mais toutes deux poursuivent leurs armements, comme les petits États allemands.

Si M. de Bismarck, si même le roi Guillaume sont décidés à la guerre, en Prusse « la paille est d'abord singulièrement

---

1. G. Rothan, *La politique française en 1866*, 112. Le comte de Beust était alors premier ministre en Saxe.
2. L. Bamberger, *Étude sur M. de Bismarck*, Paris, 1868, 185.
3. *Le général La Marmora et l'alliance prussienne*, 84-86 ; Benedetti, 87.
4. Rapport Govone, 14 mars 1866, La Marmora, *Un peu plus de lumière*, 93 ; Benedetti, dépêche du 17 avril 1866, 104.
5. D'après une conversation avec M. Benedetti, lettre du 19 mai 1866 (*Ma mission en Prusse*, 161).

humide ». De toutes parts affluent des adresses demandant ou conseillant la paix. On n'entend que ces mots « guerre fratricide ». La confiance manque. On sait que la plupart des généraux n'ont jamais vu le feu. Il y a « partout froideur et indifférence ». Déjà, l'on refuse le papier-monnaie. Berlin est « dans des dispositions douteuses ou même hostiles[1] ». La « très honorable corporation » marchande de Kœnigsberg décide de ne plus illuminer le jour de la fête du roi. M. von Gerlach, le champion du « parti de la Croix », jadis si bien inféodé à M. de Bismarck, l'accuse « de dissoudre tous les éléments conservateurs de la monarchie[2] ». L'attentat de Blind (8 mai) motive de la part des journaux progressistes des appréciations très hostiles. On vend dans tout Berlin une lithographie représentant cette tentative d'assassinat. Le diable saisit au vol les balles destinées à M. de Bismarck, en disant : « Il m'appartient[3]. » Le 17 avril, un « meeting », auquel assistent tous les députés de la capitale prussienne, vote à l'unanimité cette motion : « Une guerre entreprise dans l'intention d'annexer les Duchés à la Prusse ne saurait être justifiée[4]... » Le *Nationalverein*, l'*Abgeordnetentag*, la *Reformpartei*, la *Volkspartei* se montrent très opposés à la guerre. « Au moment décisif, M. de Bismarck n'avait aucun appui moral dans la nation[5]. » Le conseil municipal de Berlin déclare qu'il ne veut plus avoir de relations avec la cour. Même quand le premier coup de canon a été tiré, ces dispositions persistent dans certaines classes. On refuse de croire aux victoires prussiennes ; on raille l'enthousiasme populaire[6].

---

1. Bismarck, *Pensées et souvenirs*, I, 419 ; La Marmora, *Un peu plus de lumière*, passim ; *Le général La Marmora et l'alliance prussienne*, 132 ; Malmesbury, 350. — « Songez, mon cher Général, disait M. von Manteuffel au général Fleury, en 1863, que je suis général de division et que je n'ai pas encore vu le feu » (Fleury, II, 286).
2. J. Klaczko, Les préliminaires de Sadowa, *Revue des Deux-Mondes*, 1er octobre 1868, 545.
3. Bismarck, *Pensées et souvenirs*, I, 419.
4. *Le général La Marmora et l'alliance prussienne*, 100.
5. L. Bamberger, 171 ; *Le général La Marmora et l'alliance prussienne*, 132.
6. L. Schneider, I, 238-244. — L'armée n'est pas enthousiaste de la guerre contre l'Autriche (Dépêches du général Govone, 2 avril et 22 mai 1866, La

Il ne faudrait pas se tromper aux causes de cette hostilité générale. Elle tient en grande partie à ce qu'on suppose la cour d'accord avec la France. Le 27 mai 1866, l'archevêque de Cologne écrit au roi, dans les termes les plus pressants, pour déconseiller la rupture avec l'Autriche : « Les pays rhénans ne redoutent rien tant que de se voir livrés à la France à la suite d'une pareille guerre [1]. » Encore le 15 juin, un ancien ministre, von Bethmann-Hollweg, s'adressant à Guillaume Ier, unit dans le même anathème M. de Bismarck et la politique de Napoléon III.

Pourtant, quoi de plus dissemblable que ces deux hommes, de plus opposé que leurs vues ? Le contraste ne saurait être plus complet : M. de Bismarck dans toute sa vigueur physique et morale, son être entier respirant la force, la résolution, l'activité ; « réaliste dans ses conceptions plus encore que dans ses actes..., dédaigneux des considérations générales », des principes absolus, des idées abstraites; uniquement sensible aux réalités palpables, aux profits immédiats ; « point humanitaire, plus Prussien qu'Allemand »; incarnant en lui une race vaillante, plus estimable que sympathique, obstinée dans la lutte, éprouvée par un climat dur et un sol pauvre, qui a réussi à les vaincre comme elle a vaincu ses voisins, à force de volonté, de persévérante énergie et de sentiment du devoir [2].

En face de ce colosse construit pour la bataille, quel contraste que la physionomie lassée et soucieuse de l'empereur, déjà malade, troublé par des insuccès, fait pour le travail du cabinet beaucoup plus que pour la vie active ! Son caractère est de la plus extrême complexité. On a fréquemment surfait son intelligence aux dépens de son cœur, mais

---

Marmora, *Un peu plus de lumière*, 143-253). — « Il ne faut pas négliger l'opinion publique de la nation. Or, l'opinion du pays est de plus en plus hostile à la guerre... » (Extrait d'une note adressée le 19 mai au général de Moltke, *Wilhelm von Dœring*, 158).

1. L. Schneider, I, 349.
2. P. de La Gorce, *loc. cit.*, 317 ; Voir *suprà*, p. 11. M. de Bismarck disait : « Je suis moins Allemand que Prussien » (Rapport du général Govone, 3 juin 1866, La Marmora, *Un peu plus de lumière*, 288).

il n'est ni « une grande incapacité méconnue », comme le prétend M. de Bismarck, dès 1862, ni l'homme du sens le plus droit que voit en lui M. de Persigny. S'il est inférieur à la situation que son nom et les circonstances lui ont faite, il ne l'est pas au point qu'ont voulu dire ses ennemis. Il n'a pas toutes les qualités d'un souverain, mais il en a quelques-unes[1]. Son abord est facile, son regard doux et intelligent. Il écoute beaucoup, parle peu et bien. C'est « Napoléon le Taciturne », mais peut-être écrit-il trop ? Il a toute discussion en horreur[2]. « Lent et indolent, homme de plaisir et de loisir », il s'adonne volontiers aux distractions voluptueuses. Intelligent, on lui a reproché un goût particulier pour les sots, parce qu'il entend échapper à toute domination ou par mépris de l'espèce humaine[3]. Il fait preuve à l'occasion du plus mâle courage, mais il n'a rien du chef d'armée. « Plus d'une fois, ses instructions ont mis dans un grand embarras, en Crimée, nos commandants en chef. » Il étudie les campagnes de César beaucoup plus que celles de Napoléon[4]. Il ne sait pas lire une carte[5]. Son instruction générale a été fort négligée ; il n'a pas la moindre notion de l'Allemagne, et croit, en 1861, à l'imminence d'une révolution en Prusse. « Il n'avait pas d'instruction réelle, mais beaucoup d'intelligence, les rudiments et même les éclairs d'un génie plutôt littéraire que philosophique et plutôt philosophique que politique[6]. »

À l'égard de son entourage, il est d'une extrême bienveil-

---

[1]. Bismarck, *Pensées et souvenirs*, I, 199 ; J. Klaczko, Deux chanceliers, *Revue des Deux-Mondes*, juillet-août 1875, 180 ; Seinguerlet, *Propos de table de M. de Bismarck pendant la campagne de France*, 34 ; De Persigny, *Mémoires*, 345 ; Bismarck, *Mémoires recueillis par M. Busch*, I, 240 ; A. Dumas, *Nouvelle lettre de Junius*, 3, 10 et suiv.

[2]. Général de Wimpffen, *Sedan*, 36 ; P. de Lano, *La cour de Napoléon III*, 97 et suiv. ; *Le dernier des Napoléon*, 37-113, 396 ; Malmesbury, 374.

[3]. Lettre de Guizot à M. Reeve, 2 décembre 1862, *Revue hebdomadaire*, 12 novembre 1898, 241 ; P. de Lano, 110 ; Général Ambert, *L'invasion*, 17.

[4]. De Wimpffen, *Sedan*, 36 ; P. de Lano, 110 ; de Persigny, 345 ; Malmesbury, 280, d'après le maréchal Pélissier.

[5]. Général Jarras, *Souvenirs*, 56 ; P. de Massa, *Souvenirs et impressions*, 289.

[6]. Georges Sand, *Journal d'un voyageur pendant la guerre*, cité par M. G. Rothan, *La politique française en 1866*, 263 ; Seinguerlet, 34 ; Bismarck, *Mémoires*, recueillis par M. Busch, I, 30.

lance, sans ombre de prétention, d'orgueil ou de vanité. Nul n'a pu « l'approcher dans sa bonne ou sa mauvaise fortune, sans être séduit par la noblesse de ses sentiments et par son exquise bonté[1] ». Généreux, magnifique jusqu'à la duperie, il reconnaît le moindre service avec une gratitude peu ordinaire[2]. Mais les luttes de sa raison contre son cœur sont « le plus souvent des défaites et quelquefois des déroutes ». Il fait preuve en mainte occasion d'une indulgence excessive ; il ne sait pas punir[3]. A des qualités réelles, il joint une tendance italienne à la ruse, aux calculs compliqués, où il s'égare parfois. Il n'est ni droit ni fourbe, mais l'un et l'autre ; il aime les détours, les complications, les intrigues ; il les aime pour eux-mêmes, par goût de dilettante. Il est naïf et retors ; sur le trône, il reste le conspirateur qu'il a longtemps été[4]. S'il est généreux envers ceux qui l'approchent, il est hanté d'arrière-pensées de profit quand il s'agit de politique extérieure. Il est entêté et faible, doux et énergique à l'occasion. « Ce qu'il y a de plus difficile avec l'empereur, aurait dit le duc de Morny, c'est de lui ôter une idée fixe et de lui donner une volonté ferme[5]. » « Mélange bizarre de témérité et de patience, de fatalisme et de calcul ; il croit en son étoile, il la suit et, dans son for intérieur, il est résolu à la suivre jusqu'au bout[6]... »

S'il est irrésolu à l'extrême, s'il ajourne volontiers les décisions nécessaires, il sort parfois de son irrésolution par des coups d'éclat. Il est l'homme des décisions suprêmes comme de la stoïque résignation[7]. Il sait vouloir fortement ; c'est

---

1. P. de Massa, *Souvenirs et impressions*, 341 ; de Persigny, 345 ; Général Ambert, *L'invasion*, 17 : « Pour obtenir de l'empereur, il suffisait de demander. »
2. P. de La Gorce, *Correspondant* des 10 et 25 janvier 1899, 106, 307, 323-324 ; Bismarck, *Pensées et souvenirs*, I, 199 ; Fleury, II, 317, note 1 ; P. de Lano, *La Cour de Napoléon III*, 62-72.
3. De Persigny, 345 ; Jules Delafosse, *Figures contemporaines*.
4. P. de La Gorce, *loc. cit.* ; G. Rothan, *La politique française en 1866*, 41-43 ; Général du Barail, III, 318 ; *Le dernier des Napoléon*, 32.
5. *Enquête*, rapport Saint-Marc Girardin, 12 ; du Barail, III, 318.
6. M. Guizot à M. Reeve, 2 décembre 1852, *Revue hebdomadaire*, 12 novembre 1898, 241.
7. P. de La Gorce, *loc. cit.* ; P. de Lano, *La cour de Napoléon III*, 97 et suiv. ; De Persigny, 321.

surtout dans l'intimité qu'il est faible, par crainte des discussions, de peur de froisser les sentiments de son entourage. Tantôt il attire à lui toutes les affaires « avec un empressement jaloux »; tantôt il les laisse « retomber en de longs intervalles de lassitude, de distractions voluptueuses ou de maladie... Jetant sur toutes choses un regard demi-clos[1] », qui ne pénètre pas plus les pensées des autres qu'il ne laisse deviner les siennes, il plane au-dessus des questions sans les dominer, au point de se désintéresser des plus graves. Il rêve paix perpétuelle, désarmement et fraternité des peuples, et ne répugne nullement à l'idée de grandes guerres. Il vise aux plus hautes conceptions humanitaires et laissera la France amoindrie, l'Europe écrasée sous le poids de la paix armée. Il porte à l'extrême l'utopie et le calcul, « méditant à la fois de fonder Salente et de copier Machiavel ». Ses calculs les plus profonds aboutissent souvent à le laisser circonvenir par de plus habiles ou de plus persévérants[2].

En politique, « il est une sorte de chaos : impérial et révolutionnaire, autocrate et socialiste, avec des goûts d'aristocrate et des idées démocratiques, le respect de la tradition et la passion de l'aventure, le désir de l'ordre et le mépris de l'équité[3] ». Il ne sait pas s'inspirer de nos traditions d'avant 1789, peut-être parce qu'il les ignore. La diplomatie française est vigilante, éclairée, mais elle n'a pas sa confiance. Il respecte ses droits et les situations acquises, mais laisse nos agents à l'écart de ses projets. Il est en contact familier avec certains diplomates étrangers, qui en abusent parfois. De là, une politique extérieure décousue, indécise, toujours contradictoire. La persévérance, l'esprit

---

1. P. de La Gorce, *loc. cit.*; P. de Lano, 216 et suiv., lettres du 13 février 1854 à notre ambassadeur à Londres; du 18 janvier 1856 au ministre des affaires étrangères; lettre de M. Guizot à M. Reeve, 26 janvier 1852, *Revue hebdomadaire, loc. cit.*, 240.
2. P. de La Gorce, *loc. cit.*; Seinguerlet, 35; G. Rothan, *La politique française en 1866*, 254; « La guerre est le fléau de l'humanité... Le temps des conquêtes est passé pour ne plus revenir » (Napoléon III, *Idées napoléoniennes*, 1840); duc Ernest de Saxe-Cobourg Gotha, *Aus meinem Leben und meiner Zeit*, II, 135.
3. M. Guizot à M. Reeve, 26 janvier 1852, *Revue hebdomadaire, loc. cit.*, 240

de suite, lui font défaut; aussi reste-t-il à mi-chemin de ses entreprises les plus osées[1].

A l'intérieur, il est autoritaire et libéral, sinon révolutionnaire ; sa politique est « pleine d'ambiguïtés... devançant ou déroutant quelquefois l'opinion par des concessions inattendues ou équivoques, donnant et retenant en même temps, essayant de tout sans conviction, s'affaiblissant comme gouvernement absolu, sans s'assurer les avantages d'un sérieux régime de libertés régulières, et finissant par réunir les inconvénients de tous les régimes[2] ». Malgré les meilleures intentions, il fait ainsi à la France un mal irréparable.

Entre ce rêveur couronné et le réaliste de génie qu'est M. de Bismarck, les différences ne peuvent être plus profondes, les oppositions plus tranchées. Quel adversaire pour le grand ministre prussien !

---

1. G. Rothan, Les Relations de la France avec la Prusse de 1867 à 1870, *Revue des Deux-Mondes*, mai-juin 1866, 125 ; *Ibid.*, novembre-décembre, 303 ; J. Klaczko, Deux chanceliers, *ibid.*, juillet-août 1875, 180 ; G. Rothan, *La politique française en 1866*, 263, d'après G. Sand, *Journal d'un voyageur français pendant la guerre ;* du Barail, III, 319.

2. Ch. de Mazade, L'enquête sur le 18 mars, *Revue des Deux-Mondes*, 1ᵉʳ mai 1872, 70.

VII

LE TRAITÉ SECRET

Les compensations pour la France. — Incohérence de notre politique. Traité du 8 avril. — Proposition en vue du désarmement.

Durant tout le mois d'avril 1866, le gouvernement impérial est l'objet des sollicitations des deux partis. « On ne connaîtra probablement jamais... les propositions, les cajoleries, les promesses et les offres, avec lesquelles les deux ministres d'Autriche et de Prusse montaient chaque jour les escaliers des Tuileries ou du palais du quai d'Orsay[1]. »

Dès son retour de Berlin, M. de Goltz cherchait à savoir nos conditions (5 mars). Mais l'empereur paraissait les ignorer lui-même : « Il m'est malaisé de préciser un objet déterminé. » L'annexion de la Belgique, ajoutait-il, ne serait pas justifiée ; d'ailleurs, la Prusse se réserverait la rive droite de la Meuse, fait remarquer M. de Goltz. Pour le Luxembourg et la Suisse, les objections sont à peu près pareilles. Reste le territoire allemand. Mais Napoléon III reconnaît lui-même que les difficultés seront grandes. Il faudrait se rabattre sur les frontières de 1814, sur l'annexion de Landau et de Sarrelouis. Là encore, il y aurait des obstacles, et l'empereur de conclure : « Vraiment, je ne puis indiquer d'objet de compensation ; je ne puis que vous assurer de ma neutralité bienveillante : plus tard, je m'entendrai avec le roi[2]. » Plusieurs tentatives du même genre sont aussi vaines.

De son côté, M. Benedetti, interrogé par M. de Bismarck, n'ose répondre, faute d'instructions[3]. Le 2 mai, dans un bal, Napoléon III risque une allusion significative à M. de Goltz : « L'Autriche m'a fait des ouvertures qui pourraient se trans-

---

1. La Marmora, *Un peu plus de lumière*, 128.
2. Rapport de M. de Goltz, von Sybel, IV, 285 et suiv., cité par M. de La Gorce, 317-319.
3. Lettre de M. Benedetti, 3 avril, *Ma mission en Prusse*, 91 ; P. de La Gorce, 319-320 ; G. Rothan, *La politique française en 1866*, 137-140.

« former en offres formelles. » Après un silence : « Les yeux de mon pays sont tournés vers les bords du Rhin. » Cette fois la demande est positive, mais M. de Bismarck répond qu'il désire connaître les offres de l'Autriche avant de formuler les siennes. Les jours se passent ainsi. Plus que jamais l'empereur se complaît à « caresser des rêves à la fois rusés et naïfs, grandioses et mesquins, ingénieux et ingénus ». Sa seule idée arrêtée est l'affranchissement de Venise[1].

D'ailleurs, nous l'avons déjà dit, le roi Guillaume n'est rien moins que décidé à nous céder une partie des provinces rhénanes. Sa réponse du 4 juin à l'archevêque de Cologne le montrerait assez, s'il était besoin d'autres preuves[2]. Il semble pourtant que ses fonctionnaires admettent la possibilité de notre entrée en possession de ce pays du Rhin, si souvent foulé par nos armées. Des préparatifs non équivoques y sont faits, si l'on en croit le général Ducrot[3]. Par contre, on signale dans toute la France le passage d'agents prussiens, qui cherchent à se rendre compte de l'état de l'opinion, des armements auxquels nous pourrions procéder[4].

Ni le roi Guillaume ni même M. de Bismarck ne soupçonnent l'incohérence de la politique impériale. Napoléon III a ses vues personnelles, que parfois il dissimule à ses mi-

---

1. P. de La Gorce, 319-320.
2. Voir *supra*, p. 19. Le roi ne voulait pas croire à la neutralité de la France, et ce ne fut qu'après une longue résistance qu'il consentit à dégarnir la frontière rhénane (Conversation avec M. de Beust, à Gastein, en 1871 ; Beust, *Mémoires*, II, 497) ; G. Rothan, 142, note 2.
3. « ...Une simple démonstration, une attitude énergique auraient suffi pour mettre les Prussiens à la raison. Ils étaient si bien convaincus que la rive gauche du Rhin devait être une compensation légitime, pour nous, de leur agrandissement en Allemagne, qu'ils avaient tout évacué et n'avaient pas même laissé dans les casernes les porte-manteaux et les crochets destinés à recevoir les effets militaires... Tous les rapports officiels parvenus à la préfecture et à la division nous permettaient de constater que, en cas d'appel au suffrage universel, nous étions assurés de 80 p. 100 des votes » (Lettre au général Faure, 6 novembre 1866, *Vie militaire du général Ducrot*, II, 141). Voir *ibid.*, 232, l'extrait d'une conversation avec un avocat de Mayence : « Si les populations avaient été appelées à disposer d'elles-mêmes et à se prononcer par la voie du suffrage universel, le mouvement en faveur de la France eût été unanime : il n'y aurait pas eu 1 p. 100 d'opposants. »
Ces assertions paraissent au moins exagérées. — En 1866, Ducrot commandait à Strasbourg.
4. G. Rothan, *La politique française en 1866*, 142, note 2 ; *Vie militaire du général Ducrot*, II, passim.

nistres. Entre MM. Drouyn de Lhuys et Benedetti, l'accord ne s'établit pas davantage. Le premier écrit au second, le 31 mars : « Il n'y a rien de fondé dans ce qui a été rapporté à M. de Bismarck, au sujet d'une intervention de notre part auprès du cabinet de Florence... Nous ne pouvions pas les encourager (les Italiens) à se prêter aux ouvertures de la Prusse sans engager très gravement notre responsabilité. D'autre part, nous n'avons pas pensé non plus que nous dussions prendre sur nous d'apporter aucun obstacle à l'accomplissement des destinées de l'Italie... » Le même jour, Napoléon III dit au comte Arese : « Comme ami, je vous conseille l'alliance avec la Prusse [1]. »

Ces contradictions, cette attitude de sphinx en imposent à M. de Bismarck ; il cherche en vain notre objectif ; il ne peut croire à un désintéressement si peu dans ses habitudes. Il ne saisit pas l'extrême complexité du caractère de Napoléon III, le rôle capital que le désir d'affranchir Venise joue dans sa politique. Le mois d'avril n'est pas écoulé que l'empereur réalise un de ses rêves : le 8, un traité valable pour trois mois est signé entre la Prusse et l'Italie, après avoir été approuvé par lui ; il est ratifié, le 14, à Florence et, le 20, à Berlin. Il porte le titre de « Traité d'alliance offensive et défensive », quoique ces mots ne soient pas reproduits dans son texte. Le gouvernement prussien aurait voulu se borner à un « Traité d'alliance et d'amitié », moins compromettant : il se heurte au refus absolu des Italiens.

D'après cette convention, l'initiative des hostilités doit revenir à la Prusse, mais le consentement de chacun sera nécessaire pour conclure la paix ou même un armistice. L'objectif visé est l'annexion à l'Italie du royaume lombardo-vénitien, et à la Prusse de territoires équivalents. Le cabinet de Florence exige que ses engagements ne soient valables que durant

---

1. Benedetti, 78. La première de ces citations est inexactement reproduite par M. G. Rothan, *La politique française en 1866*, 140. Voir P. de La Gorce, 323-324 ; Rapport du chevalier Nigra au prince de Carignan, juin 1866, G. Rothan, 428 ; Télégramme du comte Arese, 30 mars 1866, La Marmora, *Un peu plus de lumière*, 139 ; dépêche de M. Rattazzi au comte Arese, 29 août 1859, Bonfadini, 203, citée par M. le comte Grabinski, 175.

trois mois, pour le cas où la situation financière, aussi bien que les passions surexcitées, empêcherait d'attendre un plus long délai. Vainement, il demande que le Trentin suive le sort de Venise. On objecte que c'est une partie intégrante de la Confédération, et l'on refuse de s'engager à l'avance[1].

Le gouvernement prussien s'attache à garder ces stipulations secrètes, au point que l'aide de camp du roi, colonel von Schweinitz, écrit à Saint-Pétersbourg qu'il n'y a ni traité ni arrangement avec l'Italie[2]. Même en juin, dans une lettre à l'empereur d'Autriche, la reine de Prusse affirme qu'il n'existe aucune convention avec l'Italie : le roi lui en a donné sa parole d'honneur[3]. C'est pousser un peu loin le respect du secret d'État.

Au moment où la Prusse et l'Italie signent un traité d'alliance, le cabinet de Berlin échange encore avec Vienne des déclarations pacifiques. Le comte de Mensdorff ayant exprimé, le 7 avril, des regrets au sujet des préparatifs militaires des Prussiens, M. de Bismarck répond, le 15, que c'est à l'Autriche de donner l'exemple du désarmement. M. de Mensdorff riposte (18 avril) que l'ordre sera donné, le 25, de suspendre tous les préparatifs de guerre, si la Prusse remet son armée sur le pied de paix. M. de Bismarck s'empresse d'accepter (21 avril), à la condition que l'Autriche et ses alliés feront de même. Mais il fait savoir au gouvernement italien que les ordres pour le désarmement seront exécutés « avec toute la lenteur possible[4] ».

---

1. *Le général La Marmora et l'alliance française*, 95-97 ; Rapport du chevalier Nigra au prince de Carignan, G. Rothan, 428 ; La Marmora, *Un peu plus de lumière*, 142-159.

2. *Papiers sauvés des Tuileries*, lettre du colonel de Clermont-Tonnerre, 7 mai 1866, 169. Le roi nie l'existence du traité en s'adressant à M. von Schweinitz.

3. Dépêche du chevalier Nigra, 12 juin 1866, et télégramme du général La Marmora, même date, La Marmora, *Un peu plus de lumière*, 317, 321. Des notes du gouvernement autrichien, en date des 1ᵉʳ et 17 avril, montrent qu'il avait vent de l'alliance italo-prussienne (*Le général La Marmora et l'alliance prussienne*, 99). Dans une note du 4 mai, le comte de Mensdorff accuse la Prusse de contracter alliance avec une puissance étrangère à l'Allemagne ; il déclare que l'Autriche renonce au désarmement (*ibid.*, 128).

4. Notes et dépêches des 7, 15, 18, 21, 25 avril (de MM. de Mensdorff et de Bismarck), citées dans *Le général La Marmora et l'alliance prussienne*, 99 ; Benedetti, 96 et suiv., dépêches et lettres des 9, 10, 17, 21, 22 avril.

Ce double jeu semble singulièrement suspect au général Govone. Il réclame de M. de Bismarck une déclaration péremptoire, laissant entrevoir qu'à défaut l'Italie cherchera d'autres combinaisons. C'est l'Autriche qui se charge de les tirer tous deux d'embarras. Elle mobilise son armée du Sud et en informe la Prusse par note du 26 avril. Le même jour, elle propose l'abandon des Duchés au prétendant qui serait admis par la diète.

Jusqu'alors l'Italie s'est bornée à rappeler 30,000 hommes environ (11 mars). Le 27 avril, La Marmora annonce qu'elle arme pour répondre aux préparatifs autrichiens, et, le 30, M. de Bismarck fait savoir à Vienne que la Prusse ne désarmera point, tant que l'Autriche n'en prendra pas l'initiative à Venise comme ailleurs [1].

A cet instant décisif, l'alliance à peine conclue reçoit un coup dont il semble qu'elle ne puisse se relever. Le général La Marmora a signalé à M. de Bismarck le danger que court l'Italie d'être attaquée avant la fin de ses préparatifs. Le futur chancelier répond verbalement (2 mai) que la Prusse ne se croit pas strictement obligée à une intervention pour la défense de son alliée. Le traité secret n'est pas bilatéral ; il ne lie pas également les deux puissances. Pourtant, le ministre prussien croit à la nécessité de ne pas laisser écraser le jeune royaume. Il en fera une question de cabinet, veut-il bien ajouter. A bon droit, La Marmora trouve ces assertions singulières. Pas plus que Govone, il n'est rassuré sur le résultat final de l'entreprise si longuement caressée. C'est au milieu de ces anxiétés qu'il reçoit l'offre indirecte de la Vénétie [2].

---

1. La Marmora, *Un peu plus de lumière*, 192 ; Benedetti, 117 et suiv., dépêche du 4 mai ; *Le général La Marmora et l'alliance prussienne*, 101-108.

2. La Marmora, *Lettere agli elettori de Biella*, Barbera, 1868 ; *Le général La Marmora et l'alliance prussienne*, 108-113.

Le 3 mai, le gouvernement italien fait parvenir à Napoléon III une déclaration solennelle portant qu'il ne prendra pas « l'initiative de la guerre » contre l'Autriche (*ibid.*, 146).

Le 6, le roi Guillaume adresse à Victor-Emmanuel une lettre autographe pour neutraliser l'impression de l'incident du 2 mai (*ibid.*, 129). Voir La Marmora, *Un peu plus de lumière*, 203-214.

VIII

PÉRIODE D'INCERTITUDE

L'opinion en France. — Discours de M. Thiers (3 mai 1866). — Discours impérial d'Auxerre. — Essais d'entente entre l'Italie et l'Autriche. — Entre la Prusse et l'Autriche.

On a vu que le secret n'avait pu être longtemps gardé au sujet du traité italo-prussien. Dès le mois d'avril, on commençait à s'émouvoir en France[1]. « Personne ne sait ce que pense le *maître,* ni de quel côté il incline. L'opinion est plutôt pour une alliance avec l'Autriche, mais surtout pour la neutralité la plus complète[2]. » — « La Prusse est en ce moment très impopulaire en France... hier on craignait des discussions violentes au Corps législatif; les hommes d'affaires, les banquiers, les commerçants, les spéculateurs de tout genre sont très hostiles à la guerre...[3] » Le 27, à la Chambre, M. Émile Ollivier énonçait les intentions de ses amis et les siennes: « Nous désirons profiter de la discussion du contingent, pour adresser au gouvernement un avertissement[4]. » La loi vint à l'ordre du jour le 3 mai, au milieu d'une affluence inaccoutumée. Dès le début de la séance, M. Rouher se levait du banc des ministres et traçait, en termes très étudiés, le programme des vues de l'empereur. La France, disait-il, souhaite la paix, désapprouve toute provocation de quelque côté qu'elle vienne; elle s'abstiendra de soutenir l'Italie, si cette puissance prend l'offensive contre

---

1. Le chevalier Nigra au général La Marmora, 23 avril 1866, La Marmora, *Un peu plus de lumière,* 183 ; dépêche du 1er mai, *ibid.,* 201.
2. *Lettres de Mérimée à Panizzi,* 15 avril 1866, 185.
3. Le chevalier Nigra au général La Marmora, 23 avril 1866, *loc. cit.* — Dans le *Courrier du Dimanche,* M. Prévost-Paradol développait des idées opposées, analogues à celles caressées par l'empereur (Th. Juste, 3).
4. *Moniteur universel* du 28 avril, cité par M. de La Gorce, *Correspondant* du 10 février 1899, 445.

l'Autriche. Les questions en jeu n'affectent ni notre honneur ni notre dignité. La meilleure politique est donc celle de neutralité ; le pays entend maintenir son entière liberté d'action vis-à-vis des puissances intéressées.

Dans ces affirmations, on apprécia surtout celles qui réprouvaient toute agression venant de l'Italie. Elles furent applaudies[1]. Mais elles provoquèrent une réponse de M. Thiers destinée à un immense retentissement. Il se leva, au milieu de l'attention profonde de la Chambre. Il sut la justifier en s'élevant à hauteur du sujet. Dès les premiers mots, il annonçait qu'il venait défendre le droit et la paix. Il attaquait vivement l'ambition de la Prusse, aux applaudissements de tous, même de fidèles de l'empereur tels que MM. Fould et Walewski. Il la montrait tenant une partie de l'Allemagne sous son contrôle direct, une autre sous son autorité indirecte et, dans le nouvel état des choses, n'admettant l'Autriche que comme protégée. « Mais cette Prusse agrandie et surtout associée à l'Italie, c'est la résurrection de l'Autriche d'autrefois associée à l'Espagne... c'est la reconstitution de l'empire de Charles-Quint. »

Il mettait non moins d'énergie à repousser le dangereux système des compensations, conseillant d'arrêter la Prusse, s'il en était temps encore. Trois moyens se présentaient : la menace pure et simple ; le refus de concours ; l'arrêt de l'Italie sur la voie d'une alliance prussienne[2].

Au Corps législatif, ce langage viril provoquait une importante manifestation en faveur de la paix et de la politique « des mains libres », mais aucun vote n'en résultait, la Cham-

---

[1]. *Moniteur universel* du 4 mai ; G. Rothan, *La politique française en 1866*, 123 et suiv. ; P. de La Gorce, *loc. cit.*, 445-447.

[2]. *Moniteur universel* du 4 mai ; Ch. de Mazade, Cinquante années d'histoire contemporaine, *Revue des Deux-Mondes*, 15 décembre 1881, 826 ; G. Rothan, *loc. cit.*, 124 et suiv. ; P. de La Gorce, 445-449. Au cours de la séance, le télégraphe apportait « une déclaration officielle par laquelle l'Italie prenait l'engagement de ne pas attaquer l'Autriche ». C'était la réponse aux réserves de M. de Bismarck le 2 mai (Voir *supra*, p. 47) [J. Klaczko, Les préliminaires de Sadowa, *Revue des Deux-Mondes*, 1er octobre 1868, 546]. En réalité, le général La Marmora avait simplement autorisé M. Nigra à déclarer « que l'Italie ne prendrait pas l'initiative de la guerre » (Rapport du chevalier Nigra au prince de Carignan, G. Rothan, 429).

bre n'ayant pas encore le droit d'interpellation. Au dehors, à l'étranger, le retentissement n'était pas moindre. A Berlin, la défiance devenait générale contre les intentions de la France. « M. Thiers, a dit noblement M. von Sybel, incarna, en ces conjonctures, l'âme même de la patrie[1]. » Son discours excita chez l'empereur une froide colère, qui se traduisit le 6 mai, au concours régional d'Auxerre, par un discours belliqueux. Il y déployait une âpreté de langage surprenante en pareille occurrence et tout à fait inaccoutumée dans sa bouche. Il protestait de sa haine pour « ces traités de 1815, dont on voulait faire la base de la politique extérieure ». Aux humbles qui l'entouraient, vignerons, flotteurs de l'Yonne, bûcherons du Morvan, il disait : « Au milieu de vous, je respire à l'aise, car c'est parmi les populations des villes et des campagnes que je retrouve le vrai génie de la France. » Dans le pays comme au dehors, ces déclarations inattendues firent « l'effet d'un coup de canon au milieu d'un concert[2] ».

A Berlin, on affecta d'y voir un encouragement aux projets de M. de Bismarck ; mais, le jour même, Guillaume Ier adressait une lettre autographe à Victor-Emmanuel pour dissiper les doutes qui subsistaient en Italie sur ses intentions. En France, le discours d'Auxerre éveilla de vives anxiétés et rendit plus pénible l'état d'incertitude dans lequel l'approche de graves événements maintenait le pays[3].

Vers la même date, l'Autriche tentait de détourner le coup dont elle était menacée. Le prince de Metternich faisait savoir à l'empereur, par le duc de Persigny, que son gouvernement consentait à céder la Vénétie à l'Italie, sous une double condition : la France et l'Italie seraient neutres dans le conflit austro-prussien ; si l'Autriche était victorieuse, elle s'indemniserait en reprenant la Silésie. Quant à la rive gauche du Rhin, il ne lui appartenait pas d'en disposer, mais si,

---

1. H. Pessard, 172 ; P. de La Gorce, 449-450 ; État-major prussien, *Relation de la guerre de 1866*.
2. *Lettres de Mérimée à Panizzi*, 9 mai 1866 ; *Moniteur universel* du 7 mai ; G. Rothan, 127 et suiv. ; La Marmora, *Un peu plus de lumière*, 235.
3. J. Klaczko, *loc. cit.*, 548 ; G. Rothan, 128 ; Malmesbury, 350.

d'une façon quelconque, elle venait à tomber entre nos mains, on n'y ferait aucune opposition¹.

M. de Persigny se hâtait de transmettre ces propositions à l'empereur. A son extrême étonnement, elles étaient froidement accueillies. On aurait pu en déduire que déjà nous avions pris des engagements avec la Prusse. Il n'en était rien, mais Napoléon III avait approuvé le traité italo-prussien; il comprenait la difficulté de s'en affranchir à si bref délai².

Le 4 mai, dans la soirée, il mandait M. Nigra aux Tuileries et lui communiquait l'offre de M. de Metternich. L'ambassadeur marquait de la surprise: « La proposition est-elle vraiment sérieuse ? Elle est formelle... » Et l'empereur demandait que l'Italie cherchât un motif de dénoncer le traité du 8 avril.

Quand la dépêche rendant compte de cet entretien survint à Florence, l'instant était favorable à un revirement. Entre les deux alliés, il se produisait les tiraillements dont nous avons parlé. Néanmoins, le général La Marmora télégraphiait à M. Nigra (5 mai): « D'après ma première impression, c'est une question d'honneur et de loyauté de ne pas nous dégager de la Prusse³. » Le lendemain, Napoléon III accentuait ses offres à M. Nigra : « Le prince de Metternich a reçu l'autorisation d'acquiescer à la cession de la Vénétie contre une simple promesse de neutralité. » L'ambassadeur était fort ébranlé, mais le général Govone, qui revenait de Berlin

---

1. De Persigny, *Mémoires*, 355. Le duc de Persigny porte cet épisode à la fin de mai 1866; M. de Metternich l'aurait chargé, à Longchamps, de communiquer ces propositions à l'empereur. Comme le montre M. G. Rothan (*La politique française en 1866*, 132), qui écrit d'après le rapport du chevalier Nigra au prince de Carignan (juin 1866), l'empereur les transmit à M. Nigra le 4 mai. Voir ce rapport, G. Rothan, 430, et un télégramme de M. Nigra, 5 mai (La Marmora, *Un peu plus de lumière*, 215).
2. De Persigny, *Mémoires*, 359.
3. Télégramme du général La Marmora, Lettre de M. Nigra, 5 mai, La Marmora, *Un peu plus de lumière*, 217-219 ; Rapport du chevalier Nigra au prince de Carignan, *loc. cit.*; *Le général La Marmora et l'alliance prussienne*, 113 : la grande majorité du pays eût applaudi à la conquête pacifique de Venise. Un sentiment de loyauté en détourna La Marmora. Il ne consulta même pas ses collègues.

par Paris, jugeait qu'il serait peu loyal et surtout fort difficile de se dérober aux conséquences du traité. Quant à La Marmora, il entrevoyait la possibilité de faire traîner les choses en longueur jusqu'à l'expiration de cette convention. L'Italie reprendrait alors sa liberté, presque assurée d'acquérir la Vénétie, quoi qu'il arrivât. Il rappelait d'ailleurs à M. Nigra la part prise par Napoléon III à la conclusion de l'alliance : « L'empereur n'oubliera pas qu'il nous a conseillé le traité avec la Prusse[1]. »

En réalité, les scrupules n'étaient pas pour arrêter longtemps les Italiens. Mais ils ne se souciaient pas de devoir indirectement la Vénétie à la France. Pour eux, la reconnaissance eût été un poids gênant[2].

Ces pourparlers ne purent échapper à la diplomatie prussienne. M. de Goltz, M. d'Usedom en surprirent la trace et M. de Bismarck dit au comte Benedetti : « Vous n'auriez pas de grands efforts à faire pour amener l'Italie à méconnaître ses engagements. » La Prusse n'était guère plus fidèle aux siens. Le frère du général von Gablenz, sujet prussien, tentait d'amener un rapprochement des deux puissances. Plusieurs fois, dans les premiers jours de mai, il se rendait de Berlin à Vienne. On aboutissait à un projet qui partageait l'Allemagne entre l'Autriche et la Prusse, en amenant, sous bref délai, la disparition de tous les États moyens[3]. Le 14 mai, M. de Bismarck disait à M. Benedetti que « si la Prusse était trahie par l'Italie, elle n'était point assez engagée

---

1. Rapport du chevalier Nigra au prince de Carignan, juin 1866 ; La Marmora, *Un peu plus de lumière*, 215-235 ; *Le général La Marmora et l'alliance prussienne*, 113 et suiv.

2. « Nous devons non seulement ignorer les dernières propositions franco-autrichiennes et faire la guerre comme si elles n'existaient pas, mais désirer de cœur la victoire de la Prusse et l'aider à vaincre... L'Italie ne pourrait assurément souhaiter une plus heureuse fortune que d'obtenir la Vénétie sans l'aide de la France, mais en même temps sans avoir la France contre elle, et profitant toujours de sa faveur et de son appui moral » (Rapport du chevalier Nigra au prince de Carignan, G. Rothan, 434-435 ; La Marmora, *I Segreti di Stato*, I, 104).

3. Von Sybel, *Die Begründung des deutschen Reiches*, IV, 381 ; G. Rothan, *loc. cit.*, 135 ; P. de La Gorce, 453 ; *Le général La Marmora et l'alliance prussienne*, 137-146 ; L. Bamberger, *M. de Bismarck*, 186.

pour que la retraite lui fût impossible et qu'il lui serait facile de l'opérer au moyen d'un changement de ministère. » On peut même admettre, d'après certaines indiscrétions échappées au ministre prussien, que l'on proposait soit à Berlin, soit à Vienne, la coalition des deux puissances contre la France[1]. Mais, entre elles, l'irritation était déjà trop grande pour que ce rapprochement fût possible.

---

1. Benedetti, *Ma mission en Prusse,* lettre du 15 mai, 157; P. de La Gorce, 454; G. Rothan, 136.

IX

PROPOSITIONS EN VUE D'UN CONGRÈS

Les propositions pour un congrès.— Ouvertures de M. de Bismarck.— Les pays rhénans. La Belgique, le Luxembourg et la Suisse. — Échec du congrès.

A la dernière heure, une autre proposition était faite par les cabinets de Londres et de Saint-Pétersbourg pour empêcher l'ouverture des hostilités, celle d'un désarmement réciproque. Le gouvernement impérial y consentait à la condition qu'un congrès aurait à résoudre les questions des Duchés, de la réforme fédérale et enfin de la Vénétie[1]. C'était renouveler notre tentative de novembre 1863, sans plus de chances de succès. Le 11 mai, le général La Marmora acceptait le principe d'un congrès, à la condition que l'Italie ne changerait rien à ses armements. Vainement le cabinet des Tuileries insistait pour obtenir l'abandon de cette restriction[2].

De son côté, M. de Bismarck souhaitait la conclusion d'un accord préliminaire entre la France, la Prusse et l'Italie. C'eût été d'avance faire la loi à l'Autriche[3]. Le 21 mai, le ministre prussien se plaignait vivement du silence de l'empereur : « Il y a six mois, quand je causais avec lui des événe-

---

1. Dépêche du chevalier Nigra, 11 mai 1866, La Marmora, *Un peu plus de lumière*, 239. D'après un télégramme de M. de Launay, 1ᵉʳ juin 1866, cité par le général La Marmora, *I Segreti di Stato*, la pensée d'un congrès aurait été abandonnée sur l'instance du chancelier Gortschakoff (J. Klaczko, 785). En réalité, la Russie eût préféré un désarmement simultané, mais elle était prête à « appuyer comme *post-scriptum* la réunion d'un congrès » (Lettre du chancelier Gortschakoff à M. de Talleyrand, citée par M. de La Gorce, 454-455). — L'empereur voulait obtenir la cession de la Vénétie à l'Italie, de la Silésie à l'Autriche, des Duchés et de quelques principautés allemandes à la Prusse ; sur le Rhin, on établirait trois ou quatre petits États faisant partie de la Confédération germanique sous le protectorat de la France (Dépêche de M. Nigra, 11 mai, déjà citée).
2. *Le général La Marmora et l'alliance prussienne*, 135 ; La Marmora, *Un peu plus de lumière*, 241.
3. Note de M. d'Usedom au général La Marmora, 15 mai 1866, La Marmora, *Un peu plus de lumière*, 244.

ments actuels, il me semblait satisfait de certains arrangements qui convenaient également à la Prusse ; maintenant que nous sommes à la veille d'une solution et qu'il convient de nouer des liens plus positifs, il se refuse absolument à toute explication. » Ce n'était pas faute d'offres tentantes. M. de Bismarck allait jusqu'à admettre la possibilité de nous céder des pays de langue allemande, il est vrai sous la pression d'une nécessité urgente[1]. Le 31 mai, M. Nigra écrivait de même : « M. de Bismarck paraît finalement décidé à concéder à la France le territoire compris entre la Moselle et le Rhin, en compensation d'une coopération armée...[2]. »

Malgré tout, Napoléon III affecte de préférer une solution pacifique[3]. M. de Bismarck n'en est que plus inquiet ; il ne sait ce que cache un désintéressement aussi suspect ; il se plaint de ne pas connaître le maximum des concessions réclamées par l'empereur. Il revient sur les provinces du Rhin. « Les habitants sont tous et veulent demeurer allemands. » Il faudrait chercher ailleurs des compensations pour la France, dans la partie française de la Belgique et de la Suisse. Ce n'est pas que les scrupules l'arrêtent : « Je suis moins Allemand que Prussien ; je n'aurais aucune difficulté à céder à la France le pays entre Rhin et Moselle... Mais le roi... éprouverait de graves scrupules... S'il s'agissait de

---

1. Rapport du général Govone, 22 mai, La Marmora, *Un peu plus de lumière*, 255.
2. Dépêche citée par La Marmora, *Un peu plus de lumière*, 271. Un projet de traité resté à la chancellerie prussienne, et publié par M. de Bismarck dans sa circulaire du 29 juillet 1870, porte : « En cas de congrès, poursuivre d'abord la cession de la Vénétie à l'Italie et l'annexion des duchés danois à la Prusse ; si le congrès n'aboutit pas, alliance offensive et défensive entre la France et la Prusse... — La paix se fera sous les conditions suivantes : la Vénétie à l'Italie et des territoires allemands à la Prusse, jusqu'à 6 à 8 millions de sujets, plus la réforme fédérale dans le sens prussien. — Pour la France, le territoire entre la Moselle et le Rhin, sans Coblentz ni Mayence, comprenant cinq cent mille âmes, le Palatinat bavarois ; et, sur la rive gauche du Rhin, Birkenfeld et Hesse-Hombourg, deux cent treize mille âmes... » (Th. Juste, 28 ; A. Sorel, I, 14 et suiv.). M. Benedetti, dans son livre, ne répond pas à cette assertion de M. de Bismarck, qui paraît absolument fantaisiste. En mai 1866, ce n'est pas nous qui proposions une alliance, mais bien la Prusse, qui l'eût volontiers implorée.
3. Lettre du chevalier Nigra, 31 mai, La Marmora, *Un peu plus de lumière*, 271.

toute la rive gauche du Rhin, Mayence, Coblentz, Cologne, mieux vaudrait s'entendre avec l'Autriche et renoncer aux Duchés comme à mainte autre chose[1]. »

Il est bientôt tiré de ses incertitudes. Le 24 mai, le *Moniteur* a annoncé l'envoi des lettres d'invitation au congrès. Les Tuileries reçoivent, le 29, l'adhésion de la Prusse, le 1er juin, celle de l'Italie, toutes deux à la condition de ne rien changer à leurs armements; puis survient l'acceptation de la Confédération germanique, qui n'est pas sans restrictions. Mais, le 3, M. de Metternich communique au duc de Gramont les résolutions de son souverain : il subordonne son consentement à cette condition qu'aucun des États invités ne poursuivra un agrandissement territorial ou un accroissement matériel[2].

M. de Bismarck a passé le mois de mai dans de cruelles incertitudes. Le soir du 31, il demande à M. Benedetti: « Que penserait-on à Paris, si les hostilités venaient à s'ouvrir dès à présent? Les négociations, dans l'état actuel des choses, n'ont que peu de chances d'aboutir; elles pourraient au contraire en avoir de très grandes après une première bataille. — Gardez-vous-en bien », réplique M. Benedetti[3]. Le 4 juin, notre ambassadeur est chez M. de Bismarck, quand survient la dépêche de M. de Goltz confirmant l'échec définitif du congrès. « Vive le roi! » s'écrie à pleins poumons le futur chancelier, en brandissant le bienheureux télégramme. « C'est la guerre! »

En effet, la décision de l'Autriche écarte le dernier espoir de paix. Elle a été arrêtée le 1er juin dans un grand conseil présidé par l'empereur François-Joseph, sous l'influence

---

1. Rapport du général Govone, 3 juin, La Marmora, *Un peu plus de lumière*, 288 ; Lettre de M. Benedetti, 4 juin, Benedetti, 165.
2. *Le général La Marmora et l'alliance prussienne*, 135-137 ; Rapport du chevalier Nigra au prince de Carignan, G. Rothan, 432.
3. Dépêche de M. Benedetti, 31 mai, *Ma mission en Prusse*, 129-131 ; G. Rothan, 153 ; P. de La Gorce, 455. Le 1er juin, l'Autriche formulait devant la Diète une nouvelle proposition de désarmement, moyennant des garanties. L'envoyé de la Prusse se déclarait prêt à accepter aux mêmes conditions, mais il ajoutait que la convention de Gastein était rompue (*Le général La Marmora et l'alliance prussienne*, 137).

du parti militaire. Elle surprend grandement Napoléon III : le 4 juin, à Montereau, M. Drouyn de Lhuys annonce encore, d'une façon positive, l'adhésion de l'Autriche[1]. Le 7, le *Moniteur* fait connaître l'échec des négociations.

Le 3 juin, le général Govone est venu faire ses adieux à M. de Bismarck. Encore une fois, malgré la clause formelle du traité secret, le ministre prussien tente d'obtenir que l'Italie mette « le feu aux poudres ». Mais, comme le comte de Barral, le général est mis en défiance par ces demandes réitérées. M. de Bismarck a laissé échapper devant lui, sans doute avec intention, l'aveu de pourparlers directs avec Vienne. Ses inquiétudes et celles de La Marmora redoublent[2].

La tension des rapports entre la Prusse et l'Autriche va dissiper ces défiances méritées. Le 1ᵉʳ juin, le cabinet de Vienne a remis à la Diète le règlement de la question des Duchés ; il appelle les États du Holstein à exprimer des vœux sur leur sort futur. Aussitôt (4 juin), M. de Bismarck dénonce dans une circulaire la violation du traité de Gastein, en accusant audacieusement l'Autriche de vouloir la guerre à tout prix. Dans les termes les plus blessants, il lui prête « l'intention expresse de relever les finances autrichiennes par des contributions prussiennes ou par une honorable banqueroute ». Le général von Manteuffel entre en Holstein ; le 8, ses troupes sont à Kiel et le roi laisse entrevoir au comte de Barral la certitude de la guerre[3].

---

1. G. Rothan, 153. Des instructions, datées du 1ᵉʳ juin, aux ambassadeurs d'Autriche à Paris, Londres, Saint-Pétersbourg, admettaient la possibilité de la cession de la Vénétie à l'Italie, en cas de succès autrichiens (J. Klaczko, Les préliminaires de Sadowa, *Revue des Deux-Mondes,* 1ᵉʳ octobre 1868, 550-551).
2. Rapport du général Govone, 3 juin, La Marmora, *Un peu plus de lumière,* 286-290 ; *Le général La Marmora et l'alliance prussienne,* 146-147 ; *Correspondance de Berlin* (organe officieux), 2 avril 1868.
3. Télégramme du comte de Barral, 8 juin, La Marmora, *loc. cit.,* 306 ; *Le général La Marmora et l'alliance prussienne,* 137-146.

X

INCERTITUDES DE M. DE BISMARCK

Sa sincérité vis-à-vis de la France. — L'attitude de Napoléon III. — Divisions du gouvernement impérial. — Les États tampons. — Traité avec l'Autriche. — Lettre impériale du 12 juin. — Les hostilités.

Ce n'est pas que M. de Bismarck soit pleinement tranquille à l'égard de la France. Il ne l'a pas caché au général Govone : « Il n'est point rassurant de commencer la guerre avec la menace de 300,000 hommes qui peuvent nous prendre à revers quand nous serons sérieusement engagés. — Ne pourriez-vous pas vous assurer la France par quelque concession ? — Il y a bien la Moselle, répond M. de Bismarck, comme se parlant à lui-même. Je suis moins Allemand que Prussien. Mais que dirait le pays ? Que dirait le roi[1] ? » Vis-à-vis de M. Benedetti, il tient un langage pareil : Mais, demande notre ambassadeur, ne m'avez-vous pas déjà dit que le roi était décidé à n'abandonner aucune portion du territoire prussien ? — Il ne serait peut-être pas tout à fait impossible d'amener le roi à céder à la France les bords de la Haute-Moselle. Cette acquisition, jointe à celle du Luxembourg, redresserait votre frontière de manière à vous donner toute satisfaction[2]. — Il faut le répéter, rien de plus douteux que la sincérité de ces ouvertures[3].

A cet instant solennel, à la veille d'une grande guerre qui va changer contre nous l'équilibre de l'Europe, les préoccu-

---

1. Rapports du général Govone, 22 mai et 3 juin, La Marmora, *loc. cit.*, 253, 285 ; G. Rothan, 141.
2. Lettre de M. Benedetti, 4 juin, *Ma mission en Prusse*, 165 ; P. de La Gorce. 459-461 ; Rapport du chevalier Nigra au prince de Carignan, G. Rothan, 432.
3. Voir *supra*, p. 18. Dès juin 1866, M. de Bismarck posait les premiers jalons de la question du Luxembourg, en adressant au gouvernement hollandais une dépêche qui affirmait le droit de la Prusse à tenir garnison dans cette forteresse (J. Klaczko, Les préliminaires de Sadowa, *Revue des Deux-Mondes*, 1er octobre 1868, 553). Voir Benedetti, dépêches des 8 et 15 juin, 171-172, 173-174.

pations de Napoléon III sont toutes à l'Italie: « L'empereur, écrit vers ce temps-là M. Nigra, a fait pour nous tout ce qu'il pouvait faire sans tirer l'épée. » Il ne songe qu'à assurer le sort de Venise, tant il est sûr du succès de l'Autriche. Malgré cette idée arrêtée, sa politique ne peut prendre une orientation bien dessinée. C'est qu'elle obéit à des influences contraires. Tandis que, à la cour, dans les centres politiques ou mondains, la presque unanimité est autrichienne de cœur, le prince Napoléon et quelques fidèles de l'empereur se prononcent énergiquement pour l'Italie et la Prusse[1]. Au mois d'avril, on ne sait même pas, dans l'entourage impérial, quelle est la pensée du *maître*, ni de quel côté il incline[2]. Les uns lui prêtent des sentiments autrichiens ; d'autres croient à un accord secret entre lui et la Prusse. Lors d'un conseil tenu au mois de juin, ces tendances opposées se font jour, laissant prévoir combien nous allons être désarmés à l'heure décisive.

M. Drouyn de Lhuys expose nettement la situation, sans conclure. M. Rouher fait de même, avec cette réserve qu'il ne faut rien demander aux Chambres et se garder d'agiter le pays. La même pensée inspire les autres orateurs. M. de Persigny, prié de donner son opinion, se récuse d'abord. Il finit par déclarer brutalement qu'il ne sait pas parler « pour ne rien dire », ainsi qu'on le fait depuis deux heures.

« Et en effet, Sire, qu'est-ce que le conseil peut dire aujourd'hui ? L'Europe entière, la France et nous-mêmes, nous croyons tous, à tort ou à raison, que c'est Votre Majesté qui a créé la situation actuelle, que c'est elle qui a mis les mains de l'Italie dans la main du roi de Prusse, qui a enfin préparé et formé l'alliance contre l'Autriche et nous ne savons rien des conditions, des résolutions, des stipulations que vous avez dû arrêter à Biarritz avec M. de Bismarck. Or, que pouvons-nous dire dans l'ignorance de toutes ces choses ? Si Votre Majesté a reçu, de la part de la Prusse, des engagements bien nets, bien précis, je comprends à certains

---

1. G. Rothan, 82 et *passim*; *Mémoires du duc de Persigny*, passim.
2. *Lettres de Mérimée à Panizzi*, 185.

égards l'inaction qu'a gardée votre gouvernement en face des événements qui se préparent. Que si, par impossible, tout cela s'est organisé entre la Prusse et l'Italie, sans l'intervention de Votre Majesté et par conséquent sans stipulations en faveur de la France, je ne comprends pas que votre gouvernement n'ait pas armé le pays jusqu'aux dents, et qu'il perde un jour, une heure à le mettre en état de défense[1]. »

Devant cette vive attaque, l'empereur perd un peu de son ordinaire impassibilité. Non sans hésitation, il répond « qu'il n'a, en aucune façon, organisé l'alliance de la Prusse et de l'Italie, ni fait de stipulations avec aucune puissance et qu'il est par conséquent entièrement libre de ses résolutions[2] ». On sait que penser de ces affirmations. En réponse, M. de Persigny conseille de se préparer sans retard à toutes les éventualités. Mais ce serait une grande faute que de chercher à s'emparer des provinces du Rhin. Nous violerions le principe des nationalités si hautement affirmé par nous; nous trouverions une résistance invincible dans l'esprit des populations annexées; nous aurions créé de nos mains « une Vénétie, une Pologne, une cause éternelle de faiblesse et de ruine[3] ». Il propose de laisser la Prusse s'étendre à sa guise de la Baltique au Main, à condition d'indemniser, le long de la rive gauche du Rhin, les princes dépossédés sur la rive droite. On organiserait ainsi, sur notre frontière Est, un chapelet de petits États tampons, en mettant à néant une autre stipulation essentielle des traités de 1815. M. de Persigny fait même luire la possibilité de créer plus tard une confédération englobant la France, la Belgique, la Hollande, le Luxembourg et les États du Rhin[4].

Il est permis, sans doute, de regretter l'échec de cette

---

1. De Persigny, *Mémoires*, 325 et suiv. Cette réunion du conseil des ministres et du conseil privé aurait eu lieu au moment où les hostilités allaient commencer.
2. *Ibid.*, 329 et suiv.
3. *Ibid.*, 329 et suiv.
4. *Ibid.* Voir *suprà*, p. 54. M. de Persigny attribue à l'impératrice l'abandon de cette combinaison, mais son témoignage ne présente pas les garanties d'impartialité, d'indépendance et de désintéressement voulues pour qu'il soit irrécusable. — Voir un télégramme de M. Nigra, 11 mai 1866, La Marmora, 239.

combinaison. Si elle eût été acceptée en 1866, une grande guerre aurait été évitée et l'Europe ne succomberait pas, depuis vingt-neuf ans, sous le poids de la paix armée. Au conseil, assure M. de Persigny, elle ne trouva aucune opposition. L'empereur sembla l'admettre. MM. Drouyn de Lhuys, Walewski, Troplong, Magne et Fould également. L'impératrice ne fit pas d'objections. M. Rouher se tut. M. de La Valette affirma, peut-être avec raison, que cette solution serait impopulaire en France. M. Duruy s'était déjà prononcé pour la conquête du Rhin allemand, sans trouver d'écho.

Malgré cette presque unanimité, le conseil se sépara sans rien décider. Tous les efforts de M. de Persigny ne purent amener l'empereur à se prononcer en faveur d'une ligne politique nettement accusée. Avec son ordinaire fatalisme, il attendit les événements. S'il jugea nécessaire de prendre des précautions, ce ne fut pas afin d'assurer le maintien et le développement de notre influence, ce fut en faveur de l'Italie. « L'empereur révolutionnaire périra sur l'écueil italien », avait dit le vieux prince de Metternich[1].

La Prusse allait ouvrir les hostilités, quand le prince de Saxe-Cobourg-Gotha arriva à Berlin, apportant la preuve qu'un traité venait d'être signé entre Napoléon III et François-Joseph. Il assurait, prétendait-on, la Vénétie à l'Italie et la Silésie à l'Autriche[2]. En effet, on avait signalé un échange actif de communications entre Vienne et Paris. M. de Gramont était venu conférer avec l'empereur et M. Drouyn de Lhuys, puis avait précipitamment regagné son poste. A Florence comme à Berlin, on était inquiet. Victor-Emmanuel se plaignait au prince Napoléon, qui en écrivait à l'empereur dans les termes les moins équivoques[3].

---

1. G. Rothan, Souvenirs diplomatiques, La France et l'Italie, *Revue des Deux-Mondes*, 15 novembre 1884 et suiv., 307.

2. G. Rothan, *La politique française en 1866*, 166. C'est une lettre du comte de Mensdorff qui aurait fait découvrir ce traité.

3. « Le langage des personnes influentes de votre gouvernement n'est pas fait pour rassurer l'Italie, étant tout à fait favorable à l'Autriche... Le roi d'Italie, *ne sachant rien*, doit craindre que la France ne veuille lui faire abandonner l'alliance prussienne pour un mirage vénitien, garanti par rien » (*Papiers et correspondance de la famille impériale*, 12 juin 1866, I, 391). Voir également le Rapport du chevalier Nigra au prince de Carignan, G. Rothan, 433.

La réalité était autre que l'imaginaient les amis de l'Italie. Il n'existait pas de traité secret, mais bien une convention de neutralité (9 juin), par laquelle l'Autriche s'engageait à respecter l'intégrité du territoire italien, et même à céder la Vénétie à l'Italie, quels que fussent les résultats de la guerre. Aucun remaniement territorial n'aurait lieu en Allemagne sans notre assentiment. C'étaient les propositions de mai, moins la clause de la conquête de la Silésie et la participation de l'Italie[1].

Ainsi la France prenait d'avance position entre les deux partis, sans appuyer ni se concilier nettement aucun d'eux. Au redoutable jeu qui allait commencer, un seul partenaire était assuré de gagner, l'Italie. Quant à nous, tout en ayant facilité l'alliance italo-prussienne, nous escomptions de la façon la moins équivoque le succès de l'Autriche. Nous faisions ouvertement des vœux pour elle, sans même prévoir la possibilité de revers. Nous ne prenions pas l'élémentaire précaution de quelques préparatifs militaires sur la frontière allemande. Cette attitude était à la fois dénuée de dignité et de prévoyance[2]. Notre souci constant des intérêts de l'Italie ne parvenait même pas à nous la concilier : « Nous devons...

---

1. G. Rothan, 169. Le comte Karolyi disait à M. de Barral, le 12 juin : « Nous ne serons pas toujours ennemis et si, comme je l'espère, nous battons la Prusse, je puis vous confier que nous nous arrangerons avec vous pour la Vénétie » (La Marmora, 315). — Trois mois après, Napoléon III écrivait au comte Arese : « Il faut que vous sachiez bien qu'avant la guerre, j'avais conclu avec l'Autriche un traité par lequel, en cas de victoire en Allemagne, elle me cédait les provinces vénètes » (Lettre du 3 novembre 1866, Bonfadini, *Vita di Francisco Arese*, 353, cité par M. de La Gorce, *Histoire du second empire*, IV, 361, et par le comte Grabinski, 221). M. Nigra croyait simplement au maintien du *statu quo* en Italie (Rapport Nigra déjà cité, G. Rothan, 434).

2. Un ministre, autre que M. Drouyn de Lhuys, demandait à l'empereur, avant Sadowa, la réunion de 50,000 hommes à Metz. Rien ne fut fait (*Mémoires du maréchal Randon*, II, 146). Le 6 juin, le colonel Colson, chef de cabinet du ministre de la guerre, écrivait à notre attaché militaire de Berlin : « Quant à nous, nous sommes inquiets, mais calmes. Nous n'avons pas fait le moindre préparatif. Selon moi, il sera difficile que nous n'intervenions pas. » — Au début de la guerre, Napoléon III en parlait un jour aux Tuileries, au milieu d'un groupe. Le général Trochu lui dit : « Les vues que l'empereur nous expose sont très justes, si c'est l'Autriche qui l'emporte ; mais si, par impossible, c'était la Prusse, la situation serait profondément modifiée pour la France. » L'empereur répondit : « De quelque manière que vous envisagiez la question, le progrès est avec la Prusse » (*Enquête*, dépositions, I, général Trochu, 276-277).

non seulement ignorer les dernières propositions franco-autrichiennes, écrivait M. Nigra, et faire la guerre comme si elles n'existaient pas, mais désirer de cœur la victoire de la Prusse et l'aider à vaincre [1]. »

Jusqu'au dernier moment, le prince Napoléon et M. Nigra ne renonçaient pas à entraîner l'empereur dans l'alliance italo-prussienne. Ils entreprenaient même des pourparlers confidentiels avec le cabinet de Berlin, en vue de faire acheter notre collaboration par des cessions territoriales [2]. Sous l'impression des démonstrations pacifiques de la Chambre, sans doute aussi dans la persuasion que l'Autriche serait aisément victorieuse, Napoléon III refusait de prendre aucun engagement [3].

Cette politique incertaine, pleine d'arrière-pensées, où le rêve tenait assurément trop de place, s'affirmait bientôt dans une lettre de l'empereur à M. Drouyn de Lhuys (11 juin), lue le 12 à la tribune du Corps législatif par M. Rouher. On y affectait le souci de tous les intérêts, ceux de l'Italie, de la Prusse, de l'Autriche, des petits États allemands. Des nôtres, nulle préoccupation apparente. On affirmait notre volonté de garder la neutralité, mais en réservant l'avenir, et cette menace fut mal prise en Allemagne [4].

Le 11 juin, l'Autriche demandait à la Diète la mobilisation des corps d'armée fédéraux. Cette proposition était adoptée par neuf voix contre six. Le 16, la Prusse faisait entrer ses

---

1. Rapport au prince de Carignan, G. Rothan, 334.
2. G. Rothan, 172 et suiv.; Circulaire de M. de Bismarck en date du 29 juillet 1870; Rapport du chevalier Nigra au prince de Carignan, G. Rothan, 432. Voir *suprà*, p. 55.
3. Rapport du chevalier Nigra au prince de Carignan; Général Fleury, II, 288, note 1; G. Rothan, 432 et suiv.
4. G. Rothan, 176 et suiv.; *Moniteur universel* du 13 juin. Ce manifeste fut froidement accueilli au Corps législatif, sauf un seul passage : « Vous deviez déclarer en mon nom que je repoussais toute idée d'agrandissement territorial (*Très bien! Très bien!*), tant que l'équilibre européen ne serait pas rompu (*Mouvement*). » — Les 14 et 18 juin, le gouvernement prussien lançait l'ordre d'armer en hâte Coblenz et Sarrelouis (*Le général La Marmora et l'alliance prussienne*, 149-152). — Au sujet de l'impression produite en Allemagne, lire : Benedetti, dépêche du 15 juin, 173; les extraits d'un rapport de M. de Clermont-Tonnerre, du 20 juin 1866 (*Papiers sauvés des Tuileries*, 168), et Th. Juste, 10, sur une réunion publique tenue à Oberingelheim, dans la Hesse rhénane.

troupes en Hanovre, en Saxe, dans la Hesse. Ses inquiétudes persistaient à l'égard de nos intentions. M. de Bismarck disait à M. Hansen : « Nous ferons de l'histoire et chacun y aura sa part. En attendant, nous ignorons les vues et les intentions de l'empereur. Quelles sont ses conditions? Pourriez-vous me les indiquer[1]? » Le soir du 10 juin, dans son cabinet de travail, et le 11, sous le grand arbre de son jardin, il causait avec un Hongrois, le général Türr. Il était très soucieux : « Vous me disiez : Ah ! si l'empereur Napoléon le voulait, la guerre serait facile, et il pourrait, sans aucune difficulté, prendre la Belgique, le Luxembourg et même faire d'autres rectifications de la frontière française ! Je le lui ai proposé, et il ne l'a pas voulu. En passant par Paris, dites tout cela, je vous prie, à S. A. le prince Napoléon[2]. »

Au moment d'entrer en campagne, le roi Guillaume s'adressait encore une fois à Napoléon III, pour obtenir par écrit ses promesses de neutralité et en connaître les conditions. Persuadé que la guerre serait longue et pénible, que l'Autriche aurait l'avantage et qu'il serait l'arbitre de la paix, l'empereur persistait à ne pas vouloir s'engager[3]. Toutes ses prévisions allaient être trompées.

---

1. G. Rothan, 182, d'après M. J. Hansen [délégué des Duchés en 1864], A travers la diplomatie. Voir la lettre de M. Benedetti, 3 avril 1866, Ma mission en Prusse, 91.

2. Journal officiel du 10 août 1870, memento du général Türr à M. de Bismarck, reproduit d'après le Constitutionnel et la Correspondance du Nord-Est ; La Tyrannie prussienne, par un Allemand, 63.

3. G. Rothan, d'après le marquis de Gricourt, Des relations de la France et de l'Allemagne sous Napoléon III (attribué à l'empereur). Dans ces conditions, l'empereur était mal fondé à compter sur la « foi jurée, la reconnaissance » de la Prusse et de l'Italie, comme il le dit à Wilhelmshöhe (Général Fleury, II, 288) ; Rapport du colonel de Clermont-Tonnerre, 20 juin 1866. Voir supra, p. 60. A cette même date du 20 juin, Victor-Emmanuel adressait à l'empereur le télégramme ci-après :

« Monsieur mon frère, je préviens Votre Majesté que, fidèle à la convention faite avec la Prusse, je viens ce matin d'envoyer déclaration de guerre à l'Autriche... Je pars demain matin pour prendre le commandement de l'armée. J'ai le cœur gai et beaucoup de foi dans l'avenir.

« Je remercie V. M. de tout ce qu'elle a fait pour nous, et vous prie de ne pas nous oublier et moi en particulier qui suis de V. M. le bon frère » (Papiers secrets brûlés dans l'incendie des Tuileries, Bruxelles, Rozez, 1871, 191).

XI

CESSION DE LA VÉNÉTIE

Sadowa. — Cession de la Vénétie à l'empereur. — Médiation française. — L'Italie et la guerre. — Déboires de Napoléon III. — Conseil du 5 juillet. — Projets d'intervention armée. — Leur abandon.

Le « coup de foudre » de Sadowa éclatait à Paris le 4 juillet. Il y produisait une sensation aussi intense que s'il se fût agi d'une armée française[1]. Dès le lendemain, M. Drouyn de Lhuys réclamait des mesures énergiques. On menacerait la Prusse de notre intervention et au besoin de l'occupation de la rive gauche du Rhin, si elle ne se montrait modérée dans ses exigences. Une démonstration militaire appuierait cette attitude[2]. Le maréchal Randon se déclarait prêt à réunir en un mois sous les drapeaux 450,000 hommes, abstraction faite des troupes d'Afrique, du Mexique et de Rome. On mettrait immédiatement 80,000 hommes en mouvement. M. Drouyn de Lhuys objectait : « Quatre-vingt mille hommes ! C'est trop ; quarante mille suffisent. Des gardes champêtres suffiraient![3] ».

Sur les entrefaites, le soir du 4 juillet, l'empereur recevait de Vienne un télégramme portant que François-Joseph lui cédait la Vénétie. Aussitôt il adressait au roi Guillaume la dépêche suivante, qui arrivait au quartier général d'Horricz[4] dans la nuit du 4 au 5 :

« Sire,

« Les succès si prompts et si éclatants de V. M. ont amené

---

[1]. La Marmora, *Lettere agli elettori die Biella,* Barbera, 1868 ; G. Rothan, 187 et suiv.
[2]. G. Rothan, 189 et suiv., d'après les confidences de M. de Chaudordy, chef de cabinet de M. Drouyn de Lhuys, à M. Hansen. La dépêche annonçant la victoire de Sadowa parvint à M. de Goltz le 3 juillet, à 11 heures du soir. Elle ne fut connue à Saint-Cloud que le 4.
[3]. Randon, II, 145 ; G. Rothan, 190.
[4]. Horricz se prononce Horsitz.

des résultats qui me forcent à sortir de mon rôle de complète abstention. L'empereur d'Autriche m'annonce qu'il me cède la Vénétie et qu'il est prêt à accepter ma médiation pour mettre un terme au conflit qui s'est élevé entre la Prusse, l'Italie et l'Autriche. Je connais trop les sentiments magnanimes de V. M. comme Son affectueuse confiance envers moi, pour ne pas croire que de Son côté, après avoir élevé si haut l'honneur de Ses armes, Elle n'accepte avec satisfaction les efforts que je suis disposé à faire pour l'aider à rendre à Ses États et à l'Europe les précieux avantages de la paix.

« Si V. M. agrée ma proposition, Elle jugera sans doute convenable qu'un armistice conclu pour l'Allemagne et pour l'Italie ouvre immédiatement la voie à des négociations.

« De V. M. le bon frère,

« NAPOLÉON[1]. »

En dépit de ses apparences pacifiques, cette offre de médiation surprenait désagréablement le roi de Prusse et son entourage. L'écrasement si prompt de l'armée autrichienne ne levait pas toutes les difficultés. L'empereur de Russie télégraphiait au roi : « J'espère que V. M. sera gracieuse envers le vaincu », et son attitude ne rassurait qu'imparfaitement Guillaume Ier[2].

Dès la réception du télégramme de Napoléon III, un con-

---

1. L. Schneider, II, 269; Bismarck, *Pensées et souvenirs*, II, 39. Un télégramme au roi d'Italie était conçu en des termes analogues (*Le général La Marmora et l'alliance prussienne*, 201). — Le télégramme de cession de la Vénétie, arrêté à Vienne dans la matinée, ne partit que le soir. M. de Metternich le reçut à 9 heures, et le porta aussitôt à l'empereur, qui donna ordre de le faire paraître au *Moniteur* du lendemain 5 juillet. Le prince Napoléon, MM. de La Valette et Rouher représentèrent vivement les inconvénients de cette acceptation inconsidérée (Beust, *Mémoires*, II, 9-10). — Lire, au sujet de l'effet produit en France par la cession de la Vénétie, une lettre de Mgr Maret, évêque de Sura, à l'empereur, 5 juillet 1866 (*Papiers sauvés des Tuileries*, 81) : « ...Quel succès inouï dans l'histoire ! », s'écriait l'évêque.
2. État-major prussien, *Relation de la guerre de 1866*; *Le général La Marmora et l'alliance prussienne*, 209; L. Schneider, II, 266. Au mois d'avril, le roi disait à M. Schneider : « La Russie n'a pas à notre égard l'attitude qu'elle doit avoir. »

seil de guerre réunissait autour du roi Guillaume M. de Bismarck, les généraux von Roon, von Moltke et von Alvensleben. A ce moment encore, au quartier général, les vues au sujet des conditions de la paix étaient très modérées ; sur la proposition de M. de Bismarck, on décidait d'adresser une réponse dilatoire à l'empereur, tout en continuant l'offensive. Le 6 juillet, le quartier général allait à Pardubitz[1] et un télégramme annonçait à Napoléon III l'acceptation de ses propositions, en subordonnant la conclusion d'un armistice ou de la paix à un accord avec le roi d'Italie, comme le voulait le traité du 8 avril[2].

Le gouvernement prussien ne se sentait nullement rassuré à l'égard d'un allié auquel lui-même n'avait pas toujours été fidèle. Il craignait de le voir accepter purement et simplement Venise, quitte à abandonner la Prusse. Jusqu'alors l'alliance n'avait pas été avouée ; on se hâta de l'enregistrer au *Staatsanzeiger*. Celui-ci refusait à l'Italie le droit de conclure une paix séparée. Il publiait même, au bout de quelques jours, l'article 3 du traité secret, formel sous ce rapport. Le 11, le comte d'Usedom remettait à M. Visconti-Venosta une note dans le même sens : après la cession de Venise, signer un armistice équivaudrait à jeter contre la Prusse les 150,000 hommes du quadrilatère. Le 15, M. d'Usedom insistait sur ce thème[3].

Les Italiens n'avaient nul besoin de ces excitations. Très décidés à effacer l'humiliation de Custozza, ils attendaient anxieusement la réponse de Guillaume Ier à Napoléon III. Le 5 juillet, le ministre de la marine, M. Depretis, télégraphiait à l'amiral Persano : « La proposition de l'empereur ne doit pas faire suspendre les hostilités. Un combat avec un succès assuré serait même utile. » Le 6 juillet : « A mon avis, l'Italie ne peut pas accepter la Vénétie des mains

---

1. L. Schneider, I, 264 ; Bismarck, *Pensées et souvenirs*, II, 39.
2. Télégramme du 6 juillet, Reichenberg, 10ʰ 30 du matin, parti du quartier général de Gorritz (?) le 5 juillet (*Papiers secrets*, 193-194 ; *Papiers sauvés des Tuileries*, 172).
3. *Le général La Marmora et l'alliance prussienne*, 210-212.

de l'empereur ; elle est assez forte pour l'arracher à l'Autriche[1]. »

Le prince de Metternich, muni de pleins pouvoirs par un télégramme de Vienne, avait demandé à Napoléon III d'intervenir auprès de Victor-Emmanuel, en faisant connaître qu'il acceptait la cession de la Vénétie prévue par la convention du 9 juin. Il aurait même voulu que la France occupât sans tarder cette province, de façon à assurer les derrières de l'Autriche, à lui permettre de reporter ses troupes d'Italie vers le nord.

L'empereur se hâta de faire part à Victor-Emmanuel des offres autrichiennes et des siennes propres[2]. Mais son attente fut trompée. Toute l'Italie, fidèle à ses traditions, affecta de considérer comme une insulte la cession de la Vénétie. On voulait la conquérir, non la tenir de nous comme le Milanais. « Recevoir la Vénétie en cadeau de la France est humiliant pour nous, et tout le monde croira que nous avons trahi la Prusse... Tâchez, demandait en résumé le général La Marmora à M. Nigra, de nous épargner la dure alternative de manquer à la Prusse, ou de nous heurter à la France[3]. »

---

1. D'autres dépêches de La Marmora à l'amiral Persano et au général Cialdini sont dans le même sens (6 juillet) [*Le général La Marmora et l'alliance prussienne*, 212-214].

2. Voir *suprà*, p. 66 ; G. Rothan, 191. Le télégramme au roi d'Italie rappelait le manifeste du 11 juin, tandis que celui adressé à Guillaume Ier passait ce document sous silence. Sadowa nous faisait déjà changer de ton à l'égard de la Prusse.

3. La Marmora à M. Nigra, 5 juillet matin (*Le général La Marmora et l'alliance prussienne*, 206) ; G. Rothan, 198 ; Jacini, *Due anni di politica italiana*, 180.

« Donner la Vénétie à la France, qui n'a pas participé à la guerre, c'est vouloir l'arracher des mains de nos soldats en mesure de la conquérir. » — « Nous n'accepterons l'armistice qu'un gage en main ; l'annexion de la Vénétie ne doit être que le triomphe du principe unitaire et non le résultat d'accommodements diplomatiques » (*Gazette de Turin* et *Movimento*, cités par M. G. Rothan). — « Re, paese, ed esercito bene comprendevano quanto sarebbe tornato umiliante di ricevere la Venezia dall' Imperatore dei Francesi dopo una battaglia perduta ; d'altra parte si rendevano anche conto come gli interessi della Francia fossero contrari al proseguimento dalla guerra, essenzialmente per quel senso di « patriottica angoscia », che vi aveva prodotto la vittoria di Sadowa. La mediazione della Francia, non accettata, poteva venire imposta con le armi... » (Lieutenant-colonel Segato, *Rivista militare italiana*, Dal Basso Po all' Isonzo, 16 février 1899, 287).

Victor-Emmanuel se bornait donc, en termes laconiques et vagues, à remercier Napoléon III de l'intérêt qu'il portait à l'Italie, ajoutant que les circonstances l'obligeaient à consulter son gouvernement et à ne pas oublier ses engagements envers la Prusse[1]. De fait, les Italiens n'arrêtèrent nullement les hostilités, malgré les télégrammes toujours plus pressants de l'empereur[2]. Ainsi, après avoir jeté l'Italie dans les bras de la Prusse, nous n'avions qu'une hâte, celle de les séparer. Jamais politique ne fut plus incohérente.

Le gouvernement impérial se montrait aussi divisé que jamais, malgré la gravité des circonstances. Le 5 juillet, l'empereur et l'impératrice tenaient conseil à Saint-Cloud avec le maréchal Randon, MM. Rouher et Drouyn de Lhuys[3]. On décidait de convoquer sur l'heure les Chambres, de leur demander les crédits nécessaires en vue d'une intervention armée. Le décret de convocation devait paraître le 6 au *Moniteur*. Le lendemain matin, MM. Drouyn de Lhuys et Randon avaient la surprise de ne point l'y voir. Quelques lignes annonçaient la cession de la Vénétie à Napoléon III et l'acceptation de sa médiation par l'Autriche.

Le soir précédent, de nouvelles influences avaient prévalu

---

1. *Le général La Marmora et l'alliance prussienne*, 208.
2. « Puisque V. M. accepte l'armistice, qu'elle donne l'ordre à ses troupes de s'arrêter. Le prince Napoléon et un aide de camp partent ce soir.

« Mantoue et probablement Vérone vous seront remises immédiatement.

« Je crois avoir trouvé un moyen de satisfaire l'honneur de chacun (9 juillet, 1 heure du soir).

« Le roi de Prusse accepte le principe de ma modération (médiation) et l'armistice, si j'ai son (votre) consentement, je tâcherai de faire remettre les forteresses comme gages de l'armistice. Si V. M. refuse, je serai obligé de prendre un parti » (De la main de l'empereur, sans date, *Papiers secrets*, 195-197). « Il y eut même un moment (7 juillet) où l'empereur... manifesta l'intention, si l'Italie n'acceptait pas l'armistice, de convoquer le Corps législatif, de lui exposer la conduite de cette puissance, et de lui annoncer qu'il avait rendu la Vénétie à l'Autriche » (*Le général La Marmora et l'alliance prussienne*, 214-215).
3. G. Rothan, *L'affaire du Luxembourg*, 43 ; Randon, *Mémoires*, II, 145. M. de La Valette n'aurait pas été convoqué sur la demande expresse de M. Drouyn de Lhuys (confidences de M. de La Valette à M. G. Rothan). M. de La Valette ne cite pas le maréchal Randon comme ayant été présent. — Voir aussi une lettre du général de Miribel, 18 février 1874, citée par Randon, II, 148-150. Le décret de mobilisation existait aux archives du ministère d'État, enlevées à Cercey par les Prussiens en septembre 1878 et reproduites en partie par le *Reichsanzeiger* (Randon, II, 150).

près de l'empereur, celles de M. de La Valette et, sans doute, de M. Rouher et du prince Napoléon[1]. Malgré toutes leurs objections, le souverain restait décidé à intervenir, quand M. de La Valette lui demanda s'il nous croyait en état de soutenir une politique fatalement destinée à provoquer une guerre. « Votre Majesté sait-elle que le Mexique a tout absorbé, que nous n'avons ni chevaux, ni matériel, ni effectifs, qu'elle n'aura qu'une quarantaine de mille hommes, incomplètement munitionnés (*sic*), à mettre en ligne, et ne prévoit-elle pas que ses soldats, quelle que soit leur vaillance, seront impressionnés par le fusil à aiguille qui a déterminé le succès foudroyant de la campagne de Bohême? — L'empereur, visiblement troublé par mon interpellation, finit par reconnaître qu'en effet l'armée n'était pas prête pour provoquer à la fois la Prusse et l'Italie[2]. »

En réalité, la pensée d'une intervention armée ne fut définitivement abandonnée qu'au bout d'une semaine de luttes acharnées. M. Rouher, le prince Napoléon, le chevalier Nigra et le comte de Goltz firent valoir l'impossibilité de se prononcer contre la Prusse, après avoir lié l'Italie à sa fortune, le danger de s'unir au « cadavre autrichien », surtout celui de risquer une guerre contre ces deux pays, malgré le vœu non dissimulé de la nation et sans posséder les forces voulues[3].

M. de Beust avait été envoyé de Vienne à Paris le 10 juillet, pour solliciter notre intervention. Arrivé dans la matinée du 12, il fut reçu le jour même par l'empereur, qu'il trouva fortement atteint dans ses forces physiques et même morales. La maladie qui devait l'emporter avait commencé son œuvre. Il ne cessait, dit-on, de balbutier comme un enfant : « Je ne suis pas prêt à la guerre. » M. de Beust demandait une simple démonstration : la concentration d'une armée

---

1. Randon, II, 145 et suiv.; G. Rothan, *L'affaire du Luxembourg*, 43-46.
2. G. Rothan, *L'affaire du Luxembourg*, 46, d'après les confidences de M. de La Valette.
3. G. Rothan, *La politique française en 1866*, 193, d'après M. Hansen; note et lettre du prince Napoléon à l'empereur, 14 juillet 1866 (*Papiers des Tuileries*, G. Rothan, 454).

sur la frontière allemande et l'envoi d'une escadre dans la mer du Nord. « Si vous ne faites pas cela, aurait-il dit, vous aurez peut-être vous-même la guerre avec la Prusse dans cinq ou six ans, et alors je vous promets que toute l'Allemagne marchera avec elle contre vous[1]. » Tous ces efforts se heurtaient au sentiment que Napoléon III avait acquis, un peu tard, de notre impuissance.

---

1. Comte de Beust, *Mémoires*, II, 11-13.

XII

NOS FORCES MILITAIRES EN 1866

Utilité d'une démonstration armée. — Les effectifs disponibles. — Ressources en matériel. — L'expédition du Mexique et la guerre de 1866.

Du propre aveu de M. de Bismarck, un faible appoint de troupes françaises eût suffi pour donner aux Allemands du Sud la confiance et l'entrain qui leur manquaient. Tout d'abord, les Prussiens se seraient vus forcés de renoncer à leur offensive en Autriche[1]. A ce moment, d'ailleurs très fugitif, l'apparition sur le Rhin des « pantalons rouges » n'eût point blessé les susceptibilités allemandes, bien au contraire[2]. On a vu que c'était, pour les Prussiens, une éventualité prévue, dont ils ne se cachaient pas les conséquences[3]. Une lettre du comte de Goltz à Napoléon III, datée de fin juillet 1866, montre combien notre voix était alors écoutée dans l'entourage du roi Guillaume[4].

D'après le maréchal Randon, il aurait affirmé à l'empereur qu'il pouvait mobiliser 80,000 hommes sans aucun délai et 450,000 en un mois, non compris les troupes d'Afrique, du Mexique et de Rome[5]. Cette mobilisation partielle ou totale eût été une pure improvisation, comme toutes

---

1. Discours du prince de Bismarck au Reichstag, le 16 janvier 1874, cité par M. J. Klaczko, *Revue des Deux-Mondes*, août-septembre 1875, 433; Bismarck, *Pensées et souvenirs*, II, 41.

2. J. Klaczko, 435: « Je me souviens d'avoir entendu à Dresde et à Leipzig, en 1866, ces mots : « Ah ! si les Français voulaient se mêler à la partie ! » (*La Tyrannie prussienne*, par un Allemand, 111).

3. Lettre au général Faure, 6 novembre 1866, *Vie militaire du général Ducrot*, II, 139-141).

4. Cette lettre répond à une communication de l'empereur au sujet de la conduite des troupes prussiennes à Francfort. Le ton qu'y prend l'ambassadeur de Prusse est des plus significatifs (Voir le texte dans G. Rothan, *La politique française en 1866*, 457).

5. Randon, II, 145-148; M. de Persigny, 359, assure qu'on demanda six semaines à l'empereur pour concentrer 80,000 hommes sur le Rhin. Dans une lettre du 18 février 1874, le général de Miribel écrit au contraire : « Le maréchal ne demandait que vingt jours pour cette mobilisation (celle de 250,000 hommes) » [Randon, II, 149].

celles qu'avait effectuées le second Empire : « ... Avant Sadowa, on ne faisait pas de préparation au ministère de la guerre, *parce que la politique du gouvernement l'interdisait*, mais on y était inquiet, ce qui veut dire qu'on examinait en secret ce qu'il faudrait faire le jour où cette politique réclamerait enfin l'action de l'armée, et le ministre dressait déjà dans sa tête le plan d'une mobilisation rapide[1]... » On sait que penser d'un « plan de mobilisation rapide » ainsi établi.

Nous étions donc entièrement surpris par les événements. Le maréchal Randon jugeait nécessaire de préparer en hâte la concentration de deux armées, l'une de 140,000 hommes sur le Rhin, l'autre de 110,000 hommes à Lyon, destinée à se porter vers l'Italie ou les Vosges, selon le cas[2]. Ce travail, auquel le général Castelnau, le colonel Colson et le capitaine de Miribel étaient seuls mêlés, devait d'abord être terminé en quatre ou cinq jours. Quand les idées se furent modifiées, on le reprit plus à loisir, avec la collaboration du général Suzane. Le projet définitif ne fut remis à l'empereur que le 22 août[3]. Depuis longtemps, l'occasion d'intervenir était passée.

Le maréchal Randon paraît avoir nourri de dangereuses

---

1. Randon, II, 148.
2. Randon, II, 148, d'après une lettre du général de Miribel, 18 février 1874.
3. Randon, II, 149-151. L'armée du Rhin, environ 140,000 hommes, devait comprendre :

1° La garde impériale à 2 divisions d'infanterie et 3 brigades de cavalerie, portée à 31,000 hommes par des prélèvements sur la ligne ;
2° 3 corps d'armée à 3 divisions d'infanterie et 1 brigade de cavalerie ;
3° 1 corps de 4 divisions de cavalerie.
L'armée de Lyon, environ 110,000 hommes :
3 corps d'armée à 3 divisions d'infanterie et 1 brigade de cavalerie.
(Randon, II, 152-168.)

Dans le travail remis à l'empereur, le 22 août, le maréchal évalue nos ressources de la façon suivante :

Armée active.	385,571	hommes.
1re portion de la classe 1865.	24,766	—
Réserve, y compris celle de la classe 1865	227,989	—
Engagés volontaires (si la guerre éclatait)	16,191	—
Remplaçants administratifs.	8,000	—
Total	662,517	hommes.

(*Suite page 74.*)

illusions à l'égard de nos forces, et surtout de la possibilité d'une mobilisation rapide dans notre manque absolu de préparation. Comment aurions-nous pu concentrer en vingt jours 360,000 hommes sur le Rhin ou au pied des Alpes, en laissant plus de 94,000 hommes aux dépôts ou dans les places[1], alors que, en 1870, malgré quatre années d'efforts et de sacrifices, nous ne parvînmes à porter sur la frontière qu'un effectif très inférieur, dans ce même délai de vingt jours ? Ne sait-on pas que, en 1867, le général Ducrot, craignant un coup de main sur la citadelle de Strasbourg, se voyait réduit à en tenir les portes fermées sous prétexte de réparations[2] ? Il y a donc une forte part d'illusions dans les chiffres du maréchal Randon. Il ne tient aucun compte du déchet inévitable des réservistes, ni de l'insuffisance de nos ressources en équipement : elles n'auraient pas permis d'habiller 100,000 hommes[3]. Sans doute nous possédions dans

A déduire : Non-valeurs organiques (gendarmerie, etc.).	47,400 hommes.
Déficit permanent (en congé, aux hôpitaux, en jugement).	18,577 —
Libérables au 31 décembre 1866, déduction faite des rengagés compris dans les 385,571 hommes ci-dessus	45,762 —
Total.	111,739 hommes.
Reste 550,778 hommes, d'où il faut retrancher :	
Armée d'Afrique.	60,000 hommes.
Corps du Mexique.	28,000 —
Division de Rome.	8,000 —
Total	96,000 hommes.

Reste : 454,778 hommes.
Les régiments de ligne auraient mobilisé 2 bataillons à 1,000 combattants. Il serait resté 107,600 hommes de troupes de garnison et de dépôt (infanterie) et 53 escadrons. Le nombre des bouches à feu eût été de 2,04 par 1,000 hommes. soit 592 pour les deux armées.

1. Randon, II, 169. Lettre à l'empereur du 27 septembre 1866.
2. *La politique française en 1866*, 227-228.
3. Situation des magasins au 1er juillet 1866 :

Habits (tuniques, etc.) confectionnés	110,000
Capotes	95,000
Pantalons	143,000
Shakos	269,000
Souliers (paires)	476,000
Draps et toiles, de quoi confectionner	506,000 effets (?)

(Randon, II, 219 et suiv.)

(*Suite page 75.*)

nos arsenaux 10,944 canons, sans les canons-obusiers, les obusiers, les mortiers, les pièces en fer, mais nous n'aurions pu atteler que 592 pièces pour nos 250,000 hommes, c'est-à-dire une très faible proportion d'artillerie, parmi laquelle des canons lisses[1].

Ainsi, il eût été imprudent d'accepter sans contrôle les affirmations du maréchal Randon. Nous étions loin de pouvoir jeter 360,000 hommes en vingt jours sur nos frontières[2]. Lors de la guerre de Crimée, pour entretenir une armée de 200,000 hommes, nous avions dû, pendant trois ans, élever le contingent à 140,000 hommes et « vider » tous les régiments restés en France. En 1859, 200,000 hommes au plus passèrent la frontière, et il fallut encore lever 140,000 hommes, ce qui n'empêcha pas de précipiter la paix faute de 150,000 hommes à opposer aux Prussiens[3]. Mais il ressort de témoignages compétents qu'il eût été possible en 1866 de porter 80,000 ou 100,000 hommes sur le Rhin. A défaut, une simple démonstration aurait suffi pour arrêter les progrès des Prussiens en rendant confiance aux Allemands du Sud et à l'Autriche[4].

On a souvent attribué notre inaction aux sacrifices en hommes, en matériel et en argent causés par l'expédition du Mexique. Sans doute, ils contribuèrent à l'adoption du

---

L'artillerie possédait : 10,944 canons,
2,546 canons-obusiers,
3,671 obusiers,
3,153 mortiers
et près de 3,000 canons en fer.   (Randon, II, 219 et suiv.)

Ce mémoire sur la situation de l'armée en 1866, rédigé en avril 1867 et d'abord lithographié, a été reproduit par M. Pradier-Fodéré (*Documents pour l'histoire contemporaine*, 66 et suiv.), ensuite dans les *Mémoires du maréchal Randon*, II.

1. Randon, II, 159.
2. Lettre au colonel Sabatier, 29 août 1866 (*Vie militaire du général Ducrot*, II, 127) : Nous pourrions mobiliser « au grand maximum » 200,000 hommes, les garnisons déduites, et, derrière cela, il n'y aurait pas un homme disponible ; nous arriverions sur les champs de bataille d'Allemagne avec 150,000 hommes au plus. — Voir Général de Wimpffen, *Sedan*, 28 ; Général Thoumas, *Les transformations de l'armée française*, I, 543.
3. G. Rothan, 221-222 : paroles de l'empereur au Conseil d'État, en novembre 1867, citées par M. G. Rothan, 224, note 1.
4. Lettres du général Ducrot, 29 août 1866, et du général de Miribel, 18 février 1874 ; discours de M. de Bismarck au Reichstag, 16 janvier 1874, déjà cités.

fâcheux système d'économies, qui se traduisit en 1865 par les suppressions dont nous avons parlé; ils expliquent, en partie, l'ajournement de dépenses indispensables, telles que celles d'un nouveau fusil, mais, il faut le répéter avec le maréchal Randon, jamais l'argent, le matériel et les hommes jetés au delà de l'Atlantique ne nous affaiblirent au point de paralyser notre action en Europe.

Les 48 pièces approvisionnées à 623 coups, les 12,882,716 cartouches envoyées au Mexique, dont il restait 11,803,649 en mars 1864; les 12,000 fusils ancien modèle délivrés aux Mexicains ne pouvaient sérieusement nous affaiblir[1]. De même pour les 38,493 hommes qui passèrent la mer du 12 décembre 1861 au 25 juin 1863 et dont 28,693 furent rapatriés en février et mars 1867, tandis que le total des morts de la marine et de l'armée était de 9,271 hommes. Quant aux dépenses, déduction faite des recettes, elles atteignirent 336,440,000 fr. y compris les pertes de matériel. Encore faudrait-il en déduire l'entretien de 25,000 à 30,000 hommes pendant cinq ans en France[2].

Il est donc fort exagéré de dire, avec tant d'autres, que cette funeste expédition nous paralysa en 1866 : elle exerça sur nous une influence déprimante, due à des causes plutôt morales que matérielles[3]. Le gouvernement impérial s'était exposé, sans profit, aux plus redoutables complications. L'échec final jetait sur lui un discrédit qui contribuait à lui inspirer, en 1866, une prudence assurément excessive.

---

1. Randon, II, 230-232.
2. Randon, II, 230-232; Général Niox, *Expédition du Mexique*, 764; Paul Gaulot, *Fin d'empire, passim*; Général Thoumas, *Récits de guerre, 1862-1867, Les Français au Mexique*, 401 : les pertes de l'armée atteignirent au minimum 6,654 tués, morts de blessures, de maladies ou de mort violente; celles de la marine, au 23 janvier 1864, 2,617 tués, morts ou disparus.
3. Principaux auteurs qui paraissent exagérer ces conséquences de la guerre du Mexique : Général Thoumas, *Les transformations de l'armée française*, I, 543; Lieutenant-colonel Rousset, *Histoire générale de la guerre de 1870*, I, 10; Général de Wimpffen, *Sedan*, 28 (qui évalue à 1,300 millions les dépenses de cette guerre); Général de Moltke, *Histoire de la guerre de 1870*, traduction française, 3; Général Ambert, *Après Sedan*, 419; *Le dernier des Napoléon*, 191.

XIII

LA MÉDIATION FRANÇAISE

Résistances de l'Italie. — Acceptation de la Prusse. — M. de Bismarck et la Belgique.
Ses intentions à l'égard de l'Autriche.

L'Italie n'avait mis aucun empressement à accepter notre médiation et l'offre de la Vénétie. Loin de là, elle cherchait à détourner le roi Guillaume d'accorder un armistice à l'Autriche, comme le demandait Napoléon III[1]. Auparavant, elle désirait être édifiée sur la forme de la cession de Venise. Elle entendait que la question du Trentin fût réservée aux négociations finales, que l'Autriche acceptât le principe de l'annexion de la Vénétie à l'Italie[2]. Après Custozza, ces exigences semblaient au moins exagérées. Les perplexités de Napoléon III en étaient accrues : au lieu d'arrêter les hostilités entre l'Italie et l'Autriche, il voyait son intervention rester sans effet. Rompre avec la Prusse l'exposerait à une rupture avec l'Italie, qu'il avait faite de ses mains, pour laquelle il entretenait de constantes préoccupations. Comment supporter la pensée de « marcher contre un peuple qui ne voulait rien nous prendre, qui ne songeait qu'à s'organiser à l'intérieur comme il l'entendait[3] ? »

Les partisans de l'alliance autrichienne comptaient sur la

---

1. M. Drouyn de Lhuys à M. Benedetti, 9 juillet : « Nous devons remettre la Vénétie à l'Italie, mais il faut pour cela que l'Italie accepte un armistice, et son acceptation est subordonnée au consentement de la Prusse. Employez donc tous vos efforts pour obtenir ce consentement. » — M. Benedetti à M. Drouyn de Lhuys, 9 juillet : « Le comte Barral a reçu l'ordre de se rendre auprès de M. de Bismarck. Il lui est prescrit de ne rien négliger pour déterminer le gouvernement prussien à décliner l'armistice » (G. Rothan, 243 et suiv. ; *Le général La Marmora et l'alliance prussienne*, 215).

2. *Le général La Marmora et l'alliance prussienne*, 218, communication de M. Nigra aux Tuileries.

3. Lettre du prince Napoléon à l'empereur, 14 juillet 1866 (*Papiers des Tuileries*, cités par M. G. Rothan, 454).

difficulté que mettrait le roi Guillaume à accepter notre médiation. Cette attente fut trompée. Le 10 juillet, le comte de Goltz communiquait à l'empereur les conditions indispensables d'une suspension d'armes entraînant préliminaires de paix : l'exclusion de l'Autriche de la Confédération ; le commandement des forces fédérales et la direction des relations diplomatiques confiés à la Prusse, qui annexerait les Duchés et partie des territoires envahis[1]. Mais les efforts du prince de Metternich, du duc de Gramont, de M. Drouyn de Lhuys n'en continuaient pas moins en faveur d'une politique d'intervention. M. de Beust, M. de Dalwigk insistaient dans le même sens. Avec son ordinaire facilité à accepter ce qui flattait ses idées ou sa tournure d'esprit, M. de Gramont écrivait : « La Prusse est victorieuse, mais elle est épuisée. Du Rhin à Berlin, il n'y a pas 15,000 hommes à rencontrer... La Prusse est incapable en ce moment d'accepter une guerre avec la France... Que l'empereur fasse une simple démonstration militaire, et il sera étonné de la facilité avec laquelle il deviendra, sans coup férir, l'arbitre et le maître de la situation[2]. »

La Russie semblait partager notre sentiment à l'égard des récents succès de la Prusse. Son gouvernement, irrité des procédés du roi Guillaume à l'égard des princes alliés à la famille impériale, proposait une entente internationale. La France, la Russie et l'Angleterre remettraient le même jour une note identique, déniant à la Prusse le droit de modifier la constitution intérieure de l'Allemagne. L'Angleterre n'était pas loin de ces vues. Nous laissions tomber leurs ouvertures, dans la persuasion que la Prusse saurait tenir compte de notre réserve[3]. Nous ajoutions foi aux promesses de M. de Bismarck et du comte de Goltz : aucun changement intéressant l'équilibre européen ne pourrait se produire,

---

1. *Le général La Marmora et l'alliance prussienne*, 216.
2. Dépêche du 17 juillet 1866, reproduite par M. G. Rothan, 439.
3. Dépêches de M. Drouyn de Lhuys à M. Benedetti et au baron de Talleyrand, 7 juillet 1866, citées par M. G. Rothan, *La politique française en 1866*, 212-215, 243 ; Bismarck, *Pensées et souvenirs*, II, 64, d'après une conversation de M. Drouyn de Lhuys avec le comte Vitzthum d'Eckstädt.

croyions-nous, sans entente préalable avec le gouvernement impérial[1].

Longtemps, l'attaché militaire prussien à Paris, von Loë, s'était fait illusion sur nos forces, aussi bien que M. de Bismarck. Notre attitude au lendemain de Sadowa les détrompait promptement. Dès le 5 juillet, von Loë connaissait la faiblesse de la France ; « des confidences plus inconsidérées que préméditées » la lui avaient révélée. Des officiers incriminaient violemment, devant lui, l'impéritie du ministre de la guerre[2]. Dès lors, M. de Bismarck acquit la persuasion que, du jour où les préliminaires de paix seraient signés avec l'Autriche et les États du Sud, nos forces ne nous permettraient pas d'intervenir. Le tout était de hâter cette signature.

De son côté, l'empereur décidait, non sans de longues hésitations, de se borner au rôle de médiateur pacifique. Le 9 juillet, M. Benedetti recevait l'ordre télégraphique de se rendre au quartier général du roi de Prusse. Ses instructions se limitaient au rétablissement de la paix entre les belligérants. Elles ne prévoyaient aucune compensation pour la France, parce que cette question, croyait-on, serait traitée à Paris[3]. Par contre, elles admettaient une stipulation d'une

---

1. Dépêche de M. Drouyn de Lhuys à M. Benedetti, 3 juillet 1866, citée par M. G. Rothan, *ibid.*, 214.
2. G. Rothan, 232-233.
3. « Préliminaires de paix recommandés à l'acceptation de la Prusse et de l'Autriche par le gouvernement de l'empereur, le 14 juillet 1866 :
« 1. Intégrité de l'empire autrichien, sauf la Vénétie.
« 2. Reconnaissance par l'Autriche de la dissolution de l'ancienne confédération germanique. Elle ne s'opposera pas à une nouvelle organisation de l'Allemagne.
« 3. La Prusse constitue l'Union du Nord, comprenant les États situés au nord du Mein. Elle sera investie du commandement des forces militaires.
« 4. Les États du Sud sont libres de former entre eux une Union du Midi qui jouira d'une existence nationale indépendante.
« 5. Les liens nationaux à conserver entre les deux Unions seront réglés par une entente commune.
« 6. Les duchés de l'Elbe seront réunis à la Prusse, sauf les districts nord du Slesvig, dont les populations librement consultées désireraient être rétrocédées au Danemark.
« 7. L'Autriche et ses alliés restitueront à la Prusse une partie des frais de guerre.
« Si ces bases étaient adoptées par les parties belligérantes, un armistice pourrait être conclu immédiatement, et la voie serait ouverte au rétablissement d'une paix solide et durable » (G. Rothan, 241, 437).

extrême gravité : l'expulsion de l'Autriche de la Confédération germanique, c'est-à-dire la constitution, à bref délai, de l'unité allemande au profit de la Prusse. Sans doute, l'Autriche ne perdait que la Vénétie, mais cette modération même, imposée aux vainqueurs, était pour faciliter le rétablissement des relations entre ces deux pays, tout à fait contre nos intérêts. Ceux-ci restaient à l'arrière-plan. Aucune garantie n'était prise pour l'avenir.

Au point de vue français, une telle médiation équivalait à un non-sens. Il était élémentaire de laisser au moins des germes de division entre l'Autriche et la Prusse. Nous faisions tout le contraire. De même, nous allions sacrifier les petits États allemands, sans souci de ruiner notre influence en Allemagne. Au lieu de les isoler de la Prusse, nous devions les jeter dans ses bras, en lui permettant des annexions sans mesure, en nous attachant à ce qu'elle laissât intact le territoire bavarois[1]. Aucune inspiration ne pouvait être plus fâcheuse.

Quant à M. de Bismarck, fidèle à ses tendances constantes, il cherchait à nous inspirer une politique d'agression contre la Belgique : « Votre situation est bien simple, disait-il à Brünn à M. Lefebvre de Béhaine, il faut aller trouver le roi des Belges, lui dire que les inévitables agrandissements politiques et territoriaux de la Prusse vous paraissent inquiétants, qu'il n'y a guère qu'un moyen pour vous de parer à des éventualités dangereuses et de rétablir l'équilibre... Ce moyen, c'est d'unir les destinées de la Belgique aux vôtres par des liens si étroits, que cette monarchie, dont l'autonomie serait d'ailleurs respectée, devienne au nord le véritable boulevard de la France... ». A la fin du mois, il revenait encore sur ces incitations, avec les arrière-pensées que l'on peut croire[2].

---

1. *Mémoires du duc de Persigny*, 380, d'après un entretien avec M. de Bismarck en 1867 ; Oncken, *Unser Heldenkaiser*, 98 ; von Sybel, V, 203. Sur le champ de bataille même de Sadowa, M. de Bismarck avait dit : « Maintenant il s'agit de regagner notre vieille amitié avec l'Autriche. »

2. Dépêche citée par le duc de Gramont (dépêche du 27 juillet 1870 à M. de La Valette) [*La France et la Prusse avant la guerre*, 296-298] ; Dépêches de M. Benedetti, 15 et 26 juillet 1866, Benedetti, 188, 190 ; de Gramont, *ibid*.

Par contre, il se prononçait nettement en faveur d'une paix aussi prompte que possible, contre le désir manifesté par l'entourage militaire du roi. Il cherchait même à amener sous main l'Autriche à s'entendre directement avec la Prusse[1]. « ...Je demandai au général de Moltke ce qu'il ferait si la France intervenait militairement. Il me répondit : Attitude défensive contre l'Autriche, en s'en tenant à la ligne de l'Elbe et, pendant ce temps, guerre avec la France[2]. » Cet avis confirma M. de Bismarck dans ses vues. Il conseillait de faire sans retard la paix avec l'Autriche et, s'il était possible, de s'allier avec elle contre la France. A défaut, il eût voulu accabler l'Autriche, en restant d'abord sur la défensive vis-à-vis de nous. Mais il était loin de considérer l'intervention d'une armée française comme une éventualité négligeable. Même réduite à 60,000 hommes et jointe aux Allemands du Sud, elle eût constitué sur les derrières des Prussiens une masse de 200,000 hommes avec lesquels il aurait fallu compter[3].

---

[1]. Klüpfel, *Geschichte der deutschen Einheitsbestrebungen bis zu ihrer Erfüllung*, 1848-1871, II, 113-115, cité par M. A. Sorel, I, 19.
[2]. Bismarck, *Pensées et souvenirs*, II, 39 ; *Moltkes militärische Korrespondenz*, III, I, 66, mémoire du 8 août 1866.
[3]. Bismarck, *Pensées et souvenirs*, II, 41 ; Voir *suprà*, p. 72.

XIV

LES PRÉLIMINAIRES DE NIKOLSBURG

Conseil de Czernahora. — Les vues du roi Guillaume. — Conflit entre lui et M. de Bismarck. — Négociations de Nikolsburg. — Les préliminaires de paix.

Le 12 juillet, dans un conseil de guerre tenu à Czernahora, on discutait la direction à prendre pour continuer sur Vienne. L'entourage militaire du roi proposait d'enlever les lignes de Florisdorf, en avant de cette capitale, ce qui eût entraîné la perte de quinze jours, consacrés à faire venir de la grosse artillerie de Magdeburg. M. de Bismarck trouvait ce délai dangereux, en raison des risques d'intervention française. Il proposa de marcher sur Presburg, pour y forcer le passage du Danube et tourner par l'est les défenses de Vienne. Il eut gain de cause, non sans opposition, et l'on eut peine à lui pardonner cette incursion dans le domaine de la stratégie [1].

Outre la raison dite plus haut, M. de Bismarck en avait une autre, qu'il taisait, pour éviter une entrée de vive force dans Vienne. Avec une prévoyance qui n'est pas son moindre titre de gloire, il songeait à la possibilité d'une alliance autrichienne, destinée à suppléer celle de la Russie qui paraissait incertaine ; il ne voulait ni accabler le gouvernement de François-Joseph sous des exigences excessives, ni laisser aux Viennois des souvenirs blessants. Le roi et son entourage militaire ne voyaient pas si loin. Il eut peine à refréner leur soif de victoires [2].

---

[1]. Bismarck, *Pensées et souvenirs*, II, 41-44.
[2]. D'après un discours de M. Giskra (bourgmestre de Brünn en 1866) aux Délégations en 1871, M. de Bismarck lui fit des ouvertures pour des négociations directes en vue de la paix. M. Giskra envoya à Vienne une personne de confiance qui revint une heure trop tard à Nikolsburg. La médiation française avait été acceptée. M. de Beust (*Mémoires*, II, 455) croit cette anecdote inexacte. Elle n'est pas invraisemblable.

Après avoir reçu le télégramme de Napoléon III, le roi Guillaume avait esquissé les conditions de la paix comme il suit :

Réforme de la confédération germanique sous la direction de la Prusse ;

Acquisition du Schleswig-Holstein, de la Silésie autrichienne, d'une zone frontière en Bohême, de la Frise orientale ;

Remplacement, par leurs successeurs naturels, des souverains du Hanovre, de la Hesse électorale, des duchés de Meiningen et de Nassau, hostiles à la Prusse ;

Remboursement des frais de guerre[1].

Des vues plus ambitieuses se manifestèrent ensuite. Le roi Guillaume réclama l'annexion de portions de la Saxe, du Hanovre, de la Hesse ; il désirait surtout que les territoires bavarois d'Ansbach et de Bayreuth fissent retour à sa maison. M. de Bismarck combattit vivement ces tendances, faisant ressortir le danger de froisser le sentiment national bavarois ou autrichien, de s'exposer à des revendications sans fin. D'ailleurs, l'arrivée de M. Benedetti ne tardait pas à compliquer la situation. Comme le dit M. de Bismarck, elle le surprenait désagréablement à Zwittau, au saut du lit, dans la nuit du 12 au 13 juillet[2]. L'ambassadeur français n'avait encore aucune instruction. Il en était réduit à deviner les intentions de son gouvernement. Celui-ci ne semblait pas très fixé lui-même. Le seul point qui lui tînt réellement à cœur était l'annexion de Venise à l'Italie. Vainement M. de Bismarck se montrait disposé à admettre des compensations territoriales en notre faveur. Il faisait miroiter les bienfaits d'une alliance franco-prussienne.

---

1. Bismarck, *Pensées et souvenirs*, II, 44 ; G. Rothan, 265. M. Oncken, *Unser Heldenkaiser*, 98, d'après von Sybel, V, 291, ne fait pas mention de la Silésie autrichienne.

La zone visée en Bohême était constituée par le glacis en avant des montagnes de Saxe (Reichenberg, la vallée d'Egra et Carlsbad).

2. Bismarck, *Pensées et souvenirs*, II, 50 : « Grâce à la maladresse de notre police militaire sur les derrières de l'armée, Benedetti avait réussi dans la nuit du 11 au 12 juillet à gagner Zwittau, et là il m'avait brusquement surpris au lit. » M. Benedetti, rapport du 15 juillet, écrit « dans la nuit du 12 au 13 ».

M. Benedetti se voyait contraint de rester muet devant ces ouvertures[1].

Le but réel de la Prusse semblait être de gagner du temps. Notre ambassadeur ne pouvait obtenir qu'un armistice fût conclu, en dépit de ses demandes réitérées. C'est que la lutte continuait entre l'état-major du roi et son puissant ministre[2]. Ce dernier continuait de plaider sans succès la cause de la paix immédiate. Du propre aveu du général de Moltke, l'entreprise projetée sur Presburg était d'un succès douteux. M. de Bismarck conseillait instamment d'accorder une suspension d'armes. Il eut gain de cause. Les hostilités cessèrent du 22 au 27 juillet, au grand mécontentement de l'Italie, qui était tenue à l'écart de ces négociations, malgré deux dépêches de M. Visconti-Venosta (13 et 20 juillet)[3].

La situation n'en restait pas moins difficile. Tout l'entourage militaire du roi, sans exception, était hostile à une paix immédiate. M. de Bismarck demeurait seul de son avis. On l'appelait le « Questemberg dans le camp », par allusion au conseiller impérial de Wallenstein[4]. Le roi Guillaume per-

---

1. Rapport de M. Benedetti, 15 juillet, cité par M. G. Rothan, 257 et suiv., et par M. Benedetti, 186 (partiellement); Lettre de M. de Clermont-Tonnerre, 20 juin 1866; Voir *supra*, p. 19. D'après M. de Bismarck, M. Benedetti aurait exposé comme il suit les vues de l'empereur :

« Un agrandissement de la Prusse de quatre millions d'âmes au plus dans l'Allemagne du Nord, avec la ligne du Mein comme frontière au sud, n'entraînerait aucune intervention de la France. Il espérait bien former une confédération de l'Allemagne du Sud à titre de succursale française. L'Autriche se retirait de la confédération allemande et était prête à reconnaître toutes les mesures que le roi prendrait dans l'Allemagne du Nord, l'intégrité de la Saxe étant réservée » (*Pensées et souvenirs*, II, 50). Cette version est contredite par les documents cités plus haut et par ce que nous dirons des négociations de M. de Goltz à Paris.

2. L'état-major prussien croyait plus avantageux de pousser la guerre à fond (*Relation de la guerre de 1866*, traduction française, 587).

3. Le 16 juillet, le prince Napoléon partit en hâte de Paris pour le quartier général de Victor-Emmanuel, afin d'établir les bases d'un armistice. Il arriva le 18 à Ferrare, au moment où les Italiens reprenaient l'offensive. Ses propositions furent très froidement accueillies, tant on attendait sûrement une victoire de Persano ou de Cialdini. Ce fut Lissa qui survint. Le 22 juillet seulement, M. Visconti-Venosta répondit par lettre au prince et Victor-Emmanuel adressa un télégramme à Napoléon III (*Le général La Marmora et l'alliance prussienne*, 218-225).

4. Bismarck, *Pensées et souvenirs*, II, 49.

sistait à vouloir annexer des territoires autrichiens et saxons, non sans se heurter à l'opposition absolue du comte Karolyi, le représentant de François-Joseph. Le 23 juillet avait lieu une scène dramatique. M. de Bismarck était malade au point que le conseil se réunit chez lui. Il exposa de nouveau ses idées, sans trouver d'écho. Le roi lui donna tort. Aussitôt il se retirait sans mot dire, passait dans sa chambre à coucher et, là, était atteint d'une violente crise de larmes, sans précédent chez cet homme d'un autre âge. A peine remis, il développait de nouveau, par écrit, ses raisons de désirer une paix immédiate et terminait en priant le roi, s'il ne les trouvait pas convaincantes, d'accepter sa démission [1].

Le lendemain il se rendait au quartier général avec ce document. Les nouvelles du choléra, qui faisait de grands ravages, avaient encore fortifié sa résolution. Il parla au roi longuement, avec insistance, montrant le danger de blesser grièvement l'Autriche, celui de jeter ce pays dans les bras de la France, l'utilité de se ménager une alliance précieuse. Pourquoi risquer de détruire un grand État sans savoir par quoi le remplacer? « Une fusion de l'Autriche allemande avec la Prusse est irréalisable, et Vienne ne se laisserait pas gouverner comme une dépendance de Berlin. » Porter la guerre en Hongrie est s'exposer à la prolonger sans résultats décisifs; c'est donner à une intervention française le temps de se produire.

Le roi luttait pied à pied, sans rien abandonner de ses prétentions. Il eût voulu annexer au grand-duché de Bade le Palatinat bavarois; à la Hesse-Darmstadt, le territoire d'Aschaffenburg, pris de même à la Bavière. Devant les ardentes protestations du ministre, il finit par s'irriter et

---

[1]. Bismarck, *Pensées et souvenirs*, II, 51. M. von Sybel, V, 294 et suiv., reproduit en partie ce mémoire. M. Busch décrit ainsi cette scène, d'après le récit de M. de Bismarck : « Je me jetai sur mon lit, et j'étais tellement énervé que je me mis à sangloter bruyamment. Ils entendaient de l'autre côté et se turent, puis s'en allèrent. *C'est tout ce que je voulais.* Le lendemain, il était trop tard pour reprendre la discussion, et leur plan de la sorte ne se réalisa pas » (H. Welschinger, Les préliminaires de Nikolsburg, *Journal des Débats*, 10 mars 1899). Cette version paraît inexacte.

termina brusquement la discussion. M. de Bismarck sortit, dans un état d'esprit tel, dit-il, « que l'idée me vint s'il ne vaudrait pas mieux me jeter par la fenêtre du haut d'un troisième étage ». Il était dans sa chambre, plongé dans ces réflexions. Il ne se retourna pas en entendant ouvrir sa porte, bien qu'il devinât que c'était le prince royal : « Je sentis sa main se poser sur mon épaule, tandis qu'il me disait : « Vous savez que j'ai été contre la guerre ; vous l'avez « jugée nécessaire et vous en portez la responsabilité. Si « vous êtes maintenant convaincu que le but est atteint et « que la paix doit être conclue, je suis disposé à vous aider « et à défendre votre opinion auprès de mon père. »

« Il revint au bout d'une demi-heure à peine et, du même air calme et bienveillant : « Ç'a été dur, mais mon père a « consenti. » En effet, le roi avait écrit en marge de la requête de M. de Bismarck : « Puisque mon président du con« seil m'abandonne devant l'ennemi et que je suis ici hors « d'état de le remplacer, j'ai discuté la question avec mon « fils. Il s'est joint à l'opinion du président du conseil et je « me vois forcé à ma grande douleur, après de si brillantes « victoires..., d'avaler cette amère pilule et d'accepter une « paix honteuse[1]. »

Ces deux scènes mettent singulièrement en relief la grande figure du ministre au détriment de celle du roi. M. de Bismarck puisait le courage de combattre l'obstination sénile de ce souverain dans la conviction qu'une guerre contre la France était certaine à bref délai. Il s'en exagérait même les dangers et attachait une très grande importance à ne pas s'aliéner pour toujours une alliée possible[2]. Plus encore que

---

1. Bismarck, *Pensées et souvenirs,* II, 56-60 ; De Persigny, 380 ; Oncken, *loc. cit.;* L. Schneider, II, 18 : Annotation du roi Guillaume, à la date du 24 juillet 1866 : « Négociations de Nikolsburg. Décision pénible à prendre avant de consentir au maintien de l'intégrité de l'Autriche et de la Saxe. » — Ces dispositions du roi Guillaume ont été mises pour la première fois en lumière par l'état-major autrichien (*Relation de la guerre de 1866*), qui reproduisit une dépêche de M. de Bismarck au comte de Goltz, 20 juillet 1866 (Voir un article de la *Neue Freie Presse,* cité par M. de Beust [*Mémoires,* II, 212-216]).

2. Bismarck, *Pensées et souvenirs,* II, 60-62. Dès 1860, Moltke avait annoncé, dans un mémoire, que la guerre avec la France était certaine (*Revue militaire,* mai 1899, 339, extraits).

lui, Moltke et Roon supportaient avec peine notre intervention, même pacifique. Si l'on accédait aux bases libellées par nous pour les préliminaires de paix, c'était le cœur ulcéré et en prenant sur le Rhin des dispositions menaçantes[1]. D'ailleurs, M. de Bismarck se réservait une revanche auprès de Napoléon III.

Les plénipotentiaires autrichiens étaient arrivés le 22 juillet à Nikolsburg, où M. Benedetti les mettait en rapport avec M. de Bismarck et le général de Moltke. Dès le premier abord, les négociations s'annonçaient comme devant marcher promptement. L'Autriche était résignée, la Prusse assez accommodante. Les petits États allemands n'avaient même pas la faculté de se faire entendre. D'ailleurs, M. de Bismarck montrait aux négociateurs autrichiens les dépêches du comte de Goltz. Elles les persuadaient qu'une plus longue résistance serait inutile[2]. Ils cédèrent sur tous les points, se bornant à sauvegarder la Silésie et la Saxe. Ils y parvinrent avec l'aide de la France. Peut-être auraient-ils pu mieux faire, avec moins de hâte[3] ? Le 26 juillet, M. de Bismarck, pressé, lui aussi, de conclure avant nos demandes de compensation, qu'il pressentait, signait un armistice de quatre semaines, sous réserve de l'acceptation de l'Italie. Le 28, un télégramme apportait cette adhésion au chevalier Nigra, alors à Vichy. Le gouvernement de Florence n'avait pu faire admettre ses réserves au sujet du Trentin, qu'il était forcé d'évacuer. L'Italie ne nous pardonnait pas cet échec : « C'est la France qui fut accusée, c'est la France qui

---

1. G. Rothan, 269. Le discours de M. de Bismarck à la Chambre prussienne, 20 décembre 1866, mentionne la « pression peu commune » de la France.

Le gouvernement italien, lui aussi, n'accéda que tout à fait malgré lui à nos propositions. Une suspension d'armes était conclue pour huit jours, à dater du 25 juillet au matin, non sans « une explosion d'indignation extraordinaire » (*Le général La Marmora et l'alliance prussienne*, 223-229).

2. G. Rothan, 317. Dès le 12 juillet, M. Drouyn de Lhuys télégraphiait au duc de Gramont qu'aux yeux de l'empereur, une plus longue résistance amènerait la ruine complète de l'Autriche.

3. Voir un télégramme de M. Drouyn de Lhuys à M. Benedetti, 13 juillet 1866, concernant cette condition *sine quâ non*, indiquée par M. le prince de Metternich au cabinet des Tuileries (G. Rothan, 320); V. Cherbuliez, *La Prusse et l'Allemagne*, I, 278.

fut proclamée la cause de toutes ces humiliations réunies, et cela parce qu'elle avait accepté la cession de Venise. » Le 2 août commençait l'armistice. Avec l'arrêt des hostilités nous perdions le seul moyen de faire valoir efficacement nos prétentions [1].

---

1. *Le général La Marmora et l'alliance prussienne*, 256 ; G. Rothan, 324 ; Ratti, *Le alleanze d'Italia*, 1866, cité par M. Brachet, 150 : « …L'Italie doit se séparer de la France comme de son ennemie naturelle. » — Au quartier général de Victor-Emmanuel, on apprenait le matin du 27 la signature des préliminaires que le comte de Barral avait tenté vainement de retarder (*Le général La Marmora et l'alliance prussienne*, 229-232). Le 29, M. d'Usedom communiquait officiellement à M. Visconti-Venosta la signature de l'armistice. Celui-ci en prenait acte par note du 31, non sans des réserves au sujet de l'exclusion de l'Italie des négociations préliminaires (*Ibid.*, 241-249).

XV

LES ANNEXIONS PRUSSIENNES

M. de Goltz et Napoléon III. — Les annexions. — Influences mises en œuvre.

Vers le milieu de juillet, M. de Bismarck ne s'abusait plus sur nos forces militaires, sur nos dispositions réelles. Très soigneusement renseigné par le comte de Goltz, il n'ignorait rien de la faiblesse du gouvernement impérial, des divisions intimes qui le paralysaient, de la santé de l'empereur qui le rendait impropre à une action énergique [1]. Au lieu de continuer avec M. Benedetti des négociations qui menaçaient de ne pas donner les résultats attendus, il jugea préférable de les poursuivre à Paris.

Le 19 juillet, M. de Goltz réclamait auprès de M. Drouyn de Lhuys l'adoption du principe de la contiguïté du territoire prussien. Il s'agissait de l'annexion de 300,000 âmes au plus, prélevées sur la Saxe, le Hanovre et la Hesse. Le ministre objectait que sans doute l'importance matérielle de cette annexion était faible, mais que le principe prêtait à discussion. En outre, il demandait nettement pour nous des compensations sur la rive gauche du Rhin. M. de Goltz ne dissimula pas que le roi ne voulait à aucun prix d'une cession territoriale et l'entretien se termina brusquement [2].

Sans laisser au ministre le temps d'en rendre compte à l'empereur, le comte de Goltz courait à Saint-Cloud et obtenait une audience. Quand il en sortait, c'était après avoir fait admettre, non pas l'annexion de 300,000 âmes, mais celle de 73,125 kilomètres carrés, avec 4,500,000 habi-

---

[1]. Andréas Memor (duc de Gramont), *L'Allemagne nouvelle*, cité par M. G. Rothan, *La Politique française en 1866*, 270. Compromis depuis 1865, l'état de santé de l'empereur fut très mauvais en 1866, après Sadowa (*Vie militaire du général Ducrot*, II, 279; conversation de Ducrot et de M. de Dalwigk, octobre 1868; *Lettres de Mérimée à Panizzi*, 12 août 1866, 185 et suiv.).

[2]. G. Rothan, 274.

tants ! L'empereur autorisait, sans avoir posé aucune condition, l'incorporation à la Prusse du Hanovre, de la Hesse électorale, du Nassau et de Francfort. Il s'en remettait aux négociations futures du soin de rétablir l'équilibre ainsi rompu en faveur de la Prusse[1] ; celle-ci, dûment nantie, consentirait sans doute à nous dédommager bénévolement !

Comment expliquer cette concession si peu attendue ? M. de Persigny a mis en avant l'influence de l'impératrice[2]. Il est prudent de ne pas admettre sans réserves ce témoignage, en raison de l'hostilité déclarée de son auteur contre la souveraine. L'explication paraît plus simple. Si l'empereur céda aisément devant la démarche fort incorrecte du comte de Goltz, c'est qu'il avait foi dans les demi-promesses de M. de Bismarck et de l'ambassadeur prussien[3]. Sa nature foncièrement bienveillante, la trop grande facilité d'accès qu'il accordait aux diplomates accrédités près de lui, le livraient sans défense à leur influence[4].

Pour obtenir les annexions qu'il sollicitait, le comte de Goltz avait, « sous le masque du dévouement », travesti la situation aux yeux de Napoléon III. Il lui traçait de l'exaltation des troupes prussiennes le tableau le plus inquiétant ; il plaçait « sous ses yeux des lettres confidentielles du quartier général, disant que M. de Moltke se faisait fort, malgré l'insuffisance de sa cavalerie, de mettre la France à la

---

1. G. Rothan, 275-276.
2. « L'influence qui avait si souvent réussi à dévoyer la politique de l'empire dans les affaires d'Italie, de Pologne, du Danemark, du Mexique, dans les affaires intérieures..., cette influence qui, toujours obéissant aux mêmes préoccupations, avait été si funeste, venait encore de triompher au profit d'une puissance ultramontaine (l'Autriche), mais au détriment de la France » (De Persigny, *Mémoires*, 340). — Il n'est nullement établi que ces concessions aient été faites pour sauver l'Autriche.
3. « J'ai cru à la foi jurée, à la reconnaissance... En politique, c'est une faute ! » (Mot de Napoléon III à Wilhelmshöhe, Général Fleury, *Souvenirs*, II, 288).
4. G. Rothan, 277-278. — D'après M. von Keudell, l'empereur aurait dit à M. de Goltz qu'il ne saurait consentir à une annexion complète de la Saxe, mais qu'il ne soulèverait aucune objection, si l'on conservait le nom et une petite partie de ce royaume, Dresde et les environs (Seinguerlet, *Propos de table de M. de Bismarck*, 48). Suivant M. V. Cherbuliez, La Prusse et l'Allemagne, *Revue des Deux-Mondes*, 15 novembre 1869, 268, c'est M. Benedetti qui aurait sauvé la Saxe.

raison[1] ». Par contre, le diplomate prussien ouvrait aux yeux de Napoléon III la perspective de larges compensations territoriales. Ces manœuvres aboutissaient au résultat visé. M. de Bismarck obtenait plus qu'il n'avait osé espérer, plus même qu'il ne demandait[2]. Grâce au comte de Goltz, la politique ambitieuse du roi recevait complète satisfaction. La joie fut intense au quartier général et à Berlin. Pourtant, nous l'avons vu, on concéda d'abord aux Autrichiens, non l'armistice que demandait Napoléon III, mais une suspension d'armes de cinq jours. La Prusse recevait tout et n'accordait presque rien. L'empereur ne fut pas sans en manifester une certaine émotion, malheureusement tardive[3].

1. Ces propos étaient répétés par le général von Stülpnagel à l'un de nos agents en Allemagne (G. Rothan, 294).

2. « Nous aurons une paix qui en vaudra la peine, mais à condition de ne pas exagérer nos demandes » (Lettre à la comtesse de Bismarck, 9 juillet 1866, citée par M. G. Rothan, 279). Le baron von Schleinitz disait aussi : « Il nous faut être extrêmement modeste dans nos prétentions », et M. von Keudell, le confident de M. de Bismarck : « Il importe de ne pas froisser la France... Si l'empereur veut prendre la Belgique, il peut compter sur l'alliance prussienne » (G. Rothan, 279).

3. Lettres du comte de Goltz à l'empereur, juillet et 26 juillet 1866, G. Rothan, 457 et 462, d'après les « Papiers des Tuileries ».

XVI

LES COMPENSATIONS

Les ouvertures de M. de Bismarck. — Les demandes de la France. — L'attitude de la Russie. — Les instructions de Vichy. — Le projet du 6 août. — Duplicité de M. de Bismarck. — L'État-tampon. — Retraite de M. Drouyn de Lhuys.

Tout le premier, M. de Bismarck paraissait disposé à admettre la nécessité pour la France d'agrandissements territoriaux, destinés à compenser le formidable accroissement de la Prusse. A plusieurs reprises, il prenait même l'initiative de ces propositions[1]. La veille de l'ouverture des hostilités, il laissait encore entrevoir la possibilité d'annexions sur notre frontière du Nord et M. Benedetti en rendait compte, sans dissimuler quelle opposition toute menace d'empiétement sur la terre allemande soulèverait de la part du roi Guillaume et de l'Allemagne entière[2]. Volontiers généreux aux dépens d'autrui, le ministre prussien risquait des allusions fréquentes à l'annexion de la Belgique, même du canton de Genève. Il revenait encore sur ces offres suspectes le 15 juillet, après notre médiation[3]. Ces manœuvres, celles de M. de Goltz, obtenaient le résultat que nous avons dit, mais l'on ne tardait pas à voir poindre la défiance dans l'esprit de l'empereur. Il rencontrait à Florence une résistance inattendue ; l'Italie refusait d'arrêter les hostilités et

---

1. Voir *suprà*, p. 15 et *passim*.
2. *Ma mission en Prusse*, 171, dépêche du 8 juin 1866 : « En réalité, nous avons contribué, avec les événements, à apaiser les appréhensions que la France inspirait partout en Allemagne, mais elles subsistent, et elles se réveilleraient unanimes et violentes au moindre indice qui laisserait soupçonner notre intention de nous étendre vers le Rhin » ; *Ibid.*, dépêche du 15 juin ; L. Schneider, I, 349, lettre du roi Guillaume à l'archevêque de Cologne, 4 juin.
3. Dépêche du 15 juillet. Les mêmes ouvertures furent faites à notre chargé d'affaires Lefebvre de Béhaine (dépêches du 14 au 17 juillet), Benedetti, 190-191; Rapport du général Govone, 3 juin 1866; La Marmora, 285; Scinguerlet, 48.

l'on soupçonnait derrière ce refus les menées de M. de Bismarck[1].

C'est sous ces impressions, sans doute, que le 23 juillet on arrêtait un nouveau programme de négociations avec la Prusse. La santé de l'empereur s'était fort altérée sans doute par suite des événements. Obligé de partir pour Vichy, il laissait à M. Drouyn de Lhuys le soin de continuer les pourparlers commencés à la fois avec M. de Bismarck et le comte de Goltz. A mesure que les jours s'écoulaient, le langage de celui-ci devenait moins précis, plus fuyant. Il jugeait à propos de protester de la sincérité de son gouvernement (26 juillet), sans réussir à convaincre le nôtre[2]. Le 3 août, M. Drouyn de Lhuys lui adressait une lettre précisant nos demandes : certes l'empereur n'avait pas hésité à admettre pour la Prusse une extension de territoire portant sur trois ou quatre millions d'hommes, sans se dissimuler la rupture d'équilibre qui en résulterait. Mais il n'avait pas voulu compliquer le rétablissement de la paix, « en traitant prématurément avec la Prusse les questions territoriales qui touchaient particulièrement la France ». Non sans naïveté, M. Drouyn de Lhuys exprimait « la confiance que le cabinet de Berlin reconnaîtrait l'équité et la convenance d'accorder à l'empire français des compensations de nature à augmenter dans une certaine proportion sa force défensive[3] ».

C'était une véritable mise en demeure, mais bien tardive et que n'appuyait aucune démonstration matérielle. Son seul résultat fut que le comte de Goltz s'adressa dorénavant à M. Rouher, le ministre d'État, et non plus au ministre des affaires étrangères. Il lui demandait d'appuyer auprès de l'empereur la reconnaissance officielle des annexions prus-

---

1. G. Rothan, 296 à 297, d'après deux lettres du comte de Goltz à l'empereur, juillet (sans indication de jour) et 26 juillet 1866; *Ibid.*, 457 et suiv. Voir *Papiers sauvés des Tuileries*, 174 et suiv., correspondance échangée entre l'empereur et Victor-Emmanuel.
2. Le nouveau programme était développé dans une dépêche du 23 juillet à M. Benedetti, confirmée par un télégramme du 29. La lettre de M. Drouyn de Lhuys au comte de Goltz, 3 août, précise le sens de ces deux documents (Pradier-Fodéré, 26; G. Rothan, 304).
3. Lettre du 3 août 1866, Pradier-Fodéré, 26.

siennes. M. Rouher y consentait, tout en faisant remarquer la connexité de cette question et de celle des compensations à nous accorder[1].

C'était l'une de nos causes de faiblesse que ce partage de la direction et des responsabilités. Les diplomates accrédités à Paris s'adressaient directement à l'empereur ou au ministre d'État, sans se croire obligés de faire usage de leur intermédiaire naturel, le ministre des affaires étrangères. De là un manque absolu d'unité dans notre politique extérieure[2].

Comme le prouve la lettre de M. Rouher, le gouvernement impérial n'était pas encore fixé sur la nature des compensations à demander. Il obéissait à la pression de l'opinion, toujours plus inquiète. En France, on voulait résolument la paix, non sans se rendre compte que le prestige national avait grandement souffert des derniers événements[3]. Ce sentiment allait se développant constamment, à mesure que se déroulaient les conséquences de notre attitude incertaine, pleine d'imprévoyance et de contradiction, durant toute cette année 1866.

Devant l'insistance du comte de Goltz, M. Rouher jugeait prudent de ne pas s'engager et réclamait des instructions. L'impératrice eût voulu demander beaucoup ou rien, sans tenir compte de nos forces. M. Magne conseillait au contraire de leur mesurer nos prétentions; M. Rouher admettait encore la possibilité d'acquérir Mayence et le Palatinat, contre toute apparence. M. Drouyn de Lhuys pensait de même[4].

A ce moment décisif, l'empereur était à Vichy, incapable de s'occuper d'intérêts aussi graves. Il venait d'avoir une

---

1. Lettre de M. Rouher à M. de Moustier, *Papiers et correspondance*, II, 225, 6 août 1866. M. A. Sorel, I, 24, écrit : « à M. de La Valette »; M. G. Rothan, 465 : « à M. Conti ».

2. G. Rothan, 305-307. L'empereur, suivant les traditions de Louis XV, entretenait parfois des relations diplomatiques occultes. Il ne lisait pas toujours les dépêches et se contentait d'extraits, se fiant davantage aux rapports d'hommes de confiance, envoyés des postes importants (Voir *suprà*, p. 41).

3. Lettre citée de M. Rouher, 6 août 1866; lettre de M. Magne à l'empereur, 20 juillet 1866, *Papiers et correspondance*, I, 239.

4. G. Rothan, 309-315.

syncope, qu'on avait crue mortelle [1]. A M. Drouyn de Lhuys seul revenait la charge de sauvegarder nos intérêts, déjà si compromis.

Cependant il restait encore quelque espoir. La Russie montrait peu de sympathie à la Prusse [2]. M. d'Oubril déclarait à M. de Werther que son gouvernement ne reconnaîtrait pas les changements survenus en Allemagne, s'ils n'étaient soumis à une conférence internationale. De Saint-Pétersbourg on cherchait à nous associer à ces protestations. Nous ne savions pas tirer profit de cette dernière chance de succès. On croyait naïvement que de bons procédés serviraient mieux nos intérêts qu'une démarche comminatoire. Au lieu d'adopter la politique du cabinet russe, on alla jusqu'à ne pas taire ses ouvertures à M. de Bismarck [3]. Celui-ci rejetait avec hauteur la demande du prince Gortschakoff, bien assuré de reconquérir l'alliance de la Russie du jour où il s'y appliquerait sérieusement.

Le gouvernement impérial attendait avec impatience la signature des préliminaires de paix pour faire valoir ses demandes de compensation. L'opinion publique lui en faisait une nécessité toujours plus impérieuse. Mais les circonstances ne s'y prêtaient pas comme avant la campagne de Bohême. Nous demandions et la Prusse n'offrait plus rien. Les rôles étaient intervertis [4].

Tout d'abord, M. de Bismarck parut admettre le principe des négociations. Il échangea même des idées avec M. Benedetti sur les moyens de l'appliquer [5]. Mais, quand il fut question des pays entre Rhin et Moselle, il mit en avant les répugnances du roi et nous offrit nettement la Belgique. Cette combinaison n'était pas nouvelle. M. de Bismarck

---

1. *Vie militaire du général Ducrot*, II, 279; *Lettres de Mérimée à Panizzi*, 12 août 1866; G. Rothan, 314.
2. Voir *suprà*, p. 66.
3. Lettre à M. de Moustier (M. Conti), 6 août 1866, *Papiers et correspondance*, II, 225; G. Rothan, 327; dépêche de M. Drouyn de Lhuys à M. Benedetti, sans date, citée par M. G. Rothan, 330.
4. G. Rothan, 336.
5. Lettre citée de M. Drouyn de Lhuys au comte de Goltz, 3 août 1866; G. Rothan, 338; Pradier-Fodéré, 26.

l'avait maintes fois fait miroiter à nos yeux, notamment à Biarritz[1]. Mais l'empereur se montrait fort hésitant à cet égard. Tantôt il redoutait à juste titre les protestations de l'Europe, surtout de l'Angleterre. Il parlait de cette annexion comme d'un « acte de brigandage ». Tantôt il semblait admettre que « la Belgique n'est pas une nation[2] ». Combattu entre ses visées ambitieuses, ses théories sur les grandes nationalités et sa crainte de complications internationales, il obéissait à l'incertaine pression des circonstances, comptant sur elles pour faire disparaître les difficultés du moment.

C'est dans ces conditions que furent arrêtées les instructions de Vichy. M. Benedetti était invité à soumettre au gouvernement prussien un projet de traité « assurant à la France la rive gauche du Rhin jusques et y compris la forteresse de Mayence ». Il fallait nourrir de singulières illusions pour croire au bon accueil de cette demande le lendemain de Sadowa. On savait le roi Guillaume tout à fait opposé à la cession d'un pouce de terre allemande. M. Benedetti n'avait pas dissimulé l'existence chez M. de Bismarck d'un état d'âme à peine plus conciliant[3]. Comment admettre la brusque modification de ces idées, sans raison

---

1. Dépêche de M. de Gramont au marquis de La Valette, 27 juillet 1870 (*La France et la Prusse avant la guerre*, 296 et suiv.). Ce document contient un extrait de la correspondance de M. Lefebvre de Béhaine en juillet 1866. Voir G. Rothan, 339; Benedetti, 190 et suiv.; *supra*, p. 18 et *passim*.
Le prince de La Tour d'Auvergne a souvent conté que, lors de son ambassade à Berlin, M. de Bismarck ne cessait de lui parler de la Belgique et des combinaisons qui s'y rattachaient. Sur ses instances réitérées, il se décida à se faire l'interprète de ses ouvertures, qui restèrent sans réponse (G. Rothan, 389, note 1). — Voir aussi une conversation entre M. de Bismarck et le duc de Beauffremont en 1869, rappelée par M. Thiers à M. de Bismarck en novembre 1870. Elle semblerait indiquer que le futur chancelier était de bonne foi dans ses offres (*Mémoires de Bismarck*, recueillis par M. Busch, 1, 183).

2. Note dictée par l'empereur à M. Conti, *Papiers et correspondance*, I, 16; J. Klaczko, 775; G. Rothan, 339 (M. Conti a assuré que cette note n'était pas de sa main, lettre du 6 octobre 1870, *Papiers et correspondance*, I, 352, et ce fait a été reconnu exact, *ibid.*, 482); Th. Juste, 4.

3. Voir *supra*, p. 19; dépêche de M. Benedetti, 4 juin 1866 : « Il a cependant échappé au président du conseil de dire que « si la France revendiquait « Cologne, Bonn ou même Mayence, il préférerait disparaître de la scène poli-« tique plutôt que d'y consentir »; dépêche du 8 juin dans le même sens (Benedetti, 165, 171).

aucune, alors que notre impuissance militaire éclatait à tous les yeux?

M. Benedetti hésitait donc quelque temps avant de faire à M. de Bismarck la communication qui lui était imposée. Il s'y décidait enfin, sans rien dissimuler des difficultés auxquelles il s'attendait [1]. Il crut même agir prudemment en se faisant précéder auprès du ministre prussien d'une copie du traité écrite de sa main, arme excellente qu'il donnait à son redoutable adversaire [2].

L'entretien qui suivit a été diversement représenté par les deux interlocuteurs. Il est permis de croire que M. Benedetti défendit avec fermeté les demandes du gouvernement impérial. M. de Bismarck fit observer qu'elles équivalaient à une déclaration de guerre et laissa paraître les périls auxquels la dynastie serait exposée : « Faites bien observer à S. M. l'empereur, aurait-il dit, qu'une guerre pareille pourrait devenir dans certaines éventualités *une guerre à coups de révolution,* et qu'en présence de dangers révolutionnaires les dynasties allemandes feraient preuve d'être plus solidement établies que celle de l'empereur Napoléon. » Pourtant M. de Bismarck ne refusait pas de chercher un autre terrain d'entente [3].

Le lendemain une nouvelle démarche auprès du roi n'avait pas plus de succès. Tandis que M. Benedetti se rendait à Paris pour en rendre compte, le général von Manteuffel, appelé d'urgence à Berlin la nuit du 6 au 7 août, partait dans celle du 7 au 8 pour Saint-Pétersbourg, armé de l'autographe de notre ambassadeur. « Nous étions appelés à faire

---

1. Dépêche du 5 août 1866, *Papiers de Cercey,* extraits publiés par le *Reichsanzeiger,* 21 octobre 1870. Ces extraits précisent et rectifient certains points de l'ouvrage de M. Benedetti, 197 et suiv.

2. Lettre du 6 août 1866 au comte de Bismarck, Benedetti, 180; G. Rothan, 350.

3. *Papiers de Cercey;* Benedetti, 178-197, 226 et suiv.; G. Rothan, 351-352; Oncken, 105. Si M. Benedetti ne parut pas avec un ultimatum chez M. de Bismarck, comme ce dernier l'affirma le 2 mai 1871 devant le Reichstag (Déclaration du vicomte Enfield à la Chambre des communes, 5 mai 1871), l'insistance qu'il dut apporter à ses demandes est suffisamment démontrée par sa dépêche du 5 août à M. Drouyn de Lhuys et par sa démarche du lendemain auprès du roi.

les frais de la réconciliation entre la Russie et la Prusse[1]. »
M. Benedetti rendait compte « qu'on était pourvu ailleurs »,
qu'il ne pouvait plus être question « d'une alliance nécessaire
et féconde », moins encore d'une « politique de pourboires[2] ».

Le 10 août, jour même de l'arrivée de M. Benedetti à
Paris, il lisait dans le *Siècle*, l'un des organes de l'opposition républicaine, que les pourparlers ouverts par la France
au sujet des provinces du Rhin avaient abouti à un refus.
Ce renseignement provenait de M. Vilbort, correspondant
de ce journal pour la campagne de Bohême. Le matin du
8 août, il eut un entretien avec M. de Bismarck ou M. von
Keudell, sans en instruire notre ambassadeur, et le soir
même il partait pour Paris. Le 11, dans une correspondance de Berlin, le *Siècle* précisait les détails donnés la
veille, non sans causer une émotion bien naturelle[3]. Interpellé par des diplomates étrangers, M. de Bismarck jouait
l'étonnement, mais son organe habituel, la *Gazette de l'Allemagne du Nord*, prenait l'offensive, en signalant « les espérances inadmissibles et irréalisables » de la France[4]. En
même temps des troupes se concentraient sur le Rhin ; on
s'occupait de combler les vides survenus pendant la campagne. Partout retentissait « comme un mot d'ordre, *pas un
pouce de terre allemande, plutôt la guerre*[5] ».

Malgré cet ensemble significatif, le gouvernement impérial ne se tenait pas pour battu. Avant de chercher avec
M. de Bismarck les compensations qu'il se disait enclin à
admettre, M. Drouyn de Lhuys envoyait à Berlin un intermédiaire officieux, M. Hansen, pour le pressentir au sujet
de la création d'un État neutre à interposer entre la France
et la Prusse, sous la souveraineté du roi de Saxe ou d'un
Hohenzollern[6]. C'était le projet de M. de Persigny. M. von

---

1. G. Rothan, 353 ; Benedetti, dépêche du 8 août 1866, 226.
2. J. Klaczko, Deux chanceliers, *Revue des Deux-Mondes*, novembre-décembre 1875, 370.
3. G. Rothan, 358-359.
4. G. Rothan, 359.
5. Dépêche de M. Lefebvre de Béhaine, citée par M. G. Rothan, 361.
6. G. Rothan, 362. Voir *suprà*, p. 60 ; note de M. Drouyn de Lhuys du 8 août 1866, Pradier-Fodéré, 32-35.

Keudell accueillit M. Hansen avec la morgue la plus insultante : la Prusse, n'ayant pas réclamé l'intervention de la France, n'avait pas de salaire à lui payer. « Pour sa part, il ne reculerait pas devant une nouvelle guerre, plutôt que de nous accorder une compensation quelconque¹. »

Cette fois, M. Drouyn de Lhuys perdait ses dernières illusions. Persuadé de l'impossibilité de réparer les fautes commises, il donna sa démission (12 août). Sans doute, il n'était pas sans reproche ; lui aussi avait eu sa part d'aveuglement et d'erreurs, notamment en ne prévoyant que le succès de l'Autriche, en laissant le 4 juillet un libre cours aux influences opposées à la sienne. Mais il faut ajouter que sa responsabilité s'efface devant celle de l'empereur, le principal auteur de l'alliance italo-prussienne. C'est à lui, en somme, qu'il convient d'attribuer les déplorables résultats pour la France de la campagne de Bohême².

---

1. G. Rothan, 363. Cette combinaison d'un État-tampon est bien antérieure à M. de Persigny. D'après les instructions données à la fin d'août 1829 à M. de Mortemart, notre ambassadeur à Saint-Pétersbourg, on démembrait le royaume des Pays-Bas, on transportait la maison d'Orange à Constantinople. On donnait la Saxe et la Hollande jusqu'au Rhin à la Prusse. Le roi de Saxe recevait les provinces rhénanes, et la France se réservait la Belgique, le Brabant hollandais, le Luxembourg et Landau. Ces pourparlers furent repris au commencement de 1830 (De Viel Castel, *Histoire de la Restauration*, cité par G. Rothan, *L'affaire du Luxembourg*, 10, note 1).

2. Vainement, Napoléon III a tenté de faire supporter par M. Drouyn de Lhuys la responsabilité de l'échec du projet d'annexion de Mayence (lettre à M. de La Valette, 12 août 1866, reproduite par la *Pall Mall Gazette* en septembre 1866, puis par la *France* du 12 octobre 1867). M. Drouyn de Lhuys a rétabli la vérité des faits dans une lettre à l'empereur, 12 octobre 1867 (Pradier-Fodéré, 29-31 ; Benedetti, 178-180 ; G. Rothan, 364-376 ; Sydney Renouf, *M. Thiers et sa mission en 1870*, analysé par la *Pall Mall Gazette*, 23 novembre 1870 ; Pradier-Fodéré, 10-11).

XVII

NOUVELLES DEMANDES DE LA FRANCE

Nouvelles instructions à M. Benedetti. — Projet de traité. — Les traités avec le Sud.
Les négociations dilatoires. — Situation créée par le traité de Prague.

Dans sa lettre du 12 août au marquis de La Valette, l'empereur émettait cette idée, d'une justesse un peu banale : « Le véritable intérêt de la France n'est pas d'obtenir un agrandissement de territoire insignifiant, mais d'aider l'Allemagne à se constituer de la façon la plus favorable à nos intérêts et à ceux de l'Europe. » Pourtant, dès le 16 août, de nouvelles instructions étaient arrêtées pour M. Benedetti, sous l'inspiration du comte de Goltz, qui persistait plus que jamais dans son rôle équivoque de diplomate prussien dévoué aux intérêts de Napoléon III.

M. Benedetti croyait devoir prendre sur lui de les préciser sous la forme d'une double convention, l'une, destinée à être rendue publique et stipulant l'annexion à la France de Landau, Sarrelouis, Sarrebruck, Luxembourg ; l'autre, secrète, comportant une alliance avec la Prusse et nous donnant la faculté d'annexer la Belgique. D'après les extraits des *Papiers de Cercey*, publiés en 1871 par le *Reichsanzeiger*, nous étions prêts à renoncer à Sarrelouis, à Sarrebruck et même « à la vieille bicoque » de Landau ; nous irions au besoin jusqu'à neutraliser Anvers, devenue ville libre.

Le 20 août, M. Benedetti soumettait ce projet à M. de Bismarck. Celui-ci fit des objections, sans opposer un refus formel. Il pria l'ambassadeur d'amender son projet, assurant que la cession de trois villes allemandes était impossible en raison de l'exaltation du sentiment national. Il demanda un seul traité au lieu de deux, quitte à faire figurer ce qui toucherait à la Belgique dans un article additionnel et secret. M. Benedetti modifia sa minute « en quelque sorte sous la dictée » du ministre ; puis il la recopia de sa main, sur une feuille à en-tête officiel, qu'il lui remit en toute confiance [1].

---

1. Benedetti, *Ma mission en Prusse*, 190-191 ; *Essais diplomatiques*, 56, 57 ; *Papiers de Cercey*, publiés par le *Reichsanzeiger*, et reproduits par M. Rothan, 475 ; *Ibidem*, 380-383, Lettre de Napoléon III à M. Rouher, 26 août 1866, *Papiers des Tuileries* ; Général de Wimpffen, 57.

Dans sa circulaire du 29 juillet 1870, M. de Bismarck a tenté de postdater ce projet jusqu'en 1867, après l'échec des négociations avec la Hollande. Mais les *Papiers de Cercey*, publiés par lui-même, montrent que ce document est de 1866. Comme l'écrit M. Benedetti, il ne fut pas élaboré à Paris, mais bien à Berlin, puisqu'il était de la main de notre ambassadeur. L'affaire du Luxembourg n'a été définitivement réglée qu'en juin 1867 : en juillet, le roi de Prusse vint à Paris avec M. de Bismarck, qui, en rentrant de France, partit pour Varzin, où il resta tout l'été. Il est inadmissible que nous ayons fait ces ouvertures la veille ou le lendemain du séjour de M. de Bismarck à Paris. Il est encore plus invraisemblable qu'après avoir échoué dans l'achat du Luxembourg par la volonté de la Prusse, nous lui ayons proposé d'acquérir avec son concours le Luxembourg et la Belgique. M. G. Rothan, 382, porte que M. Benedetti écrivit « sous la dictée » de M. de Bismarck. M. Benedetti (*Ma mission en Prusse*, 190-191, et lettre du 29 juillet 1870 au duc de Gramont, *Journal officiel* du 30 juillet ; de Gramont, 295) dit : « en quelque sorte sous la dictée ». Dans sa circulaire du 29 juillet 1870, M. de Bismarck prétendit que « le projet de traité fut apporté de Paris, tout libellé, par M. Chauvy ». Au contraire, d'après l'article du *Reichsanzeiger* que nous avons plusieurs fois cité (G. Rothan, 475), M. Chauvy apporta de Paris la lettre du 16 août, c'est-à-dire les nouvelles instructions de l'empereur.

Projet de traité remis à M. de Bismarck.

« Article premier. — S. M. l'empereur des Français admet et reconnaît les acquisitions que la Prusse a faites à la suite de la dernière guerre.

« Art. 2. — S. M. le roi de Prusse promet de faciliter à la France l'acquisition du Luxembourg.

« Art. 3. — S. M. l'empereur des Français ne s'opposera pas à une union fédérale de la Confédération du Nord avec les États du midi de l'Allemagne, à l'exception de l'Autriche, laquelle union serait basée sur un parlement commun, tout en respectant dans une juste mesure la souveraineté desdits États.

« Art. 4. — De son côté, le roi de Prusse, au cas où S. M. l'empereur des Français serait amené par les circonstances à faire entrer ses troupes en Belgique ou à la conquérir, accordera le concours de ses armes à la France.

« Art. 5. — Pour assurer l'entière exécution des dispositions qui précèdent, S. M. le roi de Prusse et S. M. l'empereur des Français contractent par ce présent traité une alliance défensive et offensive. »

(*Archives diplomatiques* de 1871-1872, I, 258 ; G. Rothan, 383-384.)

Le projet de traité fut publié, par les soins de M. de Bismarck, dans le *Times* du 25 juillet 1870. Un fac-similé fut ensuite édité à Londres par MM. Macdonald et Mac-Gregor (Th. Juste, 17). Le 26 juillet, M. de Bismarck adressait un télégramme de confirmation au comte von Bernstorff, à Londres. Le 29, il donnait des détails complets dans une circulaire aux agents de l'Allemagne du Nord. Le 27, notre *Journal officiel* avait publié une note contredisant partie de ces assertions ; le 30, il reproduisait une lettre de M. Benedetti (29 juillet) donnant sa version personnelle. M. de Gramont reproduit ces dénégations dans sa circulaire du 3 août 1870, sans détruire le fait principal avancé par M. de Bismarck.

Le 23 août, il adressait à M. Rouher, avec une dépêche explicative, le double de cet instrument. A Paris, on admit sans difficulté les modifications qu'y avait introduites M. Benedetti, sous la dictée de M. de Bismarck. Toutefois, « on se proposait de prendre quelque temps pour peser l'affaire ». On imaginait de donner au roi de Hollande, en échange du Luxembourg, une compensation prélevée sur le territoire prussien. On s'inquiétait des sacrifices d'argent que le traité pourrait exiger. On suggérait à la Prusse le démantèlement de Landau et de Sarrelouis [1], comme un acte de courtoisie envers la France, à défaut de la cession de ces deux places.

Ainsi, nos illusions résistaient aux événements; nous continuions d'avoir foi en la sincérité de M. de Bismarck, malgré les déceptions déjà éprouvées et celles qu'il nous ménageait sous bref délai. La communication au gouvernement russe et aux cours de l'Allemagne du Sud de nos vues sur la rive gauche du Rhin avait déjà eu les résultats qu'il en attendait. Les petits pays menacés par la Prusse, bien persuadés que nous obéissions à la seule considération de nos intérêts particuliers et que leur unique ressource était de se jeter dans les bras de l'adversaire de la veille, signaient secrètement avec lui des traités d'alliance offensive et défensive qui préparaient l'unité allemande [2] : premier résultat d'une politique sans dignité ni franchise.

Le traité de Prague était donc violé par la Prusse dans l'une de ses stipulations les plus essentielles, avant même qu'il fût signé. Le cabinet de Vienne se bornait à qualifier cet acte comme il convenait [3]. Nos protestations ne devaient

---

1. Lettre de l'empereur à M. Rouher, 26 août 1866; Benedetti, 196, et G. Rothan, 401, note 1, d'après les *Papiers des Tuileries*; analyse de l'ébauche de la réponse à M. Benedetti, *Papiers de Cercey, ibid.*, 477; cette dernière porte, au lieu de Sarrelouis, Sarrebruck qui n'était pas fortifié en 1870.

2. Le traité du grand-duché de Bade est du 17 août 1866 ; celui de la Bavière du 21, et celui du Wurtemberg du 22 (G. Rothan, 391-397). Peu de jours avant, M. von Pfordten adressait à M. Benedetti des remerciements chaleureux pour nos démarches en faveur de la Bavière, et notre ambassadeur s'en félicitait avec lui (Dépêches de M. Benedetti des 14 et 21 août 1866; G. Rothan, 391, note 1, et 396, note 1).

3. « Le comble du machiavélisme » (Dépêche du comte de Beust au comte de Wimpffen, 28 mars 1867, Beust, *Mémoires*, II, 103).

pas être plus vives. En attendant, les négociations se prolongeaient quelques jours. L'empereur et ses ministres discutaient avec le comte de Goltz le traité amendé sur les indications de M. de Bismarck. Notre optimisme était inaltérable, quoique de fâcheux symptômes apparussent. Le ton de la Russie changeait. Le prince Gortschakoff donnait à entendre qu'il était édifié sur la nature de nos pourparlers avec la Prusse : il n'y avait plus à compter sur les arrangements concertés à Stuttgart en septembre 1856. M. d'Oubril, mandé de Berlin à Saint-Pétersbourg, revenait en témoignant, par son attitude et son langage, d'un revirement complet.

Dès lors, M. de Bismarck pouvait jeter le masque. Il nous en coûtait de comprendre ses hésitations à signer le traité. Il prit texte de cette insistance pour mettre en doute notre sincérité. « Il se demandait si l'empereur n'abuserait pas des engagements qu'on voulait imposer à la Prusse pour la brouiller avec l'Angleterre ! » — « Il faut à la Prusse..., écrivit M. Benedetti, l'alliance d'une grande puissance ; si l'on décline celle de la France, c'est qu'on est déjà pourvu ou à la veille de l'être[1]. »

Les « négociations dilatoires[2] » du comte de Bismarck réussissaient au delà de ses désirs. M. Benedetti se rendit à Carlsbad, dans l'espoir d'être rappelé par un télégramme du ministre prussien. Celui-ci, parti également de Berlin, ne revint de la campagne qu'en décembre, sans avoir manifesté le moindre désir de reprendre les pourparlers avec nous.

Les illusions du gouvernement impérial résistèrent encore à ce nouvel échec. Il croyait à la bonne foi de M. de Bismarck, à la reconnaissance de la Prusse. Il affectait de voir dans les événements de 1866 un grand succès pour notre pays, une victoire du « principe des nationalités », plus que jamais cher à Napoléon III, malgré tant de déboires : « La France doit se trouver plus satisfaite d'avoir en face (*sic*)

---

1. Dépêche de M. Benedetti, 19 août 1866, analysée dans les *Papiers de Cercey*, G. Rothan, 405, 478-479; Benedetti, 191 et suiv. ; Oncken, 105.
2. Expression tirée de la circulaire du 29 juillet 1870.

une Prusse agrandie qu'une Allemagne confédérée, telle que les traités de 1815 l'avaient établie... Il a suffi d'un mot de l'empereur pour arrêter dans sa marche triomphale le vainqueur de Sadowa [1]. »

Parmi nos diplomates, bien peu, il faut le dire, partageaient cet aveuglement. « Ce que je reproche surtout à ce qui se fait, écrivait l'un d'eux, c'est de n'être pas français. Faites de la politique *à la diable,* si vous voulez, mais ne faites pas de la politique *d'utopistes et de songe-creux...,* faites de la politique française... L'empereur n'a pas charge des *peuples,* il a charge du *peuple français...* Le jour où vous aurez constitué les races européennes dans les grands groupes que vous rêvez, vous ferez bien d'avoir votre million de soldats disponibles, car vous aurez en perspective, au premier choc, des guerres abominables [2]... ! » L'avenir n'a que trop montré la justesse des prévisions de M. de Banneville.

La convention de Nikolsburg et le traité de Prague comblaient les vœux de la Prusse, mais ne rentraient aucunement dans le cadre du manifeste impérial du 11 juin. Nous avions favorisé le développement sur nos flancs de deux puissances rivales, dont les forces s'étaient beaucoup accrues, tandis que les nôtres restaient stationnaires. C'était un incontestable échec moral. L'Autriche perdait la Vénétie, après y avoir renoncé par avance ; elle payait aux Prussiens une indemnité de 75 millions de francs. La Bavière subissait une légère rectification de frontière. Quant à la Prusse, elle recevait de considérables accroissements et voyait luire le jour où l'unité allemande se réaliserait sous son égide. La division de l'Allemagne en deux parties était purement illusoire : « Qu'est-ce que la frontière du Mein ? allait s'écrier, aux applaudissements du Reichstag, un des chefs des nationaux-libéraux, M. Miquel. Une station où l'on fait halte pour prendre du charbon avec de l'eau et souffler un instant

---

1. *Le général La Marmora et l'alliance prussienne,* IV.
2. Lettre de M. de Banneville, ambassadeur à Berne, 17 septembre 1866, P. de Lano, *La Cour de Napoléon III,* III, 229.

avant de poursuivre son chemin¹. » Et M. de Bismarck : « Je n'irai pas chercher les Allemands du Sud ; s'ils viennent à moi, je les recevrai, dussé-je me mettre toute l'Europe sur les bras² ! » L'article 4 du traité de Prague reconnaissait aux États du Sud une existence indépendante, mais en leur conservant des relations nationales avec ceux du Nord³. Cette clause autorisait d'avance tous les efforts vers la réalisation de l'unité allemande.

---

1. V. Cherbuliez, *La Prusse et l'Allemagne,* II, 277.
2. *Ibid.,* 648.
3. *Ibid.,* 634. Les États du Sud avaient invoqué et obtenu l'appui de l'empereur (Dépêches de MM. des Méloizes, 2 août, et Drouyn de Lhuys, 14 août, citées par M. Albert Sorel, I, 29).

XVIII

ÉTAT DES ESPRITS EN FRANCE

Mécontentement général. — Avertissements à l'empereur. — L'opinion et la réorganisation de l'armée. — Avis de la reine Sophie.

Ainsi la France se sent diminuée dans son influence, même dans ses forces, non seulement par le développement, sur ses frontières, de deux puissances rivales, mais aussi par la série d'échecs qui a atteint sa politique. Confus pour la masse, ce sentiment est profondément ressenti par la plupart des esprits cultivés. Les avertissements ne manquent pas. Outre ceux qui viennent de notre attaché militaire à Berlin, M. de Clermont-Tonnerre [1], M. Benedetti ne cesse d'attirer l'attention sur les progrès croissants de la Prusse. Dès le 25 août, il la montre disposant bientôt d'un million de soldats ; de ce jour au 5 janvier 1868, ses dépêches alarmantes se succèdent sans trouver l'écho qu'il leur faudrait [2]. De même, notre consul général à Francfort, M. Rothan, signale le 20 novembre 1866 l'existence de traités secrets entre la Prusse, la Bavière, le Wurtemberg, la Hesse et Bade [3]. Cette dépêche, d'une si haute importance, passe peut-être inaperçue de l'empereur, qui croit devoir se contenter d'extraits de notre correspondance diplomatique et admet volontiers qu'on lui farde la vérité [4]. Mais d'autres lui parviennent sûrement, celle du général Ducrot par exemple. Quoiqu'on fasse tous les efforts pour le détourner d'une cor-

---

1. Voir *suprà*, p. 19.
2. Benedetti, 207-257 (Dépêches des 25 août, 18 et 23 octobre, 18 décembre 1866, 24 février, mars et avril 1867, 5 janvier 1868).
3. Voir le texte dans M. G. Rothan, 392, note 2.
4. Voir *suprà*, p. 41. — « On aimerait assez ignorer les choses si graves que vous mandez » (Lettre d'un correspondant officieux du ministère des affaires étrangères à M. Rothan, 25 mars 1867, G. Rothan, 345); Lettre du général Fleury, 17 septembre 1866, *Vie militaire du général Ducrot*, II, 126.

respondance de mauvais augure[1], ce vigoureux soldat ne cesse, avec une clairvoyance que l'on est heureux de constater, de pousser des cris d'alarme, de montrer notre frontière du Rhin menacée, nos places ouvertes et sans défense. Le 6 novembre 1866, dans une lettre au général Faure, il fait voir la Prusse portant son armée active à 700,000 hommes, avec 1,200 pièces attelées et une réserve de 1,200,000 hommes. Elle serait à peu près assurée d'une alliance offensive et défensive avec la Russie. Partout, en Allemagne, on parle de reporter les frontières nationales aux Vosges et à la Meuse.

Le 5 décembre, c'est au général Trochu qu'il s'adresse. La Prusse pourra mettre en ligne 600,000 hommes et 1,200 bouches à feu avant que nous ayons organisé les cadres indispensables pour 300,000 hommes et 600 pièces. « De l'autre côté du Rhin, il n'est pas un Allemand qui ne croie à la guerre dans un avenir prochain... A moins d'être aveugle, il n'est pas permis de douter que la guerre éclatera au premier jour. En vérité, je suis de ton avis et je commence à croire que notre gouvernement est frappé de démence[2]. »

Comme ceux-là, d'autres, parmi les plus fidèles, s'alarment de la marche si prompte des événements. Dès le 20 juillet 1866, M. Magne écrit : « Le sentiment national serait profondément blessé, cela me paraît hors de doute, si, en fin de compte, la France n'avait obtenu que d'avoir attaché à ses flancs deux voisins dangereux par leur puissance démesurément accrue[3]. »

---

1. Lettre du général Fleury, 17 septembre 1866, en réponse à une lettre contenant des vérités un peu dures que Ducrot l'a chargé de communiquer à Napoléon III : celui-ci a paru satisfait. « Toutefois, je ne vous cacherai pas que l'empereur m'a chargé de vous *prier* d'être très circonspect dans vos appréciations militaires à l'endroit des voisins... Il ne faut pas, dit l'empereur, être plus royaliste que le roi, et, en tout cas, il faut surtout être prêt lorsqu'on veut parler haut à des gens qui sont encore enivrés de la victoire. L'empereur ne veut pas vous gronder, il veut seulement vous avertir. »
2. *Vie militaire du général Ducrot*, II, 139 et suiv. La copie de la lettre au général Trochu, provenant peut-être d'un *cabinet noir* dont l'existence paraît être démontrée, a été publiée dans les *Papiers et correspondance*, I, 6.
3. Rapport à l'empereur, *Papiers et correspondance*, I, 239.

Un ami de l'empereur, que sa franchise a rendu importun, le duc de Persigny, estime que « depuis l'origine jusqu'à la fin de ce grand conflit, il [le gouvernement français] semble avoir été comme frappé de vertige [1] ». Dans une note du 19 novembre 1866, il signale à Napoléon III, parmi les causes de notre affaiblissement, « le règne de cette bureaucratie envahissante, tracassière, toute-puissante, qui, multipliant les règlements, les formalités, les difficultés de tout genre, attire à Paris, avec la décision de toutes les affaires, la distribution de tous les emplois, de toutes les faveurs... ». A cet « excès de centralisation », à cette « domination d'une bureaucratie monstrueuse », s'allie un complet « désordre d'idées, de plans et de vues ». — « Ce n'est plus un gouvernement, mais dix gouvernements, qui conduisent les affaires du pays [2]. »

Un écrivain très goûté aux Tuileries, M. Octave Feuillet, est non moins énergique dans ses avertissements : « Sire, l'empire est ébranlé et menacé. L'expédition du Mexique, les affaires d'Allemagne, la nouvelle organisation militaire de la France [encore en projet], fournissent à vos ennemis des armes redoutables. Le pays tout entier est inquiet et défiant... On sent à un haut degré le malaise et le danger. On perd confiance dans la durée de votre règne; on lui accorde à peine un lendemain... » Comme M. de Persigny, M. Octave Feuillet signale parmi nos maux les plus graves l'excès de centralisation, « l'effrayante suprématie de Paris », l'absence de vie intellectuelle en province [3].

La réorganisation militaire projetée rencontre de nombreux opposants, qui ne sont pas tous de bonne foi. « Il est très vrai que la loi sur le recrutement de l'armée, ou plutôt le système mis en avant, cause beaucoup de mécontentement, mais surtout dans la bourgeoisie, et il est à remarquer

---

1. *Mémoires*, 323.
2. *Mémoires*, 307 et suiv.; Taine, *Les origines de la France contemporaine. Le régime moderne*, passim; H. Pessard, *Mes petits papiers, 1860-1870*, 172.
3. Mme Octave Feuillet, *Souvenirs et correspondance*, 26. Cette lettre ne fut pas envoyée, ayant été jugée trop osée.

que l'opposition orléaniste, dont le *Journal des Débats* est la plus pure expression, se signale surtout par ses attaques, après avoir crié par-dessus les toits à l'imprévoyance du gouvernement... Il n'est que trop vrai qu'à force de prêcher que le souverain bien est l'argent, on a profondément altéré les instincts belliqueux de la France, je ne dis pas dans le peuple, mais dans les classes élevées. L'idée de risquer sa vie est devenue très répugnante, et ceux qui s'appellent les honnêtes gens disent que cela est bas et grossier [1]... »

Qui oserait dire que les sentiments ainsi stigmatisés n'ont pas joué leur rôle dans notre absence de préparation en 1870 ? Pourrait-on même affirmer qu'ils ont complètement disparu, après tant d'épreuves si méritées ?

Une lettre souvent citée d'une amie de la France et de l'empereur, qui était aussi un témoin des mieux informés et des plus clairvoyants, montre ce que les spectateurs désintéressés pensent de nous au lendemain de Sadowa. Rien de plus éloquent dans sa simplicité et aussi de plus prophétique dans ses conclusions : « Vous vous faites d'étranges illusions. Votre prestige a plus diminué dans cette dernière quinzaine qu'il n'a diminué pendant toute la durée du règne. Vous permettez de détruire les faibles ; vous laissez grandir outre mesure l'insolence et la brutalité de votre plus proche voisin ; vous acceptez un cadeau [la Vénétie] et vous ne savez même pas adresser une bonne parole à celui qui vous le fait. Je regrette que vous me croyiez intéressée à la question et que vous ne voyiez pas le danger d'une puissante Allemagne et d'une puissante Italie. C'est la *dynastie* qui est menacée, et c'est elle qui en subira les suites... Ne croyez pas que le malheur qui m'accable dans le désastre de ma patrie me rende injuste et méfiante. La Vénétie cédée, il fallait secourir l'Autriche, marcher sur le Rhin, imposer vos conditions ! Laisser égorger l'Autriche, c'est plus qu'un crime, c'est une faute. Cependant, je croirais manquer à une

---

1. Mérimée, *Lettres à Panizzi*, 27 décembre 1866, 265 ; *Lettres inédites*, publiées par M. Félix Chambon, 1900, lettre à Victor Cousin du 23 ou 24 novembre 1866.

ancienne et sérieuse amitié, si je ne disais une dernière fois toute la vérité. Je ne pense pas qu'elle soit écoutée, mais je veux pouvoir me répéter un jour que j'ai tout fait pour prévenir la ruine de ce qui m'avait inspiré tant de foi et tant d'affection[1]. »

---

[1]. *Papiers et correspondance,* II, 14, lettre de la reine Sophie de Hollande, au baron d'André, ministre de France à La Haye, 18 juillet 1866. La reine Sophie était née princesse de Wurtemberg.

LIVRE II

L'AFFAIRE DU LUXEMBOURG

I

PREMIERS POURPARLERS

M. de Bismarck et le Luxembourg. — La politique des nationalités. — Circulaire du 16 septembre. — Effet sur l'opinion.

Pendant les premiers mois de 1866, nous avions essayé, vis-à-vis de la Prusse, d'une « politique de pourboires », suivant le mot de Frédéric II et de M. de Bismarck. Elle nous avait conduits à une série d'échecs, qui atteignaient gravement notre influence extérieure. Vers la fin de septembre, nous étions à peu près isolés en Europe. M. de Bismarck avait dénoncé sous main, à Londres, nos convoitises sur la Belgique. « L'Italie était exaspérée de nous devoir la cession de Venise »; l'Autriche nous reprochait d'avoir méconnu le traité du 9 juin, pour la sacrifier à la Prusse. Quant à la Russie, elle s'était entendue, à nos dépens, avec cette dernière [1].

Cette situation nous imposait le recueillement, tant que nos forces militaires n'auraient pas reçu leur indispensable accroissement. « Mais notre optimisme était à toute épreuve », du moins dans l'entourage de l'empereur. On persistait à croire en les bonnes dispositions du roi Guillaume et de M. de Bismarck. On admettait sans discussion une chose

---

1. G. Rothan, *L'affaire du Luxembourg*, 17. Ce volume reproduit, avec quelques modifications, une série d'articles parus dans la *Revue des Deux-Mondes*, 15 septembre 1881 et suiv.

fort contestable, à savoir qu'ils avaient intérêt à se concilier la France pour avoir les coudées franches sur le Rhin [1].

Le comte de Goltz contribuait à entretenir ces illusions. Les récents événements rendaient sa situation difficile à Paris; il n'en poursuivait pas moins son œuvre, cherchant à endormir nos susceptibilités, à éveiller de vaines espérances. Il affirmait que nous pourrions annexer le Luxembourg sans l'ombre d'une objection de sa cour. A l'en croire, M. de Bismarck était tout prêt à négocier sur cette base; il ne négligeait rien pour convertir le roi à ces idées [2].

Il faut ajouter que cette thèse n'était pas dénuée de vraisemblance. M. de Bismarck nous avait, en maintes circonstances, offert le Luxembourg. A Nikolsburg, il nous l'eût donné sur l'heure, contre quittance des faits accomplis en Allemagne. A la fin de juillet 1866, le chef de la direction politique au ministère des affaires étrangères de Berlin, von Thile, en parlait comme d'une chose convenue à notre chargé d'affaires, M. Lefebvre de Béhaine. Mais nos ambitions étaient alors plus vastes; le gouvernement impérial allait revendiquer Mayence et le Palatinat; il réservait le Luxembourg et la Belgique pour l'heure où de nouveaux faits se produiraient en Allemagne, le passage de la ligne du Mein [3].

Dans ces conditions, l'empereur était plus que jamais convaincu que la politique d'équilibre préconisée par M. Drouyn de Lhuys, celle de Henri IV, de Richelieu et de Mazarin, avait fait son temps. Elle devait être remplacée par celle des nationalités, qui fut toujours dans ses idées personnelles, et qu'il avait fait prévaloir en Italie avec les résultats que l'on sait. Il priait M. Drouyn de Lhuys de la développer dans une circulaire. Il se heurtait à un refus.

---

1. Lettre de M. Rouher à l'empereur, 6 août 1866, *Papiers et correspondance*, II, 225.
2. G. Rothan, 19-23.
3. G. Rothan, 24-25; lettre de M. Rouher, 6 août 1866, *Papiers et correspondance*, II, 225; note dictée par l'empereur à M. Conti, *ibid.*, I, 16 (Voir *suprà*, p. 96); *Papiers de Cercey*, analyse de la réponse à la dépêche du 23 août de M. Benedetti; G. Rothan, *La politique française en 1866*, 341.

Démissionnaire depuis le 12 août, M. Drouyn de Lhuys ne faisait plus que l'intérim des Affaires étrangères. Il ne voulut pas attacher son nom à la négation de toutes ses convictions et quitta définitivement le ministère. On l'offrit à M. Benedetti, qui n'accepta pas. Peut-être, lui aussi, espérait-il revenir sur son échec auprès de M. de Bismarck ? Celui-ci, après avoir dédaigné notre alliance, et même témoigné de doutes injurieux à notre égard, semblait être revenu à des dispositions plus conciliantes. Il s'offrait à nous faciliter l'acquisition du Luxembourg. « Le roi de Hollande, disait-il, peut en disposer comme il l'entend ; il en est le souverain. » — « Faites en sorte que la cession... soit un fait accompli avant la réunion du Reichstag, et je me chargerai de faire avaler la pilule à l'Allemagne[1]. » Mais il ajournait à son retour de Varzin la conclusion d'une alliance, sous prétexte d'y préparer le roi.

A ce moment, personne en France ne doutait de sa sincérité. On croyait déjà avoir « les clés du Luxembourg en poche ». On comptait calmer les impatiences de l'opinion en lui jetant cet os à ronger. On oubliait que l'Allemagne envisageait la question de tout autre sorte.

Après le refus de M. Benedetti, M. de Moustier, ambassadeur à Constantinople, fut nommé ministre des affaires étrangères, non sans hésitations de sa part. Il refusa même « d'assumer la paternité de la circulaire qui devait annoncer à l'Europe notre retour à la politique des nationalités[2] ». Le marquis de La Valette la signa, bien qu'elle fût l'œuvre personnelle de l'empereur. Du reste, il est permis de croire que les idées du souverain et les siennes n'étaient point sans quelque parenté. Le rôle qu'il avait joué le 5 juillet 1866, en contribuant à empêcher notre intervention, tendrait à le prouver[3].

On a dit combien l'opinion ressentait la diminution de notre influence. Le désappointement fut immense quand on

---
1. G. Rothan, 25-30.
2. G. Rothan, 37.
3. Voir *supra*, p. 70.

vit la Prusse et l'Italie s'accroître, sans les compensations promises par le manifeste du 11 juin. Les attaques contre les conseillers de l'empereur étaient continuelles [1]. La circulaire du 16 septembre ne les arrêta pas quand elle parut au *Moniteur*.

On rompait ouvertement avec la politique de M. Drouyn de Lhuys ; on cherchait à prouver la supériorité du nouvel ordre de choses sur l'ancien, la justesse des théories sur les grandes nationalités. L'empereur prétendait les rattacher aux conceptions de Napoléon Ier créant le royaume d'Italie et supprimant du même coup en Allemagne deux cent cinquante-trois États indépendants. Il jugeait qu'en face de l'accroissement prodigieux de la Russie et des États-Unis, il était de l'intérêt du centre de l'Europe de ne pas rester morcelé. Sans préconiser une politique de conquêtes, il laissait percer la pensée d'annexer le Luxembourg et la Belgique, tout en affirmant bien haut que nous n'avions pas à nous émouvoir des changements survenus si près de nos frontières. Par contre, il proclamait la nécessité de préparer la défense de notre territoire et de perfectionner sans délai notre organisation militaire [2].

Ces affirmations contradictoires, ce mélange confus d'aspirations humanitaires et de velléités d'agrandissement, cette évocation de ce que la politique de Napoléon Ier a eu justement de plus fâcheux pour la France, témoignaient du rêveur couronné qu'était Napoléon III. La circulaire qu'il avait inspirée fut froidement accueillie. Elle heurtait trop visiblement la réalité des faits. Le préfet de police, M. Piétri, ne dissimulait pas à l'empereur combien sa politique était sévèrement jugée : « De quelque côté que l'on regarde, on se heurte à des inquiétudes sincères ou à des défiances qu'inspirent des hostilités ardentes. La partie agissante de la société accentue plus que jamais son opposition radicale et systématique.... On se demande ce que veut l'empereur,

---

1. Voir *suprà*, p. 104 et suiv.
2. G. Rothan, 58-60, d'après le *Moniteur officiel* du 17 septembre 1866.

quelle est son action, quel est le but poursuivi par son gouvernement¹ ? »

A cette déconvenue, d'autres se joignirent. Le roi de Prusse révéla sa pensée intime, lors de l'ouverture des Chambres, en célébrant les hauts faits de ses troupes et les résultats de la guerre, sans mentionner notre neutralité bienveillante ni notre médiation. Il vantait la mission de la Prusse, qui ne serait entièrement remplie que par la régénération de l'Allemagne. C'était annoncer l'unification de celle-ci, sous bref délai². A ces paroles, déjà si inquiétantes, la presse prussienne joignit les commentaires les plus blessants et, il faut le dire, les plus mérités. En somme, la Prusse ne nous devait aucune reconnaissance. Si nous avions gardé la neutralité en 1866, c'est pour avoir d'abord spéculé sur la victoire des Autrichiens, puis faute de pouvoir entreprendre une grande guerre. Notre médiation, toute pacifique qu'elle fût, n'en avait pas moins gêné la Prusse, en l'empêchant d'achever l'écrasement de l'Autriche. Le roi Guillaume n'avait d'autre obligation envers nous que celles résultant de son alliance avec l'Italie, facilitée de tout son pouvoir par Napoléon III, dans des vues qui n'étaient certes pas absolument désintéressées³. Cette faute trouvait son châtiment dans l'ingratitude dont faisait preuve le gouvernement de Florence, avant même la cessation des hostilités. « Se prêter à l'agrandissement de ses voisins, a dit Machiavel, c'est préparer son propre amoindrissement⁴. »

---

1. *Papiers et correspondance*, II, 263 ; G. Rothan, 61-62.
3. Dans un mémoire du 8 août 1866, adressé à M. de Bismarck, le général de Moltke développait ses idées en cas de guerre contre la France et l'Autriche (*Moltkes militärische Korrespondenz*, III, 1, 66). Il comptait déjà sur la coopération des États du Sud.
3. Voir *suprà*, p. 29 et *passim*.
4. Cité par M. G. Rothan, 69.

II

NOUVELLES NÉGOCIATIONS A BERLIN

Les traités avec le Sud. — Le congrès. — Préparatifs militaires en Allemagne.
Ouverture des Chambres en 1867.

On a vu que, vers la fin de novembre, M. de Moustier recevait de M. Rothan, notre consul général à Francfort, une nouvelle grave : M. de Bismarck avait arraché à la Bavière, au Wurtemberg, à Bade et à la Hesse des traités d'alliance offensive et défensive. Le traité de Prague était déchiré dans l'une de ses dispositions essentielles. La Prusse franchissait la ligne du Mein et l'unité allemande marchait vers son prochain achèvement [1].

On hésitait à croire M. Rothan ; on tentait de faire vérifier l'exactitude de son rapport, sans y parvenir. Il n'était d'abord ni démenti, ni confirmé. Dès lors on prit le parti des âmes faibles dans les situations délicates : on attendit.

M. Benedetti avait rejoint son poste le 15 novembre. La situation s'était sensiblement aggravée. L'Orient, ce foyer éternel d'agitation, était en proie à l'une de ses crises passagères [2]. M. d'Arnim avait offert au pape Pie IX l'hospitalité en Allemagne, au nom du roi de Prusse. On pouvait craindre que désormais la politique prussienne ne tentât partout de contrecarrer la nôtre. M. de Bismarck affirmait, il est vrai, que M. d'Arnim avait pris l'initiative de sa

---

1. Dépêche du 21 novembre 1866, publiée par M. G. Rothan, 74-75. Elle n'était pas confirmée par celle de M. Rothan en date du 27 novembre (*Ibid.*, 427). Celle-ci se bornait à représenter le midi de l'Allemagne comme vivant « au jour le jour, sans boussole, sans initiative, embarrassé d'une indépendance à laquelle on n'est pas habitué et dont on ne sait pas tirer parti ». Mais les dépêches de M. Rothan des 18, 30 janvier, 5 février 1867 (*Ibid.*, 434, 436, 437), et celle de M. Benedetti (9 mars 1867) [*Ibid.*, 495] confirmèrent amplement la dépêche du 21 novembre.

2. Celle provoquée par le soulèvement crétois à l'automne de 1866 (Voir J. Klaczko, Deux chanceliers, *Revue des Deux-Mondes*, novembre-décembre 1875, 370 et suiv.).

proposition, mais le fait que les armements de la Prusse étaient poussés avec vigueur démentait ses assurances pacifiques[1].

Le 3 décembre, dans un entretien avec lui, M. Benedetti jugeait à propos de revenir sur l'alliance franco-prussienne. M. de Bismarck se montrait visiblement surpris et alléguait l'opposition du prince royal, l'ignorance complète où était le souverain de cette affaire. Évidemment, il n'y avait là que des prétextes. M. Benedetti, comme M. de Moustier, jugea inutile d'insister. Confiant, ainsi qu'à l'ordinaire, l'empereur pensait autrement, sous le charme du comte de Goltz. Il croyait que l'axe de la politique européenne passait encore par les Tuileries, de même qu'aux heures, à jamais écoulées, des entretiens de Biarritz; il jugeait l'alliance française indispensable à la Prusse.

Une circonstance aurait dû le détromper. La convention du 15 septembre 1864, qui plaçait sous notre garantie les États de l'Église, avait à plusieurs reprises gêné notre action. L'empereur souhaitait vivement de substituer la sauvegarde de l'Europe à la nôtre, et il comptait y réussir au moyen d'un congrès. M. de Goltz encourageait ces vues. M. de Bismarck s'y montra opposé et désavoua l'ambassadeur de Prusse : il eût été vraiment naïf d'aider à faire disparaître l'une de nos causes de faiblesse[2].

D'ailleurs, les préparatifs militaires ne s'arrêtaient pas en Allemagne. M. Rothan écrivait que les forces réunies du Nord et du Sud donneraient un total de 1,120,000 hommes, tandis que les nôtres ne dépasseraient pas 416,000 hommes, les dépôts compris. On espérait, en appliquant un nouveau plan, mobiliser l'armée prussienne en douze jours. On ne cachait pas l'espoir de porter la guerre sur notre territoire[3].

---

1. Dépêches de M. Rothan, 3, 30 janvier, 5 février 1867, reproduites dans son livre, 89-92, 97-99, 431, 436, 437.
2. G. Rothan, 96. Voir, au sujet du constant désir de Napoléon III de retirer ses troupes de Rome, les lettres du comte Arese à M. Ricasoli, 3 juillet 1861 ; de Napoléon III à Arese, 2 janvier 1863 ; d'Arese à Pasolini, 16 et 18 mars 1863, citées par Bonfadini, 282-318, et par le comte Grabinski, 193-210.
3. Dépêche sans date, reproduite par M. G. Rothan, 97-99.

Vers la fin de décembre, des nouvelles plus inquiétantes encore arrivaient de Francfort sous la forme d'un memorandum, parvenu à M. Rothan par une voie secrète, « mais à coup sûr prussienne ». La question de l'occupation de la forteresse de Luxembourg y était étudiée, avec les conclusions les plus comminatoires. La Prusse devait maintenir énergiquement sa garnison dans cette place.

« ...Le gouvernement prussien a la volonté et la puissance de défendre ses droits, au besoin par son armée et jusqu'au dernier soldat[1]. » On pouvait voir dans cette communication mystérieuse un avertissement à ne pas négliger. Néanmoins, à l'approche de la convocation des Chambres, on jugea nécessaire de donner quelque satisfaction à l'opinion. M. Rouher reprit avec le comte de Goltz les négociations pour le traité d'alliance. De son côté, M. de Moustier en écrivit à M. Benedetti[2].

Cette fois, M. de Bismarck invoquait les scrupules du roi Guillaume, esclave du devoir comme chacun sait. Il croyait ne pas pouvoir « retirer ses troupes d'une place dont la garde lui avait été confiée par l'Europe ». Pour lever cette objection, le ministre prussien suggérait de démanteler Luxembourg, ce qui eût fait disparaître le principal intérêt de l'annexion de ces 199,000 âmes. M. Benedetti ne pouvait en admettre la possibilité.

Tandis que les jours se passaient à ces pourparlers sans base sérieuse, on apprenait en France que le grand-duché de Bade transformait son organisation militaire sur le modèle prussien, confiait le ministère de la guerre à un général de cette nationalité et ouvrait Rastadt à la Prusse en cas de guerre[3]. Le comte de Goltz niait effrontément l'existence de cette convention, en s'efforçant d'entretenir les illusions de l'empereur. Un nouvel incident survenait : dans une lettre à cet ambassadeur, M. de Bismarck faisait intervenir l'opi-

---

1. Dépêche de M. G. Rothan, 18 décembre 1866, reproduite par lui, 111 et 430.
2. Dépêche du 7 janvier; G. Rothan, 114.
3. Dépêche (sans date) de M. Rothan, analysée dans son livre, 125.

nion du général de Moltke, qui n'admettait l'évacuation de Luxembourg qu'après son démantèlement.

Cette condition fut énergiquement repoussée par Napoléon III, qui parut disposé à renoncer au projet d'alliance. Les procédés tortueux de M. de Bismarck lui imposaient une crainte tardive, mais salutaire. « Il craint, écrivait M. de Moustier, de se lier trop à son tour avec qui ne se lie pas très nettement [1] ». Un fait marquant allait lui donner raison : le mariage du comte de Flandre avec la princesse Marie de Hohenzollern. Bien que M. de Bismarck s'attachât aussitôt à lui refuser toute importance politique, on pouvait admettre sans peine que cette union du prince héritier de Belgique avec une princesse de la famille royale prussienne n'était pas pour favoriser nos velléités d'annexion [2].

Les Chambres se réunissaient dans les premiers jours de 1867 et le discours de l'empereur, le premier depuis les événements de 1866, était attendu avec anxiété. Napoléon III affirma sa confiance dans le maintien de la paix, mais il gardait un souvenir amer du mutisme du roi Guillaume, passant notre médiation sous silence, lors de l'ouverture des chambres prussiennes. Il rappela fièrement l'arrêt de la Prusse aux portes de Vienne, sur un mot venu de Paris. Ce coup de clairon fut acclamé par nos représentants ; à Berlin il sonna comme un défi, réveillant les rancunes à peine assoupies. A l'ouverture du parlement du Nord, le roi marqua nettement la volonté d'étendre la prépondérance prussienne à toute l'Allemagne et laissa soupçonner la conclusion d'arrangements militaires avec les États du Sud. Déjà M. de Bismarck ne prenait plus la peine de dissimuler [3].

---

[1]. Dépêche à M. Benedetti, sans date, citée par M. G. Rothan, 127-128.
[2]. G. Rothan, 136.
[3]. Dépêches de M. Benedetti, 25 février ; de M. Rothan, 30 janvier, 5 février ; G. Rothan, 146, 436-437.

III

NÉGOCIATIONS AVEC LA HOLLANDE

Propositions faites au roi de Hollande. — Négociations à Berlin. — Sincérité de M. de Bismarck. — Les probabilités.

La campagne de Bohême avait inspiré aux Hollandais des craintes sérieuses pour leurs deux provinces du Limbourg et du Luxembourg. Toutes les apparences indiquaient l'annexion prochaine de la dernière à la France. Quant au Limbourg, on savait Maëstricht et Venloo, qui tiennent la ligne de la Meuse, fort convoitées par la Prusse. Ni de Berlin, ni de Paris, il ne venait aucune lumière. En août 1866, M. Drouyn de Lhuys disait encore au ministre des Pays-Bas, M. de Lichtenfeld, que nous n'avions pas de vues sur ces deux provinces : « Personne n'y touchera », affirmait-il. M. de Bismarck se compromettait moins encore [1].

C'est en février 1867 seulement que la question se posait nettement. Peut-être sur des invites venues de La Haye [2], le gouvernement impérial fit pressentir le roi de Hollande au sujet d'une cession éventuelle du Luxembourg. L'empereur mettait la reine Sophie au courant de ses intentions. Connaissant ses sympathies pour notre pays, il espérait qu'elle agirait sur Guillaume III. En effet, notre ministre de La Haye, M. Baudin, trouvait appui auprès d'elle, du prince d'Orange, du ministre des affaires étrangères, comte de Zuylen. Il avait à lutter surtout contre le prince Henri, frère du roi et son lieutenant-général dans le grand-duché. Avec sa femme, une Saxe-Weimar, nièce du roi Guillaume

---

1. Rothan, 151-156.
2. D'après le général de Wimpffen, *Sedan*, 56 et suiv., « une personne de bas étage » aurait eu intérêt à voir une somme importante aux mains du roi des Pays-Bas. Elle fit savoir à un chambellan de l'empereur qu'il serait disposé à céder le Luxembourg, moyennant finance.

de Prusse, ils représentaient en Hollande l'influence prussienne[1].

Les négociations semblaient d'abord devoir être très faciles. Malgré certains avertissements de notre diplomatie[2], on ne prévoyait aucune opposition de la Prusse qui, seule, eût pu nous faire échec. Mais l'attitude de M. de Bismarck donna bientôt à penser. On lui prêtait l'intention de réaliser l'unité allemande « en pleine exposition universelle[3] ». On assurait qu'il était d'accord avec le chancelier Gortschakoff pour une alliance offensive et défensive impliquant liberté d'action de la Prusse en Allemagne, de la Russie en Orient. Étant données les circonstances, il n'y avait là rien d'invraisemblable. Néanmoins on persista dans les négociations entreprises.

Dès le mois de janvier, un centre de propagande française avait été organisé dans le Luxembourg ; les sympathies de la population semblaient acquises. M. Baudin soumit au roi deux traités connexes ; l'un, définitif, garantissait le Limbourg à la Hollande et la couvrait contre toute pression éventuelle de la Prusse ; l'autre assurait le Luxembourg à la France. Pour obtenir qu'ils fussent signés, on allait jusqu'à faire entrevoir de M. de Lichtenfeld la possibilité d'une guerre, si cette satisfaction nous était refusée. Dans ce cas, la Hollande courrait risque de pertes irréparables, celles du Limbourg et peut-être de son indépendance.

Il faut dire que, déjà, les dispositions semblaient moins

---

1. G. Rothan, 156-161. — Voir *suprà*, p. 109, au sujet des sympathies de la reine Sophie, sa lettre au baron d'André.
2. Voir la dépêche de M. Rothan, 18 décembre 1866, reproduite par lui, 430, et confirmée par celle du 12 mars 1867, 440. Elle est contredite par cette phrase d'une dépêche de M. Benedetti à M. de Moustier, 2 avril 1867 : « Je lui ai répondu (à M. de Bismarck) que nous avions été à La Haye en lui en donnant avis et après nous être assurés que le gouvernement prussien ne mettrait pas obstacle à la transaction que nous proposions au roi des Pays-Bas » (*Ibid.*, 498). Voir également la dépêche de M. de Moustier au prince de La Tour d'Auvergne, 11 avril, *ibid.*, 500.
3. Dépêche de M. G. Rothan, 15 février 1867, reproduite par lui, 165. L'empereur avait, au début, une telle confiance dans la Prusse que notre attaché militaire, Stoffel, fut autorisé à venir prendre près de lui son service d'officier d'ordonnance. Toute l'année 1867, il n'y eut pas d'attaché militaire français à Berlin (G. Rothan, 262, note 1).

bonnes à La Haye : on hésitait, on demandait à réfléchir, on craignait visiblement la Prusse. Au contraire, M. de Bismarck paraissait tout disposé à nous laisser faire ; le roi Guillaume restait le grand obstacle, mais le ministre ne désespérait pas de l'amener à céder. Jamais il n'avait été aussi précis, aussi encourageant dans son langage[1]. Sur la suggestion de M. Benedetti, M. de Moustier écrivait une lettre paraphrasant les déclarations du futur chancelier. Notre ambassadeur la lui envoyait avec un billet motivé. Naturellement M. de Bismarck négligeait d'en accuser réception. Il se bornait à relire avec notre ambassadeur la lettre de M. de Moustier. Il admettait l'exactitude de l'ensemble, non de tous les détails. Il n'avait pas dit que la Prusse trouverait avec peine le moyen de défendre ses titres au droit de garnison dans Luxembourg, ni qu'ils étaient périmés[2], mais que cette thèse était soutenable. En outre, la Prusse ne pouvait avoir « rien à dire » contre la cession du Luxembourg à la France. De la sorte, le président du Conseil remettait tout en question, non sans protester une fois de plus de ses bonnes dispositions, peut-être réelles.

Sur sa demande, M. Benedetti lui confiait la lettre de M. de Moustier ; M. de Bismarck assurait de l'avoir montrée au roi. Celui-ci n'avait soulevé aucune objection de fond, disait-il à M. Benedetti. « Je pars ce soir pour Paris, reprit notre ambassadeur ; puis-je répéter à l'empereur ce que vous venez de me dire ? — Je vous y autorise, répondit avec conviction M. de Bismarck. Les dispositions du roi sont si bonnes qu'il me disait hier encore : « Si le Luxembourg est cédé à la France, je n'aurai rien à me reprocher vis-à-vis du peuple allemand ; il ne pourra s'en prendre qu'au roi des Pays-Bas[3] ».

---

1. G. Rothan, 165-174.
2. G. Rothan, 177. Telle était pourtant son intime conviction (Bismarck, *Mémoires* recueillis par M. Busch, II, 281).
3. G. Rothan, 179. — En février 1867, M. de Bismarck disait au général Türr : « Je veux vivre en bonne harmonie avec la France et ne désire nullement avoir une guerre avec elle. C'est à l'empereur Napoléon que nous devons nos succès en 1866... Je suis prêt à seconder en tout la France. Mais ici, à

Une question inévitable se pose en cet endroit : M. de Bismarck était-il de bonne foi ? Il l'a maintes fois affirmé de 1867 à une date récente. Lors de l'Exposition, il disait à M. de Persigny que « si nous étions affectés de l'issue de cette maudite affaire du Luxembourg, il l'était bien davantage ». Il y avait perdu « l'occasion unique, peut-être, de consolider l'œuvre de Sadowa, en donnant... satisfaction aux griefs réels ou imaginaires de la France ». Il avait été « parfaitement sincère, quand il exprimait à M. Benedetti son désir de favoriser les vues de l'empereur. » Mais le secret indispensable n'avait pas été gardé. M. Benedetti avait agi maladroitement, « en confondant l'intrigue avec l'habileté ». Il croyait pouvoir obliger les Prussiens à évacuer Luxembourg en vertu d'un droit strict, non à titre de concession gracieuse. Et le futur chancelier n'avait pas assez de regrets pour l'échec de cette négociation. « La sottise, la suffisance de M. Benedetti et l'imprudence des ministres français ont tout fait échouer [1]. »

Les mêmes affirmations se retrouvent dans une conversation de M. de Bismarck et du prince Napoléon, en mars 1868, à Berlin : « Le Luxembourg ne vous eût pas échappé, si à La Haye on avait su brusquer le dénouement [2] ». Dans ses épanchements intimes, dans ses *Pensées et souvenirs,* il est maintes fois revenu sur ce thème : la guerre n'était pas opportune en 1867 ; les forces de la Prusse n'avaient pas encore atteint un niveau suffisant. D'ailleurs, le bon droit n'était pas pour elle. M. de Bismarck aurait souhaité que le

---

Berlin, il faut travailler lentement, car on ne peut pas attaquer notre roi de front. Si l'empereur voulait me formuler ses désirs par écrit, je me fais fort de les obtenir tous en quelques mois. S'il voulait, par exemple, annexer le Luxembourg à la France, il n'y a qu'à chercher à créer dans ce pays un parti français qui demande l'annexion. Je n'essaierai pas même de vérifier si ce parti représente la majorité de la population et je me bornerai à accepter tacitement le fait accompli. Quant à la Belgique, je l'ai déjà dit maintes fois et je le répète hautement : l'empereur n'a qu'à la prendre, et, s'il se trouve un gouvernement qui veuille s'y opposer, nous croiserons la baïonnette contre lui » (Memento du général Türr à M. de Bismarck, *Journal officiel* du 10 août 1870, d'après la *Correspondance du Nord-Est* et le *Constitutionnel*).

1. De Persigny, *Mémoires,* 368-374).
2. G. Rothan, 180, note 1.

Luxembourg fût cédé à la Belgique. On renforçait ainsi dans ce pays l'élément d'origine germanique ; on étendait au Luxembourg la neutralité belge ; on donnait à la Prusse une frontière plus sûre vers la France [1]. Cette proposition ne fut pas agréée par le roi Guillaume.

On peut admettre, croyons-nous, la vérité d'une partie de ces affirmations. Si M. de Bismarck ne se préoccupait guère du bon droit de la Prusse, comme il l'a maintes fois prouvé, il disait vrai sans doute, en assurant qu'en 1867 il ne considérait pas ses forces comme suffisantes. Les États du Sud frémissaient encore des blessures de la veille ; leurs armées étaient en médiocre condition; chaque année ajoutait 10,000 soldats instruits aux ressources militaires de l'Allemagne [2]. Dès lors, il allait chercher à faire prévaloir des idées pacifiques, sans toujours y réussir.

---

1. Bismarck, *Mémoires* recueillis par M. Busch, II, 281 ; Seinguerlet, 46; Bismarck, *Pensées et souvenirs*, II, 62, 272. — M. de Beust avait suggéré la cession du Luxembourg à la Belgique et M. de Moustier en était personnellement partisan. Le roi Léopold se montra opposé à ce projet, contre l'opinion du cabinet belge (dépêche du prince de la Tour d'Auvergne à M. de Moustier, 19 avril; G. Rothan, 501). Une dépêche du comte de Wimpffen, 12 avril, montre qu'en effet M. de Bismarck semblait l'approuver (G. Rothan, 322-325).

2. Bismarck, *Mémoires*, II, 281; *Pensées et souvenirs*, II, 62.

IV

MENACES DE GUERRE

Les grandes puissances. — Discours de M. Thiers (16 mars). — Revirement de M. de Bismarck. — Accord avec le roi de Hollande. — Menaces de guerre. — Opposition de la Prusse.

En effet, la situation s'aggravait. Les armements ne discontinuaient pas en Allemagne ; les officiers prussiens parlaient un langage menaçant, de même que les journaux. Le vent était à la guerre. Notre consul général à Francfort, M. Rothan, accouru d'urgence à Paris, ne dissimulait rien de ses appréhensions à M. de Moustier, ni à l'empereur. Celui-ci les accueillait froidement. « Il lui était pénible d'être réveillé [1]. »

Devant ces menaces, M. de Moustier jugeait à propos de pressentir, un peu tardivement, les cabinets de Londres, de Saint-Pétersbourg et de Vienne. Les deux premiers semblaient plutôt favorables, mais M. de Beust nous conseillait de ne pas persister : « La France s'est engagée sur un mauvais terrain », écrivait-il. On ne lui sut aucun gré de cette franchise, bien au contraire, et l'on poursuivit les négociations. M. Baudin recevait l'ordre d'agir. Le 19 mars il avait un premier entretien avec le roi. « Eh bien ! je ne dis pas non », répondait Guillaume III [2]. Ce début était encourageant.

Cependant, au Corps législatif, l'opposition donnait assaut à la politique impériale. Le 16 mars, au cours d'une interpellation, M. Thiers prononçait un grand discours depuis longtemps attendu. Après avoir relevé les fautes commises en favorisant l'unification de l'Allemagne et de l'Ita-

---

1. G. Rothan, 185. Voir également les dépêches de M. Rothan, 3 et 6 avril 1867, *ibid.*, 443-445.
2. G. Rothan, 191.

lie, il conseillait de ne pas revenir sur le passé, mais de déclarer qu'on n'irait pas plus loin. Il défendait l'œuvre des traités de Vienne, lui, dont l'*Histoire du Consulat et de l'Empire* avait tant contribué à les discréditer chez nous.

La contradiction était visible. Au contraire, M. Rouher s'efforçait de prouver que les événements de 1866 avaient été favorables à la France. Il osait se féliciter de ce que l'ancienne Confédération, « masse énorme de 75 millions d'âmes », eût été remplacée par une Allemagne « divisée en trois tronçons ». Ces singulières appréciations ne concordaient guère avec ses « angoisses patriotiques » au lendemain de Sadowa, et moins encore avec le projet de réorganisation de l'armée. M. Jules Favre en fit justice par ce dilemme : ou le discours de M. Rouher est uniquement pour la montre, ou il faut retirer le projet de loi militaire [1].

Cette brillante discussion eut son écho en Allemagne. Deux jours après, le *Staatsanzeiger* de Berlin publiait en tête de ses colonnes le traité d'alliance offensive et défensive conclu le 21 août 1866 avec la Bavière. C'était une audacieuse violation du traité de Prague, en même temps qu'une provocation évidente répondant aux paroles de M. Thiers [2]. S'il faisait presque toujours preuve de clairvoyance, le célèbre homme d'État ne ménageait pas toujours le prestige et les intérêts de la France quand il s'agissait de gouvernements autres que le sien. On pourrait en citer d'autres exemples.

A mesure que l'attitude de la Prusse devenait plus hostile, les difficultés surgissaient à La Haye. Le 22 mars, nouveau télégramme de M. Baudin : le roi a réfléchi ; il voudrait faire régler la question par les signataires du traité de 1839 [3]. Rien ne pourrait être conclu sans le consentement de la Prusse.

---

[1]. *Moniteur universel* du 17 mars 1867.
[2]. G. Rothan, 195 ; A. Sorel, I, 32.
[3]. Convention qui assura l'exécution du traité des 24 articles (relatif à la séparation de la Hollande et de la Belgique) et sépara le Luxembourg de la Belgique, à laquelle il s'était spontanément annexé en 1830.

Quand M. Benedetti rentrait à Berlin, la situation avait entièrement changé. M. de Bismarck se montrait froid, mesuré dans ses paroles, enclin à une certaine tristesse, soucieux du parlement, de l'opinion, des circonstances. Notre posture devenait très difficile. Bien qu'on prévît les pires conséquences, personne autour de l'empereur ne songeait à reculer, sauf peut-être M. Rouher, qui, dès le début, avait paru peu favorable à ce projet [1]. Par contre, on hésitait plus que jamais à La Haye ; on s'inquiétait à Bruxelles, d'où le général Chazal partait pour Munich et Vienne, allant chercher des assurances au sujet de la guerre qui s'annonçait imminente.

Quant à l'Allemagne, elle se montrait plus hostile encore et les violences de la presse y croissaient chaque jour. Notre complet isolement, résultat de tant de fautes, notre faiblesse militaire n'étaient un secret pour personne.

Cependant, le roi de Hollande faisait part de ses intentions au ministre de Prusse à La Haye, le comte Perponcher, et le chargeait d'en informer Guillaume Ier. D'abord on put croire que la Prusse laisserait la transaction s'accomplir, « en restant libre de la blâmer ». Du moins, le ministre de Hollande à Berlin, M. de Bylandt, le télégraphiait à sa cour. Le roi semblait « plutôt hésitant que mal disposé ». Il répondait à Guillaume III : « Je ne saurais exprimer un avis sans connaître la manière de voir des autres cours signataires des traités. » C'était se réserver une entière liberté d'action, laisser entr'ouverte une négociation qu'on se promettait sans doute d'interrompre au moment voulu, peut-être par un coup de tonnerre.

Pourtant, sur l'avis de MM. de Bylandt et Benedetti, notre gouvernement décidait de presser les choses par crainte de l'émotion croissante en Allemagne. Le 30 mars, toutes les difficultés étaient aplanies : l'empereur recevait le prince d'Orange qui apportait le consentement du roi. Le prix d'a-

---

1. G. Rothan, 204, note 1, d'après les confidences du baron Nothomb, au sujet d'une conversation avec M. Rouher.

chat du Luxembourg était fixé et en partie réglé. M. Baudin arrivait le 31 à Paris et repartait le même jour pour La Haye, avec des instructions verbales et une lettre de Napoléon III. « L'empereur considère la question comme vidée et tout retour en arrière comme impossible », télégraphiait M. de Moustier à M. Benedetti.

A cet instant décisif, des nouvelles alarmantes affluaient de Thionville, de Luxembourg, de Londres, où le comte von Bernstorff demandait de la façon la plus imprévue au gouvernement anglais quelle serait son attitude si la guerre venait à éclater entre nous et la Prusse. Le 1er avril, M. Baudin faisait parvenir au roi de Hollande la lettre de l'empereur. Tout était clos par l'échange des paroles écrites des deux souverains ; on allait signer la convention de garantie et le traité de cession, quand M. de Zuylen invoqua un vice de forme et demanda la remise au lendemain 2 avril. Cet ajournement allait empêcher la guerre. Était-ce fatalité pure ou dernier sourire de la fortune pour l'empereur, qui avait tant abusé d'elle ?

A Paris, on était encore plein de confiance, bien que les dépêches de Berlin arrivassent avec de longs retards et souvent indéchiffrables. Le 30 mars, jour même où M. Benedetti télégraphiait qu'il y avait urgence à terminer les négociations, le comte de Goltz se présentait à 11 heures du soir au ministère des affaires étrangères. « D'un air effaré », il déclarait à M. de Moustier que, comme il l'avait prévu, l'affaire prenait la plus mauvaise tournure ; il était nécessaire de la rompre. Vainement il insistait, il suppliait. Le ministre répondait que tout était fini et que rien ne nous ferait reculer. On nous avait attirés dans un piège, mais la crainte même de la guerre ne nous ferait pas rompre d'une semelle. M. de Goltz écoutait sans sourciller et se contentait de dire, en ricanant : « Il est de fait que ce serait bien absurde de se battre pour si peu de chose que le Luxembourg [1]. »

Cette attitude semblait inexplicable, rapprochée de celle

---

[1]. G. Rothan, 211-233.

qu'avait jusqu'alors gardée M. de Bismarck. Non sans vraisemblance, M. de Moustier admit que cet homme d'État, prévoyant une opposition formidable, voulait se mettre à couvert et prouver, par cette démarche, qu'il s'était opposé à la cession. Peut-être aussi désirait-il nous acculer à une situation tellement inextricable que la guerre en sortît d'elle-même? Quoi qu'il en soit, le télégramme du 30 mars parvint illisible à M. Benedetti et dut être réexpédié le lendemain [1]. Si la Prusse ne visait pas à des complications, les apparences y prêtaient singulièrement.

M. de Bismarck entrait à son tour en scène. Ému de l'agitation croissante en Allemagne, il jugeait essentiel de retarder la conclusion de l'affaire du Luxembourg. Il craignait, assurait-il, une interpellation des libéraux au parlement, mais son changement d'attitude tenait plutôt à l'opinion hautement affirmée du « parti militaire », soutenu par les princes [2]. Quelques heures après, M. Benedetti insistait : « ...M. de Bismarck se sent débordé par l'agitation qui a éclaté dans la presse et le Parlement [3]. » Vainement notre ambassadeur affirme que « tout est probablement fini », que nous ne pouvons plus reculer. M. de Goltz, qui fait aux Tuileries parade de ses sympathies françaises, télégraphie à Berlin « que nous voulons la guerre [4] ». Le bruit court de la mobilisation des VIIe et VIIIe corps prussiens, si bien que M. de Bismarck juge nécessaire de la démentir. Mais il n'en faut pas moins se tenir prêt « à toutes les éventualités [5] ». M. de Moustier prend cet avis fort au sérieux, car il écrit à M. Benedetti : « Je crains que la guerre ne soit au bout de tout ceci. » En même temps, il essaie d'obtenir que le cabinet de Saint-Pétersbourg use de son influence en faveur de la paix [6].

---

1. Télégrammes de M. de Moustier à M. Benedetti, 30 et 31 mars, cités par M. G. Rothan, 234-237.
2. Télégramme de M. Benedetti à M. de Moustier, 31 mars, 5 heures du soir, cité par M. G. Rothan, 237.
3. Télégramme du 31 mars, 11 heures du soir, G. Rothan, 238.
4. Télégramme du 31 mars, sans heure, G. Rothan, 238.
5. Télégramme du 31 mars, minuit, G. Rothan, 239.
6. M. de Moustier à M. Benedetti, 1er avril, G. Rothan, 239. Dans ce télégramme, le mot « encourageant », appliqué au langage de l'ambassadeur de

Visiblement celle-ci est à la merci du moindre incident, de la plus petite maladresse commise par nous à Berlin ou à Paris.

Le 1ᵉʳ avril, à 10 heures du matin, M. Benedetti voit M. de Bismarck sur la Wilhelmstrasse, au moment où il se rend au parlement. En quelques minutes, ils échangent de fiévreuses explications. Le président du conseil cherche à compromettre notre ambassadeur, en l'amenant à déclarer que la cession est un fait accompli et en lui demandant l'autorisation de répéter cette déclaration. Du même coup, il dégagerait sa responsabilité en nous acculant à une impasse[1]. M. Benedetti s'y refuse, avec grande raison. En rentrant à l'ambassade, il trouve une dépêche partie de Paris la nuit et arrivée seulement à 11 heures du matin : « ... Le traité sera signé dans la journée. » Parvenus plus tôt entre ses mains, ces quelques mots l'auraient obligé à accentuer davantage ses réponses et la guerre serait sortie sans doute d'un *veto* du parlement. Nouveau cas où le hasard semble avoir conspiré pour nous[2].

Russie, arriva remplacé par « décourageant » (Télégrammes de M. de Moustier et de M. Benedetti, 1ᵉʳ avril, G. Rothan, 239-250). Voir aussi un télégramme de M. de Moustier au baron de Talleyrand, 1ᵉʳ avril, midi 30 (*ibid.*, 496).

1. G. Rothan, 245, d'après un télégramme de M. Benedetti, 1ᵉʳ avril.
2. G. Rothan, 246.

V

L'INTERPELLATION BENNINGSEN

Interpellation à Berlin. — Préparatifs de guerre. — Rupture des négociations. — M. de Bismarck et la guerre. — Notre renonciation au Luxembourg. — Menaces de la Prusse.

Le 1ᵉʳ avril 1867, à l'heure même où l'empereur ouvrait l'Exposition universelle en célébrant l'importance de cette « fête de la paix », il venait de recevoir les plus mauvaises nouvelles du Mexique[1]. Le soir arrivaient de Berlin des télégrammes fort alarmants. Un Hanovrien rallié, chef du parti libéral, von Benningsen, avait interpellé le gouvernement de la Confédération du Nord au sujet de l'affaire du Luxembourg. A cette occasion, il nous adressait des paroles de haine et de provocation, aussitôt accueillies avec enthousiasme. M. de Bismarck y répondait avec mesure, tout en réservant la solution définitive. Peut-être se voyait-il avec regret déborder par l'opinion allemande? Peut-être aussi espérait-il que nous prendrions l'initiative de la guerre? Quoi qu'il arrivât, il pensait que ce serait à notre détriment : si nous reculions, nous en serions diminués ; si nous tenions ferme, ce serait la guerre inévitable et le résultat ne paraissait pas douteux à l'entourage militaire du roi[2].

Persistant dans son attitude de conciliation apparente, M. de Bismarck chargeait le comte de Goltz de porter à Paris des assurances qui ne trompaient plus personne. Le parti de l'empereur était pris. Il conférait avec les généraux

---

1. G. Rothan, 247, note 1. La mort de Maximilien était prochaine.
2. G. Rothan, 251. D'après une version recueillie par lui (dépêche du 12 avril, *ibid.*, 446), M. de Bismarck aurait été à regret débordé par les passions du Parlement ; il n'aurait provoqué l'interpellation Benningsen qu'à son corps défendant et pour échapper à des interpellations plus violentes. Cette thèse est corroborée par le dernier paragraphe d'une dépêche de M. Benedetti à M. de Moustier, 2 avril 1867, *ibid.*, 498.

Trochu et Le Bœuf; des préparatifs s'ébauchaient en Afrique et en France, où l'on transformait hâtivement des batteries à pied en batteries montées. La guerre semblait inévitable, et M. de Moustier l'admettait dans un télégramme à M. Benedetti. Tout indiquait qu'elle était préméditée en Allemagne[1]. A Londres, à Vienne, on se montrait bien disposé pour nous[2]. A Saint-Pétersbourg, l'attitude était louche. Si l'ambassadeur de Russie à Paris semblait encourageant, il n'en allait pas de même de celui de Berlin[3]. Le chancelier Gortschakoff ne s'intéressait qu'aux affaires orientales; d'ailleurs il n'avait pas oublié les sujets de mécontentement que nous avions donnés à la Russie depuis l'entrevue de Stuttgart.

Dans ces conditions, l'empereur maintenait ses intentions et M. de Moustier invitait M. Baudin à faire sanctionner les arrangements convenus (3 avril). Le comte de Zuylen allait céder, quand le comte Perponcher lui déclarait que le cabinet de Berlin verrait un cas de guerre dans la cession du Luxembourg. Cette sommation terminait l'affaire au point de vue de la Hollande. Elle se croyait menacée dans sa sécurité; déjà l'on disait des forces importantes concentrées sur ses frontières, les Prussiens tout prêts à nous attaquer en violant la neutralité hollandaise et belge[4].

Dès lors, les instances de M. Baudin furent inutiles; le roi de Hollande refusa de signer les arrangements pour lesquels il avait engagé sa parole. Notre échec était complet. Il restait à sortir de cette situation, qui semblait au premier abord sans issue. La guerre en était une, évidemment, mais

---

1. Dépêche de M. G. Rothan, sans date, citée par lui, 253; dépêches du 3 avril, *ibid.*, 443; du 6 avril, *ibid.*, 445.
2. Télégrammes de M. de Moustier à M. Benedetti, 28 mars et sans date, cités par M. G. Rothan, 255, note 1. L'Autriche proposait la cession du Luxembourg à la Belgique, qui nous eût rendu notre frontière de 1814 (Beust, II, 109).
3. Télégramme de M. Benedetti à M. de Moustier, 1er avril, cité par M. G. Rothan, 240; dépêches de M. de Moustier au baron de Talleyrand; 15 février et 2 avril, *ibid.*, 493, 497.
4. Dépêche de M. Rothan à M. de Moustier, sans date, reproduite par lui, 261. Il est à noter que M. de Bismarck prenait acte de la renonciation du roi de Hollande avant qu'elle eût été formulée (Télégramme de M. de Moustier à M. Benedetti, 3 avril, *ibid.*, 499).

nous n'y étions nullement préparés[1]. Après de cruelles hésitations, l'empereur, tout ulcéré qu'il fût des procédés de la Prusse, dut céder aux instances de ses ministres, unanimes à lui conseiller la paix. Mais c'était avec l'intention de prendre avant peu sa revanche. En attendant, il fallait trouver une solution qui ne lésât pas trop l'amour-propre national, déjà si profondément atteint. Une circulaire de M. de Bismarck, envoyée après le 1er avril, mettait Napoléon III en cause de la façon la plus désobligeante ; elle semblait viser à l'isoler du pays, ainsi que son entourage ; elle faisait allusion aux partis hostiles qui l'entraînaient à la guerre par haine de la dynastie. Par contre, elle vantait la sagesse, les sentiments pacifiques de la Prusse ; le ministre du roi Guillaume se refusait à croire que l'empereur pût porter atteinte au sentiment national allemand, pour le plaisir d'annexer un petit pays sans importance. Tout, dans cette circulaire, était irritant au plus haut degré[2].

Elle produisit en France l'effet attendu par M. de Bismarck, mais sans entraîner les conséquences sur lesquelles il comptait probablement. M. de Moustier écrivait le 6 avril : « La blessure reçue ici... est profonde et la confiance dans les intentions de M. de Bismarck d'autant plus ébranlée, qu'on arrive difficilement à s'expliquer autrement sa conduite que par un piège tendu à notre bonne foi. Nous avons été bien près de la guerre ; des inspirations plus modérées ont heureusement prévalu... Si M. de Bismarck a cherché une occasion préméditée de conflit, il ne la trouvera pas[3]. »

Avec raison, M. de Moustier maintenait les engagements du roi des Pays-Bas, sauf à laisser en suspens le traité de cession[4]. Mais il soumettait aux puissances signataires du traité de 1839 la question de savoir si la Prusse avait le droit

---

1. De Wimpffen, *Sedan*, 64 ; G. Rothan, 263-276. — *Enquête sur les actes du gouvernement de la défense nationale*, Dépositions des témoins, I, Thiers, 11 ; Trochu, *L'armée française en 1867*, 286 ; Lebrun, *Souvenirs militaires, 1866-1870*, 28 ; *Vie militaire du général Ducrot*, II, 147-181.
2. G. Rothan, 268.
3. Dépêche reproduite par M. G. Rothan, 270.
4. Dépêche à M. Baudin, 5 avril, citée par M. G. Rothan, 271, note 1.

de tenir garnison dans Luxembourg. Du même coup la situation se retournait entièrement. La France n'était plus en cause vis-à-vis de l'Europe, mais bien la Prusse, réduite à défendre ses droits. Naturellement, la tension restait grande entre elle et nous. MM. de Bismarck et Benedetti échangeaient des billets dont le ton n'avait rien d'amical[1]. De Paris on en était réduit à prier notre ambassadeur de s'effacer, de jouer un rôle muet, surtout pour ce qui touchait le Luxembourg.

M. de Bismarck montrait bientôt qu'il savait plier sa politique aux circonstances, ou, peut-être, qu'il avait ses heures d'incertitude et de doute[2]. Après des assurances tranquillisantes, il redevenait menaçant, sans doute sous la pression de l'opinion. Chacun autour de lui voulait la guerre, sachant que la Prusse était prête et que nous ne l'étions pas. « Aujourd'hui, disait Moltke, nous avons pour nous cinquante chances; d'ici à un an, nous n'en aurons plus que vingt-cinq. » Un ancien collaborateur de la *Vie de César*, le colonel prussien von Cohausen, venait trouver M. Rothan et le suppliait d'avertir l'empereur que sa perte était certaine s'il faisait la guerre à la Prusse. On préparait l'ordre de mobilisation des corps d'armée prussiens; le bruit se répandait que celui du Ve corps arriverait le 21 avril à Potsdam. M. de Bismarck faisait réorganiser la police militaire, et le roi admettait pleinement la possibilité d'une entrée en campagne[3]...

D'ailleurs, il ne paraissait nullement disposé à évacuer Luxembourg, ainsi qu'en témoignaient son discours du 17 avril, lors de la clôture du parlement, et un article du 25 dans l'officieuse *Gazette de l'Allemagne du Nord*. A Paris les attachés militaires allemands faisaient rafle de nos cartes d'état-major et en expédiaient des ballots en Allemagne,

---

1. Voir le texte cité par M. G. Rothan, 273-274, en note.
2. Confidences du baron Charles Mayer de Rothschild à M. G. Rothan, signalées par celui-ci, dépêche du 17 avril, Rothan, 299.
3. L. Schneider, I, 324. Voir aussi deux dépêches de M. Rothan, 16 et 22 avril, citées par lui, 441-447.

par l'entremise de banquiers prussiens. L'ambassade italienne, à laquelle nous ne cachions rien, leur faisait connaître tout ce qui se passait au ministère de la guerre ; leur espionnage était savamment organisé[1]. Il semblait que la guerre fût inévitable à bref délai. L'attitude de l'Europe allait en décider autrement.

---

1. G. Rothan, 348; 275, 297, 304

VI

FIN DE LA CRISE

L'Autriche et la Russie. — L'Angleterre. — Revirement de la Prusse. — Incertitudes. — La conférence de Londres. — Double jeu de la Prusse. — Le traité de neutralité. — Effet en France.

Nous n'avions d'appui moral qu'en Angleterre et en Autriche. Encore n'était-il pas d'abord très accusé. M. de Beust ne répondait pas aux avances de Berlin et de Munich. Mais il accueillait de même les nôtres[1]. Le comte von Tauffkirchen, envoyé extraordinaire bavarois, tentait vainement d'entraîner l'Autriche dans une alliance avec la Prusse et la Russie. M. de Beust revendiquait jalousement la liberté d'action de la monarchie austro-hongroise, même au risque de s'exposer au mécontentement de sa puissante voisine du Nord[2].

L'attitude de celle-ci restait au moins douteuse. Le chancelier Gortschakoff était sous l'influence du prince de Reuss, ambassadeur de Prusse, très bien vu à la cour et tenu par elle au courant de tout ce qui survenait à Paris. L'un des objectifs constants du chancelier résidait dans la suppression des clauses du traité de Paris qui limitaient les forces de la Russie dans la mer Noire. M. de Bismarck connaissait cette corde sensible, que déjà il avait fait vibrer après les conférences de Nikolsburg, quand il envoyait le général von Manteuffel à Saint-Pétersbourg.

Sous l'action de cette idée fixe, le prince Gortschakoff ne prêtait aucun intérêt à l'affaire du Luxembourg. Malgré les avances significatives faites par la France et l'Autriche[3], la

---

[1]. Dépêches de M. de Beust au prince de Metternich, 8 avril, citées par M. G. Rothan, 290.
[2]. G. Rothan, 335-339.
[3]. A l'occasion du soulèvement des Candiotes à l'automne de 1866, qui parut un instant rouvrir toute la question d'Orient (J. Klaczko, Deux chanceliers, *Revue des Deux-Mondes*, novembre 1875, 370-378).

Russie, qui avait eu les dernières années tant de raisons de déplorer notre politique, ne pouvait que rester fidèle à son amitié traditionnelle avec la Prusse. Aussi le chancelier opposait-il à nos instances des fins de non-recevoir où l'ironie se nuançait de ressentiment[1].

En Angleterre nous trouvions aisément plus de sympathies. Le gouvernement se prononçait dès le premier abord, avec la plus grande netteté, en faveur de la paix. Vis-à-vis du roi de Prusse, lord Loftus l'exprimait avec une franchise peu ordinaire aux diplomates[2]. Cette attitude, celle de l'Autriche, les conseils amicaux de la Russie qu'apportait M. d'Oubril ne furent pas sans influer sur le roi Guillaume et M. de Bismarck. Du moins on peut le croire. En outre, nous l'avons dit : à certains égards, le moment de faire la guerre à la France semblait mal choisi au futur chancelier. L'Allemagne du Sud hésitait entre sa haine contre nous et ses ressentiments contre la Prusse ; les populations annexées par celle-ci témoignaient d'une certaine hostilité. Enfin, ses forces militaires n'avaient pas encore atteint le niveau souhaité. M. de Bismarck avait compté que nous prendrions l'initiative de la guerre. Notre impassibilité sous tant de mauvais procédés dérangeait tous ses plans[3]. Un revirement inattendu se produisit. Le 25 avril, la *Gazette de l'Allemagne du Nord* publiait encore un article belliqueux et le roi Guillaume accueillait avec une impatience visible les observations de lord Loftus[4]. Le 26, M. de Bismarck com-

---

1. Voir notamment G. Rothan, 310-321 et 327-331 : dépêche de M. de Talleyrand à M. de Moustier, sans date ; dépêche de M. de Moustier à M. de Talleyrand, 8 février ; lettre de M. de Talleyrand, sans date ; dépêche de M. de Moustier, sans date.
2. G. Rothan, 321-322 ; 342-347 : « Je sais ce qui s'est passé, disait la reine d'Angleterre au prince de la Tour d'Auvergne. M. de Bismarck, bien qu'il le nie aujourd'hui, vous a lui-même encouragés à réclamer le Luxembourg ; je sais aussi que l'empereur se borne à demander l'évacuation de la forteresse, et j'ai dit au roi Guillaume nettement toute ma pensée à cet égard. » Voir aussi Malmesbury, 256, dépêche de lord Stanley, 23 avril 1867.
3. G. Rothan, 294. Voir *supra*, p. 121, 133.
4. Dépêche de M. Benedetti, citée par M. G. Rothan, 347. Elle est en contradiction, au sujet des idées du roi, avec celle de M. G. Rothan, 25 avril 1867, *ibid.*, 453.

muniquait à M. d'Oubril le consentement de la Prusse à l'ouverture de négociations sur la base de la neutralité du Luxembourg, ce qui impliquait l'évacuation[1]. Il disait à M. Benedetti : « On a fait ici, et l'on voudrait faire encore bien des bêtises ». C'était sans doute un aveu et une justification, après tant de procédés blessants. Peut-être aussi y avait-il une part de vérité dans ces mots de M. de Bismarck? Les journaux influents, la *Gazette de l'Allemagne du Nord,* la *Réforme,* la *Gazette de la Croix,* continuaient de montrer une très grande hostilité. On parlait ouvertement à Berlin d'annexer l'Alsace, la Lorraine, la Hollande. On nous accusait de faire d'immenses préparatifs, de vouloir la guerre à tout prix et, en France, une fraction des partis opposants se laissait tromper par ce grossier mensonge[2].

L'entourage militaire du roi était tout pour la guerre; Guillaume Ier lui-même ne s'en montrait nullement éloigné[3]. Sans doute les courants pacifique et belliqueux luttaient d'influence, sans qu'on sût toujours lequel l'emporterait finalement. Il y avait contradiction entre le langage de la cour ou des journaux et celui de M. de Bismarck; entre celui de M. de Goltz à Paris et du comte von Bernstorff à Londres. Ce dernier assurait encore que la Prusse n'évacuerait en aucun cas Luxembourg. Le roi exprimait au ministre de Suisse l'espoir que la paix ne serait pas troublée; le même jour, le prince royal déclarait la guerre inévitable et une baisse énorme en résultait sur tous les marchés de l'Europe[4].

Un nouveau revirement se produisit dans la presse officieuse, avec la même brusquerie. Elle devint pacifique, sous prétexte que la France avait changé d'attitude, ce qui était absolument faux[5]. Cette fois encore, la détente était com-

---

1. G. Rothan, 350. Vers le 12 avril, il refusait encore l'évacuation (Dépêche du comte Apponyi, sans date, citée par M. G. Rothan, 325).
2. Voir la démarche au moins inconsidérée de M. Garnier-Pagès à Berlin en avril 1867 (G. Rothan, 359).
3. Voir *suprà,* p. 129, 134.
4. G. Rothan, 351-367.
5. Dépêche de M. G. Rothan, 30 avril, *ibid.,* 457.

plète ; les puissances secondaires, Danemark, Portugal, Espagne, Belgique et Italie, sollicitaient d'être admises aux prochaines négociations. L'Italie s'était bornée à des démarches platoniques, tant qu'elle nous avait sus en danger. Ses sympathies allaient plutôt à la Prusse. Elle méditait alors l'invasion des États pontificaux qui devait la conduire à Mentana[1]. M. de Bismarck ne se souciait pas de l'admettre à la conférence ; l'empereur, toujours rempli d'illusions sur la reconnaissance italienne, insista en sens contraire et l'emporta[2]. Les négociations s'ouvraient à Londres le 7 mai, malgré la mauvaise volonté constante de la diplomatie prussienne qui, jusqu'au dernier moment, cherchait à les entraver. M. de Bismarck affectait de croire à nos intentions belliqueuses, alors que nous nous bornions à des préparatifs de défense, malheureusement indispensables. Il allait jusqu'à télégraphier *en clair* au comte de Goltz : « Le baron de Werther m'écrit de Vienne que le duc de Gramont reconnaît lui-même, contrairement aux assurances de son gouvernement, que les achats de chevaux en Hongrie pour le compte de la France ne discontinuent pas[3]. » Et M. de Moustier, piqué au vif, ripostait par une dépêche, également en clair, adressée à M. Benedetti : « Je sais que le gouvernement prussien, contrairement aux assurances de M. de Bismarck, poursuit ses mesures militaires de tout genre sur la plus vaste échelle et qu'il fait acheter des chevaux de tous côtés, en Hongrie, en Pologne et même en Irlande[4]. » En réalité, les préparatifs des Prussiens étaient beaucoup plus sérieux que les nôtres, malgré l'impulsion apportée par le maréchal Niel. Chez eux, tout était prêt en vue d'une mobilisation subite : des affiches apposées dans la Confédération du Nord invitaient les réservistes à rejoindre leurs corps au premier

---

1. Dépêche de M. G. Rothan, 3 mai 1867, reproduite par lui, 369 ; lettres du baron de Malaret, 21 et 23 avril, *ibid.*, 369-370.
2. Lettre de M. Benedetti, sans date, citée par M. G. Rothan, 368. Voir aussi 369-372.
3. *Papiers et correspondance*, I, 237.
4. Dépêche du 7 mai, minuit 40, *ibid.*

signal. Les places fortes étaient approvisionnées et leurs garnisons complétées [1].

Au milieu de cette situation si tendue, le comte de Goltz continuait son double jeu. A Paris, il rassurait l'empereur et protestait contre le bruit ridicule qui se faisait à Berlin au sujet de nos armements. A Berlin, il attisait l'incendie par des rapports exagérés ou mensongers. L'effet était tel qu'on peut le croire. On annonçait encore la mobilisation de l'armée prussienne le 11 mai, alors que le traité de neutralité venait d'être signé.

Cette fois, le changement fut de nouveau immédiat. Chacun devint pacifique [2]. Des journaux, la veille affirmant leur hostilité contre la France sans le moindre déguisement, vantaient maintenant sa modération, son désintéressement. On célébrait bruyamment l'exposition universelle ouverte sous de si funèbres auspices ; le roi Guillaume se préparait à partir pour Paris avec M. de Bismarck et le général de Moltke. L'affaire du Luxembourg était terminée, du moins pour l'instant.

Le 14 mai, M. de Moustier communiquait aux Chambres les résultats de la conférence de Londres : la neutralité du grand-duché était proclamée et mise sous la garde des puissances contractantes ; il demeurait sous la souveraineté du roi des Pays-Bas ; le gouvernement prussien s'engageait à évacuer la forteresse après l'échange des ratifications, sans qu'aucune date lui fût fixée ; le roi des Pays-Bas se chargeait de la démanteler ; les liens existant entre le Zollverein et le grand-duché restaient intacts.

Cette communication fut accueillie par un silence glacial. « Les partisans de la guerre étaient indignés, ceux de la paix consternés et les officieux... réduits au silence [3]. » Pourtant, la faute commise en engageant mal à propos les négocia-

---

1. Dépêche de M. G. Rothan, sans date, citée par lui, 386-387. M. de Bismarck disait à l'ambassadeur d'Autriche que l'armée serait mobilisée le jour même, si l'on n'était dûment rassuré au sujet de nos intentions (Dépêche de M. Benedetti, sans date, *ibid.*, 389).
2. Dépêche de M. Rothan, 20 mai, citée par lui, 465.
3. G. Rothan, 408 ; *Moniteur universel* du 15 mai 1867.

tions pour l'achat du Luxembourg avait été habilement réparée. Nous sortions d'une façon inespérée de l'impasse où nous avaient engagés les illusions persistantes de l'empereur, les maladresses de sa diplomatie, la fatale direction imprimée à notre machine militaire. Après avoir manqué de la plus vulgaire prévoyance en 1866, nous avions poussé en 1867 la confiance, on pourrait dire la naïveté, au delà de toute limite. Ces fautes ne nous empêchaient pas d'infliger à la politique prussienne un échec indéniable. Malgré des provocations systématiques, la Prusse n'était pas parvenue à nous entraîner dans une guerre très probablement désastreuse ; si elle réussissait à nous empêcher d'acquérir le Luxembourg, elle se voyait contrainte de l'évacuer devant l'entente pacifique des puissances européennes. La seule compensation, et elle était sérieuse, consistait dans l'impulsion plus rapide donnée à l'unification de l'Allemagne[1]. Sous l'influence des craintes d'une guerre contre l'*Erbfeind,* l'ennemi héréditaire, elle avait fait des progrès indéniables.

Quoi qu'il en soit, l'affaire du Luxembourg laissait derrière elle une suite de rancunes inoubliables et de haines tenaces. Si le gouvernement impérial ne pouvait oublier l'insigne fourberie de M. de Bismarck, celui-ci savait qu'à la première occasion il aurait à défendre son œuvre contre nos armées. Plus encore que 1866, 1867 préparait 1870.

---

1. Voir notamment la dépêche de M. G. Rothan, 9 mai 1867, au sujet de la convention militaire avec la Hesse-Darmstadt, G. Rothan, 480.

VII

APRÈS LA CRISE

L'Exposition. — Guillaume Ier et Alexandre II à Paris. — La question du Schleswig. — L'Autriche et la France. — Entrevue de Salzbourg. — Circulaire du 7 septembre. — Son effet en France.

La crise terminée, l'attitude de la Prusse changeait assez brusquement pour causer de l'étonnement et même du scandale en Allemagne. Mais ce changement n'était qu'apparent. La veille de son départ pour Paris, M. de Bismarck signait la convention qui créait un parlement douanier pour le Zollverein, nouvelle violation du traité de Prague.

De notre côté, il se manifestait une certaine tendance à accepter l'unité allemande comme un fait accompli[1]. Le gouvernement impérial était tout à l'Exposition universelle. Fêtes, revues, bals, représentations de gala se succédaient, donnant l'impression d'une immense apothéose destinée à faire ressortir la richesse et la puissance de la France. Mais ce somptueux décor cachait mal de trop nombreuses causes de faiblesse.

Après de longues et significatives hésitations, le roi de Prusse s'était décidé à venir à Paris en même temps que l'empereur de Russie. Il fut très goûté aux Tuileries, malgré la fâcheuse évocation de certains souvenirs[2]. Quant à Alexandre II, il prit moins de peine pour dissimuler ses antipathies. En outre, l'attentat de Berezowski et l'insulte qu'il essuya au Palais de Justice étaient pour lui laisser de pénibles impressions. Le chancelier Gortschakoff l'accompagnait. Il crut devoir affirmer à M. de Moustier que M. de Bismarck

---

1. G. Rothan, Les relations de la France et de la Prusse de 1867 à 1870. Revue des Deux-Mondes, janvier 1886, 43-45; dépêche de M. G. Rothan, 4 juin 1867, L'affaire du Luxembourg, 468.
2. A deux reprises, il rappela les souvenirs de 1814 devant M. Haussmann, notamment lors de sa visite des hauteurs de Montmartre avec M. de Moltke (De Baillehache, Souvenirs intimes d'un lancier de la garde impériale, 86-87).

était « loin de désirer » l'unité allemande. Au sujet de la question d'Orient, leurs conversations aboutirent à de vagues constatations d'entente, résumées dans un *pro memoriâ*. En somme, l'entrevue des trois souverains ne justifiait pas, de bien loin, les espérances qu'elle avait suscitées[1].

A peine le roi de Prusse de retour dans ses États, les difficultés semblaient renaître. Le travail d'assimilation des pays annexés était pénible. « Des manifestations hostiles se produisaient partout, passives ou turbulentes... » Le Hanovre, la Hesse, le Nassau, Francfort frémissaient encore. M. de Bismarck tenait les cours du Sud par la menace de la dénonciation du Zollverein. Mais une partie d'entre elles comptaient sur l'union de l'Autriche et de la France pour les tirer de leur sujétion commençante[2]. Des relations de famille permettaient à la Russie d'influer sur le Wurtemberg dans le sens prussien. Le grand-duché de Bade était déjà tout à la Prusse. La Hesse-Darmstadt se montrait moins résignée, et son premier ministre allait, dans ses heures d'expansion, jusqu'à invoquer l'aide des « pantalons rouges ». En Bavière, le prince de Hohenlohe basait sa politique sur l'appui de la Prusse, mais il avait à lutter contre l'opposition d'une importante fraction du pays[3].

Pourtant, ces résistances à l'unification de l'Allemagne étaient plus bruyantes que réelles. La crainte d'une guerre avec la France suffisait à les faire disparaître peu à peu[4]. Nos relations avec la Prusse reprenaient vite leur caractère d'hostilité voilée. Nous demandions la rétrocession du Schleswig au Danemark par application de l'article 5 du traité de Prague. La Prusse y mettait des conditions léoni-

---

1. G. Rothan, *Les relations de la France et de la Prusse*, 58-62 ; dépêche de M. G. Rothan, 20 juin, reproduite par lui, *L'affaire du Luxembourg*, 472 ; *Le dernier des Napoléon*, 233.
2. G. Rothan, *Les relations de la France et de la Prusse*, 370-373 ; dépêches des 30 juin et 10 juillet 1867, reproduites par lui, *L'affaire du Luxembourg*, 475.
3. G. Rothan, dépêches des 27 novembre 1866 et 28 avril 1867, *L'affaire du Luxembourg*, 429, 455.
4. Dépêche de M. G. Rothan, 9 mai 1867, *L'affaire du Luxembourg*, 460-462.

nes, affectant de considérer nos demandes comme une menace, bien qu'elles fussent présentées avec les plus grands ménagements. L'un de ses agents diplomatiques, M. von Thile, y trouvait même l'occasion de montrer une mauvaise foi, dont son chef, M. de Bismarck, lui avait donné maints exemples. Sur sa demande, M. Lefebvre de Béhaine, notre chargé d'affaires, lui laissait prendre connaissance d'une dépêche confidentielle. Le gouvernement prussien prétendait ensuite avoir reçu une communication officielle, sous la forme comminatoire de la lecture d'une note. M. de Moustier jugeait prudent de battre en retraite, comme au mois d'avril[1]. Mieux eût valu ne pas s'exposer à ce nouvel échec.

Nous avons dit les tentatives de M. de Bismarck pour se concilier l'Autriche après la guerre de 1866. Contre ce qu'il espérait, la mort du malheureux Maximilien n'entraîna aucun refroidissement entre François-Joseph et Napoléon. Leurs rapports restèrent même excellents. Dès juillet 1867, on pouvait prévoir qu'en cas de guerre avec la Prusse, les sympathies autrichiennes nous seraient acquises. Elles iraient même, au besoin, jusqu'à une pression diplomatique sur les cours allemandes du Midi, peut-être jusqu'à la concentration d'une armée d'observation en Bohême ou en Silésie. Mais on attendrait un succès marqué pour faire plus[2].

Cette bonne entente avec l'Autriche s'affirma par l'entrevue de Salzbourg, 18 août 1867. Bien qu'elle n'aboutît à aucun résultat positif, on la voyait avec inquiétude à Berlin, à Saint-Pétersbourg. On la considérait comme une provocation déguisée. Après avoir affecté l'indifférence, M. de Bismarck réclamait à Vienne et à Paris des assurances pacifiques, aussitôt accordées[3]. Le discours du roi à l'ouverture du premier Reichstag de la Confédération du Nord était incolore, mais le chancelier le faisait suivre d'une circulaire (7 septembre) affirmant le droit de l'Allemagne à son unité,

---

1. G. Rothan, *Les relations de la France et de la Prusse*, 389-395.
2. Dépêche de M. G. Rothan, juillet 1867, *L'affaire du Luxembourg*, 477, d'après les confidences de M. Anselme de Rothschild, de Vienne.
3. G. Rothan, *Les relations*, 534-540 ; E. Simon, *Histoire du prince de Bismarck*, 285.

en dépit des préliminaires de Nikolsburg. Elle eut en France un fâcheux retentissement. On y vit ce qu'elle était sans doute, une réponse à l'entrevue de Salzbourg et une sommation aux cours du Midi de hâter leurs armements. C'était aussi un gage donné aux passions allemandes [1].

Le gouvernement français affecta de demeurer insensible à cette nouvelle provocation : « ...La nature des choses, écrivait M. Rouher à l'empereur, nous condamne à une politique d'expectative consacrée à fortifier le courage des gouvernements des États du Sud, à nous organiser militairement, à préparer nos alliances, et destinée à prendre ultérieurement conseil de la situation générale de l'Europe, soit pour consolider la paix, soit pour engager un duel redoutable avec la Prusse, soit pour prendre résolument autour de nous des compensations nécessaires [2]. »

---

1. G. Rothan, *Les relations*, 542-543. M. de Bismarck était chancelier de la Confédération depuis le 18 juillet 1867. La circulaire du 7 septembre fut livrée à la publicité par une indiscrétion calculée (*Les relations*, II, 400). « La circulaire Bismarck produit la plus désagréable impression... M. de Bismarck se sert du nom de la France vis-à-vis de ses confédérés, comme on se sert du nom de Croquemitaine vis-à-vis des enfants » (*Papiers et correspondance*, II, 234, lettre de M. Rouher à l'empereur, 24 septembre 1867).

2. *Papiers et correspondance*, 27 septembre 1867, I, 374.

VIII

MENTANA

L'Italie et Rome. — Mission du général Dumont — Mentana. — Effet à l'étranger et en France.

Notre politique étrangère rencontrait des difficultés sur un autre théâtre. En Italie, les aspirations nationales se faisaient libre jour depuis 1866; dans la conviction de chacun, Florence ne constituait qu'une halte sur la voie de l'unité nationale. Le mot d'ordre était *Rome capitale*. La diplomatie française n'en cachait rien à l'empereur, mais celui-ci fermait volontairement les yeux, fidèle au faible excessif qu'il avait toujours nourri pour l'Italie, dès sa première jeunesse[1].

L'affaire du Luxembourg surexcita les passions des Italiens; ils crurent à l'imminence d'une guerre qui leur permettrait de s'annexer les États romains. Garibaldi rentrait en scène (avril 1867), escomptant nos défaites. La mission du général Dumont à Rome, où il devait inspecter la légion d'Antibes, donnait lieu à des difficultés avec le cabinet de Florence. Nous n'en sortîmes pas à notre avantage. Le général fut rappelé et notre ambassadeur, baron de Malaret, partit en congé indéfini. Le président du conseil, M. Rattazzi, affectait d'ignorer les menées de Garibaldi et de Mazzini, tous deux en relations louches avec M. de Bismarck, par l'intermédiaire de l'ambassadeur de Prusse, comte d'Usedom, et tous deux hostiles à la France impériale : « Je déteste l'empire et la suprématie que la France s'arroge sur l'Europe. Je crois que l'alliance de l'Italie avec la France contre la Prusse, dont les victoires nous ont donné la Vénétie, serait un crime qui imprime-

---

[1]. Voir *suprà*, p. 24 et *passim*.

rait une tache ineffaçable à notre jeune drapeau », écrivait Mazzini[1].

L'invasion des États pontificaux se produisit en octobre, à point nommé pour la politique prussienne. C'était un cuisant embarras pour la France, obligée de détourner son attention de l'Allemagne et de courir les risques d'une rupture avec l'Italie. M. de Bismarck y gagnait d'avoir ses coudées franches et d'arracher aux deux grands États du Sud, Bavière et Wurtemberg, la sanction des traités d'alliance souscrits en 1866 dans une heure d'affolement[2].

L'empereur intervint à Mentana, malgré lui, sous la pression de son entourage et des ministres[3]. M. de Bismarck n'eut garde de gêner cette action, qui cadrait si bien avec les intérêts de l'Allemagne et qu'il avait au contraire provoquée sous main[4]. Peut-être aussi craignait-il de s'aliéner les catholiques au moment où il entretenait d'importantes négociations avec les États du Sud ?

Le rapport du général de Failly sur le combat de Mentana reçut une publicité pour laquelle il n'était pas fait. S'il souleva l'indignation des libéraux en France et en Europe, il ne fut pas sans conséquences favorables. En Allemagne, dès juillet 1867, on était convaincu que l'empire marchait à une catastrophe, que Napoléon III ne maîtrisait plus la

---

1. Note du 17 novembre 1867 à M. d'Usedom. G. Rothan, Les relations de la France et de la Prusse, *Revue des Deux-Mondes*, janvier 1886 et suiv., 772-782 ; voir Malmesbury, 359.

2. G. Rothan, Les relations, *Revue des Deux-Mondes*, novembre-décembre 1886, 56-59.

3. M. Rouher regrettait presque l'abstention première de Garibaldi : « Il serait plus utile à notre politique que nous eussions l'occasion immédiate d'assurer l'intégrité des États pontificaux sur de nouvelles bases. Sinon la crise pourrait éclater dans des circonstances inopportunes et gênantes pour nos bons rapports avec l'Italie » (*Papiers et correspondance*, II, 234, à la date du 24 septembre).

4. G. Rothan, Les relations, ibid., 69-289. — Il avait cherché par un de ses agents secrets, M. Bernardi, à pousser le gouvernement italien à l'invasion des États pontificaux (G. Rothan, *La France et l'Italie*, 309). Il répondait aux doléances et aux sollicitations de M. Rattazzi « avec des paroles d'une correction décourageante », bien que M. d'Usedom eût une attitude exactement opposée (dépêche de M. de La Villestreux, chargé d'affaires à Florence, citée par M. G. Rothan, Les relations, *Revue des Deux-Mondes*, mai-juin 1886, 127).

situation[1]. On affectait de rabaisser notre armée, d'exalter les forces allemandes[2]. La preuve d'énergie donnée par le gouvernement impérial, bien qu'elle se fût traduite par un faible effort matériel, produisit un grand effet. L'un de nos agents écrivait : « Les balles de nos chassepots ont fait ricochet en Allemagne[3] ». Bien plus, au lieu de nous éloigner de l'Italie officielle, Mentana nous en rapprocha. Le résultat final fut même une sorte de réconciliation entre elle et l'Autriche et, par notre intermédiaire. Ces deux puissances prirent l'engagement réciproque de ne rien faire à l'extérieur, sans s'être averties au préalable[4]. Si près de Custozza, ce résultat était au moins inattendu.

---

1. Dépêche de M. G. Rothan, 10 juillet 1867, *L'affaire du Luxembourg*, 476 ; Les relations, *Revue des Deux-Mondes*, novembre-décembre 1886, 64.
2. Dépêche de M. G. Rothan, 15 juillet, *L'affaire du Luxembourg*, 480 ; *Les relations*, 67.
3. G. Rothan, Les relations, *Revue des Deux-Mondes*, mai-juin 1886, 438.
4. G. Rothan, *La France et l'Italie*, 312-314.

IX

LES IDÉES EN FRANCE

Les avertissements du général Ducrot. — Nos rapports avec la Prusse.
La situation en France.

Bien que la masse de la nation nourrît encore les pires illusions au sujet de nos forces, les avertissements ne manquaient pas autour de l'empereur. Le général Ducrot, qui commandait à Strasbourg, ne cessait de signaler les préparatifs des Allemands, la certitude d'une guerre prochaine, l'infériorité de notre organisation. Le 24 janvier 1867, il mentionne pour la deuxième fois, après le préfet du Bas-Rhin et le colonel de gendarmerie, la circulation incessante de nombreux agents prussiens dans nos départements frontières. Le 26 février, il montre les Allemands pouvant mettre en ligne, dès aujourd'hui, 800,000 hommes et 1,200 bouches à feu. « ...Nous avons une vanité, une présomption qui nous perdra, ou tout au moins nous coûtera fort cher. » Le colonel qui commande à Landau vient à Strasbourg et présente à Ducrot plusieurs officiers. Comme le général se félicite du calme qui a succédé aux agitations de 1866, il répond à voix haute : « Ah ! oui, sans doute, Monsieur le Général, le calme est à la surface ; mais c'est le calme précurseur des orages et il n'est pas permis d'espérer qu'il soit de longue durée[1] ! »

Un autre observateur écrit le 11 mai : « ...Les procédés courtois vont succéder maintenant aux menaces ; mais les visites royales et les propositions du comte de Bismarck ne sauraient plus nous faire oublier... que le roi Guillaume peut... jeter sur nos frontières en neuf jours de temps, mon-

---

1. *Vie militaire du général Ducrot*, II, 147-162, lettres de Ducrot à son frère, au général Faure, à son frère.

tre en main, à l'heure voulue, 250,000 hommes effectifs sans devoir attendre tous les effets de la mobilisation qui, quelques jours après, ajoutera à cette avant-garde formidable pour le moins 600,000 combattants[1]. » Le 19 septembre, Ducrot montre au général Frossard, dont il connaît les relations personnelles avec l'empereur, la guerre inévitable et indispensable; les États du Sud si bien inféodés à la Prusse dans dix-huit mois ou deux ans qu'on ne pourra les en détacher. « ... Mon cœur déborde, ajoute le général... Je vois notre pays si menacé dans sa grandeur et sa sécurité, le prestige du gouvernement de l'empereur si fortement ébranlé qu'en vérité il y aurait lâcheté à garder le silence[2]. » D'autres avertissements viennent d'Allemagne. En septembre, c'est un journaliste de Francfort qui écrit : « La France a peur, cela saute aux yeux de tous ceux qui suivent la marche des événements. » Le 20 du même mois, le roi de Prusse passe à Rastadt la revue des troupes badoises qui combattaient contre lui l'année précédente[3]. Le changement d'attitude de M. de Bismarck est complet. Autrefois il semblait attacher un grand prix à l'amitié de la France; il paraît aujourd'hui disposé à agir librement vis-à-vis d'elle; il « n'hésite pas à lui déplaire », en se mettant à la traverse du projet de conférence pour la question romaine. La situation présente les plus grandes analogies avec ce qui se passait à Berlin dans les derniers mois précédant la guerre de 1866[4]. Les procédés conciliants n'ont aucune prise sur le ministre prussien, qui veut uniquement réaliser ses projets ambitieux. « Reste à savoir, écrit M. Rothan, si, malgré la transformation de notre régime extérieur, et ... notre effacement en Allemagne, M. de Bismarck se prêterait à une politique sincèrement pacifique et s'il ne chercherait pas à nous entraîner sur un autre terrain à la lutte dont il a besoin pour

---

1. Dépêche de M. G. Rothan, 11 mai 1867, *L'affaire du Luxembourg*, 409.
2. *Vie militaire du général Ducrot*, II, 19 septembre 1867.
3. Commandant de Chalus, *Wissembourg, Frœschwiller, retraite sur Châlons*, 215; *Le dernier des Napoléon*, 232.
4. Benedetti, 244, dépêche du 19 novembre 1867.

l'accomplissement de ses desseins[1]. » Quel langage pourrait être plus prophétique ?

Ainsi nous nous sentons menacés du dehors ; au dedans, les symptômes inquiétants se multiplient. Chacun, ami ou ennemi de l'empire, signale l'affaiblissement du principe d'autorité : « Tout est, dans ce temps-ci, à la débandade, faute de commandement », écrit Mérimée[2]. « ...Les nouvelles qui me viennent de Paris sont désolantes. Nous n'avons plus de gouvernement. Dans l'entourage de l'empereur, c'est une véritable anarchie : aucune entente entre les ministres, entre les membres de la famille impériale... Le mécontentement, la défiance, augmentent dans des proportions énormes et déjà commencent les agitations de la rue[3] ». M. de Persigny, à son tour, montre l'empire qui « semble crouler de toutes parts ». Il signale le « désarroi public... le trouble des esprits... l'anarchie morale... A quoi bon faire des plans d'amélioration pour une maison qui croule[4] ? »

De fait, il y a lutte dans l'entourage même de l'empereur, et lutte d'autant plus ardente qu'elle est mieux dissimulée. Libéraux et autoritaires se disputent l'influence ; le souverain flotte entre leurs tendances opposées. En général, les gens de son intimité sont favorables aux idées d'autorité. Ils désirent ardemment une guerre extérieure, au succès de laquelle ils croient aveuglément et dont ils attendent un heureux contre-coup à l'intérieur[5]. Une partie de la nation partage ces idées : « Les bourgeois voient la guerre avec horreur ; mais le peuple, et surtout dans les départements de l'Est, veut manger du Prussien[6] ». Le gouvernement sait très bien que la guerre est inévitable. « C'est une couleuvre qu'il faut avaler, a dit Niel à l'empereur, lors de nos conces-

---

1. G. Rothan, *L'affaire du Luxembourg*, rapport de septembre 1867, 490-492.
2. *Lettres à Panizzi*, 265 et suiv., 11 juillet 1867.
3. Lettre du général Ducrot à M. L. Rambourg, 9 novembre 1867, *Vie militaire du général Ducrot*, II, 196.
4. *Papiers et correspondance*, I, 12, lettre à l'empereur du 15 décembre 1867.
5. Lieutenant-colonel Roussel, I, 11.
6. Mérimée, *Lettres à Panizzi*, 265 et suiv., 16 avril 1867 ; ce que dit Mérimée des idées du peuple est très contestable, comme nous le verrons.

sions au sujet du Luxembourg ; mais il faut que ce soit la dernière[1]. » La Chambre est très peu disposée à voter une nouvelle loi sur le recrutement. En majorité, les députés, bien qu'attachés sérieusement à l'empire, sont « trop amoureux du bien-être[2] ». Aussi le projet du gouvernement va-t-il être amendé de la façon la plus fâcheuse, ce qui n'empêchera pas des protestations tumultueuses, notamment à Toulouse, où républicains et légitimistes seront d'accord pour déclarer la loi détestable[3].

Cette situation aggrave au dernier point les vices de notre organisme politique, tel que l'ont modelé la Révolution et l'Empire. La vie se retire toujours davantage des extrémités, tandis que le centre meurt de pléthore. Dans une lettre à l'empereur (février 1867), un ami fidèle, Octave Feuillet, ose signaler « l'état d'inertie mortelle » de la province ; la France entière devenue « le faubourg servile de Paris ». Dans les départements il y a une extrême « disette d'hommes ». La « vie provinciale est tellement réduite, tellement nulle, qu'elle ne peut plus ni former des intelligences, ni tremper des caractères[4] ». Quelle préparation aux orages prochains !

---

1. Propos répété par le maréchal à M. Camille Rousset en 1869 (C. Rousset, L'armée de Metz, *Revue des Deux-Mondes*, 15 juillet 1892).
2. Mérimée, *Lettres à Panizzi*, 28 mars 1867 ; *Considérations sur l'histoire du second empire* (attribué à M. de Parieu), 32.
3. Mérimée, *Lettres à Panizzi*, 19 mars 1868.
4. Mme Octave Feuillet, *Souvenirs et correspondance*, 30. L'empereur fit une réponse banale, 24 février 1867 (*Ibid.*, 32).

X

RÉORGANISATION DE L'ARMÉE

Les campagnes de Crimée et d'Italie. — Excès de centralisation. — Conflit d'idées. — La loi de 1832. — La loi de 1855. — Les effectifs moyens. — Le projet Randon. — Le maréchal Niel. — La grande commission. — Le premier projet. — L'opposition. — Le Corps législatif. — Les illusions. — La gauche. — Le Sénat. — La loi de 1868. — L'accueil du pays. — Le maréchal Le Bœuf. — La garde mobile.

« La guerre de Crimée, dans la mesure qu'elle comportait comme guerre de siège, la campagne d'Italie dans une mesure plus étendue, nous ont montré les opérations militaires livrées à un décousu qui a été quelquefois jusqu'au désordre. Tous, nous en avons été frappés, et tous nous en avons aperçu le danger. Nous avons eu à regretter l'insuffisance de certains moyens nécessaires, la surabondance de quelques autres... moins importants, des secousses, l'emploi fréquent des expédients, dans une confusion qui exprimait clairement que la *préparation* n'avait pas été mûrie. En même temps nous avons compris que le succès... eût été moins disputé, peut-être plus décisif... si nos troupes avaient combattu avec autant d'ordre et de méthode qu'elles avaient montré d'élan[1]. »

Ces paroles du général Trochu résument les principaux défauts de notre organisation, tels que les avaient révélés nos guerres récentes. Mais le voile du succès les dissimulait à la foule. Jusqu'à Sadowa, la confiance restait entière : «... Les assemblées délibérantes avaient entendu, le public avait lu, sur ce thème, les plus répétées et les plus brillantes affirmations. Si... quelques-uns en contestaient la complète réalité, ils rencontraient l'incrédulité, le dédain, quelquefois l'indi-

---

[1]. Trochu, *L'armée française en 1867*, 8ᵉ édition, 3 ; lettre du maréchal Saint-Arnaud à l'empereur, 26 mai 1854 ; lettres de l'empereur, 15 et 29 mai 1859 (*Dossier de la guerre de 1870*, 2 et suiv.).

gnation[1] ». De la prestigieuse épopée du premier empire, nous n'avions retenu que les dates brillantes, attribuant les défaites finales à la trahison, à la lassitude des lieutenants de Napoléon. Les journaux, les discours prononcés en des occasions solennelles fourmillaient d'affirmations du genre de celle-ci : « Là où est le soldat français, là est la victoire[2]. »

Pourtant, que de causes de frottement et d'usure dans cette immense machine qu'est l'armée de 1867 ! Elle périt de l'excès de centralisation. Tout, du plus petit au plus grand, converge au ministère de la guerre, obligé de statuer sur tout, de se perdre dans les détails les plus infimes. Selon le mot de Bugeaud : « Celui qui doit mener la voiture la tire. » « Aucun des dépositaires du pouvoir... ne veut engager sa responsabilité. Tous perdent ainsi l'habitude de statuer et bientôt celle d'étudier les affaires[3]... » A cet excès de centralisation ne correspond même pas l'unité de commandement : « Il y a en réalité à Paris deux ministères de la guerre, l'un rue Saint-Dominique, l'autre au Louvre ; l'un qui agit et travaille, l'autre qui blâme et désorganise... Tous les mécontents aboutissent au Louvre[4]. »

Après Sadowa, beaucoup comprennent la nécessité de réagir : « Nous nous sommes endormis dans la satisfaction de nous-mêmes, dit le général Trochu en 1867 ; nous nous sommes détournés du travail, négligeant les efforts, les recherches, les comparaisons qui créent le progrès. Mettons-nous résolument à l'œuvre[5] ». Mais ces idées rencontrent des contradicteurs, parmi lesquels le ministre de la guerre, maréchal Randon. Dans un mémoire d'avril 1867, il conclut à l'inutilité d'une réorganisation : « Nous avons quelquefois une disposition à nous élever au-dessus des autres nations. Ce n'est pas un motif pour devenir plus modestes que de raison. Quoi ! une nation comme la France qui, en quelques

---

1. Trochu, *ibid*.
2. Trochu, *ibid*., 20, 232.
3. Trochu, 37.
4. Note du ministre d'État Rouher pour l'empereur, 15 octobre 1867, *Papiers et correspondance*, 1, 145.
5. Trochu, 286.

semaines, peut réunir sous les drapeaux 600,000 soldats, qui a dans ses arsenaux 8,000 pièces de canon de campagne, 1,800,000 fusils et de la poudre pour faire dix ans la guerre, ne serait pas toujours prête à soutenir, par les armes, son honneur compromis ou son droit méconnu[1]?... »

C'est de la lutte entre ces idées si complètement opposées que devait sortir la réorganisation militaire tentée en France de 1866 à 1868. Il n'est pas surprenant qu'elle ait abouti à de médiocres résultats. Ni dans l'armée, ni au dehors, l'opinion n'était faite sur les réformes indispensables.

Sous le régime de la loi de 1832, la durée du service était de sept ans, pour un contingent fixé chaque année par les Chambres et divisé en deux portions, la première incorporée en raison des crédits budgétaires, la deuxième formant réserve et pouvant être appelée à l'activité par une simple ordonnance du roi. En outre, le ministre avait le droit de la convoquer pour des exercices. Chaque appelé était autorisé à se faire remplacer, mais en restant responsable de son remplaçant. S'il venait à déserter, le remplacé devait prendre immédiatement sa place.

Cette loi donnait un effectif de guerre évalué à 500,000 hommes. On atteignit même 502,000 hommes en 1848[2]. Mais elle présentait un vice capital : l'insuffisance numérique des réserves et l'impossibilité presque absolue de les instruire. Les crédits budgétaires, toujours insuffisants, ne permettaient que des appels irréguliers, sinon nuls. Près de 300,000 hommes pouvaient être subitement jetés sous les drapeaux, sans qu'ils eussent reçu apparence d'instruction.

On ne porta pas remède à ces défectuosités, ce qui eût été facile. Le 26 avril 1855, l'exonération était substituée au remplacement. Désormais, le jeune soldat se bornerait à verser dans la caisse de la Dotation de l'armée une somme variant selon les circonstances et destinée à constituer les

---

1. Randon, *Mémoires*, II, 240, mémoire sur la situation de l'armée en 1866; Lebrun, *Souvenirs militaires*, 21 et suiv.
2. Duc d'Aumale, *Les institutions militaires de la France*, cité par M. le lieutenant-colonel Rousset, I, 37.

primes attribuées aux rengagements de sept ans. En apparence, il n'y avait là qu'une différence de mots. C'était beaucoup plus en réalité. On faisait intervenir l'État dans un contrat d'une moralité douteuse, par lequel, en somme, un homme s'engageait à se faire tuer pour un autre. Il y avait d'autres inconvénients. En 1859, les rengagés furent au nombre de 13,713 contre 42,717 exonérés[1]. Il fallut que l'État se procurât des remplaçants administratifs, c'est-à-dire devînt, lui aussi, *marchand d'hommes*, à l'aide d'agences de remplacement. La morale publique ne pouvait qu'y perdre. En outre, l'armée s'encombrait de remplaçants âgés au détriment d'éléments jeunes et actifs[2]. Au 1er janvier 1870, leur nombre devait atteindre 69,163, circonstance d'autant plus fâcheuse qu'il rejaillissait sur eux une déconsidération générale, souvent trop justifiée. Comme l'a montré le général Trochu, le mot de Tavannes n'a jamais cessé d'être vrai : « Le commun des soldats nouveaux sont meilleurs que les vieux en France[3]. » De l'armée « vaillante, unie, leste, désintéressée, sobre, intelligente, nationale », qu'avait connue la France sous Louis-Philippe, pendant la deuxième république et les premières années du deuxième empire, il restait de nobles traditions, et la campagne d'Italie le fit voir. Mais elles allaient s'effaçant chaque jour[4].

---

1. Général Thoumas, *Les transformations de l'armée française*, I, 17, d'après le duc d'Aumale, *loc. cit.;* lieutenant-colonel Rousset, I, 37-38.
2. « Jamais loi ne donna des résultats plus contraires aux intentions de ses auteurs; elle peupla les corps de troupe de rengagés avec primes ou de remplaçants au corps et de vieux sous-officiers cherchant à atteindre de prime en prime l'âge de la retraite, c'est-à-dire de cadres usés et de soldats peu disposés à risquer, avec leur vie, l'avenir de bien-être que leur faisait entrevoir le capital amassé » (Thoumas, I, 23). « La loi de dotation qui nuit à l'avancement et menace de convertir notre armée en une armée de mercenaires... » (Lettre du général Fleury à Ducrot, 1er octobre 1866, *Vie militaire du général Ducrot*, II, 137). « La plupart (des sous-officiers) sont incapables de résister aux fatigues de la guerre » (Trochu, 51).
3. Trochu, 72. — Les compagnies de vétérans, au nombre de 300, en 1799, étaient réduites à 3 en 1866. La cause de cette diminution constante résidait dans l'affligeant exemple donné par ces vieux soldats aux populations et aux troupes.
4. Lieutenant-colonel Rousset, I, 38, d'après le duc d'Aumale, *Les institutions militaires de la France*, 169. — Dans la discussion de la loi de 1868 au Corps législatif, le maréchal Niel s'exprimait ainsi : « Ces dernières années, la

D'ailleurs, sous le régime de la loi de 1855, la faiblesse des crédits budgétaires aidant, les effectifs moyens décroissaient chaque année. De 480,000 hommes en 1860, on les voit tomber à 389,000 en 1866. En 1865, l'effectif moyen de 403,864 ne comporte plus que 144,066 appelés. Le reste sert comme officiers, engagés, rengagés, remplaçants ou commissionnés[1].

En 1828, le conseil supérieur de la guerre, par 13 voix contre 1, avait fixé à 400,000 hommes l'effectif de paix nécessaire pour donner une base solide à notre organisation. Nous étions loin de l'atteindre en 1866, surtout si l'on tient compte des non-valeurs, des troupes d'Afrique, du Mexique et de Rome. Il est vrai qu'il fallait y ajouter un nombre assez considérable de réservistes, mais à peine instruits. Depuis 1859, la 2ᵉ portion faisait cinq mois de service en deux ans, ce qui était loin de suffire pour son instruction.

Après Sadowa, l'empereur constata l'insuffisance de nos forces. Il projeta de nous donner 400,000 hommes de garde nationale mobile, mais en réduisant l'effectif de paix à 350,000 hommes. Les compagnies d'infanterie auraient compté 30 ou 40 hommes, chiffre entièrement inadmissible. Le maréchal Randon s'efforça d'en faire saisir le danger et, le 24 octobre 1866, il présentait un projet de réorganisation dont la disposition la plus saillante consistait à porter à neuf ans la durée du service, dont six ans sous les drapeaux[2]. De son côté, l'empereur n'était pas éloigné du service obligatoire,

---

première portion du contingent de chaque classe appelée sous les drapeaux n'a guère dépassé le chiffre de 23,000 hommes, tandis que le reste est demeuré dans la réserve » (Verly, *Souvenirs du second empire*, 277).

1. 1860. . . . . 480,000 hommes.
    1861. . . . . 469,000 —
    1862. . . . . 433,000 —
    1863. . . . . 421,000 —
    1864. . . . . 417,000 —
    1865. . . . . 403,000 —
    1866. . . . . 389,000 —

Effectif moyen annuel de 1865 : 403,864, dont 22,112 officiers, 58,624 engagés et rengagés sans prime; 112,889 avec prime; 53,117 remplaçants administratifs; 13,056 commissionnés.

(*Mémoires du maréchal Randon*, II, 182-183, rapport à l'empereur.)

2. Randon, II, 169-182.

mais pour une durée de sept ans, avec exonération permise au bout de trois années[1]. Le maréchal persistait dans ses objections trop justifiées contre la diminution de l'effectif de paix, dans sa proposition relative au service de neuf ans[2]. Celui-ci effrayait Napoléon III et ses conseillers. Le 29 décembre, après un entretien avec M. Rouher, l'empereur écrivait au maréchal : « La combinaison entraînant le service pour neuf ans, dans la réserve de l'armée, est impossible. » Quelques jours après, le 20 janvier 1867, il lui adressait un billet laconique : « Mon cher Maréchal, j'ai pris la résolution de vous remplacer au ministère de la guerre par le maréchal Niel. » Sa détermination, ajoutait-il, avait eu pour « principal motif » d'éviter, au ministre disgracié, « la pénible tâche de soutenir la discussion devant le Corps législatif[3] ».

En réalité, le maréchal Randon servait de victime expiatoire. Il subissait les conséquences de notre effacement forcé en 1866, sans en avoir été le seul auteur. Certes, sa responsabilité était engagée dans notre faiblesse matérielle, mais il y en avait d'autres. « ... L'empereur ne s'était jamais ému des événements qui s'accomplissaient et ne s'était jamais entretenu, avec son ministre de la guerre, de l'éventualité d'une mobilisation quelconque des troupes[4]. »

Dès les premiers jours de novembre 1866, le projet de loi avait été soumis à une « grande commission », dont faisaient partie la plupart des personnalités en évidence, soit dans l'armée, soit dans l'administration civile. La majorité conseillait de modifier légèrement la loi de recrutement et de donner à l'armée un fusil à tir rapide. Seuls le prince Napoléon et le général Trochu réclamèrent des changements radicaux et n'obtinrent pas le moindre succès. Le général fut même éliminé sans bruit. On s'abstint de le convoquer

---

1. Lettre du maréchal Randon, 2 octobre 1865 (Randon, II, 188).
2. Lettre à l'empereur, 10 décembre 1866 (Randon, II, 188-201).
3. Randon, II, 188-201.
4. Randon, II, 207. D'après le maréchal, II, 210-217, une série d'articles hostiles, parus dans le *Courrier français* au moment de sa chute, étaient dus à Vermorel, alors à la solde du ministre de l'intérieur et du cabinet de l'empereur, comme le montrent les *Papiers et correspondance*.

aux séances. C'est alors qu'il publia son livre célèbre, *L'Armée française en 1867*.

Le résultat fut ce qu'il pouvait être. Le 12 décembre, le *Moniteur* publiait un projet se résumant dans la création d'une garde nationale mobile, pour la défense des côtes et des places fortes. L'armée active serait portée à 800,000 hommes, dont moitié appartenant à une réserve partagée en deux bans, le premier destiné à être appelé par simple décision ministérielle, le second par décret. La durée du service serait de douze ans, dont six dans la réserve [1].

Si anodin qu'il fût, ce projet souleva de violentes protestations. Le gouvernement dut déclarer qu'il n'avait rien de définitif [2]. L'opposition aux réformes indispensables tenait à des causes multiples. En premier lieu, la routine des bureaux de la guerre, toujours prêts à s'effrayer des nouveautés ; puis « l'infatuation des principaux chefs militaires persuadés que l'armée française était la première armée du monde et que, sous le rapport de la tactique comme sous celui de l'armement, elle n'avait rien à envier à l'étranger [3] ». Enfin, trop souvent, les propositions les plus modérées se heurtaient au mauvais vouloir des hauts fonctionnaires et des députés. Ceux-ci refusaient, pour des raisons de politique pure, de demander tout nouveau sacrifice au pays. Ils mettaient en avant des questions de situation personnelle et l'approche de l'exposition. « C'est de la majorité du Corps législatif que partit ce cri d'alarme qui devint la devise de tous les adversaires de la loi en élaboration : *Il n'y aura plus de bons numéros !* » Les députés se plaignaient d'être placés « entre l'enclume et le marteau ». « Toute augmentation du contingent est condamnée à l'avance par le peuple des campagnes. »

---

1. Trochu, *Œuvres posthumes*, I, 72-75; Lebrun, *Souvenirs militaires*, I, 6; du Barail, *Mes souvenirs*, III, 81-84.
2. Le rapporteur de la Chambre des députés disait en 1868, lors de la discussion de la loi : « Vous savez quelle explosion de cris s'éleva dans toute la France à l'annonce de ce projet de loi. Personne ne pouvait et ne voulait l'accepter (G. Rothan, *L'affaire du Luxembourg*, 104).
3. Du Barail, *Mes souvenirs*, III, 140.

Cette attitude jeta le trouble dans la « grande commission ». Même parmi les ministres, les dispositions proposées en premier lieu rencontrèrent une opposition presque unanime [1].

A la Chambre, les difficultés ne furent pas moindres. La commission adopta une cote mal taillée, quitte à défigurer le projet qui fut « énervé et réduit à rien ». A la fin de décembre 1867, M. Darimon entendit M. Rouher au milieu d'un groupe de députés. Plusieurs, parmi lesquels MM. Lacroix-Saint-Pierre et Calley-Saint-Paul, réclamaient le retrait de la loi : « Plus nous allons, plus elle devient impopulaire... » M. Rouher objectait seulement qu'il était trop tard, surtout vis-à-vis de l'étranger [2].

Devant le Corps législatif, le projet rencontra pareille opposition, malgré les atténuations qu'il avait déjà subies. Contre la logique des choses, ses adversaires les plus déterminés figuraient à gauche, parmi ceux qui auraient dû saluer de leurs applaudissements le pas timide risqué vers le service personnel et obligatoire. Comme il est de règle, leurs passions politiques aveuglaient ces adversaires de l'empire, au point de les engager dans la voie la plus contraire aux intérêts du pays. Des paroles étaient prononcées, que leurs auteurs devaient amèrement regretter peu après. Il faut ajouter que, malgré quelques trouvailles heureuses d'expressions [3], le maréchal Niel fut mal inspiré dans la défense de cette loi bâtarde. Comme les autres orateurs, il laissa voir de singulières illusions qui, jointes aux exagérations de la gauche, donnèrent à la discussion les allures les plus incohérentes. Au sortir du Corps législatif, un diplomate étranger, le baron de Hübner, aurait dit qu'il avait « assisté à une conférence militaire dans une maison de fous [4] ».

Le 31 décembre 1867, le maréchal défendait l'institution

---

[1]. Darimon, *Notes pour servir à l'histoire de la guerre de 1870*, II, V.
[2]. Darimon, *ibid.*, VI.
[3]. A des orateurs qui voulaient la levée en masse, Niel rappelait ces mots de Gouvion Saint-Cyr : « C'est un grand malheur d'avoir besoin de la levée en masse ; plus grand est celui de s'en servir » (Verly, 277-288).
[4]. Capitaine H. Choppin, Souvenirs d'un cavalier du second empire, *Revue hebdomadaire*, février 1898, 186. Cette expression se retrouve dans le *Dernier des Napoléon*, 351.

de la garde nationale mobile. Il lui croyait un grand avenir : elle permettrait de réduire l'armée active. « Soyez tranquilles, Messieurs, lorsque les anciens soldats, encore dans la force de l'âge, sauront que l'ennemi marche sur leur pays, qu'il y a danger pour la patrie, ils entreront dans la garde mobile (*C'est cela!*). Vous les trouverez tous dans les rangs ou dans les cadres. La garde nationale mobile, je puis vous l'affirmer, comptera autant de vieux soldats que de jeunes gens (*Marques d'assentiment*)[1]. » Voilà de quelles phrases on se payait en France deux ans avant 1870 !

Le rapporteur, M. Gressier, trouvait, pour défendre cette garde mobile si attaquée, les raisonnements les plus imprévus : « ... Il ne faut rien exagérer et juger sainement les choses. La garde nationale mobile ne sera pas souvent, grâce à Dieu, appelée à aller, comme on l'a dit trop souvent à cette tribune, offrir sa poitrine aux balles de l'ennemi ; elle a une triple mission à remplir : une mission d'ordre à l'intérieur, en remplaçant, pour leur donner la liberté d'action, les régiments dans les garnisons, et, la plupart du temps, laissez-moi le dire, c'est une espérance en même temps qu'une réalité, les jeunes gens qui en feront partie rendront certainement de vrais services, mais, grâce à Dieu, ne courront aucun danger (*Mouvements en sens divers. — Quelques membres : Certainement! Parlez!*)[2]. » Est-il possible d'étaler plus naïvement l'égoïsme des classes moyennes, toutes disposées à admettre qu'on fît la guerre pourvu qu'elles ne fussent pas appelées à y aventurer leur précieux « moi » !

M. Thiers était non moins mal inspiré. Parfois ses raisons de repousser les innovations du maréchal Niel sonnent singulièrement : « Je le dis franchement devant mon pays, je ne suis pas partisan de cette loi, parce que je crois qu'elle inquiétera la population, quoi qu'on puisse dire ici, et qu'en même temps, au lieu de renforcer l'armée, elle l'affaiblira[3]. » Toutes ses préférences, en effet, étaient pour le service

---

1. *Moniteur universel* du 1ᵉʳ janvier 1868, 3.
2. *Moniteur* du 13 janvier 1868, séance du 12, 63.
3. *Moniteur* du 1ᵉʳ janvier, séance du 31 décembre, 3.

à long terme et la loi de 1832. Afin de les faire valoir, il rabaissait la force réelle de la Prusse : « On vous présentait l'autre jour des chiffres de 1,200,000, de 1,300,000, de 1,500,000 hommes, comme étant ceux que les différentes puissances de l'Europe pouvaient mettre sur pied : on vous parlait même de 900,000 hommes pour l'Italie ! Je ne dis pas que ce soit sur ces chiffres qu'ait été fondé votre vote, mais enfin ils vous ont fait éprouver... une impression fort vive. Eh bien ! ces chiffres-là sont parfaitement chimériques... Je le demande, a-t-on vu jamais ces forces formidables ?... Comment ! l'Italie aurait 900,000 hommes à nous opposer ! La Prusse en aurait 1,300,000, ce qui ferait 2,200,000 soldats sous les armes entre ces deux puissances ! Allons donc ! Ce sont là des fables qui n'ont jamais eu aucune réalité (*Approbation sur plusieurs bancs*)[1]. » Prenant texte de ces vaines affirmations, il combattait avec énergie l'organisation d'une garde mobile. Il assurait qu'on aurait toujours le temps de l'improviser en cas de besoin. Il n'était pas plus favorable à l'institution de fortes réserves, par cette raison que « neuf ans de service constituaient une exigence excessive de la part de l'État (*Assentiment sur plusieurs bancs*)[2]. »

Les autres orateurs de gauche poussaient plus loin encore la légèreté et l'incohérence. M. Paul Bethmont reprochait à la loi « d'armer, non pas la nation, mais le gouvernement ». M. Ernest Picard, comme lui, attaquait de la façon la plus vive la garde mobile, à laquelle il imputait d'annuler la garde nationale : « Nous ne devons donc, en présence de cette loi qui est jugée plus sévèrement encore au dehors qu'elle ne l'est ici... (*Légères rumeurs*), qu'exprimer cet étonnement suprême, qu'un gouvernement qui a dans son histoire Waterloo ne songe pas, pour défendre le pays, à autre chose qu'une armée permanente (*Oh ! oh ! — Très bien ! à la gauche de l'orateur*)[3]. »

---

1. *Moniteur*, ibid., 5.
2. *Moniteur*, ibid. L'article 5, instituant la garde mobile, ne fut voté que par 210 voix contre 44.
3. *Moniteur*, ibid., 3.

Du moins, si l'on s'obstinait à créer une garde mobile, M. Picard entendait que ses cadres fussent élus. Il assurait que la landwehr élisait ses officiers jusqu'au grade de capitaine. M. Émile Ollivier plaidait une thèse analogue[1]. Pourtant, l'institution de la garde mobile finissait par être adoptée, de guerre lasse. L'amendement Javal y supprimait même le remplacement; mais il n'était voté que par 144 voix contre 103; celles-ci en majorité de la droite[2].

Non seulement la gauche combattait avec la dernière énergie l'ensemble du projet de loi, mais elle eût pris à tâche de détruire nos forces militaires qu'elle n'aurait pas autrement parlé : « On nous dit, s'écriait M. Jules Favre, qu'il faut que la France soit armée comme ses voisins; que sa sécurité est attachée à ce qu'elle soit embrigadée, cuirassée, qu'elle ait dans ses magasins des monceaux de poudre et de mitraille. Ma conscience proteste contre de semblables propositions. » M. Jules Simon s'exprimait de même : « J'espère qu'on nous rendra cette justice, que toutes les fois qu'il a été question d'organiser ce qu'on appelle la paix armée, on nous a trouvés en travers des mesures proposées pour arriver à ce but...

« La loi qu'on propose est surtout mauvaise parce qu'elle constitue une aggravation de la toute-puissance de l'empereur. Ce qui importe, ce n'est pas le nombre des soldats, c'est la cause qu'ils ont à défendre... »

M. Ernest Picard allait plus loin encore en protestant contre l'existence même d'une armée : « Par quelle aberration le gouvernement peut-il songer à chercher les forces de la France dans l'exagération du nombre d'hommes? Notre amendement porte la suppression absolue des armées permanentes et leur remplacement par les gardes nationaux. »

Pour M. Eugène Pelletan également, « le militarisme est une plaie. Je comprends les pompiers armés en cas d'une invasion; mais une invasion est-elle possible? » Lui aussi, M. Garnier-Pagès nie l'utilité d'une armée : « Qu'est-ce que

---

1. *Moniteur*, *ibid.*, 4.
2. *Moniteur* des 2 et 3 janvier, séance du 2, 13.

la force matérielle? Quelle puissance vous auriez, si vous vouliez avoir confiance dans le peuple et la liberté! Le budget de la guerre vous mène à la banqueroute. C'est la plaie, c'est le chancre qui vous dévore[1]. »

Malgré leurs efforts, l'ensemble de la loi fut voté le 13 janvier, à la Chambre, par 200 voix contre 60. Toute la gauche figurait parmi ces dernières: MM. Bethmont, Ollivier, Picard, Pelletan, Simon, Thiers, Favre, Darimon, Dorian, Garnier-Pagès, Glais-Bizoin, Havin, Javal, de Lanjuinais, Lambrecht, à côté de députés de la majorité: MM. Drouot, de La Grange, d'Arjuzon, et autres[2].

Au Sénat, devant un tout autre auditoire, la discussion ne fut guère plus sérieuse. Le rapporteur, le savant M. Dumas, disait, du projet déjà voté par la Chambre:

« Œuvre de sûreté nationale, cette loi garantit à la France la durée de sa grandeur et la conservation de son rang.

« Œuvre de concorde, elle donne la certitude qu'en présence de la France forte et satisfaite, la paix ne sera pas troublée autour d'elle.

« Œuvre politique, elle montre à l'Europe l'empereur et sa dynastie vouant avec calme toutes les forces du pays aux travaux de la paix, sûrs qu'aux jours de péril la nation armée serait prête désormais à se lever pour faire respecter ses droits, ses intérêts ou son honneur et pour défendre le chef qu'elle s'est donnée » (*Mouvement prolongé et chaleureuse approbation*)[3].

Avec beaucoup de raison, M. Rouland faisait observer que c'était le minimum des efforts à accomplir. Il citait, au sujet de la loi, l'opinion d'un « journal très répandu »:

« C'en est fait, la transformation est virtuellement accomplie, la France n'est plus une nation, c'est un camp; sa jeu-

---

[1]. *Moniteur* du 31 décembre 1867 au 15 janvier 1868, *passim*.

[2]. *Moniteur universel* du 15 janvier 1868, 83. Il y eut une dizaine d'abstentions, plus de prétendues absences par congé. M. Darimon (*Notes*, VIII), qui donne une partie de ces détails, ajoute qu'il vota contre la loi par suite de « considérations purement philosophiques et transcendentales ». Il reconnaît qu' « en marchandant au gouvernement impérial les forces militaires qu'il réclamait, le Corps législatif a préparé nos défaites de 1870... ».

[3]. *Moniteur* du 24 janvier, 115.

nesse ne compte plus de citoyens, elle ne compte plus que des conscrits...

« A l'heure où le Sénat vient de discuter la suppression de quatre-vingts emplois départementaux de bourreaux vulgaires, le Corps législatif a décrété la création de un million deux cent mille emplois d'*illustres* bourreaux... (*Murmures ; marques d'indignation*) selon le mot de Nicole.

« Quatre-vingt-douze ans après l'abolition, par Louis XVI, de la corvée ordinaire, une chambre française, sous le gouvernement de Napoléon III, universalise la corvée militaire... (*Rumeurs*).

« *M. de Chabrier.* — C'est une indignité.

« *M. Rouland.* — A la date néfaste du 6 septembre 1798, où fut décrétée la conscription partielle, viendra s'ajouter la date non moins néfaste du 14 janvier 1868, qui a vu voter la conscription universelle » (*Nouvelles et plus vives protestations*).

La loi fut votée au Sénat le 28 janvier, par 125 voix contre une, celle de l'économiste Michel Chevallier[1].

Mollement défendue par le gouvernement, reçue avec défiance par la majorité des Chambres, elle ne pouvait être qu'un compromis entre le remplacement et le service personnel, avec tous les inconvénients inhérents à ces solutions mixtes. Elle supprimait l'exonération, rétablissait le remplacement direct, fixait la durée du service à cinq ans dans l'armée active, et quatre ans dans la réserve. Elle maintenait la répartition du contingent en deux portions, dont la deuxième ne devait rester que cinq mois sous les drapeaux. Elle portait création d'une garde nationale mobile composée des hommes propres au service qui ne figureraient pas, à un titre quelconque, dans la première ou la deuxième portion ou qui se feraient remplacer. Le service y durerait cinq ans.

La réserve ne pouvait être convoquée qu'en cas de guerre. Quant à la garde mobile, elle était appelée à quinze exer-

---

1. *Moniteur universel* des 28 et 29 janvier, séances des 27 et 28, 132-139.

cices par an, chacun de douze heures au plus, la durée du déplacement comprise[1].

Ce premier pas vers le service obligatoire fut mal accueilli du pays. La majorité de la population s'y montra hostile, aussi bien que l'armée[2]. Les dépenses dépassèrent les prévisions et le maréchal Niel, d'ailleurs contrecarré au Corps législatif où on lui marchandait les crédits indispensables, « en butte, d'autre part, aux intrigues de l'entourage impérial », ne tarda pas lui-même à ralentir l'organisation de la garde mobile. Il mourut à la tâche et son successeur, le maréchal Le Bœuf, « sembla, en toutes circonstances, prendre le contre-pied de ses idées[3] ». Il craignait sans doute d'être amené à sacrifier les intérêts de l'armée active, en faveur de la nouvelle force dont Niel avait voulu nous doter. Il suspendit son organisation qui, jusque-là, il faut bien le dire, avait donné des résultats peu encourageants. Nul ne semblait la prendre au sérieux, aussi bien dans l'armée que parmi la population. A la rentrée de la session de 1868-1869, les députés ne dissimulèrent pas cette impression, que les réunions tentées au Champ de Mars ou dans les forts de Paris confirmaient amplement[4]. Le Bœuf disait de la garde mobile, à Ducrot; « C'est une école d'indiscipline et de dé-

---

1. L'article 8 primitif prévoyait : 1° des exercices dans le canton; 2° des réunions par compagnie, demi-bataillon ou bataillon. La durée totale ne pouvait être de plus de deux mois et demi pendant cinq ans, de plus de vingt jours par an, de plus de huit jours pour une réunion. La commission de la Chambre rejeta ces propositions et le gouvernement finit par s'incliner, en déclarant que « les moyens mis à la disposition du ministre de la guerre n'étaient pas tout à fait suffisants » (*Moniteur* des 2 et 3 janvier 1868, 11).

2. Thoumas, *Les transformations de l'armée française*, I, 24; P. de Massa, 260; Mérimée, *Lettres à une inconnue*, 3 janvier 1867 : « Une autre chose qui me rend furieux, c'est la façon dont on reçoit le projet de réorganisation de l'armée. Tous les jeunes gens bien nés meurent de peur d'être dans le cas de se battre pour la patrie à un moment donné... »

3. Thoumas, I, 24; Lebrun, 10-13; Jarras, 35.

4. Jarras, 35-38; Lebrun, 13-14. — Nous nous souvenons d'avoir vu, en 1869, des gardes mobiles revenir de l'une de ces réunions, en suivant la rue Saint-Antoine, et rien n'était plus triste que leur aspect, leur débraillé voulu. — M. de Massa commandait un bataillon convoqué pour les exercices au fort de l'Est. A la première réunion, il manqua une trentaine d'hommes sans excuses valables. Quelques-uns répondirent que l'abstention leur avait été conseillée par deux des députés de Paris « parce que l'on n'avait pas le droit de les convoquer en dehors de leur circonscription électorale » (P. de Massa, 260).

sordre, une source de folles dépenses. Croiriez-vous que déjà nous dépassons de vingt-cinq millions le chiffre des sommes votées au budget... et que le maréchal Niel... avait pris l'engagement... de réduire d'autant les dépenses de l'armée active! » Non sans se heurter à une vive opposition au conseil des ministres, il demandait la suppression définitive des convocations, qui donnaient lieu « aux scènes les plus scandaleuses », à de « véritables farces ». L'empereur eût souhaité qu'on pût tout au moins réunir et instruire les cadres. « Mais j'espère bien, disait le maréchal, arriver à lui faire comprendre que, de ce côté également, il n'y a rien à faire ; qu'en temps de paix, la garde nationale mobile ne doit exister que sur le papier[1]. » D'ailleurs, il ne croyait pas la guerre prochaine. Il en résulta que la garde mobile n'eut, en juillet 1870, qu'un rudiment d'organisation. Sans doute, une part de responsabilité incombait au gouvernement qui n'avait pas su obtenir l'exécution d'une loi à peine votée. Mais le vrai coupable était le pays lui-même qui, soit confiance exagérée en ses forces, soit horreur du changement, soit répugnance pour une solution qui troublait la quiétude d'un grand nombre, avait montré, dès le début, une extrême opposition à l'accroissement de ses charges militaires. Il devait la payer chèrement.

---

1. Lettre à M. Rambourg, 14 septembre 1869, *Vie militaire du général Ducrot*, II, 317 ; lieutenant-colonel Rousset, I, 38.

XI

LA FRANCE DE 1868 A JUILLET 1870

La Chambre et les dépenses militaires. — La situation intérieure. — Le ministère Émile Ollivier. — M. de Bismarck et la Belgique. — La question romaine. — Le désarmement. — La réduction du contingent. — Le plébiscite. — Discussion du 30 juin. — Le budget de 1870.

En France, l'alerte de 1867 passée, tout est à la paix : « Il n'est plus question de guerre, écrit Mérimée. On semble plus pacifique, même en Prusse, et ici, sauf les jeunes officiers, on l'a toujours été[1]. » En effet, le maréchal Niel obtient à grand'peine les crédits les plus indispensables. Il demande 1,800,000 chassepots, on lui en donne 1,200,000 ; il demande 110 millions pour améliorer nos places fortes, il en reçoit 36. Il voudrait 15 millions et demi pour l'artillerie, c'est deux et demi qu'il obtient. M. Thiers, presque seul, soutient cette dernière demande. Aux élections de 1869, nombre de professions de foi sont basées sur des promesses de désarmement[2].

Le moment est singulièrement choisi. Si, comme nous le verrons, tout ce qui vient d'Allemagne indique une guerre prochaine, à l'intérieur les symptômes de désorganisation se multiplient. On se sent à la veille d'événements graves, sans trop en laisser paraître. « La société actuelle, avec son amour de l'argent et des jouissances matérielles, écrit Mérimée, a la conscience de sa faiblesse et de sa stupidité[3]. » Dans le vain espoir de se concilier de nouvelles sympathies, le gouvernement impérial cède peu à peu de son autorité restée longtemps presque absolue. Il ne satisfait ainsi ni ses amis, qui craignent pour l'avenir, ni ses adversaires, que sa

---
1. *Lettres à Panizzi*, 20 août et 1er septembre 1868, 348 et suiv.
2. Mme Carette, *Souvenirs intimes de la Cour des Tuileries*, II, 26-27 ; P. de Massa, 261.
3. *Lettres à Panizzi*, 6 avril 1869, 348 et suiv.

chute seule contenterait. « Il me semble, écrit Mérimée, qu'on fait en ce moment une expérience hasardeuse. On donne à ce peuple-ci une liberté comme jamais il n'en a possédé, et on se flatte qu'il ne fera pas de trop grosses sottises[1]. » — « Vers la fin de 1869, a dit M. G. Rothan, la France présentait un inquiétant spectacle; l'esprit frondeur gagnait de proche en proche. Les partis hostiles, contenus et voués au silence tant que l'empereur était prépondérant à l'étranger, relevaient la tête; ils s'autorisaient des fautes indéniables du Mexique et de Sadowa pour s'attaquer au gouvernement personnel et stigmatiser les origines de l'empire. Partout se révélaient des symptômes troublants: il semblait que les jours du règne fussent comptés... L'empereur, après avoir été l'arbitre de la paix, était voué à l'impuissance. Il ne lui était plus donné de relever son autorité à l'intérieur par le prestige de sa politique en dehors[2]. »

La presse, redevenue à peu près libre, rivalisait de violences contre la dynastie impériale. M. Henri Rochefort publiait sa *Lanterne* que s'arrachait tout Paris, toute la France. Son talent de polémiste, fait d'une violence sans scrupule et de l'esprit le plus caustique, souvent le plus original, portait au souverain des coups irrémédiables[3]. Les élections de 1869 avaient envoyé au Corps législatif une opposition très notablement renforcée. Dès le début de la session, une demande d'interpellation hostile au gouvernement réunit 116 signatures. Elle eut pour conséquence l'arrivée au pouvoir de M. Émile Ollivier.

Celui-ci débutait dans les conditions les plus délicates. Personnellement, il jugeait la paix nécessaire : « A l'extérieur, écrivait-il à M. Clément Duvernois, le 2 octobre 1869, je crois que la guerre, loin de ne rien résoudre, embrouillera

---

1. *Lettres à Panizzi*, 28 octobre 1869, 348 et suiv.
2. G. Rothan, La France et l'Italie, *Revue des Deux-Mondes*, 15 novembre 1884 et suiv., 317. Voir *suprà*, p. 106.
3. « Jamais, dans aucun pays du monde, on n'a attaqué le chef de l'État comme cela arrive journellement à Paris » (Dépêche de l'envoyé de Roumanie, M. Strat, 5 février 1870, *Aus dem Leben des Königs Karl v. Rumänien*, II, 58); H. Pessard, 247.

et compromettra tout... Le moment d'arrêter la Prusse est passé, irrévocablement passé, et le salut et la grandeur de l'empire ne peuvent être cherchés que dans le respect du principe des nationalités. L'empereur l'a inauguré ; s'il le combat, il sera vaincu par lui... [1]. » Sans doute, la majorité du pays était pacifique à son image, mais une minorité remuante, fortement représentée dans l'entourage immédiat de Napoléon III, voyait dans la guerre une urgente nécessité. Les meilleurs amis de l'empire perdaient confiance. Son ancien personnel était impopulaire et le nouveau peu rompu aux affaires, tenté de s'exagérer son influence. « On dirait, écrit Mérimée, le 4 décembre 1869, que le gouvernement et l'opposition font assaut de maladresse et d'étourderie. Le grand mal de la situation, c'est qu'il n'y a plus d'hommes. » — « M. Émile Ollivier, écrit-il le 21 mai 1870, est persuadé qu'il est le plus grand homme d'État de notre temps et qu'il peut tout faire. Il me rappelle Lamartine en 1848... [2]. » Certains partisans du régime impérial, et non des moindres, s'expriment sur son compte avec une extrême sévérité : « Il ne s'agit plus d'augmenter encore la somme des libertés, on peut même dire des licences, déjà bien assez grandes ; non, il s'agit tout simplement de prendre des garanties contre les volontés ou les caprices d'un pouvoir qui a si tristement dirigé nos affaires extérieures et intérieures [3] ! » Que pourrait dire de plus un ennemi déclaré ?

Au dehors, M. de Bismarck essaie encore, à plusieurs reprises, de nous entraîner à une aventure contre la Belgique : « Vous cherchez, disait-il au prince Napoléon, lors de son voyage à Berlin en 1868, une chose impossible, vous voulez prendre les provinces du Rhin qui sont allemandes. Pourquoi ne pas vous adjoindre la Belgique, où existe un peuple qui a la même origine, la même religion et qui parle la même langue ? J'ai déjà fait dire cela à l'empereur ; s'il entrait dans

---

1. *Papiers et correspondance*, I, 259.
2. *Lettres à Panizzi*, 348 et suiv.
3. *Vie militaire du général Ducrot*, II, 327, lettre à M. L. Rambourg, 17 décembre 1869.

mes vues, nous l'aiderions à prendre la Belgique. Quant à moi, si j'étais le maître et que je ne fusse pas gêné par l'entêtement du roi, cela serait déjà fait. »

« Ces paroles du chancelier prussien ont été pour ainsi dire littéralement répétées à la cour de France par le comte de Goltz. Cet ambassadeur s'en cachait si peu que le nombre est considérable des témoins qui l'ont entendu[1]. »

La question romaine continue d'être l'une de nos difficultés saillantes. Napoléon III, combattu, comme toujours, entre le désir de ménager le jeune royaume italien et celui de ne pas s'aliéner les catholiques, voudrait trouver une combinaison permettant de retirer nos troupes des États romains. Il cherche, dit-on, à s'entendre avec la reine Isabelle au sujet de leur relèvement par un corps espagnol, quand la révolution éclate en Espagne (18 septembre 1868)[2]. Naturellement, les choses restent en l'état.

Nous avons dit que les élections de 1869 se firent en partie sur un programme de désarmement. Dès l'arrivée au pouvoir de M. Émile Ollivier, il tenta de le réaliser. En septembre 1868, M. de Beust avait soumis à l'empereur un projet du même genre qui fut assez sèchement écarté, peut-être sous l'impression d'un rapport du lieutenant-colonel Stoffel, notre attaché militaire à Berlin[3]. En janvier 1870, le nouveau ministre des affaires étrangères, comte Daru, reprit cette idée et réussit à la faire admettre de Napoléon III.

L'intermédiaire choisi pour présenter notre proposition à Berlin fut lord Clarendon, dont les sympathies n'étaient pas

---

1. Circulaire du duc de Gramont, 3 août 1870, *Journal officiel* du 4 août 1869; de Gramont, 304-311.

2. O. Meding, *Memorien zur Zeitgeschichte*, III, 160, 358 et suiv.; *Das Zeitalter des Kaisers Wilhelm*, II, 6 et suiv.; *Aus dem Leben des Königs Karl von Rumänien*, I, 300, cités par Oncken, 106. Ce dernier ajoute qu'à l'automne de 1868, Napoléon III aurait été sur le point de déclarer la guerre à la Prusse. Nous ne savons sur quoi se fonde cette assertion pour le moins aventurée.

3. A. Pingaud, Napoléon III et le désarmement, *Revue de Paris*, 15 mai 1899, p. 301 et suiv. L'empereur aurait écrit au roi Guillaume qu'il acceptait le traité de Prague et qu'il était prêt à le prouver en réduisant son armée. Il aurait demandé une déclaration identique. Voir, au sujet du désarmement, Stoffel. *Rapports militaires écrits de Berlin*, 131-136, rapport du 23 avril 1868. Dans ses Mémoires, M. de Beust ne mentionne pas cette tentative.

douteuses. Le 24 janvier, l'ambassadeur de France à Londres, marquis de La Valette, s'ouvrait à lui. Le ministre anglais fit des objections. Sans doute, le prince royal de Prusse était acquis aux idées pacifiques, mais les dispositions du roi Guillaume et du comte de Bismarck ne pouvaient guère laisser de doute. Le comte Daru insista. Le 1ᵉʳ février 1870, il adressait une dépêche pressante à M. de La Valette : « Il est certain que je ne me mêlerais point de cette affaire et que je ne demanderais pas à l'Angleterre de s'en mêler, s'il s'agissait purement et simplement d'une démonstration banale et de pure forme, faite uniquement pour fournir à M. de Bismarck l'occasion d'exprimer une fois de plus son refus. C'est une demande ferme, sérieuse, positive qu'il s'agit de faire.

« Le principal secrétaire d'État semble prévoir que M. de Bismarck éprouvera un premier mouvement de mécontentement et d'humeur. Cela est possible, mais non certain. Dans cette prévision, il est peut-être bon de préparer le terrain, de manière à éviter une réponse négative dès le début.

« Je suis convaincu que la réflexion et le temps amèneront le chancelier à prendre en sérieuse considération la démarche de l'Angleterre; si, dès le premier jour, il n'a pas repoussé toute ouverture, l'intérêt de la Prusse et de l'Allemagne entière parlera bien vite assez haut pour adoucir ses résistances. Il ne voudra pas soulever contre lui l'opinion de son pays tout entier. Quelle serait sa position, en effet, si nous lui ôtions le seul prétexte derrière lequel il puisse se réfugier, à savoir l'armement de la France[1] ? »

Sans doute pour valoir un meilleur accueil à cette proposition naïve, lord Clarendon la prit au compte de l'Angleterre et affirma au gouvernement prussien que la France n'en était pas même informée[2]. M. de Bismarck répondit verbalement « qu'il ne pouvait prendre sur lui de faire part

---

1. Circulaire du duc de Gramont, 3 août 1870, *Journal officiel* du 4 août, 1369; de Gramont, 308.
2. Lettre du roi Guillaume à la reine Augusta, 14 août 1870; Oncken, 201; Benedetti, 396; *Enquête*, rapport Saint-Marc Girardin, 7.

au roi des suggestions du gouvernement britannique, et qu'il était assez au courant de la manière de voir de son souverain pour pressentir ses impressions ». Le roi Guillaume verrait certainement, disait-il, dans la démarche du cabinet de Londres, la preuve d'un changement dans les dispositions de l'Angleterre à son égard. En résumé, le chancelier fédéral déclarait « qu'il était impossible à la Prusse de modifier un système militaire entré si profondément dans les traditions du pays, qui formait une des bases de sa constitution et n'avait rien que de normal ».

Le comte Daru ne s'arrêta pas devant ces objections. Le 13 février, il écrivait à M. de La Valette : « J'espère que lord Clarendon ne se tiendra pas pour battu... Nous lui donnerons prochainement l'occasion de revenir à la charge, si cela lui convient, et de reprendre la conversation interrompue avec le chancelier fédéral. Notre intention, est, en effet, de diminuer notre contingent ; nous l'aurions diminué beaucoup si nous avions obtenu une réponse favorable du chancelier..., nous le diminuerons moins, puisque la réponse est négative, mais nous le diminuerons. La réduction sera, je l'espère, de 10,000 hommes ; c'est le chiffre que je proposerai.

« Nous affirmerons de la sorte par les actes... notre politique. Neuf contingents, réduits de 10,000 hommes chacun, font une diminution totale de 90,000 hommes. C'est déjà quelque chose, c'est un dixième de l'armée active ; je regrette de ne pouvoir faire plus. La loi du contingent sera déposée prochainement. Lord Clarendon jugera alors s'il est à propos de représenter à M. de Bismarck que le gouvernement prussien, seul en Europe, ne fait point de concession à l'esprit de paix, et qu'il se place ainsi dans une situation grave au milieu des sociétés européennes, parce qu'il donne des armes contre lui à tout le monde, y compris la population[1]... »

Cette fois, M. de Bismarck jugea nécessaire d'entrer, à

---

1. Lettre du comte Daru à M. de La Valette, 13 février (circulaire de M. de Gramont, 3 août 1870).

l'égard de lord Clarendon, dans de nouvelles explications, qui parvinrent à Londres le 20 février. Elles étaient « pleines de réticences ». Le chancelier avait entretenu le roi de la proposition recommandée par l'Angleterre. Guillaume Ier l'avait rejetée. M. de Bismarck donnait comme motif de ce refus « la crainte d'une alliance éventuelle de l'Autriche avec les États du Sud » et les velléités d'agrandissement de la France. Il mettait surtout en avant « les préoccupations que lui inspirait la politique de la Russie ». Il affectait même de redouter des complications du côté de cet empire, en raison de la santé chancelante de l'empereur Alexandre et des sentiments personnels du grand-duc héritier, hostile à la Prusse[1].

Cette réponse arrêtait court la négociation. Avec une imprudence qui ne saurait être trop sévèrement jugée, le gouvernement français maintint un projet de réduction du contingent, d'autant plus inopportun qu'à l'intérieur la situation continuait d'inspirer les plus graves inquiétudes. L'hostilité des grands centres contre le régime impérial, le découragement de ses amis éclataient à tous les yeux. L'anniversaire du représentant Baudin, mort en décembre 1851, la mort du journaliste Victor Noir, tué par le prince Pierre Bonaparte dans des circonstances mal expliquées, une grève tumultueuse au Creusot, tous ces incidents commentés avec passion dans les réunions publiques, dans les journaux, furent autant de symptômes menaçants pour la durée de l'empire. Les audaces de l'opposition n'avaient plus de bornes : Félix Pyat prononçait à Saint-Mandé son célèbre toast « A la

---

1. Dépêche du duc de Gramont au général Fleury, 4 août 1870 (*Revue de Paris*, 15 janvier 1899, comte Fleury, La France et la Russie en 1870, 309); Dépêche de M. de la Valette au duc de Gramont, 23 février (circulaire du duc de Gramont, 3 août 1870).

M. Oncken, 114, affecte de croire que nous étions de mauvaise foi dans cette négociation et que, en réalité, nous voulions la guerre. La totalité des documents français montre l'erreur de cette supposition. Un nouveau rapport du colonel Stoffel (*Rapports militaires écrits de Berlin*, 385-412), du 28 février, renouvelait ses objections au désarmement. — Il n'est pas exact, comme l'écrit M. Pingaud, p. 307, que cette tentative de désarmement soit restée « presque inconnue ». M. de Gramont en parle longuement dans son livre, en outre de MM. Benedetti, von Sybel, Oncken et autres.

petite balle[1] » ; les réunions publiques retentissaient d'attaques constantes contre les armées permanentes, contre la garde mobile, dont le but unique était « d'enlever des bras à la terre et de faire pourrir les travailleurs dans les casernes ».

Certaines sociétés de secours mutuels, des chambres syndicales et des sociétés ouvrières, dont le nombre croissait beaucoup à la suite de l'Exposition de 1867, étaient des centres politiques très actifs. Une redoutable organisation, celle de l'*Internationale,* exerçait une influence considérable sur ce mouvement, en répandant parmi les milieux ouvriers de décevantes théories sur la fraternité des peuples et la suppression des frontières[2].

Le plébiscite du 8 mai 1870 aboutit pour le gouvernement à un succès plus brillant que réel, car il révélait l'existence d'une opposition irréductible, fortement représentée dans les villes et même à l'armée. La dynastie impériale n'y puisa que des forces passagères. Peut-être eut-il pour la France des inconvénients plus graves encore, en donnant à la partie autoritaire de l'entourage impérial la confiance indispensable pour risquer une aventure à l'extérieur[3] ?

Le 30 juin 1870, à la veille d'événements dont nul ne soupçonnait alors la proximité[4], la discussion s'élevait au Corps législatif au sujet du contingent. Au lieu du chiffre habituel de 100,000 hommes, le cabinet en proposait 90,000[5]. Garnier-Pagès, Ernest Picard et plusieurs de leurs collègues réclamaient une réduction double. Un député de la droite, le comte de Latour, ajoutait à un aperçu relativement exact des forces allemandes, des conseils plus prudents qu'oppor-

---

1. Mme Carette, II, 53 ; H. Pessard, 311.
2. *Enquête*, déposition, II, Frère, 260 ; Simonneau et Fontaine, 177 et 180.
3. Résultats du plébiscite : 7,558,786 *oui*, 1,571,050 *non*, 115,978 *nuls*. Cf. Pinard, II, 15 ; H. Pessard, 324. En outre, le plébiscite donnait à l'étranger l'effectif réel de nos armées de terre et de mer (*Dossier de la guerre de 1870*, 95).
4. Scrutator, *Qui est responsable de la guerre?* traduction, 9 (attribué à M. Gladstone).
5. La commission de la Chambre était hostile à cette réduction et le gouvernement dut insister pour la faire accepter (*Le dossier de la guerre de 1870*, 98, d'après la déclaration du marquis d'Andelarre).

tuns : « ...Vis-à-vis de l'Allemagne, nous ne devons nullement prendre une attitude comminatoire ; nous devons, au contraire, être animés de sentiments bienveillants et fraternels à l'égard de ce grand peuple allemand, qui nous touche par une origine commune... Nous nous sommes bien battus précédemment les uns contre les autres ; je crois que, dans notre histoire, nous n'avons pas à rougir de ce souvenir, et nous devons désirer vivement demeurer sur un pied de bienveillance et de paix vis-à-vis de la grande nation germanique » (*Marques d'approbation*). Combien ces phrases sonnent bizarrement aujourd'hui !

Au sujet de la Bavière, Garnier-Pagès témoignait d'une naïve confiance : « ...Grâce à Dieu, je suis convaincu que l'Allemagne libérale saura opposer une barrière insurmontable à l'Allemagne despotique représentée par M. de Bismarck. » Il assurait que notre armée active comptait 400,000 hommes, la réserve 400,000 et la garde mobile 550,000. De ce total, 1,350,000 hommes, il déduisait que nos forces excédaient les besoins et qu'il fallait diminuer l'armée permanente, en établissant le service obligatoire de sept ans, dont cinq dans la réserve. Il donnait au maréchal Le Bœuf ce problème à résoudre : « Trouver dans un bon système militaire les plus grandes économies possibles, tout en assurant au pays la plus grande force possible. » — « Prenons le Rhin, ripostait M. Granier de Cassagnac, nous pourrons alors diminuer l'armée de 100,000 hommes ! » (*Exclamations à gauche*).

Garnier-Pagès continuait, imperturbable : « Cette France si belle, si courageuse, qui s'est levée plusieurs fois comme un seul homme, lorsque la patrie était en danger, elle n'a pas besoin d'une armée permanente si énorme... Dans toute l'Allemagne, le sentiment général, c'est de soulager la population du fardeau qui pèse sur elle... » A l'appui, il citait un vote des deux Chambres saxonnes, tendant au désarmement général et à la réduction des dépenses militaires. Il dédaignait « la Russie, ce géant aux pieds d'argile... Quant à la Prusse — je termine par là — peut-elle nous inquiéter ?

En vérité, Messieurs, je souris quand je vois M. de Bismarck chercher, par le percement du mont Saint-Gothard, à stimuler le patriotisme de populations qui lui échappent... M. de Bismarck est en face de très grandes difficultés, même en Prusse ; il n'a plus la force, il n'a plus la foi, il n'a plus la confiance... L'Autriche, avec ses neuf millions d'Allemands, les Allemands de la Bavière et de tous les États du Sud sont prêts à se soulever contre la Prusse, si elle veut s'agrandir... »

Le maréchal Le Bœuf avait la partie belle pour répondre. Il en usa médiocrement, montrant que le budget ordinaire de la guerre se soldait, pour 1871, par 371 millions de francs ; le budget extraordinaire par 2,800,000 fr., au total 374 millions dont 11 destinés à rentrer au Trésor, ce qui ramenait les dépenses réelles de l'armée à 363 millions, chiffre que nous ne devions plus revoir ! Le ministre ne dissimulait guère son sentiment sur la garde mobile : « Ma pensée est celle-ci : les hommes resteraient chez eux, soumis à de simples appels, et les cadres seraient instruits dans des écoles régionales. Je considère la garde nationale mobile comme devant suppléer nos troupes actives à l'intérieur, en cas de guerre, et surtout, je le dis nettement, en cas de guerre offensive... En temps normal, au contraire, la garde nationale mobile est une force entièrement inerte et nécessairement au repos. » Puis, il établissait que « nous n'avions en réalité sous les drapeaux qu'un effectif inférieur à celui de la Prusse », que notre contingent réel était de 78,000 hommes pour l'armée de terre et celui de la Prusse de 95,000 hommes, tout compris, que notre invitation au désarmement ne semblait pas avoir été entendue.

M. Thiers plaidait l'abandon de la loi de 1868 et le retour à la loi de 1832. Mais il se prononçait, non sans courage, contre les économies sur l'armée, montrant que nous avions devant nous, non plus l'inoffensive Confédération germanique, mais « une Allemagne militaire formidable. Elle a à sa tête un homme supérieur, partisan de la paix » ; il n'en faut pas moins régler ses forces sur les siennes. Sadowa a créé « une situation irréparable », de nature à modifier la politique de l'Europe entière. Il n'est pas surprenant que nous en supportions les conséquences.

Au contraire, M. Jules Favre voyait sans aucune inquiétude les 40 millions d'Allemands groupés depuis Sadowa : « Est-ce que ces 40 millions d'hommes ont un intérêt à se jeter sur nous, à nous faire la guerre ? » Il jugeait « les faits économiques », de nature à faire « disparaître ces vieilles idées, ces vieilles haines, ces dissentiments de peuple à peuple, qui n'ont pas de raison d'être ». Il demandait à l'un de ses collègues, M. de Benoît : « Et s'il plaisait à la nation prussienne de mettre sur pied un million de soldats, est-ce que la France devrait la suivre dans une semblable voie ? » A la question présente, il ne trouvait d'autre solution que l'armement « de tous les citoyens ». Un pays « se protège avant tout par la sagesse de son gouvernement, par la modération de ses desseins ».

M. Thiers prenait de nouveau la parole : « ...Il faut être pacifique pour ne pas alarmer l'Allemagne et pour ne pas donner le Sud à la Prusse » (*De divers côtés : Très bien! Très bien!*). Il fallait aussi être forts pour être respectés et ne pas trop compter sur la sagesse d'autrui. Or, notre effectif était un minimum et nos régiments réduits au strict indispensable. « ...La paix actuelle n'est pas une paix armée ; vous êtes dans une situation politique qui vous commande une paix attentive et pleine de sollicitude... Savez-vous ce qu'il y a de plus cruel pour une nation ? C'est de n'avoir pas, quand le moment est venu, une armée parfaitement organisée (*C'est vrai!*) ...Ne demandons pas qu'on nous fasse après Sadowa l'armée qui aurait pu suffire avant » (*Vive approbation sur un grand nombre de bancs*)[1].

Vers la fin de la séance, M. Émile Ollivier risquait des affirmations singulièrement osées : « Les traités de 1856 et de Prague sont ceux auxquels la paix de l'Europe est le

---

1. *Journal officiel* du 1er juillet 1870, séance du 30 juin, 1141-1143 ; *Enquête*, pièces justificatives, II, 2e partie, 8-50, d'après les *Annales du Corps législatif*.

plus particulièrement attachée... Je réponds à l'honorable M. Jules Favre que le gouvernement n'a aucune inquiétude, qu'à aucune époque le maintien de la paix en Europe ne lui a paru plus assuré. De quelque côté qu'il porte ses regards, il ne voit aucune question vitale engagée... Ce que nous avons fait ? Puisque vous nous parlez du Sadowa prussien, je vous dirai que nous avons fait le Sadowa français, le plébiscite ! » (*Réclamation à gauche. — Très bien! Très bien! au centre et à droite*)[1]. Que dire de cette comparaison, de ces assurances de paix contredites par tant de témoignages positifs ? Que dire de la légèreté, de l'ignorance du dehors trahie par tous les orateurs de gauche comme de droite ? Cette discussion du 30 juin 1870 est un digne prologue des désastres qui vont suivre[2].

---

1. *Journal officiel* du 1er juillet 1870, 1141-1143 ; *Enquête*, pièces justificatives, II, 98 et suiv. Dans l'enquête, ces paroles de M. Émile Ollivier sont portées au 6 juillet au lieu du 30 juin.
2. Le 1er juillet, 191 voix contre 39 rejetaient un amendement signé Glais-Bizoin, Gagneur, Ordinaire, Wilson, Bethmont, Magnin, Dorian, Grévy, réduisant le contingent à 80,000 hommes au lieu de 90,000 (*Journal officiel*, 2 juillet 1870, 1151).

XII

CE QUE NOUS SAVONS DE L'ALLEMAGNE

Rapports de M. Benedetti. — Le colonel Stoffel. — Le général Ducrot.
Avertissements venant d'Allemagne.

Le gouvernement impérial est d'autant plus coupable de ne pas éclairer le pays sur les dangers qu'il court, que la plupart de ses agents du dehors le renseignent très exactement. M. Benedetti ne dissimule rien de la situation. Le 5 janvier 1868, dans une dépêche au ministre des affaires étrangères, il montre M. de Bismarck voulant constituer une grande Allemagne et disposé à ne pas reculer devant une guerre avec nous, s'il est nécessaire. Un peu plus tard, il assure qu'au delà du Rhin on considère « un conflit entre les deux pays comme certain, sinon comme imminent ». Puis il fait prévoir l'éventualité d'une « guerre nationale, d'une guerre formidable dans laquelle tout un peuple au début prendrait parti contre nous... Nous n'avons pas trop de toutes nos forces réunies pour être victorieux sur le Rhin[1] ».

Il faut ajouter que ces dépêches sont, dans une certaine mesure, contredites par d'autres, dont quelques-unes très optimistes comme celle du 4 février 1868[2]. Mais l'ensemble n'en laisse pas moins l'impression d'un conflit prochain et inévitable.

Un autre de nos agents, le lieutenant-colonel d'artillerie Stoffel, attaché militaire à Berlin, pousse plus loin encore l'esprit d'observation et le franc-parler. Parfois même, il porte celui-ci jusqu'à la brutalité[3]. L'empereur prend connaissance de ses rapports, comme le prouvent les *Papiers*

---

1. *Ma mission en Prusse*, 244 et suiv. 266, 271-272.
2. Voir encore celles des 18 mars 1869, 14 et 27 janvier 1870.
3. Voir dans Stoffel, 97 et suiv., les rapports du 23 avril 1868, 112, sur l'infériorité de notre état-major; du 22 juillet 1868, remarques sur l'armée prussienne, p. 209; du 12 août 1869, sur notre loi militaire, etc.

et correspondance, ainsi que d'autres documents[1]. Quant au maréchal Le Bœuf, il se borne, dit-on, à écrire le mot *exagération* en marge de ces avertissements importuns[2]. Les sentiments qu'inspire Stoffel à une grande partie de l'entourage impérial sont aisés à deviner. En 1869, le capitaine Hepp va être adjoint à notre attaché militaire de Berlin. Il se rend à Compiègne, pour recevoir ses instructions. Le duc de Gramont s'y trouve. « Je l'entends encore dire à M. Hepp : — Je me félicite du choix que l'on a fait de vous ; j'espère, mon cher capitaine, que vous n'allez pas être, comme Stoffel, un oiseau de malheur qui voit tout en noir[3]. »

De fait, Stoffel ne perd pas une occasion d'insister sur le danger allemand, sur nos causes de faiblesse. Le 20 novembre 1868, il montre l'état de l'opinion toujours le même en Prusse : il n'y a que défiance ou animosité générale contre la France[4]. Dans ses lettres de 1869, ces mots « la guerre est inévitable » ou d'autres approchant reviennent comme un refrain :

« 1° La guerre est inévitable et *à la merci d'un incident ;*

« 2° La Prusse n'a pas l'intention d'attaquer la France ; elle ne désire nullement la guerre, et elle fera tout son possible pour l'éviter ;

« 3° Mais la Prusse est assez clairvoyante pour reconnaître que la guerre, qu'elle ne désire pas, éclatera infailliblement, et elle fait tous ses efforts pour ne pas être prise au dépourvu le jour où l'incident fatal se produira.

« La France, par insouciance, par légèreté et surtout par ignorance de la situation, n'a pas la même clairvoyance que la Prusse[5]. » Est-il possible de pousser plus loin la vision de l'avenir ?

---

1. Notamment le rapport du 16 novembre 1868 ; il répond à une note envoyée par ordre de l'empereur.
2. C. Farcy, *Histoire de la guerre de 1870-1871,* 5
3. Mme Carette, II, 28. Le capitaine Hepp ne partit pas, en raison d'une circonstance fortuite. — L'entourage impérial considérait M. Stoffel comme un prussomane accaparé par M. de Bismarck (*Considérations sur l'histoire du second empire,* 30.)
4. *Papiers et correspondance,* I, 231, lettre à M. Pietri.
5. Stoffel, 301-302.

Un peu plus tard, notre attaché militaire note finement les sentiments qu'on nous porte autour de lui : « ...Aujourd'hui, la France, loin d'exciter aucune sympathie en Prusse, y est, au contraire, un objet de haine pour les uns, d'envie pour les autres, de méfiance et d'inquiétude pour tous. » M. de Bismarck lui dit, en affectant comme à l'ordinaire une brutale franchise, mais sans parvenir à le tromper : « Jamais nous ne vous ferons la guerre; il faudra que vous veniez nous tirer des coups de fusil chez nous, à bout portant[1]. » A ces avertissements, Stoffel joint des appréciations très osées, mais trop vraies, sur le Corps législatif, la presse, l'état moral de la France[2].

Un autre observateur, plus passionné et par suite moins clairvoyant, multiplie, lui aussi, les avis inquiétants, non sans provoquer de même le mécontentement de l'entourage impérial. C'est le général Ducrot : « Les Prussiens... continuent à se préparer comme si la guerre était inévitable. » « La Prusse n'a renoncé à aucun de ses ambitieux projets; elle les a simplement ajournés[3]... » Dans un rapport du 22 avril 1868, à la suite d'une excursion en Allemagne, il montre l'instruction des troupes hessoises parfaite en ce qui concerne le soldat et la compagnie. Le 6 mai, c'est la possibilité pour les Allemands de nous envahir par la Sarre en masquant Strasbourg et s'emparant de la crête des Vosges, avec Lunéville et Nancy pour ligne de marche[4].

Les faits sont là, d'ailleurs, pour faire voir les intentions de la Prusse. En avril 1868, le général de Moltke parcourt notre frontière vers Sarrebruck et Forbach[5]. En septembre,

---

1. Stoffel, 306-309.
2. *Ibid.*, 318.
3. Lettres au général Faure et à M. L. Rambourg, 17 janvier et 12 février 1868 (*Vie militaire du général Ducrot*, II, 208 et suiv.).
4. Rapport du 22 avril 1868 communiqué au général Frossard; lettre au maréchal Bazaine, 6 mai 1868 (*Vie militaire du général Ducrot*, II, 222-241).
5. Lettre du maréchal Niel à Ducrot, 11 avril 1868 (*Vie militaire*, II, 237); le capitaine Samuel a télégraphié au ministre le 9 avril, à 9h 30 du matin : « Depuis lundi, je suis le général Moltke qui visite la frontière de France et étudie les positions. » Son passage est signalé à Sarrebruck, Sarrelouis, etc. (*Papiers et correspondance*, I, 238).

un officier général prussien, accompagné d'officiers d'état-major bavarois, badois et wurtembergeois, fait la reconnaissance du terrain entre Landau et Sarrelouis[1]. Dès février 1869, le maréchal Bazaine, qui commande à Nancy, signale au ministre la fréquente venue en France d'officiers prussiens chargés d'étudier la frontière. On annonce de Bade l'infiltration de l'élément prussien dans toutes les branches de l'administration. Des préparatifs de mobilisation, consistant en achats de voitures par contrat sans livraison immédiate, sont faits dans la province du Rhin et signalés, le 11 mai, par le commissaire spécial de Forbach[2].

Les inquiétudes de Ducrot se précisent : « Il ne faut pas se le dissimuler, notre préparation comparée à celle de la Prusse est dérisoire et, le jour où la lutte commencera, nos forces seront à celles de nos adversaires dans la proportion de un à trois[3]. »

Beaucoup de ses lettres sont communiquées à l'empereur ou à son entourage, soit directement, soit par « le cabinet noir ». Il montre à Napoléon III les hauteurs d'où les Allemands pourront foudroyer Strasbourg. Sa rude franchise n'a pas le don de plaire. On le traite d'« oiseau de malheur » comme le lieutenant-colonel Stoffel. On le tourne en ridicule à la table impériale : « Il trouve des Prussiens jusque dans son verre ! » On ouvre une campagne dans le but de l'éloigner de la frontière allemande, seul moyen de lui imposer silence. Le 6 août 1868, le ministre de la guerre lui retire le droit d'envoyer des officiers à l'étranger, sous prétexte que nous avons déjà des renseignements en suffisance[4]. Le 15 décembre, on lui refuse l'autorisation de faire visiter plusieurs places allemandes par le capitaine Wagner, parce que cet officier commande une fraction de

---

1. *Vie militaire*, II, 261, lettre de Ducrot à M. L. Rambourg, 13 septembre 1868.
2. Bazaine, *Épisodes de la guerre de 1870 et le blocus de Metz*, XI-XII.
3. *Vie militaire*, 250, lettre à M. L. Rambourg, 22 juin 1868.
4. Sous l'inspiration du général Jarras, dit Ducrot (lettre à M. de Leusse, 13 septembre 1868, *Vie militaire*, 258.)

la brigade topographique détachée à Strasbourg, Langres et Toulon[1] !

Le 21 janvier 1869, le directeur du personnel, général Castelnau, lui offre la 19ᵉ division militaire, à Bourges, par cette raison qu'il en aurait témoigné le désir, ce qui est faux. Le 26 février, c'est le ministre qui lui inflige un blâme pour avoir fait délivrer, sans son autorisation, quelques gargousses à blanc, à l'occasion de manœuvres de garnison. Le 16 mars, nouveau blâme du maréchal Niel : Ducrot a fait manœuvrer dans les forêts voisines, ce qui motive les plaintes de l'administration forestière et des adjudicataires de la chasse. En septembre, le ministre Le Bœuf lui annonce que l'intention de l'empereur est de l'appeler au commandement d'une division de la garde. Ducrot refuse cette faveur suspecte, qu'il n'a nullement demandée[2].

Néanmoins, il ne se lasse pas du rôle ingrat de Cassandre. Napoléon III, écrit-il le 13 septembre 1868, « ne se fait aucune illusion sur la situation intérieure et extérieure qui nous a été faite par les événements de 1866. Il sait très bien que les Prussiens ne se sont pas arrêtés depuis Sadowa et ne s'arrêteront pas sans une intervention très énergique de la France...

« A-t-il déjà fait son plan, bien précis, bien arrêté ? Son esprit flotte-t-il encore indécis entre la nécessité d'agir et les difficultés d'exécution ? Voilà ce que nul ne saurait dire[3]... »

Il arrive d'étranges bruits d'Allemagne. La comtesse de Pourtalès, qui revient de Berlin, déclare en propres termes : « M. de Schleinitz, le ministre de la maison du roi, a osé me dire, moitié riant, moitié sérieux : « Soyez-en certaine, « chère comtesse, avant dix-huit mois, votre belle Alsace « aura fait retour à la patrie allemande... » ...Oh ! en vérité,

---

1. Lettre du ministre, 15 décembre 1868 (*Ibid.*, 291); voir aussi, 176, les lettres du général Doutrelaine, 17 juin; du maréchal Niel, 30 juin; du lieutenant-colonel d'Ornans, 18 septembre 1867; *ibid.*, 121 et suiv.
2. *Vie militaire*, II, 296-301; lettre à M. L. Rambourg, 14 septembre 1869, 319; *ibid.*, II, 121 et suiv.
3. Lettre à M. L. Rambourg, *ibid.*, 258.

général, je suis navrée, ajoute Mme de Pourtalès, car j'en suis certaine, rien, rien, rien, ne peut empêcher la guerre. »

« Et Dieu veuille qu'elle ne soit pas désastreuse pour notre pays[1] ! »

En arrivant à Paris, la comtesse fait part de ses impressions à l'empereur, non sans émotion. Lui de répondre : « A travers quels gros nuages vos beaux yeux ont-ils donc vu l'avenir ? Pour faire la guerre, il faut être deux, et nous ne la désirons pas[2]. »

Que d'autres avertissements semblables ! C'est Moltke disant à un Badois : « Lorsque nous serons en mesure de disposer de l'Alsace, et cela ne saurait tarder[3]... » C'est le général von Blumenthal répondant à lord Albemarle, qui témoigne le désir d'aller voir des manœuvres prussiennes : « Ne prenez pas cette peine : nous donnerons bientôt pour vous une grande revue au Champ de Mars de Paris. » C'est enfin le lieutenant-colonel Stoffel, aux manœuvres du Ier corps prussien, à Stettin, en septembre 1869, qui est insulté et dont la voiture est criblée de pierres, aux cris de « chien de Français[4] ! »

Devant les dangers qui nous menacent du dehors, Ducrot voit clairement nos causes de faiblesse : « ...J'appréhende à l'intérieur une révolution et l'anarchie ; à l'extérieur, une invasion de la Prusse[5]. » Les choses continuent comme elles sont : « Un beau jour, la Prusse, devenue l'arbitre de l'Europe, mettra ses talons sur la France, annexant au grand Empire germanique, la Lorraine et l'Alsace, tandis que le désordre et l'anarchie bouleverseront notre pays[6]. »

Ces vues prophétiques, se mêlent d'idées contradictoires. Avec beaucoup de coup d'œil, d'activité, de patriotisme, Ducrot manque volontiers de logique. Son caractère pas-

---

1. Lettre au général Frossard, 26 octobre 1868 ; *ibid.*, 271 ; *Papiers et correspondance*, I, 227.
2. Mme Carette, II, 19 ; *Le dernier des Napoléon*, 232.
3. Lettre de Ducrot au général Frossard, 26 octobre 1868, déjà citée.
4. Mme Carette, II, 21 et suiv.
5. Lettre à M. L. Rambourg, 22 décembre 1868, *Vie militaire*, II, 293.
6. Lettre à M. L. Rambourg, 25 septembre 1869, *ibid.*, 319 et suiv.

sionné ne lui fait voir qu'une face des choses. Ainsi, la conclusion constante de ses lettres est que nous ne sommes pas prêts, que les Prussiens nous sont très supérieurs en forces matérielles. Il n'en désire pas moins la guerre au point de vue de notre renaissance morale. Il croit à un mécontentement très vif dans le Palatinat et les États du Sud, contrairement à ce qu'écrit le préfet de la Moselle[1]. Dans l'entourage de l'empereur, on s'exagère trop volontiers ce mécontentement passager, qui n'empêcherait pas l'Allemagne de se lever comme un seul homme contre l'*Erbfeind*, l'ennemi héréditaire. On prend au sérieux des renseignements suspects par leur origine ou leurs tendances, sans tenir compte de ce qu'ils sont contredits par des faits indéniables[2].

Sans doute, la grande masse de la nation est fort ignorante de l'Allemagne, de ses tendances, de ses sentiments, de ses aspirations. Mais, depuis 1866, on commence à se rendre compte des forces, jusqu'alors insoupçonnées, qui sommeillent entre les Alpes et la Baltique. Dans un livre publié à la veille de la guerre, M. Victor Cherbuliez montre le sens du devoir, l'esprit de discipline, l'amour du travail comme les principales qualités du Prussien. Il fait voir ce « pays d'obéissance et de raisonnement, d'esprit militaire et d'esprit public, et, pour tout dire, pays où une royauté de droit divin gouverne une société fondée sur deux institutions républicaines, l'enseignement obligatoire et le service militaire universel. Tel est le miracle opéré par Iéna[3] ».

---

1. Rapport politique d'avril et lettre au maréchal Bazaine, 6 mai 1868, *ibid.*, 232-242.

2. Mémoire d'un Allemand, non daté et signé, peut-être d'Oscar Meding, représentant le Hanovre comme tout prêt à se soulever, l'Allemagne du Sud devant être tout au moins neutre. « ...Pour la France, jamais le moment n'était plus propice qu'à présent pour détruire la puissance antinationale de la Prusse et qui est contraire à la nature des choses... » (*Papiers et correspondance*, II, complément, 163). Peut-être cet Allemand était-il un agent de M. de Bismarck ?
De même, M. de Saint-Vallier, notre représentant à Stuttgart, croit aux dispositions amicales de l'Allemagne du Sud (Mme Carette, II, 110-114).
Dans certains corps, on fait apprendre aux musiques, en juillet 1870, les airs nationaux des divers États de l'Allemagne du Sud, pour le cas d'une alliance (De Baillehache, *Souvenirs d'un lancier de la garde impériale*, 152).

3. V. Cherbuliez, *La Prusse et l'Allemagne*, I, 778.

De même, on apprécie plus exactement les forces de l'Allemagne. Dans sa correspondance, Stoffel n'en dissimule rien. Le 23 avril 1868, il consacre un long rapport aux éléments de supériorité de l'armée prussienne et à la question du désarmement. Après avoir montré les avantages du service personnel, de l'instruction obligatoire, le développement de l'enseignement du tir, les avantages du matériel d'artillerie, il passe au principal auxiliaire du commandement : « L'état-major prussien est le premier de l'Europe ; le nôtre ne saurait lui être comparé. » Nos officiers d'état-major sont loin de valoir ceux de la Prusse : « Combien n'en trouve-t-on pas chez nous qui ne savent pas lire une carte, qui n'ont aucune connaissance des manœuvres des diverses armes, qui n'ont jamais étudié une campagne des temps modernes, qui, enfin (on a pu le voir dans la guerre de 1859), ne savent même pas choisir un campement convenable pour une brigade d'infanterie ou un régiment de cavalerie[1] ! »

Le 8 mai, il donne un aperçu des forces militaires des États du Sud, sans dissimuler qu'on peut tabler sur leur coopération avec la Prusse. Le 24 juin, il évalue à 540,000 hommes les troupes actives de l'Allemagne du Nord, destinées à atteindre 953,000 hommes avec les réserves et les troupes de dépôt. Le 22 juillet, dans des remarques sur l'armée prussienne, il revient encore sur ses causes de supériorité, qu'il expose avec une grande clarté et une singulière puissance de déduction, sans rien cacher des vérités fâcheuses pour nous : « En un mot, le spectacle qu'offre la Prusse à l'observateur est celui-ci : d'une part, une nation pleine de sève et d'énergie, instruite comme aucune autre en Europe, privée à la vérité de toute qualité aimable ou généreuse, mais douée des qualités les plus solides, ambitieuse à l'excès, sans scrupules, audacieuse, façonnée tout entière depuis longtemps au régime militaire ; d'autre part, un homme qui, pendant vingt ans comme prince, et pendant

---

1. Stoffel, 97-112.

dix ans comme régent ou comme roi, a donné tous ses soins à l'armée avec une sollicitude, une passion, une bonne humeur telles qu'il en a fait un instrument redoutable[1]. »

Dans ce même rapport, le colonel vient à parler de la constitution de l'armée de Bohême en 1866. Il fait voir cette lourde masse de sept corps d'armée, quatre divisions de cavalerie, une réserve d'artillerie, sous les ordres d'un seul homme, le généralissime Benedeck. Les critiques si claires et si justes qu'il adresse à cette organisation seront d'une application frappante en 1870, lors de la formation de notre malheureuse armée du Rhin.

Il ne cache rien, nous l'avons dit, de nos causes de faiblesse : « Quel contraste, écrit-il au sujet de la Prusse, avec la situation faite en France à l'armée qui n'est qu'une agglomération des deshérités de la fortune, où se perdent de plus en plus la discipline et l'esprit militaire[2]. »

Ce n'est pas tout : cette armée qui possède tant de raisons de supériorité matérielle et morale peut entrer en campagne avec une rapidité sans exemple. En trois semaines, elle serait mobilisée et concentrée sur notre frontière[3].

Malgré ces avertissements précis et répétés, la confiance en nos forces, entretenue par des publications inexactes[4], reste entière dans la grande masse de l'armée et de la population. Il convient de répéter que ces illusions ne sont pas le fait de tous. Dans l'armée, comme ailleurs, des idées plus

---

1. Stoffel, 163-201.
2. *Ibid.*, 209.
3. *Ibid.*, 282, rapport du 15 juillet 1869, analyse. — D'après la *Revue militaire de l'étranger* (1872), « dans un rapport inédit du 15 juillet 1869, un militaire bien placé pour étudier l'organisation prussienne, affirmait que la Prusse avait adopté, comme base de sa mobilisation, le chiffre de vingt et un jours ». En juillet 1870, il télégraphie que, « vu l'urgence », le délai a été remis à onze jours ; mais il est trop tard. — Cet article n'a pas été contredit (G. Rothan, *L'Allemagne et l'Italie, 1870-1871*, 1, 48). Il y a contradiction entre ces deux textes ; on ne peut juger du plus exact, faute du rapport original.
4. Voir *Revue des Deux-Mondes*, septembre et octobre 1870, 142, Ressources de la France et de la Prusse, par M. Paul Leroy-Beaulieu : il en ressort qu'au 1er janvier 1869, il y aurait eu 441,437 hommes sous les drapeaux, dont 69,000 en Algérie ou à Rome ; 146,771 disponibles dans leurs foyers (réserve ou 2e portion), au total 588,208 hommes et 415,319 gardes mobiles ; total général : 1,003,527 hommes.

justes se font jour, du moins parmi les gens instruits. Peut-être même ceux-ci sont-ils tentés de s'exagérer notre infériorité, tant nos travers nationaux nous éloignent aisément du juste milieu [1]?

---

[1]. Voir dans la *Revue des Deux-Mondes* du 1ᵉʳ janvier 1870, *L'armée prussienne en 1870*, par F. de Rougemont, aperçu à peu près exact, sinon complet, des forces de l'Allemagne du Nord ; voir aussi, au sujet de son organisation politique, *La Prusse et l'Allemagne* de V. Cherbuliez, *ibid.*, novembre 1869 et suiv. Au sujet de l'appréciation des forces prussiennes, voir le général Trochu, *L'armée française en 1867*, *passim*.

XIII

L'ARMÉE FRANÇAISE DE 1867 A 1870

Tentatives de réforme. — Les cartes. — Le canon Krupp. — Le commandement. — Les places. — La commission des chemins de fer. — Le maréchal Niel. — Le maréchal Le Bœuf.

Bien qu'il l'ait nié, il semble que le maréchal Randon ait laissé des vides se produire dans nos magasins et nos arsenaux, afin de dissimuler une partie des dépenses de l'expédition du Mexique[1]. Les chevaux d'artillerie mis en dépôt chez les cultivateurs après la campagne de 1859 disparurent peu à peu sans être remplacés[2]. On tarda pour adopter un nouveau fusil, pourtant devenu indispensable; on ne changea rien à notre organisation militaire, si bien qu'à deux reprises, en 1866 et en 1867, l'empereur eut à constater notre faiblesse. Lors de l'affaire du Luxembourg, nous aurions pu mobiliser 200,000 hommes au plus, pourvus d'un armement très insuffisant[3].

Napoléon III manifesta des velléités de réforme, mais avec cette sorte d'indifférence dédaigneuse qu'il laissait voir trop volontiers. En mai 1867, le général Lebrun lui soumettait une note réclamant diverses mesures, notamment l'endivisionnement permanent de nos troupes actives, le rétablissement de la discipline. Il recula devant cette dernière proposition, tant la sévérité était contre sa nature. Lebrun lui proposait Trochu pour chef d'état-major : « Oui, répondit-il, vous avez raison ; le grand mérite du général Trochu est incontestable, mais ses idées sont si mystiques[4] ! »

A part la loi sur le recrutement de l'armée, on se borna

---

1. Voir *supra*, p. 75.
2. *Enquête*, Dépositions, I, Thiers, 11.
3. Lebrun, 24 ; *Vie militaire du général Ducrot*, II, 127.
4. Lebrun, 24, 28. Le général porte sa note à deux dates différentes, les 10 et 11 mai (p. 24 et 29).

donc à des réformes sans importance. Le décret du 13 mai 1867 transforma les régiments d'artillerie à pied en régiments montés et porta nos 684 pièces de campagne à 984 ; on supprima les musiques de la cavalerie[1]. On créa un 4e chasseurs d'Afrique ; on rétablit le 6e escadron des régiments de cavalerie de ligne de la garde ; on forma les 5e et 6e compagnies des bataillons de dépôt. On modifia, sans raison bien sérieuse, l'organisation du train d'artillerie et du train des équipages[2].

Le ministère de la guerre ne comportait alors aucun organe pouvant jouer le rôle actuel de l'état-major de l'armée. Le dépôt de la guerre n'y suppléait que dans une mesure très restreinte. En 1867, le général Jarras fut mis à sa tête, et l'on commença quelques études pour une guerre contre la Prusse. Nous étions si dépourvus sous ce rapport que, lors de l'affaire du Luxembourg, on fut réduit à établir quelques itinéraires au moyen de livres de voyage, notamment des guides Joanne[3].

Avant cette époque, les officiers étaient tenus de se procurer eux-mêmes, à la mobilisation, des cartes qu'ils achetaient dans le commerce. Naturellement, le défaut de temps et l'absence d'approvisionnements rendaient cette obligation illusoire. Pendant la campagne de 1859, même les généraux en furent réduits à quelques cartes à grande échelle, données par le gouvernement piémontais. Pourtant, le maréchal Niel n'entendait pas déroger au principe de l'achat par les intéressés. Il fut convenu qu'on distribuerait des cartes d'Allemagne aux généraux et officiers supérieurs seuls. Pour tous les officiers, le prix de la carte d'état-major française fut abaissé de 7 fr. 50 c. à 2 fr. la feuille. Ils durent acheter le nécessaire sur leur indemnité d'entrée en campagne[4].

---

1. Celle des guides fut maintenue pour la durée de l'Exposition (De Baillehache, 106). Voir Thoumas, I, 141, en ce qui touche l'artillerie.
2. Randon, II, 273.
3. Jarras, 2.
4. Jarras, 3-5.

Quant à une préparation sérieuse pour la guerre qui menaçait, il n'en existait pas trace au ministère. L'empereur n'arrêtait aucun plan d'opération, du propre aveu du maréchal Niel. Celui-ci n'indiquait aucune région à étudier plus qu'une autre en Allemagne. On comptait évidemment sur le *débrouillez-vous* de nos guerres africaines [1].

Il existe un témoignage irrécusable de la légèreté avec laquelle étaient alors menées nos affaires militaires. C'est une lettre de Krupp, le grand fabricant de canons, offrant à l'empereur les comptes rendus d'expériences faites à Essen pour la Russie et la Prusse. Une note signée « général Le Bœuf », tout en reconnaissant la supériorité incontestée de l'acier Krupp, admet la possibilité du retour au bronze pour la fabrication du canon prussien. Elle est conçue en des termes tels que le chef du cabinet de l'empereur, M. Conti, écrit sur la chemise du dossier : « Rien à faire. Classer [2] ».

L'une des causes les plus graves de notre faiblesse était la non-existence, en permanence, des grandes unités tactiques, brigades, divisions, corps d'armée. Dès longtemps, tous les esprits réfléchis reconnaissaient le danger d'improviser ces formations au moment d'une entrée en campagne ; aujourd'hui, l'évidence en apparaît telle qu'on a peine à comprendre le système qui fut si longtemps le nôtre. Dès sa

---

1. Jarras, 5-7.
2. *Papiers et correspondance*, II, 97 : lettre de M. Krupp du 23 janvier 1868 ; billet de M. Conti, 28 janvier ; lettre et rapport du général Le Bœuf, 27 février ; le tout classé du 11 mars. — Le Bœuf disait à un officier général belge, qui le répéta au général de Wimpffen, que le canon prussien avait une durée moindre que le nôtre, qu'il ne présentait point d'assez sérieux avantages pour être accepté, et que nos voisins feraient bien de nous imiter (Wimpffen, 72). — Le rapport de Mac-Mahon sur la bataille de Frœschwiller, arrivé à l'empereur le soir du 7 août, signalait l'artillerie prussienne comme ayant surtout contribué à notre défaite. Le général Lebrun montra alors la copie de son rapport de 1867, qui constatait cette supériorité : « Voyez, m'écriai-je, ai-je dit la vérité en 1867 ? — Croyez-vous donc, s'écria à son tour le major général (Le Bœuf), que je ne savais pas que le canon prussien était supérieur au nôtre ? Mais où donc aurais-je trouvé les fonds nécessaires pour transformer notre artillerie ? Est-ce que le Corps législatif aurait jamais voulu me les accorder ? » Cette explication parut à bon droit contestable au général Lebrun (Lebrun, 251-259). — Dès 1867, la mitrailleuse « passe pour assurer une immense supériorité à son possesseur » (Mérimée, *Lettres à Panizzi*, 16 avril 1867, 282).

nomination à Nancy, le maréchal Bazaine signalait la nécessité d'y renoncer, du moins pour les troupes de son commandement, y compris les douaniers et les forestiers. Il proposait d'installer des magasins de campement à proximité des corps, en vue d'accélérer la mobilisation. Le Bœuf songeait, lui aussi, à endivisionner toute la portion de l'armée stationnée entre Metz, Strasbourg et Besançon. Mais, pas plus que son prédécesseur, il ne changeait rien à ce vice capital de notre organisation [1].

Après comme avant le maréchal Niel, les officiers généraux chargés de commandements territoriaux ne possèdent *aucune* initiative. Ils ne peuvent même pas, sans l'intermédiaire du ministre, obtenir des renseignements sur les travaux de fortification en cours, sur l'armement des places, sur les mouvements de matériel. Cette ignorance voulue est telle que Bazaine verra des mitrailleuses seulement lors de son arrivée à Metz, en juillet 1870. — L'intendance affecte la prétention de soustraire au commandement l'une des plus importantes de ses prérogatives, la surveillance de l'alimentation du soldat [2].

Et quelle incurie pour la défense de nos places ! A Nancy, il manque les éléments de travail les plus indispensables : « Il n'existe à l'état-major du troisième corps d'armée aucune carte qui puisse me donner des renseignements exacts sur les fortifications des diverses places de mon commandement et sur le terrain qu'il est utile de connaître autour de ces places... Je considère ces documents comme indispensables [3]... » Le maréchal ne les obtient pas davantage.

On fait consommer les approvisionnements de réserve, le biscuit surtout, sans les remplacer aussitôt. Nos forteresses ne sont pas armées. Thionville, dans le voisinage immédiat

---

1. La réponse stéréotypée du ministre aux demandes de Bazaine était celle-ci : « J'apprends toujours avec plaisir que vous faites des tournées d'inspection, et j'en lis le résultat avec beaucoup d'intérêt » (Bazaine, *Épisodes*, II) ; *Vie militaire du général Ducrot*, II, lettre à M. L. Rambourg, 14 septembre 1869, 317 ; Trochu, *L'armée française en 1867*, 131 ; Lebrun, 24, 28.
2. *Vie militaire du général Ducrot*, II, 151, lettre à son frère, 22 janvier 1867.
3. Bazaine, *Épisodes*, X, lettre au ministre, 25 janvier 1868.

de la frontière prussienne, n'a pas un artilleur ; le chemin de fer de Verdun à Metz reste inachevé, alors qu'il est de première urgence[1].

Nous avons dit quelles difficultés Ducrot eut à vaincre avant d'envoyer des officiers en Allemagne, pour des reconnaissances. Grâce au maréchal Niel et à lui, il y eut pourtant de grands efforts dans ce sens ; mais ce n'est pas au delà du Rhin que devaient se livrer les futurs combats !

Une tentative plus sérieuse fut la création d'une commission centrale des chemins de fer (15 mars 1869), chargée d'établir des règles et des projets en vue des transports de troupes par voie ferrée. Ses réunions, d'abord fréquentes, devinrent ensuite de plus en plus rares[2]. Elles avaient complètement cessé en juillet 1870 ; les travaux préparés restèrent inutilisés et nos transports se firent dans des conditions déplorables, dont nous n'aurons que trop à parler.

Toutes les mesures militaires prises de 1866 à 1870, qu'elles résultent de lois ou de simples décrets, portent l'empreinte de l'improvisation, du décousu, de l'inachevé, du provisoire. On y voit percer le désir de faire quelque chose pour la satisfaction immédiate du pays, et non une œuvre sérieuse en vue de l'avenir. D'ailleurs, qui travaille pour l'avenir ? On vit au jour le jour, sans l'avouer, mais l'horizon s'assombrit constamment. On cherche à se faire illusion sur nos forces : « ... Les armées de terre et de mer, fortement constituées, sont sur le pied de paix ; l'effectif maintenu sous les drapeaux n'excède pas celui des régimes antérieurs ; mais notre armement perfectionné, nos arsenaux et nos magasins remplis, nos réserves exercées, la garde nationale mobile en voie d'organisation, notre flotte transformée, nos places fortes en bon état, donnent à notre puissance un développement indispensable.

« Le but constant de mes efforts est atteint : les ressources

---

1. Bazaine, *ibidem*.
2. Jacqmin, *Les chemins de fer français pendant la guerre*, 18. — La commission eut vingt-neuf réunions, sous la présidence du général d'artillerie Guiod.

militaires de la France sont désormais à la hauteur de ses destinées dans le monde [1]... »

Les ministres de la guerre renchérissent sur Napoléon III. Le 9 avril 1869, le maréchal Niel déclare au Sénat : «... Avec l'organisation si profondément préméditée de l'empereur, et dont, par son initiative, notre système militaire est aujourd'hui doté, nous ne pouvons jamais être surpris... » Le 12 avril : «... Aujourd'hui, que nous soyons à la paix ou à la guerre, cela ne fait absolument rien au ministre... : il est toujours prêt [2]. » Il prévoit la guerre ; il la veut, mais sous certaines conditions : « Nous aurons la guerre ; il faut que nous l'ayons, non pas encore en 1870, mais pas plus tard qu'en 1871. — Préparons-nous donc à la guerre, reprend le général Lebrun, mais, Monsieur le Maréchal, ne la faisons pas sans avoir des alliés avec nous. — Oh ! pour cela, je vous réponds que, tant que je serai ministre, je tiendrai à ce que la France ne s'engage pas dans une guerre où elle n'aurait pas d'alliés [3]... »

Un peu plus tard, cette même année 1869, il aborde l'impératrice : « Eh bien, Madame, êtes-vous prête pour la guerre ? » Et, l'impératrice se récriant : « Moi, Madame, je suis prêt [4]. »

Il n'est donc pas douteux que Niel jugeait la guerre inévitable et qu'il nous y croyait préparés. Il avait une trop haute opinion de nos forces nationales et n'estimait pas à leur valeur celles des Prussiens. Il pensait que ceux-ci mettraient sur nos frontières un maximum de 300,000 hommes. Tout au plus aurait-il retardé la guerre. C'est lui-même qui arrêta les dispositions exécutées en juillet 1870 pour la mobilisation [5]. Sa disparition fut un malheur, mais moindre qu'on ne

---

1. Discours impérial du 18 janvier 1869, pour l'ouverture de la session (Général Canonge, II, 12); cf. *Journal officiel* du 16 août 1869.
2. Mme Carette, II, 98.
3. Lebrun, 318 ; Jarras, 8.
4. Lebrun, 318. — Au moment des élections de 1869, le maréchal dit à M. Camille Rousset : « Je me suis mis à l'œuvre, et le jour est enfin venu où j'ai pu dire à l'empereur : nous sommes prêts » (C. Rousset, *L'armée de Metz*, loc. cit.) Voir aussi *Enquête*, dépositions, I, Thiers, 11 ; *Dossier de la guerre de 1870*, p. 48, 49, 50, 51, discours du maréchal Niel, 20 mars, 9, 12, 22 avril 1869.
5. Lebrun, 320-322.

l'a prétendu. Il fut remplacé par le maréchal Le Bœuf, ancien aide de camp de l'empereur, président du comité d'artillerie. Brave, intelligent, portant beau, avec des airs de franchise et de rondeur qui le rendirent sympathique à la Chambre, le nouveau ministre unissait à une grande légèreté un profond amour de la popularité et tous les goûts du courtisan. Nous l'avons vu se prêter à une incompréhensible réduction du contingent, la veille même de la déclaration de guerre. Il multiplia les congés. Il ne contrôla aucune des dispositions adoptées par le maréchal Niel, les acceptant purement et simplement [1]. Comme président du comité, il avait refusé de créer 28 batteries de campagne, sous ce singulier prétexte qu'on a toujours trop de canons. Ministre, il n'admit pas la transformation en batteries montées de 20 à 30 batteries à pied. Niel avait demandé 5 millions et demi pour la garde mobile en 1870; Le Bœuf se contenta de 2 millions. Il cessa de réunir la commission spéciale des chemins de fer. Peu avant la guerre, il faisait emmagasiner les affûts de l'armement de sûreté de nos places du Nord-Est [2]. Certes, sa part est lourde dans les fautes qui devaient être si chèrement expiées.

---

1. Lebrun, 323; Chuquet, *La guerre (1870-1871)*, 4; « Ma seule politique, la voici : c'est d'être toujours prêt » (Discours du maréchal Le Bœuf, 30 mars 1870, *Dossier de la guerre de 1870*).

2. Chuquet, 4 et suiv.; Thoumas, I, 141-142.

XIV

LA FRANCE ET LA RUSSIE JUSQU'EN JUILLET 1870

Premiers témoignages de sympathie. — La campagne d'Italie. — L'insurrection de Pologne. — La Prusse et la Russie. — Le soulèvement des Candiotes. — Centenaire de l'ordre de Saint-Georges. — Le général Fleury. — Ses illusions. — La politique russe.

Chacun sait que la guerre de Crimée laissa peu de traces d'hostilité entre la France et la Russie. Alexandre II nous savait gré des égards témoignés à un adversaire séparé de nous par des causes passagères. Il était même disposé à établir entre les deux empires une solide intimité; mais il ne voulait pas s'éloigner du plus fidèle allié de la Russie pendant l'épopée napoléonienne : « Une alliance quelconque dans laquelle la Prusse ne serait pas admise en tiers lui eût paru une infidélité familiale [1]. »

De même, le chancelier Gortschakoff écrivait au duc de Morny, le 15 janvier 1858 : « Il y a entre les deux nations une sympathie organique incontestable. » Mais ses dispositions à l'égard de la Prusse étaient celles de son maître. D'ailleurs, Napoléon III n'inclinait pas à accueillir ses ouvertures; bien qu'il ne fût pas toujours fidèle à l'alliance anglaise, loin de là, et que, de son côté, l'Angleterre ne fût pas sans arrière-pensées à l'égard de ses anciens alliés, il ne voulait pas s'en éloigner définitivement, et une entente cordiale avec la Russie l'y eût obligé. « Le ménage à trois » qu'il rêvait était, de tout point, une impossibilité [2].

De Saint-Pétersbourg, le duc de Morny et le général Le Bœuf ne cessaient de conseiller l'alliance russe, sans obtenir

---

[1]. Émile Ollivier, L'alliance russe et Napoléon III, Cosmopolis, juin 1898, 740.
[2]. Lettre du duc de Morny à l'empereur, 9 décembre 1856, citée par M. É. Ollivier, loc. cit. — Au sujet des sentiments de la reine Victoria et du prince Albert sur la France, dès le 23 juillet 1856, lire les Erinnerungen aus dem Leben des General-Adjudanten Kaiser Wilhelm I. von Boyen, Berlin, Mittler, 1899, et Malmesbury, 287, à la date du 25 mai 1859.

aucune modification dans les idées de l'empereur¹. Nous ne devions pas tarder, néanmoins, à nous rendre compte de l'utilité inappréciable de cette combinaison. Pendant la campagne d'Italie, la Prusse nous menaçait d'une intervention armée, et cette crainte seule suffisait à paralyser notre offensive. Le gouvernement russe, beaucoup plus, sans doute, par hostilité contre l'Autriche que par sympathie pour la France, se prononçait contre la participation de l'Allemagne à la guerre, et notre frontière du Nord-Est restait indemne de l'invasion menaçante². C'est ce souvenir, peut-être, qui amenait Napoléon III, en décembre 1862, dans une réception solennelle faite à l'ambassadeur de Russie, à accentuer fortement « l'intimité » qui l'unissait à Alexandre II³.

L'insurrection polonaise changea le cours des choses. Le gouvernement impérial garda tout d'abord une grande réserve. Elle se démentit ensuite sous la double influence de l'opinion et de l'Autriche. D'anciennes et amicales relations nous attachaient à la Pologne ; l'Autriche, très hostile à la Russie, ne pouvait l'être aux insurgés. Impuissants à faire revivre leur patrie déchirée, nous ne sûmes pas cacher d'inutiles sympathies. De plus, dans le discours du trône du 5 novembre 1863, Napoléon III proclamait que « les traités de 1815 avaient cessé d'exister ». L'effet de cette déclaration fut immense. Elle rejeta l'Autriche dans les bras des puissances du Nord ; elle nous aliéna l'Angleterre et précipita la guerre des Duchés. En décembre, le Holstein était envahi. Quant à Alexandre II, il envoyait au roi Guillaume une longue lettre autographe célébrant les avantages d'une alliance borusso-russe. Mais M. de Bismarck n'entendait pas se lier les mains sans nécessité. Guillaume refusa de s'engager.

---

1. Lettres du duc de Morny à M. de Walewski, octobre-novembre 1856 ; à l'empereur, 15 septembre 1856 (*Ibidem*). Le duc et le général étaient en ambassade extraordinaire à l'occasion du couronnement d'Alexandre II.
2. G. Rothan, Les relations de la France et de la Prusse de 1867 à 1870, *Revue des Deux-Mondes*, janvier-février 1886, 412. Voir *supra*, p. 6.
3. J. Klaczko, Le péril de Sadowa, *Revue des Deux-Mondes*, 15 septembre 1868, 368.

La Russie ne lui en tint pas rancune. Il semblait qu'on fût revenu aux beaux jours de la Sainte-Alliance. Le chancelier Gortschakoff le déclarait : « Les quatre gouvernements de l'Angleterre, de l'Autriche, de la Prusse et de la Russie sont maintenant très heureusement d'accord sur une question bien autrement importante que celle du Sleswig-Holstein [1]. » Cette entente de la Russie et de la Prusse résistait à la campagne de 1866, malgré quelques froissements [2].

A l'automne de 1866, le soulèvement des Candiotes réveillait en Orient des difficultés assoupies. De novembre 1866 à mars 1867, l'Autriche et la France faisaient de significatives avances à la cour de Saint-Pétersbourg. M. de Beust allait jusqu'à proposer la revision du traité de 1856 [3].

De son côté, le gouvernement français admettait la cession de la Crète à la Grèce, telle que l'avait suggérée le chancelier Gortschakoff [4]. Cette idée gagnait même tant de terrain qu'en mars 1867, l'Autriche, la Prusse, l'Italie, la France et la Russie opéraient une commune démonstration pour l'appuyer.

Au début de l'affaire du Luxembourg, l'attitude du gouvernement russe est plutôt encourageante pour nous. M. de Budberg répond très nettement à M. de Moustier que la Russie n'a pas tant à se louer de l'Allemagne qu'elle ait beaucoup à se préoccuper de ce qui peut lui déplaire. « Quant à la Belgique, si vous avez envie de la prendre, c'est une affaire seulement entre vous et l'Angleterre [5]. » Mais, à

---

1. Dépêche de lord Napier au comte Russell, 6 janvier 1864, citée par M. J. Klaczko, 15 septembre 1868, 372. Voir *ibid*., 369-372 ; Bismarck, *Pensées et souvenirs*, II, 74.
2. R. Halt, *Papiers sauvés des Tuileries*, 168, lettre de M. de Clermont-Tonnerre, 20 juin 1866 ; G. Rothan, *La politique française en 1866*, 453. Voir *suprà*, p. 66, 78, 95.
3. Dépêches du 10 novembre 1866 et du 1er janvier 1867 au prince de Metternich, citées par J. Klaczko, 372. — Dès le 20 août 1866, le chancelier Gortschakoff indiquait dans un document diplomatique que les traités de 1856 avaient cessé d'exister.
4. Dépêches du chancelier, 16 novembre, et de M. de Moustier, 7 décembre 1866, citées par J. Klaczko, *loc. cit.*
5. Dépêche de M. de Moustier au baron de Talleyrand, 15 février 1867, G. Rothan, L'affaire du Luxembourg, *Revue des Deux-Mondes*, novembre 1881, 493.

Saint-Pétersbourg, M. de Talleyrand essaie vainement d'amener le chancelier à prendre notre parti. Le prince Gortschakoff a pour maxime *do ut des*. Avant de concéder quelque chose, il veut être débarrassé de sa « tunique de Nessus », les traités de 1856. M. de Bismarck connaît cette corde ; déjà il l'a fait vibrer. Il en tirera encore un merveilleux parti[1]. De notre côté, nous tenons trop à ménager l'Angleterre pour risquer de la mécontenter.

L'Autriche et la France peuvent se rendre compte qu'il n'y a rien à espérer de la Russie. Dès lors, elles se retirent de l'entente commune au sujet de la Crète. Avec l'Angleterre, elles appuient le sultan, qui reste en possession de sa gênante dépendance.

Il n'y a pourtant entre la Russie et la Prusse aucun arrangement officiel, mais une entente cordiale unit les deux cours. M. Benedetti s'en rend compte : il fait remarquer que M. de Bismarck garde en Orient une attitude de neutralité absolue, sans jamais s'associer sincèrement à la politique russe dans ces vastes régions[2] : « Tout conflit en Orient le mettrait à la remorque de la Russie et il cherchera à le conjurer... La Russie est une carte dans son jeu, pour les éventualités qui peuvent surgir sur le Rhin, et il tient essentiellement à ne pas intervertir les rôles[3]. » Dès le 5 janvier 1868, il écrit : « Il faut à M. de Bismarck une Italie troublée, en désaccord permanent avec la France... Je ne serais pas surpris non plus si M. de Bismarck était l'instigateur de l'impulsion nouvelle imprimée depuis l'été dernier à la propagande panslaviste ; il y trouve l'avantage immense d'inquiéter l'Autriche par la Russie... L'incertitude de la situation ne fait que resserrer chaque jour davantage les liens qui unissent la Prusse et la Russie[4]... »

---

1. G. Rothan, 415 ; J. Klaczko, 370.
2. Dépêches des 5 janvier, 4 février 1868, 18 mars 1869, 14 et 27 janvier, 30 juin 1870, Benedetti, *Ma mission en Prusse*, 226-297 ; *Essais diplomatiques*, 13, 18 ; J. Klaczko, 386-394 et suiv.
3. Dépêche de M. Benedetti, 27 janvier 1870, Benedetti, 394. Même note dans la dépêche du 30 juin.
4. Dépêche du 5 janvier 1868, Benedetti, 253 ; J. Klaczko, 386 ; Note de M. Drouyn de Lhuys à l'empereur, 1ᵉʳ mars 1869, Pradier-Fodéré, 62 (Extrait

Si, du côté de la première, les arrière-pensées ne manquent pas, la seconde est plus franche dans ses sympathies prussiennes. Elle ne les dissimule aucunement. Le 17 février 1867, la *Gazette de Moscou* pose en axiome que les derniers événements ont rendu plus nécessaire l'alliance active de la Russie et de la Prusse. La visite de l'empereur Alexandre à Paris (juin 1867) et les déplorables incidents qui la marquent ne sont pas pour nous l'attacher. Il en garde une fâcheuse impression, malgré les pompes de la cour impériale [1].

Le 8 décembre 1869, le centenaire de l'institution de l'ordre de Saint-Georges-le-Grand est l'occasion entre les deux souverains d'un échange de télégrammes chaleureux au delà de toute expression et rappelant de la façon la plus nette l'alliance de jadis contre la France impériale [2].

Vers la même date, Alexandre II, recevant un personnage subalterne de l'entourage du roi, lui dit : « On se donne, des côtés les plus différents, toutes les peines du monde

du *Morning-Post*, 1871). Cette note est intitulée : « Combinaison des réseaux de chemins de fer russes et prussiens, au point de vue des affaires d'Orient et d'une guerre avec l'Autriche. » — Au printemps de 1867, l'exposition ethnologique de Moscou avait marqué un redoublement de la propagande panslaviste.

1. Du Barail, *Mes souvenirs*, III, 90-97 ; Voir *suprà*, p. 142.
2.   « Berlin, 8 décembre 1869, 4 heures du soir.
    « Sa Majesté l'Empereur de toutes les Russies,
« Je Vous présente mes félicitations pour la belle fête d'aujourd'hui, que j'ai suivie d'heure en heure. Le colonel Werder vient de m'annoncer l'insigne honneur dont Vous l'avez trouvé digne, et je Vous en remercie du fond du cœur.
           « GUILLAUME. »
           « Pétersbourg, Roi de Prusse, Berlin.
« En Vous remerciant de cœur pour Votre lettre amicale par Albert, et au moment d'aller à la solennité militaire, permettez-moi de Vous offrir, au nom de tous les chevaliers de Saint-Georges, le grand cordon de cet ordre qui Vous revient de droit. Nous serons toujours fiers de Vous avoir décoré. Puissiez-Vous y voir une nouvelle preuve de l'amitié qui Nous lie, basée sur les souvenirs d'une époque à jamais mémorable, où Nos deux armées combattaient pour la même sainte cause. Je me suis permis de donner la croix de quatrième classe à Votre aide de camp Werder.   « ALEXANDRE. »

La réponse du roi, datée de 8ʰ 30 du soir, rappelle, elle aussi, « le souvenir de la grande époque où nos deux armées combattaient pour la même sainte cause ». Guillaume donne à l'empereur la croix « Pour le mérite ». Il télégraphie au prince Albert, à 6ʰ 30 du soir : « Quel immense honneur m'échoit ! Je suis heureux au delà de toute expression, mais complètement anéanti... » (L. Schneider, II, 97 ; *Journal officiel* de l'empire russe, 12 décembre 1869 ; J. Klaczko, 389).

pour séparer la Russie de la Prusse et semer la méfiance ; mais, tant que je vivrai, cela n'arrivera pas. Mes sentiments ne changeront ni envers le roi ni envers la Prusse [1]. »

En effet, l'empereur et son chancelier sont tout à l'alliance prussienne, bien qu'ils aient à lutter contre des tendances opposées, assez fortes à la cour et dans la société russe. On voit ce qu'il faut penser des assurances contraires données par un ministre hessois, M. de Dalwigk, au général Ducrot, en octobre 1868 : « Malgré les liens de parenté et d'amitié... l'empereur Alexandre forme des vœux pour la France... Chez lui, c'est un sentiment raisonné... mais, dans son entourage, il y a un sentiment de haine passionnée contre la Prusse [2]. »

Le gouvernement impérial se rend compte de la froideur de la Russie. Il tente de modifier ses sentiments en remplaçant le baron de Talleyrand, qu'il juge insuffisant, par l'un des personnages les plus goûtés à la cour : « Le général Fleury doit exprimer à l'empereur Alexandre la pensée que l'empereur Napoléon, voulant resserrer les liens qui réunissent les deux souverains, a fait choix comme ambassadeur d'un officier tenant particulièrement à sa personne.

« Avec le prince Gortchacow (*sic*), il faudra rester sur la réserve et affirmer que le gouvernement français désire la paix et par conséquent le *statu quo*. » Mais c'est là une simple entrée en matière. Dans les conversations ultérieures, on devra montrer « le danger que fait courir à l'Europe l'idée germanique ». Fatalement, « si elle continue à grandir », elle englobera « tous les pays qui parlent allemand, depuis la Courlande jusqu'à l'Alsace ». En ce qui la concerne, la France déplore l'inexécution des traités de Prague ; au sujet de l'Orient, elle désire connaître les vues de la Russie [3].

---

1. L. Schneider, II, 106.
2. *Vie militaire du général Ducrot,* II, 278-281.
3. Comte Fleury, La France et la Russie en 1870, d'après les papiers du général Fleury, *Revue de Paris*, 15 décembre 1898, 715-716. Ces instructions datent d'octobre 1869.

Pour un diplomate improvisé dans des circonstances aussi délicates, la tâche est difficile. Tout d'abord le général se fait illusion. Il s'exagère la portée des attentions de l'empereur, des procédés flatteurs dont on use pour lui. Alexandre II considère son oncle, le roi Guillaume, comme « un peu trop ambitieux... Il ferait bien de digérer ce qu'il a absorbé avant de se faire de nouveau conquérant[1] ». — L'empereur de Russie vient d'écrire au roi « une lettre pressante pour lui représenter l'opportunité de mettre fin à l'affaire du Sleswig, en exécutant loyalement l'article 5 du traité de Prague[2] ».

Surviennent la fête des chevaliers de Saint-Georges et l'incident que nous avons conté. Le général Fleury tente de mettre sur le compte d'un « mouvement spontané » la démarche si caractéristique d'Alexandre. D'ailleurs, celui-ci s'attache à panser notre blessure[3]. Le chancelier se dépeint comme « le promoteur de l'idée d'alliance avec la France, qui serait aujourd'hui bien étroite sans votre fatale campagne pour la Pologne ». Je serai, dit-il, « le défenseur de cette politique, tant que je vivrai », ce qui n'empêche pas le général Fleury d'éprouver de lui « une défiance instinctive ». Il admet pourtant que « l'opinion très ardente » de la Russie est pour nous ; « le grand-duc héritier s'est déclaré hautement le champion du parti national[4] ».

A Paris, on exagère encore les défiances de notre ambassadeur : « N'oubliez pas, écrit Napoléon III, que ce que vous dites à l'empereur ou au prince Gortschakoff est répété à Berlin[5]. » Au contraire, le général admet qu'il y a chez Alexandre II les meilleures dispositions à notre égard : « Je pense que l'empereur..., quelles que soient sa tendresse et sa vénération pour son oncle, éprouve le désir véritable de se rapprocher de la France. » Il a assisté, sans y être prié, à

---

1. Dépêche au prince de La Tour d'Auvergne, 30 novembre 1869, *ibid.*, 720.
2. *Ibid.*, 721.
3. *Ibid.*, 724.
4. *Ibid.*, 727 ; dépêche du 5 mars au ministre des affaires étrangères, *ibid.*, 733. Le chancelier répète au général que « l'alliance avec la France est son rêve » (Dépêche du 23 mars, *ibid.*, 735).
5. *Ibid.*, lettre du 5 janvier 1870.

une fête donnée en l'honneur de la naissance de notre prince impérial[1].

Un officier attaché au général Fleury, M. de Verdière, entretient les mêmes illusions : l'ambassadeur jouit d'une faveur croissante ; il a déjà obtenu « le resserrement des liens d'amitié entre le czar et la France et l'assurance que la Russie pèsera de son influence très grande sur la Prusse pour empêcher cette dernière de donner prétexte à des difficultés nouvelles ». Les changements politiques survenus en France n'ont rien modifié. « ... Le nouveau ministère... a débuté par donner la consigne que voici : « Ne faites rien, « ne dites rien. » On a obéi naturellement, mais l'affaire commencée a continué de marcher toute seule[2]... »

La réalité est tout autre. L'empereur de Russie est plus attaché que jamais au roi de Prusse. Du 1er au 4 juin 1870, il est à Ems avec lui, et M. Benedetti rapporte à juste titre que cette entrevue a encore resserré leur union. Quant au chancelier, il garde rancune des fautes que nous avons commises : « J'ai beau consulter, dit-il à notre ambassadeur, le bilan de nos rapports avec le cabinet des Tuileries, le nom de la France ne se retrouve nulle part, tandis que, à chaque colonne, je vois figurer à l'actif le nom de la Russie[3]. » Dans ces conditions, ce n'est pas du Nord que viendra, pour M. de Bismarck, l'obstacle à ses secrets desseins. La Russie sera plus qu'une alliée de la Prusse. Mieux vaudrait, pour nous, « une guerre franchement déclarée qu'une neutralité aussi perfidement, aussi cruellement exercée[4] ».

---

1. *Ibid.*, 738-739, dépêche du 4 avril 1870.
2. *Papiers et correspondance*, I, 127-131, lettres de M. de Verdière, 25 janvier et 9 février 1870.
3. G. Rothan, *Les relations de la France et de la Prusse*, Revue des Deux-Mondes, janvier-février 1886, 412-413 ; Duvergier de Hauranne, L'alliance anglaise et la ligue des neutres, *Revue des Deux-Mondes*, 1er juin 1872, 487.
4. *Ibid.*, 413.

LIVRE III

LA CANDIDATURE HOHENZOLLERN

I

LES PRÉLIMINAIRES

Le prince Léopold. — Premiers bruits le concernant. — Refus de la candidature. Rôle de M. de Bismarck. — Son but.

La révolution de septembre 1868 avait laissé vide le trône d'Espagne. Ce pays, profondément dévoué aux principes monarchiques, restait en République, mais à titre provisoire et dans l'attente d'un souverain que l'incertitude du lendemain rendait d'une découverte difficile. Dès le mois d'octobre, le nom des Hohenzollern figurait sur la liste des candidats possibles. Il en était ouvertement question dans la presse. Plusieurs hommes d'État espagnols s'en faisaient les promoteurs, notamment don Eusebio di Salazar y Mazaredo, conseiller d'État et membre des Cortès [1].

Le prince Charles-Antoine de Hohenzollern-Sigmaringen, général prussien, fils d'une nièce du roi Murat et veuf d'une princesse Joséphine de Bade, fille elle-même de la princesse Stéphanie, proche parente de la reine Hortense, était alors le chef d'une branche de la maison régnante de Prusse. De son mariage avec Joséphine de Bade, Charles-Antoine avait eu cinq enfants : Charles, roi de Roumanie, né en 1830 ;

---

[1]. *Aus dem Leben des Königs Karl von Rumänien. Aufzeichnungen eines Augenzeuges*, I, 297, 311, et II, 6 (Mémoires publiés dans la *Deutsche Revue*, dans l'*Indépendance roumaine*, puis en volumes) ; Oncken, 110. Divers journaux, notamment l'*Augsburger Allgemeine-Zeitung*, du 26 avril 1869, faisaient valoir la parenté de Léopold avec la maison impériale de France.

Léopold (1835), le prince héritier ; Antoine (1841), mort après Sadowa ; Frédéric (1843), Marie (1845). Par sa naissance, qui l'apparentait aux Murat et aux Beauharnais, c'est-à-dire à la famille impériale de France plus encore qu'au roi de Prusse, par son mariage avec l'infante doña Antonia, sœur du roi de Portugal, par la religion qu'il professait, le catholicisme, le prince Léopold était un candidat des plus sérieux. A deux reprises (mars et octobre 1869), M. di Salazar mettait son nom en avant, dans des brochures qui furent remarquées[1].

Il semblait tout d'abord que la candidature de ce prince allemand dût être agréable aux Tuileries. En septembre 1869, quand le maréchal Prim venait à Paris, l'empereur lui demandait, dit-on : « Pourquoi ne penseriez-vous pas au prince de Hohenzollern, qui est mon parent[2] ? » Les relations étaient bonnes entre cette famille et Napoléon III. Celui-ci craignait avant tout que l'Espagne ne choisît pour roi un prince d'Orléans[3]. Il eût préféré la République, du moins à titre provisoire.

D'ailleurs, il n'ignorait pas ce qui se tramait entre Berlin et Madrid. La venue à Berlin de M. de Rancès, ministre d'Espagne à Vienne, attirait l'attention de M. Benedetti,

---

1. M. Oncken, 110, publie la dernière d'après une traduction parue dans la *Kölnische Zeitung*, et reproduite par M. Hirth (*Tagebuch des deutsch-französischen Krieges 1870-1871*, I, 9-16) ; M. Pradier-Fodéré, 47, cite une lettre de M. Drouyn de Lhuys à l'empereur, 17 novembre 1869, annonçant l'envoi d'une note et de deux brochures relatives à cette candidature. Ces dernières sont sans doute celles de M. di Salazar.

2. *Mémoires du maréchal Randon*, II, 306. — Pourtant, le 5 décembre 1868, le prince Charles de Roumanie reçoit de son père Antoine une lettre prouvant que les Hohenzollern ne se font aucune illusion sur la faveur que trouverait la candidature en France (*Aus dem Leben*, II, 311).

3. Bordier, *L'Allemagne aux Tuileries*, 175 : lettre de la princesse Joséphine de Hohenzollern à l'empereur, 18 juin 1866, le remerciant de sa bienveillance à l'endroit du prince Charles ; lettre du prince Léopold dans le même style. — Napoléon a fortement appuyé la candidature de Charles, mais en secret et sans même en avertir ses ministres ; lettre de Napoléon III au prince Charles, 5 mars 1869 (*Aus dem Leben*, I, 339). Le 6 octobre, l'empereur le reçoit à Saint-Cloud ; le 7, il va le voir à l'hôtel Bristol, et le 11, il le reçoit encore à Saint-Cloud, lui accordant ainsi trois entretiens, à l'occasion desquels il lui donne des conseils et lui pose force questions, sans parler de la candidature Léopold (*Aus dem Leben*, II, 10-14).

qui signalait la possibilité de voir Léopold candidat au trône de Charles-Quint et de Philippe II (27 et 31 mars 1869)[1]. De Paris, on lui prescrivait de chercher des éclaircissements. M. von Thile, sous-secrétaire d'État aux affaires étrangères, interrogé par lui, niait qu'il fût question de cette candidature. Il allait jusqu'à engager sa parole d'honneur, sans en être aucunement pressé. M. de Bismarck répondait dans le même sens, mais en termes tels que M. Benedetti doutait fort de sa sincérité[2]. Il ajoutait négligemment que le prince Frédéric-Charles de Prusse avait un moment songé à se porter candidat. La question de religion l'avait arrêté[3]. Malgré l'étonnement et l'insistance de M. Benedetti devant cet aveu imprévu, le ministre s'abstenait de promettre que, le cas échéant, le roi refuserait son consentement. Entendait-il réserver sa liberté d'action? Voulait-il donner à croire qu'il lui serait aisé de faire surgir en Espagne un souverain d'origine allemande? Ces deux hypothèses sont admissibles[4].

Quoi qu'il en soit, le 17 septembre 1869, le prince Charles, à la veille de son mariage avec la princesse Élisabeth von Wied, était au milieu des siens au château de Weinburg sur le lac de Constance, quand M. di Salazar arriva de Vichy. Il était présenté par le ministre de Prusse à Munich, baron von Werthern. Un moment, à la promenade, M. di Salazar essaya de sonder le prince Charles. Sur un refus catégorique, il se retournait vers Léopold. Sans repousser son offre d'une façon absolue, celui-ci déclara qu'il n'accepterait la couronne que s'il était élu à l'unanimité. Bref, il montra si

---

1. Benedetti, 302, dépêches des 27 et 31 mars 1869; Mme Carette, II, 6-8; de Gramont, 357. Le 26 avril, l'*Augsburger Allgemeine Zeitung* annonçait que les Espagnols étaient heureux d'avoir trouvé un roi, qui à de rares qualités joignait celle d'être allié de la famille impériale. Aussitôt la *France* publiait un article alarmant (*Aus dem Leben*, II, 6).
2. Benedetti, 308, dépêche du 11 mai 1869; Mme Carette, II, 8.
3. Cet aveu de M. de Bismarck est confirmé par un mémoire (20 octobre 1869) et une lettre de M. di Salazar (28 octobre 1869) [*Gazette de l'Allemagne du Nord*, 25 juillet 1870; Hirth, *Tagebuch des deutsch-französischen Krieges 1870-1871*, 9, 12, 402; Albert Sorel, I, 51].
4. Benedetti, 309-310; Mme Carette, II, 8.

peu d'enthousiasme que M. di Salazar repartit pour Paris le 19 ; il n'avait pas grand espoir [1].

C'est en février 1870 seulement que la candidature revenait à l'ordre du jour. De Paris, l'agent diplomatique de Roumanie, M. Strat, écrivait que le gouvernement espagnol mettait tout en œuvre pour la faire aboutir, malgré la froideur non dissimulée de notre ambassadeur à Madrid, M. Mercier de Lostende [2]. A la fin du mois, M. di Salazar revint en Allemagne. Cette fois, au lieu de s'adresser à Léopold, il alla droit à Berlin et remit au roi les lettres de la régence espagnole sollicitant l'acceptation du prince. Guillaume Ier, le prince royal, le prince Antoine, conseillaient un refus. Seul, M. de Bismarck plaidait chaudement la thèse contraire. Dans un long mémoire, il faisait valoir les nombreux avantages politiques et économiques qui résulteraient pour la Prusse de l'avènement d'un Hohenzollern au trône d'Espagne. « Il serait inappréciable d'avoir sur les derrières de la France un pays animé de sentiments amicaux pour la Prusse. » Par contre, le prince royal ne craignait pas de mettre Léopold « en garde contre l'idée que le gouvernement prussien, alors même qu'il serait actuellement favorable à ce projet, peut-être en vue d'un but particulier, dût lui accorder également sa protection plus tard ». L'avertissement était clair [3].

Le 15 mars, un conseil est tenu à Berlin, sous la présidence du roi. Le prince royal, le prince Antoine, MM. de

---

1. *Aus dem Leben*, II, 6-7 ; Albert Malet, Le roi Charles de Roumanie et ses mémoires, *Figaro* du 26 août 1895 ; Oncken, 111. — D'après M. de Chaudordy, *Enquête*, dépositions, III, 573, M. di Salazar serait retourné à Berlin, en octobre 1869, avec une lettre d'introduction du maréchal Prim pour M. de Bismarck. Ce fait semble implicitement démenti par les mémoires du roi Charles (*ibid.*).
2. *Aus dem Leben*, II, 62, à la date du 3-15 février.
3. *Aus dem Leben*, II, 68-69 ; Oncken, 112. — M. de Bismarck, *Pensées et souvenirs*, II, 96 et suiv., affirme que les mémoires du roi Charles ne sont pas exacts en ce point, et que, « politiquement, il était assez indifférent à toute la question ». Il nie, en particulier, qu'il ait été tenu un grand conseil à Berlin, le 15 mars, comme l'écrit le roi Charles ; il affirme que tout se borna à un dîner offert par le prince Antoine au roi Guillaume, dîner pendant lequel il aurait été question, en effet, de la candidature Léopold. Dans sa déclaration au conseil fédéral, 16 juillet 1870, et dans sa circulaire diplomatique du 18 juillet, il a prétendu de même que le roi avait traité cette affaire en dehors du ministère et que lui, Bismarck, n'en avait été informé que par accident et à titre confidentiel (A. Sorel, I, 55).

Bismarck, de Moltke, von Roon, von Schleinitz, von Thile et Delbrück sont présents. M. de Bismarck insiste avec la plus grande chaleur pour l'acceptation du prince. Les autres assistants opinent dans le même sens, sauf le Kronprinz qui montre les difficultés et les menaces de la situation en Espagne. On se sépare sans rien conclure, mais, le lendemain, Léopold refuse la candidature. M. de Bismarck ne se tient pas encore pour battu. Sur son insistance, le prince Antoine télégraphie à son troisième fils, Frédéric, d'interrompre un voyage en Italie pour se rendre à Berlin. C'est à lui d'entrer en ligne maintenant.

Il arrive en effet, mais pour refuser à son tour; il n'acceptera que sur l'ordre du roi Guillaume, chef de la famille. Tous les efforts de M. de Bismarck se heurtent contre cette volonté bien arrêtée, non sans amener le prince Antoine à de tardifs regrets. Il écrit le 22 avril : « Ainsi il faut laisser tomber l'affaire et un grand moment historique est passé pour la maison de Hohenzollern ; un moment comme il ne s'en est jamais présenté et comme il ne s'en présentera jamais plus !... [1]. »

M. de Bismarck était-il l'âme de toute cette négociation, comme l'affirme le roi Charles ? Dans ses *Pensées et souvenirs,* il assure le contraire, sans y mettre une bien grande conviction. Est-il possible d'admettre, comme il le fait, que le prince Léopold devait être *persona grata* aux Tuileries, de par sa parenté avec l'empereur ? Doit-on croire que la Prusse aurait été beaucoup plus fondée à redouter un étroit accord entre l'Espagne et la France que celle-ci à craindre une alliance entre la Prusse et l'Espagne ? La chose paraît au moins douteuse et M. de Bismarck en donne lui-même la preuve [2].

---

1. *Aus dem Leben,* II, 70-81, lettres de M. Strat, 12 mars ; du prince Antoine, 20 mars, 1er, 16 et 22 avril 1870 ; Bismarck, *Pensées et souvenirs,* 92 et suiv. — On écrit de Berlin, 3 avril, que M. Lothar Bucher et le major von Versen, du grand état-major, sont envoyés en Espagne pour étudier la situation (*Aus dem Leben,* II, 76).

2. *Pensées et souvenirs,* 94 et suiv. La nuit qui suivit Sedan, M. de Bismarck était à cheval, en marche sur la route de Donchery. Il développa à un officier les idées qui précèdent et ne fut pas peu surpris d'être vivement interrompu par

Il est peu probable que le « grand Prussien » n'ait pas saisi dès lors le parti qu'il pourrait tirer de la candidature, pour nous créer des embarras ou même faire surgir une guerre qu'il désirait, parce qu'elle mettrait le sceau à son œuvre. Aussi ne peut-on admettre, comme lui, que cette question intéressait l'Espagne et non la Prusse, qu'il fallait attendre pour celle-ci des avantages économiques plutôt que politiques de la présence à Madrid d'un roi d'origine allemande, surtout d'un Hohenzollern. Elle aurait pu, dit-il, être avantageuse à la diplomatie de l'Allemagne en temps de paix. Mais au cas d'une guerre avec la France, le futur roi eût été, avec la meilleure volonté du monde, incapable de prendre parti pour la Prusse. « Aucun gouvernement espagnol ni surtout un roi étranger ne possédait dans le pays le pouvoir de faire avancer sur les Pyrénées un seul régiment, par amour pour l'Allemagne. Politiquement j'étais assez indifférent à toute cette affaire. Plus que moi, le prince Antoine était disposé à la faire aboutir sans que la paix en fût troublée [1]. »

En réalité, sans se faire illusion sur les résultats matériels de l'avènement d'un Hohenzollern en Espagne, M. de Bismarck était loin de la considérer avec autant de désintéressement qu'il affecte de le dire. Les preuves n'en manquent pas et nous serons amené à en citer d'autres dans la suite de ce récit [2].

---

le prince Léopold, qui était derrière lui sans qu'il l'eût aperçu et protesta contre la pensée qu'il aurait pu, en Espagne, être animé de sentiments sympathiques à la France.

1. *Pensées et souvenirs*, II, 96 et suiv.; *Le dernier des Napoléon*, 315.
2. En novembre 1869, M. de Bismarck écrivait au général Prim : « La candidature du prince de Hohenzollern est, en elle-même, une excellente chose qu'il ne faut pas abandonner et qui pourra, à un moment donné, devenir opportune » (De Gramont, 21). — M. de Bismarck (*Pensées et souvenirs*, II, 96) nie la forme, sinon le fond de cette lettre. — Au sujet de sa participation active aux négociations, voir Oncken, 116 : « Peut-être faut-il chercher dans l'impression laissée par ces propositions de désarmement (celles des 1er et 13 février 1870) la cause des modifications survenues dans la manière de voir et d'agir du prince héritier ? » — « Une circonstance qui parle déjà en faveur de l'opinion très répandue que la candidature royale du prince Hohenzollern n'a pas été mise sur le tapis sans le concours de l'homme d'État qui dirige nos affaires, c'est la chaleur tout à fait remarquable avec laquelle notre presse inspirée défend le droit que la nation espagnole a de disposer d'elle-même » (*Gazette d'Augsbourg* du 9 juillet 1870, citée par M. Pinard, II, 44).

Il y voyait surtout un moyen de « mettre le feu aux poudres », quand le moment serait venu. Ce ne pouvait tarder. M. de Bismarck se heurtait, en Allemagne, à de graves difficultés. Le budget de l'armée avait été voté en 1867, pour trois ans, par le Reichstag. Ce délai était proche de son expiration et l'on prévoyait un renouvellement des plus laborieux. En Prusse, le déficit avoué montait à 5,400,000 thalers. En Wurtemberg et en Bavière, le parti de l'autonomie gagnait du terrain ; les traités d'alliance avec la Prusse étaient menacés de sérieuses restrictions [1]. Le chancelier se rendait très bien compte de l'effet immédiat qu'exercerait une grande guerre sur ces velléités de résistance : il professait depuis longtemps cette idée que, seuls, « le fer et le sang » pourraient fonder l'unité allemande au bénéfice de la Prusse.

D'autre part, bien qu'il s'exagérât encore nos forces militaires, il les savait inférieures à celles de l'Allemagne ; il n'ignorait pas que notre réorganisation débutait à peine, que notre nouvel armement n'était pas complet ; il savait l'étendue de nos difficultés intérieures. Dès lors, quoi de surprenant qu'il ait songé à une guerre comme à un moyen providentiel de sortir d'embarras ? « En France, a dit, non sans une certaine exagération, le duc de Gramont, personne n'avait besoin de la guerre. En Prusse, elle était nécessaire, indispensable. C'était pour l'œuvre de 1866 une question de vie ou de mort :

« *Is fecit cui prodest* [2]. »

---

[1]. Müller, *Politische Geschichte der Gegenwart*, 1870, 99 et suiv.; A. Sorel, I, 48; Klüpfel, *Geschichte der deutschen Einheitsbestrebungen bis zu ihrer Erfüllung, 1848-1871*, II, 325-389, cité par M. A. Sorel, *ibid.*; G. Rothan, *L'Allemagne et l'Italie*, 1870-1871, I, 355, 363, dépêches des 19 avril et 22 mai 1870 ; E. Simon, *Histoire du prince de Bismarck*, 287.

[2]. De Gramont, 11. — « Il (M. de Bismarck) savait que la guerre avec la France était inévitable, mais il ne voulait pas qu'on pût accuser la Prusse d'avoir provoqué la crise par son impatience d'étendre sa sphère d'action. Il voulait que la France trouvât, dans d'autres circonstances, un motif de commencer la guerre, et de telle façon qu'elle assumerait évidemment le rôle d'agresseur et de perturbateur de la paix... Cet homme d'État sut exploiter si bien la situation, que le conflit, conséquence nécessaire de la politique française, éclata au moment opportun... ; il n'eut pas besoin de la chercher, il n'eut qu'à l'accepter » (Klüpfel, II, 325-389, cité par M. A. Sorel, 48).

II

ACCEPTATION DE LA CANDIDATURE

Le roi Guillaume et M. de Bismarck. — M. di Salazar à Berlin. — Retour à Madrid. — Le maréchal Prim et M. Mercier de Lostende. — Effet à Paris. — Effet au dehors. — La presse française. — Situation au 5 juillet 1870.

Après le refus dont nous avons parlé, le silence s'était fait sur la candidature Hohenzollern. M. Benedetti n'avait plus l'occasion d'en entretenir M. de Bismarck. Avec intention, il se tenait sur la plus grande réserve et le ministre des affaires étrangères l'approuvait [1]. Pourtant l'affaire n'était pas terminée, comme il eût paru : « Bismarck est très mécontent de l'échec de la combinaison espagnole, écrit le prince Antoine (26 mai). Il n'a pas tort. La chose n'est cependant pas tout à fait abandonnée. Elle tient encore à quelques fils, mais ténus comme une toile d'araignée. »

Quelques jours après, Léopold revient sur sa décision, non sans l'intervention active de M. de Bismarck. Une lettre d'Antoine au prince royal de Prusse précise le motif apparent de la nouvelle résolution de son fils : « Il recule devant la terrible responsabilité de refuser son concours à un grand peuple qui, après un long état de torpeur, a fait un viril effort pour porter sa culture nationale à un niveau plus élevé. » M. de Bismarck, que le prince royal a mis au courant, insiste de nouveau auprès d'Antoine, afin que Léopold « se décide à accepter la couronne espagnole dans l'intérêt de l'Allemagne [2]. »

Le prince cède à cette dernière considération ; il se déclare

---

1. Benedetti, 313. — D'après M. Oncken, 113, M. de Gramont aurait mis dans la bouche de M. Benedetti, parlant à M. de Bismarck et à M. von Thile, cette déclaration : « Nous ne pourrions admettre qu'un prince prussien vînt à régner au delà des Pyrénées. » M. de Gramont, 16, 17, écrit simplement : « Le cabinet de Berlin avait pu mesurer toute la résistance que soulèverait, en France, l'établissement d'un prince prussien sur le trône d'Espagne. »

2. *Aus dem Leben*, 90-93 ; Oncken, 112.

prêt à accepter sous certaines conditions et l'écrit au roi Guillaume (4 juin), qui donne aussitôt son consentement, sans que rien ait transpiré de cette affaire, tenue jusqu'alors « merveilleusement » secrète. Le souverain croit qu'il ne doit pas opposer des intérêts dynastiques ou personnels à la régénération de l'Espagne. Il considère l'affaire comme intéressant ce pays et non la Prusse, ainsi qu'affecte de le dire M. de Bismarck. Toutefois, une différence essentielle sépare le chancelier de son roi. Celui-ci ne songe pas à la possibilité de la guerre pour cette question et M. de Bismarck l'admet, on peut même dire la prévoit [1].

Le chancelier atteint enfin son but. Il écrit une lettre banale d'excuses au maréchal Prim, auquel il n'a pas encore répondu. Mais un post-scriptum est conçu à peu près dans ces termes : « Si vous êtes toujours dans les mêmes idées sur la candidature dont m'a parlé M. (di) Salazar y Mazaredo de votre part, veuillez me faire savoir vos intentions [2]. »

Ce revirement surprend le maréchal Prim, qui n'est pas sans défiance. Il envoie à Berlin M. di Salazar et celui-ci trouve, en effet, l'aspect des choses complètement modifié. Tout est prêt pour une prompte solution, même une lettre du prince Antoine contenant l'acceptation positive de son fils [3]. On pense à Madrid que la France montrera de l'irritation au début, mais qu'elle se calmera vite. Prim espère gagner l'empereur à ses projets [4]. Les précautions sont prises pour en finir promptement, en continuant d'observer le plus grand secret. Mais, le 29 juin, le prince Charles de Roumanie

---

1. Oncken, 117, d'après le *Sedanfestnummer* du *Militär-Wochenblatt*, 1895 ; Horst Kohl, *Bismarck-Jahrbuch*, II, 260. Dans son entretien du 2 septembre 1870 avec Napoléon III, M. de Bismarck affirma que personne n'avait voulu la guerre en Allemagne.
2. *Enquête*, dépositions, III, M. de Chaudordy, 573-574.
3. *Enquête, ibid.;* Prim aurait dit à M. di Salazar : « Puisque vous avez été notre intermédiaire, allez à Berlin de nouveau. Voyez ce qu'on veut dire, si cette ouverture de M. de Bismarck est sérieuse et si, réellement, c'est sa pensée » (*ibid.*).
4. Rapport de M. Mercier de Lostende, 3 juillet ; Lettre de M. di Salazar, 8 juillet 1860 (Hirth, *Tagebuch*, 39 ; A. Sorel, I, 56-67).

apprend que la presse commence à s'occuper de la candidature de son frère. Le 23, M. di Salazar est reparti de Berlin pour Madrid, avec l'acceptation tant attendue, mais la dépêche qui annonce son arrivée est mal déchiffrée. Le 24, les Cortès, qui devaient trancher sur-le-champ la question, sont ajournés au 31 octobre[1]. Le secret jusqu'alors si bien gardé s'ébruitera fatalement. En effet, le maréchal Prim était absent de Madrid lors du retour de M. di Salazar. Celui-ci croit devoir parler à MM. Rivero et Zorilla des résultats de son voyage. Ils commencent à courir Madrid. A son arrivée dans la nuit du 1er au 2 juillet, Prim s'en montre fort contrarié. « On me force la main », dit-il à la gare. L'ambassadeur de France, M. Mercier de Lostende, a eu vent du projet quand il se rend le soir du 2 chez le maréchal[2]. Il le trouve un peu gêné dans sa manière d'être, contre l'ordinaire : « Venez, lui dit Prim après quelques instants, j'ai besoin de causer avec vous. » Tous deux passent dans son cabinet.

« J'ai, reprend le maréchal, à vous parler d'une chose qui ne sera pas agréable à l'empereur, je le crains, et il faut que vous m'aidiez à éviter qu'il la prenne en trop mauvaise part. » Déjà M. de Lostende est édifié. Prim continue :

« Vous connaissez notre situation ; nous ne pouvons pas prolonger indéfiniment l'intérimité (sic), ni même nous présenter devant les Cortès sans avoir une solution à leur proposer. Vous savez tout ce que j'ai fait pour écarter celles qui n'auraient pas convenu à l'empereur. Je n'aurais eu qu'à lâcher un peu la main pour que Montpensier fût élu ; je n'ai cédé à aucune des avances qui m'ont été faites pour m'attirer du côté de la République. Ce que j'aurais surtout désiré, c'était une combinaison portugaise ou, à son défaut,

---

1. *Aus dem Leben*, II, 96.
2. *Enquête*, dépositions, III, de Chaudordy, 574 ; Benedetti, 415 ; de Gramont, 360-365. Le maréchal aurait dit à deux amis qui le félicitaient : « Peine perdue ! C'en est fait de notre prétendant, et Dieu veuille que ce soit tout ! » (V. Cherbuliez, *L'Espagne politique*, cité par M. A. Sorel, I, 60). — Le régent n'aurait connu la candidature qu'au retour du maréchal Prim à Madrid (Darimon, *Notes*, 48, d'après une interview avec M. Serrano). Cette assertion est démentie par une lettre du prince Antoine de Hohenzollern, 22 avril 1870, *Aus dem Leben*, II, 81

italienne. Dernièrement encore, je suis revenu à la charge à Lisbonne et à Florence, mais tout a été inutile. Cependant il nous faut un roi, et voilà qu'au moment de notre plus grand embarras, on nous en propose un qui a toutes les conditions que nous pouvons souhaiter. Il est catholique, de race royale, il a trente-cinq ans, deux fils, et il est marié avec une princesse portugaise..., d'ailleurs très bien de sa personne et militaire ! Vous comprenez que je ne peux pas laisser échapper la seule chance qui nous reste de sauver la révolution... Comment croyez-vous que l'empereur prendra la chose ?

« Il n'y a pas, répond M. Mercier de Lostende, deux manières de la prendre. » Bien qu'il n'ait reçu aucune instruction, il ne dissimule rien de l'opposition que trouvera cette candidature en France. « Vous ne pourriez prendre un parti plus grave et pouvant entraîner de plus fâcheuses conséquences. » L'effet produit sera « extraordinaire. Le sentiment national y verra une véritable provocation. »

Prim objecte aussitôt qu'on reviendra vite de cette première impression. Une alliance dynastique ne signifie plus rien aujourd'hui. « Tout cela est bel et bon, répond l'ambassadeur, mais il n'en est pas moins vrai que, dans le cas d'une guerre européenne, nous n'aurions aucune sécurité pour notre frontière des Pyrénées, si un prince prussien occupait le trône d'Espagne et qu'il nous faudrait une armée pour la garder... » La France ni l'empereur ne peuvent se désintéresser d'un pareil fait.

« Mais alors que faire ? Prenez l'*Almanach de Gotha* et tâchez d'y trouver un prince dont nous puissions nous accommoder. Pour moi, je n'en vois pas d'autre. Il faut cependant que vous ayez pitié de cette pauvre Espagne... Ma consolation, c'est que ce n'est pas moi qui ai inventé cette combinaison ; je ne l'ai pas même cherchée ; on est venu me la mettre dans la main... Un moment j'ai cru qu'elle avait avorté comme les autres... mais voilà qu'on me la rapporte toute faite. »

Ces mots désignent clairement M. de Bismarck et l'ambassadeur le laisse voir. Mais Prim proteste : « Vous vous trompez, les ouvertures sont parties d'ici... » Il revient sur son thème favori : « Si cette candidature échoue, l'Espagne sera forcément rejetée sur Montpensier ou sur la République. » Il paraît extrêmement surpris que l'empereur puisse préférer le duc de Montpensier à un Hohenzollern[1].

En rendant compte de cette conversation, M. Mercier de Lostende ne cache pas que le dénouement va être précipité. Il est à croire que, se voyant acculé, Prim décidera de brusquer les choses. En effet, dès le 4, la candidature est officiellement posée à Madrid[2].

M. Layard télégraphie à Londres que les Cortès sont convoqués pour le 20 juillet et que la majorité paraît acquise au prince[3]. Ces nouvelles, transmises à Paris, y jettent un trouble d'autant plus grand qu'elles sont tout à fait inattendues. Depuis longtemps le gouvernement a eu de Madrid l'assurance que la candidature est abandonnée. M. de Gramont est en échange fréquent d'idées avec M. Olozaga, qui lui demande d'amener le roi de Portugal à accepter la couronne d'Espagne. Déjà ce souverain l'a refusée une première fois et nous hésitons à tenter une nouvelle démarche[4]. De

---

1. Dépêche de M. Mercier de Lostende, 3 juillet 1870, *Archives diplomatiques*, 1871-1872, n° 7, 13-14 ; *Enquête*, Rapport Saint-Marc-Girardin, 32 ; de Gramont, 360-365 ; A. Sorel, I, 61 ; Benedetti, 415-416. Cette dépêche fut apportée à Paris par M. Bartholdi, qui avait mission de la compléter verbalement.

2. Dépêches de Madrid, 2 juillet : « Le maréchal Prim partira bientôt pour Vichy, où il restera trois semaines. »

3 juillet : « Le maréchal Prim est de retour ; il doit présider ce soir un conseil des ministres où des questions importantes seront traitées.

« L'assertion de la *Epoca*, au sujet de négociations avec un prince d'une famille régnante de l'Allemagne du Nord est inexacte. »

4 juillet, soir : « Tous les ministres partiront ce soir pour la Granja, où ils se réuniront en conseil pour discuter la candidature du prince Léopold de Hohenzollern, qui a accepté l'offre qui lui a été faite de la couronne d'Espagne » (C. Farcy, *Histoire de la guerre de 1870*, 6). Voir Benedetti, 415, télégrammes et dépêche de M. Mercier de Lostende, 3 juillet ; de Gramont, 357-365. — Le 3 juillet, l'agence Havas publie dans toute l'Europe la nouvelle de la candidature. Une députation serait déjà en route pour offrir la couronne au prince (*Aus dem Leben*, II, 97).

3. Télégramme à lord Granville, 5 juillet, *Parliament. Papers*, 1870 ; de Gramont, 359.

4. *Enquête*, dépositions, I, de Gramont, 94. — Le maréchal Le Bœuf apprit la candidature Léopold le 4 juillet, en arrivant au Corps législatif. C'était la première nouvelle qu'il en avait (*ibid.*, Le Bœuf, 41). — M. Olozaga, et M. de Rascon, ministre d'Espagne à Berlin, refusèrent d'y croire (*ibid.*, de Gramont,

plus, M. Émile Ollivier a envoyé en mission à Madrid son frère Adolphe. Celui-ci voit à plusieurs reprises le maréchal Prim qui ne fait pas même allusion au projet de candidature. Quand les premiers bruits courent Madrid, le parti carliste s'empresse de les télégraphier à Paris. C'est par la *Gazette de France* que le gouvernement en est informé. La dépêche ajoute même ce détail inexact, que le maréchal fera « un coup d'État pour proclamer le prince prussien, afin de brusquer le dénouement, et qu'il est décidé à se passer de l'intervention des Cortès[1] ».

A ce moment le ministère est absorbé par de tout autres préoccupations : la discussion de la pétition des princes d'Orléans qui demandent à être relevés de leur exil. Sa surprise est donc complète. On croit que le gouvernement espagnol va presser les choses : les Cortès seraient convoqués pour le 20 juillet ; l'élection du roi aurait lieu le 1er août et son entrée à Madrid le 1er novembre[2].

M. de Gramont a souvent eu maille à partir avec M. de Bismarck, dont les brocards ne l'ont pas épargné. Il voit une injure personnelle dans cette candidature si brusquement révélée[3]. Dès le 3, il télégraphie au chargé d'affaires à Berlin que « l'impression est mauvaise ». Il ne fait aucune allusion à une demande de renonciation. Interrogé par M. Le Sourd, M. von Thile affirme que le gouvernement prussien ignore cette affaire. Toutefois, des indiscrétions du ministre d'Espagne, M. de Rascon, notre représentant déduit que l'acceptation de Léopold remonte à quatre mois, qu'elle aurait été décidée à Berlin, avec l'assentiment du prince Antoine, sans doute du roi et de M. de Bismarck[4]. Autres faits signi-

---

94); de Gramont, 30, télégramme de M. Le Sourd, 4 juillet 1870. L'ignorance de M. Olozaga est confirmée par deux lettres du prince Antoine, 16 et 22 avril 1870, *Aus dem Leben*, II, 79, 81.

1. Darimon, *Notes*, 54-56.
2. Télégramme de M. Layard, 5 juillet, déjà cité ; télégramme et dépêche de M. Benedetti, 9 juillet, de Gramont, 373, Benedetti, 327, 332.
3. Darimon, *Notes*, 56.
4. Télégrammes de M. de Gramont, 3 juillet ; de M. Le Sourd, 4 et 5 juillet (de Gramont, 29 et 365 ; Benedetti, 422-424). L'ambassadeur d'Espagne à Paris, M. Olozaga, télégraphie à M. de Rascon que, dans son opinion, la nouvelle est inexacte. M. de Rascon partage ce sentiment (Télégramme de M. Le Sourd, 3 juillet).

ficatifs : l'ambassadeur de Prusse à Paris, baron de Werther, prend congé le 4 juillet pour aller, dit-il, saluer Guillaume Ier à Ems. L'ambassadeur à Londres, comte von Bernstorff, assure à lord Granville que son gouvernement est tout à fait étranger à l'affaire. Il ne veut pas entamer de discussion. A quoi bon ? Mieux vaut attendre un fait tangible, autrement dit l'élection du roi[1]. Mais alors l'Espagne sera en jeu. C'est évidemment ce que désire la Prusse. Il est tout naturel que nous cherchions à la contrecarrer. Pour cela il faudra parler haut et ferme. Du moins le duc de Gramont pense ainsi. Le 5, il reçoit lord Lyons et lui dit : « La candidature Hohenzollern n'est rien moins qu'une insulte à la France. Le gouvernement ne la souffrira pas. » Le soir, à la réception de la chancellerie, M. Émile Ollivier s'adresse, lui aussi, à lord Lyons : « Il est impossible de permettre au prince de Hohenzollern de devenir roi d'Espagne. L'opinion publique en France ne le tolérerait pas[2] ». C'est qu'il ressent de plus en plus les difficultés de sa situation, entre une opposition grandissante et les fidèles de l'empire, dont beaucoup lui sont hostiles par attachement au principe d'autorité. Peut-être veut-il contraster, par son attitude présente, avec l'humiliation de Sadowa, acceptée par M. Rouher? Il ajouterait volontiers à la gloire d'avoir consolidé l'empire par le plébiscite celle d'humilier une puissance dont nous supportons mal le gênant voisinage. A ses yeux, un langage menaçant est le meilleur moyen d'enrayer la guerre. Si elle éclate, il nous croit assurés du succès, et la perspective de reconquérir les frontières du Rhin n'est pas pour déplaire, il le sait, au souverain qui l'a appelé au pouvoir, malgré une si vive opposition[3].

A Paris, les sentiments qui dominent sont la surprise et l'indignation. « C'est déjà un fait surprenant à coup sûr que

---

1. Lord Granville à lord Lyons, *Parl. Papers*, 1870, 1er fascicule, n° 13 ; de Gramont, 52.
2. Darimon, *Notes*, 60 ; *Enquête*, dépositions, de Gramont, 94 et suiv. ; de Gramont, 37 et suiv.
3. De Maupas, I, 501.

cette espèce d'aventure nouée et combinée dans le mystère, cette candidature ourdie comme un complot et éclatant au moment voulu sous les pieds des gouvernements intéressés[1] ». Même hors de France, les nouvelles de Madrid causent une vive émotion. M. de Beust écrit au ministre d'Autriche à Madrid : « C'est une combinaison qui met en péril la paix de l'Europe[2] ». M. de Metternich croit à un « succès diplomatique » pour la France[3]. D'après lord Granville, le gouvernement de la Reine espère seulement que la candidature « n'a pas reçu la sanction du roi ». Il y voit « une juste cause d'offense », mais de la part de l'Espagne[4]. Un *leader* du *Times* est des plus sévères pour la Prusse : « Il n'existe qu'une seule explication possible d'un acte semblable. C'est que, pour une raison ou pour une autre, les parties contractantes désiraient empêcher le gouvernement français de manifester son opinion avant que l'affaire ne fût terminée et l'élection du prince devenue irrévocable. Nous ne savons pas combien de temps ont duré les négociations, mais aucun des représentants des puissances étrangères n'a reçu à ce sujet la moindre ouverture, et cette condition, nous n'hésitons pas à le dire, est contraire à toutes les règles de la courtoisie habituelle. Toute la transaction porte le caractère d'un coup d'État vulgaire et impudent... Le mystère, comme de

---

1. Ch. de Mazade, *Revue des Deux-Mondes*, 15 juillet 1870, 501. — D'après M. H. Pessard, 329, c'est le samedi, 2 juillet, qu'il lut dans les journaux du soir les premières nouvelles sur la candidature Léopold.
2. *Archives diplomatiques*, 1871-1872, n° 23, 33 ; *Enquête*, rapport Saint-Marc-Girardin, 30. « Il y avait provocation, si l'on avait l'intention de froisser le sentiment national français ; il y avait également provocation, si l'on cherchait à se faire un allié qui pût prendre la France à revers... Primitivement, l'opinion publique en Europe était plus sympathique à la France qu'à la Prusse » (Beust, *Mémoires*, II, 329). Voir aussi dépêche de lord Granville à lord Loftus, 6 juillet, *Parliament. Papers*, 1870, 1er fascicule, n° 5 ; de Gramont, 86 ; *Aus dem Leben*, II, 98.
3. *Archives diplomatiques*, 1871-1872, n°s 35, 47 : Dépêche de M. de Metternich à M. de Beust, 5 juillet : « Voilà le plan que, si je l'en crois, le gouvernement français va suivre vis-à-vis de l'Espagne ; on ne bougera pas, certain qu'on est que si, à Madrid, on savait que le gouvernement français est contre la candidature du prince Léopold, cela suffirait pour assurer sa nomination ; on s'en tiendra uniquement à la Prusse... »
4. Lord Granville à lord Loftus, 6 juillet (*Parliament. Papers*, 1870, 1er fascicule, n° 5) ; de Gramont, 86.

raison, augmente le soupçon. S'il n'y avait rien d'hostile à la France dans cette négociation, pourquoi la cacher? Cette affaire est pour les Français une perfidie des plus désagréables [1]... »

De son côté, le roi Guillaume écrit à la reine Augusta, le 5 juillet : « La bombe espagnole a éclaté brusquement, mais d'une tout autre façon qu'il avait été dit. Du cousin (Antoine) nous n'avons pas un mot ici. A Berlin, le chargé d'affaires a déjà interrogé Thile, qui a dit naturellement que le *gouvernement* était tout à fait étranger à la chose et que ce qui avait été conclu entre Prim et la famille de Hohenzollern n'avait pas encore été rapporté ici. A Paris, le ministre a questionné de même Werther, qui a pu dire en toute conscience qu'il ne savait absolument rien de l'affaire [2]... » Vis-à-vis du prince Antoine, le roi déplore qu'on n'ait pas demandé au préalable l'assentiment de la France, ainsi que le proposait le prince [3].

En France, la presse et le Corps législatif s'emparent de cette question et la rendent promptement insoluble. Le 4 juillet, M. Émile de Girardin dîne chez le ministre de l'intérieur, M. Chevandier de Valdrôme. Celui-ci l'accueille ainsi : « Vous savez la nouvelle ? Nous aurons très certainement un Hohenzollern sur le trône d'Espagne. Faites un article dans lequel vous poserez le *casus belli* avec la Prusse [4]. » De même, le *Pays,* organe de la droite bonapartiste, termine ainsi un article consacré à la candidature Léopold : « Cela ne doit pas être... L'empereur Napoléon ne permettra certainement pas à un prince prussien de ceindre la couronne de Charles-Quint. » Quant au *Constitutionnel*, qui reflète la pensée du ministère, il s'exprime en termes beaucoup plus modérés : « ...En rendant hommage à la souveraineté du peuple espagnol, seul juge compétent en pareille matière, nous ne pouvons réprimer un moment de surprise, en

---

1. Extrait du *Times,* sans date, cité par M. de Gramont, 33-34.
2. Oncken, 184.
3. *Aus dem Leben,* II, 98, d'après une lettre du 6 juillet.
4. Oncken, 120, M. Émile de Girardin dirige la *France.* Voir *Le Dossier de la guerre de 1870,* préface de M. Émile de Girardin, IX.

voyant confier le sceptre de Charles-Quint à un prince prussien[1]. » Ainsi débute la campagne de presse qui doit affoler le gouvernement, pour le pousser aux pires résolutions.

On voit quelle est la situation le 5 juillet 1870. La France, qui croyait à la paix la veille, se voit brusquement en face d'une question des plus délicates, que rien n'a pu lui faire prévoir et qui a tout entière été créée par la volonté de M. de Bismarck. Dès lors, que penser de l'affirmation si risquée de M. Thiers au sujet de la Prusse : « Cette puissance ne voulait pas la guerre, elle ne l'avait pas préparée de longue main et n'avait pas recherché l'occasion d'entrer en lutte...

« J'affirme, après avoir eu occasion de m'éclairer à ce sujet, que c'est là un pur mensonge... » Comme le duc de Gramont, on peut affirmer « que cette défense si inattendue » a étonné « toutes les chancelleries, surtout celle de Berlin, qui ne prévoyait pas de notre part tant d'humilité ou tant de naïveté[2] ! » Il convient d'ajouter que des préoccupations personnelles, trop aisées à percer, n'étaient pas étrangères à la singulière conception que se faisait M. Thiers des causes de la guerre de 1870.

---

1. Darimon, *Notes*, 58.
2. *Enquête*, pièces justificatives, II, 2ᵉ partie, 176, lettre de M. de Gramont à M. de Beust, 9 décembre 1872, extraite du *Journal des Débats*. Ces paroles de M. Thiers sont tirées de sa déposition (*Enquête*, I, 4). — M. de Bismarck avait audacieusement nié toute participation à la candidature dans sa circulaire diplomatique du 29 juillet 1870 (*Enquête*, pièces justificatives, II, 2ᵉ partie, 175).

III

GENÈSE DE L'INTERPELLATION COCHERY

Tendances pacifiques du gouvernement. — M. de Gramont. — L'impératrice. Le maréchal Le Bœuf et M. Thiers. — M. de Massa et la duchesse de Mouchy.

S'il est un fait démontré, c'est que, à la fin de juin 1870, les intentions de notre gouvernement sont nettement pacifiques. Rien ne le prouve mieux que la discussion du 30 juin au Corps législatif, la réduction du contingent, la vente d'un nombre considérable de chevaux[1]. L'empereur, vieilli, déjà gravement atteint dans sa santé, n'est rien moins que disposé à courir les aventures. M. Émile Ollivier est acquis à la paix, comme la plupart de ses collègues. Mais dans l'entourage impérial, les partisans d'une guerre contre la Prusse sont nombreux. On a accusé le duc de Gramont d'être l'un des plus marquants[2]. Il saisissait, dit-on, avec joie le prétexte de la candidature Hohenzollern, parce qu'il n'avait pas oublié un conseil donné par M. de Beust, à Vienne : « Il serait à désirer que la guerre, si elle devient inévitable, provienne d'une cause étrangère à l'Allemagne, par exemple d'une question orientale quelconque[3]. » M. de Gramont n'a

---

1. En raison de la rareté des fourrages (Lieutenant-colonel Roussel, I, 19). — Le camp de Châlons ne reçoit qu'une série de troupes au lieu de deux comme les années précédentes. Un grand nombre d'officiers étrangers y sont invités (*ibid.*).
2. Trochu, *Œuvres posthumes*, I, 82 ; *Enquête*, dépositions, I, Thiers, 4.
3. Lettre de M. de Gramont à M. de Beust, 8 janvier 1873 ; Oncken, 120-121. — De fait, la première impression, en Allemagne, fut défavorable à la Prusse (*Enquête*, dépositions, I, Benedetti, 89). — M. Oncken se demande pourquoi l'empereur se déclara si tard contre le projet Léopold. Voulut-il attendre qu'il constituât un motif de guerre suffisant ? Les relations de l'impératrice avec la famille Hohenzollern se modifièrent-elles brusquement, comme l'affirme M. W. Lauser (*Geschichte Spaniens*, I, 219), en raison de l'échec d'un projet de mariage patronné par elle ? Il semble que, si Napoléon III attendit pour manifester son sentiment, c'est qu'il ignorait le projet ou du moins qu'il ne le prenait pas au sérieux. — Il résulte des Mémoires de lord Malmesbury, 372, que, le 19 mai 1870, l'empereur ne prévoyait nullement le retour de la candidature.

pas négligé une occasion de protester contre ces accusations[1]. D'ailleurs, cette discussion n'a qu'un faible intérêt. Quels que fussent les sentiments intimes du ministre, il allait agir, comme si son intention arrêtée était de précipiter la rupture.

Quant à l'impératrice, en présence de la contradiction des témoignages, il paraît difficile de préciser son rôle et sa responsabilité dans la déclaration de guerre. Sans doute elle est mère avant d'être épouse et voit avec anxiété approcher le règne du prince impérial. Elle voudrait que le pouvoir lui fût remis dans son intégrité. Pour cela, quel meilleur moyen que de grands succès militaires? Elle répète souvent, dit-on: « Cet enfant ne régnera pas, si l'on ne répare le malheur de Sadowa[2]. » Elle a laissé se former autour d'elle une sorte de *camarilla* hostile au cabinet libéral et dont les tendances sont belliqueuses. C'est ainsi qu'elle contribue, au moins indirectement, à rendre la situation plus menaçante, tout en éprouvant à la dernière heure des instants d'incertitude et d'angoisse[3]. Sur l'empereur, le pouvoir de cette jolie femme est à peu près sans limites, mais elle le domine moins par ses charmes que par le souvenir des cas trop nombreux où il leur a été infidèle. Longtemps avant la guerre, un familier des Tuileries dit au général du Barail: « L'empereur, voyez-vous, a tellement peur des scènes d'intérieur, qu'il serait capable de mettre le feu aux quatre coins de l'Europe pour

---

1. *Enquête*, dépositions, I, de Gramont, *passim*. — « Je pensais donc qu'il fallait éviter la guerre autant que possible et s'y préparer autant que possible. Trop de confiance dans nos forces militaires », dans nos aptitudes guerrières, « l'éclat éblouissant d'un glorieux passé », ont entraîné la France à la guerre. « On se croyait trop fort pour baisser la tête » et l'on ne sut pas résister aux habiles provocations de Berlin. La guerre « n'était pas désirée » par l'empereur, ni par son gouvernement, ni par la France elle-même (de Gramont, 8 et suiv.).

2. Du Barail, *Mes souvenirs*, III, 144-146; *Enquête*, dépositions, I, Thiers, 4; Darimon, *Notes*, 72-235; d'Hérisson, *La légende de Metz*, 77; P. de Lano, *La cour de Napoléon III*, 203.

3. D'après Mme Carette, II, 99, l'impératrice était opposée à la guerre. Pour M. de Beust, la question est douteuse (II, 355). — D'après M. G. Rothan (*L'Allemagne et l'Italie*, I, 388), elle a toujours protesté contre l'exactitude de ce mot : « C'est ma guerre ! » A la sortie du conseil du 14 juillet, elle demande anxieusement à M. de Parieu ce qu'il pense des décisions prises. « Je pense, Madame, dit le ministre, que si l'Angleterre devait demain trouver une formule qui nous permette d'éviter la guerre, elle aurait bien mérité de la France. — Je suis bien de votre avis », répond l'impératrice.

se soustraire à une de ces scènes de ménage auxquelles il prête trop souvent le flanc par ses infidélités[1]. »

D'ailleurs, en dépit des apparences, il serait injuste de voir simplement dans l'impératrice « une femme à la mode », suivant l'expression du prince Napoléon. Aux heures si douloureuses de son Calvaire, elle fera preuve d'un grand courage, d'une abnégation certes peu ordinaire. Elle se montrera digne du trône d'où elle va être précipitée[2].

Au conseil des ministres elle exerce une influence considérable, faite du prestige de la souveraine et de la femme, de l'expérience des affaires acquise au cours des régences qu'elle a multipliées, même en dehors de toute nécessité, comme en 1865, lors du voyage de Napoléon III en Algérie[3].

C'est dans ces circonstances que survient la candidature Léopold. Elle provoque au Corps législatif une très vive émotion, qui se traduit par le dépôt immédiat d'une interpellation[4]. Pour en comprendre la portée, il n'est pas inutile de revenir sur un incident remontant à peu de jours. Le maréchal Le Bœuf s'est rendu chez M. Thiers avec une lettre de l'empereur. Celui-ci sait que le célèbre homme d'État n'est pas de ses amis, mais il connaît aussi son dévouement à l'armée et il réclame son appui pour la défense de nos effectifs menacés à la Chambre. Cette démarche inusitée est faite pour plaire à l'orgueil du célèbre homme d'État; il promet son intervention, quoiqu'il soit « étranger » au gouvernement impérial et « destiné à l'être toute sa vie[5] ».

---

1. Du Barail, *ibid.*; de Persigny, 359; Mérimée, *Lettres à Panizzi*, 234 et suiv.; Darimon, *Histoire d'un jour*, 107-108.
2. Darimon, *Notes*, 236-237, 271; Mérimée, *Lettres à Panizzi*, 234 et suiv., 11, 16, 22 août 1870.
3. Du Barail, III, 144-146; Darimon, *Notes*, 235-240.
4. « Nous demandons à interpeller le gouvernement sur la candidature éventuelle d'un prince de la famille royale de Prusse au trône d'Espagne », *signé* : Cochery, Carré-Kérisouët, Jules Le Cesne, baron d'Yvoire, Tassin, Henri Baboin, comte d'Hésecques, Riondel, Genton et Planat (*Journal officiel* du 6 juillet 1870, 1181).
5. *Enquête*, dépositions, I, Thiers, 4-6; Darimon, *Notes*, 158; Ch. de Mazade, Cinquante années d'histoire contemporaine, *Revue des Deux-Mondes*, 15 décembre 1881, 833; H. Pessard, 87; Thiers, *Discours à l'Assemblée nationale du 20 juin 1871*. Paris, *Imprimerie nationale*, 1871, 9. Le maréchal Le Bœuf ne confirme pas ce fait dans sa déposition.

En effet, il proteste énergiquement le 30 juin, au Corps législatif, contre la pensée de réduire notre effectif permanent, déjà trop faible. Ce n'est pas « la paix armée », dit-il, mais « la paix désarmée ».

C'est sans doute à cette démarche de Napoléon III qu'il faut demander l'explication d'un fait positif, qui a été diversement conté. Le 4 juillet, le marquis de Massa, écuyer de l'empereur, qui n'a jamais caché son affection pour M. Thiers, ni ses relations avec lui, vient trouver en confidence la duchesse de Mouchy et déclare, au nom de cet homme d'État, « qu'une guerre heureuse contre la Prusse a toujours été le rêve de sa vie », et « que si, malgré tout, la guerre ne peut être évitée, il appuiera à la tribune la demande de crédits militaires, afin qu'ils soient, comme il est désirable, votés à l'unanimité ».

La duchesse se rend aussitôt à Saint-Cloud : l'impératrice vient de partir pour Paris, mais l'empereur est là. Il écoute avec grande attention, sans mot dire, puis répond : « Je sais que l'on peut compter sur le patriotisme de l'historien du Consulat et de l'Empire, dans les rangs de l'opposition comme au ministère. » Mme de Mouchy transmet cette réponse au marquis de Massa. Le lendemain, 5 juillet, M. Cochery dépose l'interpellation qui va mettre notre pays en feu[1]. Ce député, qui se tient « sur les confins de la gau-

---

[1]. D'après Mme Carette, II, 85, le 4 juillet, M. le marquis de Massa aurait dit à Mme de Mouchy que M. Thiers souhaitait d'entrer dans le gouvernement de l'empereur. La duchesse ne peut en croire ses oreilles, mais M. de Massa insiste et demande une réponse. M. Thiers désire faire connaître à l'empereur « que la guerre avec la Prusse a été le rêve de toute sa vie et que, dans les circonstances actuelles, il met à sa disposition son concours et son dévouement ».

L'empereur aurait répondu à Mme de Mouchy qu'il ne pouvait désigner lui-même ses ministres. C'est à la Chambre de les indiquer à son choix : « Je sais, ajoute-t-il, que l'on peut compter sur le patriotisme de l'historien du Consulat et de l'Empire, dans les rangs de l'opposition comme au ministère. »

Naturellement, M. Thiers ne fait aucune allusion à ce fait dans sa déposition lors de l'enquête.

Quant à M. le marquis de Massa (*Souvenirs et impressions*, 273), il se borne à écrire : « Il est à ma connaissance que, pendant les négociations poursuivies pour obtenir des garanties contre une reprise éventuelle de cette candidature déjà suscitée en 1869, M. Thiers, quoiqu'il considérât comme suffisante la renonciation transmise par le père du prétendant, désira faire officieusement savoir à l'empereur que si, malgré tout, la guerre ne pouvait pas être évitée, il appuie-

che et du centre gauche », passe pour avoir M. Thiers « comme Égérie[1] ».

Tel est du moins ce qui semble se dégager sûrement des récits de Mme Carette et de M. le marquis de Massa. Au sujet de la date un premier doute s'élève. Faut-il porter ce fait entre les 12 et 15 juillet, comme l'indique M. de Massa? Faut-il le dater du 4 juillet, ainsi que Mme Carette? Cette dernière date paraît plus vraisemblable. Comment M. Thiers aurait-il pris du 12 au 15 un engagement purement gratuit, qu'il ne tint nullement le 15, comme nous le verrons? Dans quel but? Il était visible depuis plusieurs jours, pour les yeux les moins ouverts, que le ministère courait à la guerre.

---

rait à la tribune la demande des crédits militaires, afin qu'ils fussent, comme il était désirable, votés à l'unanimité.

« En remerciant M. Thiers de sa communication et de ses intentions, l'empereur lui fit répondre qu'il n'avait jamais douté du patriotisme de l'historien du Consulat et de l'Empire. »

D'une lettre à nous adressée par M. le marquis de Massa, le 6 mars 1899, nous extrayons ce qui suit : « Mon impression est que la démarche officieuse de M. Thiers auprès du souverain était un acte loyal et dicté par la prévoyance. Peut-être ai-je eu le tort de ne pas souligner : « Si MALGRÉ TOUT *la guerre ne* « *pouvait être évitée...*, etc. » La réponse de l'Empereur honore également celui-ci. Mais je crois qu'on a tort d'avoir cru et dit que M. Thiers aurait offert ou accepté d'entrer dans le gouvernement impérial.

« S'il l'avait voulu, il aurait pu le faire savoir par M. Buffet ou M. Daru, hommes politiques autrement et plus justement désignés pour faire pareille ouverture...

« P. S. Il est certain que l'extension de la puissance de la Prusse préoccupait depuis longtemps M. Thiers, et il est parfaitement exact qu'il a dit qu'une guerre heureuse contre elle avait toujours été le rêve de sa vie...

« Enfin, quant à la date, je ne pense pas qu'elle soit antérieure au moment où fut connue la renonciation transmise par le père du prétendant. Mais n'ayant pas pris de notes, ne prévoyant pas que j'écrirais un jour les récits que j'ai faits, il m'est impossible de préciser. » De ces trois versions nous n'avons pris que les détails concordants.

1. Pinard, II, 35. — D'après un discours de M. Cochery, le 9 mai 1878, à la Chambre des députés, « dans la pensée de M. Thiers, l'interpellation du 5 juillet était inspirée par un sentiment de méfiance contre le ministère. On craignait que le clan de l'impératrice, dont M. de Gramont était le boute-en-train, cherchât à donner à l'incident Hohenzollern un caractère grave, et l'on voulait crever ce ballon tout de suite (*Annales de la Chambre*, 9 mai 1878, 223-227). Quand M. Cochery vint, à la fin d'octobre 1870, annoncer à Paris l'arrivée de M. Thiers, M. Jules Favre lui dit : « Ah! mon pauvre ami, si on vous avait suivi le 5 juillet, nous n'en serions pas là où nous en sommes! » Ces détails ont été confirmés verbalement, à une date récente, par M. Cochery, aujourd'hui sénateur. Il connaissait par les indiscrétions d'un diplomate anglais, M. Adams, le langage menaçant tenu par M. de Gramont dans ses conversations avec lord Lyons (Voir, dans ce sens, Darimon, *Notes*, 59).

La démarche de M. Thiers est donc inexplicable si on la suppose du 12 au 15 juillet. Il en est à peu près de même pour la période du 6 au 12, car la déclaration du duc de Gramont, le 6, fut accueillie partout comme un appel aux armes. M. Thiers ne fut pas le dernier à s'en rendre compte, ainsi que le prouvent sa déposition à l'enquête et les comptes rendus du Corps législatif. Dès lors, il faut arriver au court espace de temps compris entre la date où fut connue à Paris la candidature Léopold (3 juillet) et le 6.

Il est très peu probable que M. Thiers ait voulu demander directement ou indirectement à l'empereur de l'admettre dans son gouvernement. Il eût choisi un autre mandataire et le moment n'était pas encore venu pour un parlementaire aussi rompu à la vie politique. Les paroles que Mme Carette met dans la bouche de M. de Massa nous paraissent donc invraisemblables. Mais alors, pourquoi cette démarche ? Comment l'expliquer autrement que par le désir de préparer les voies à son arrivée au pouvoir, arrivée que les événements pouvaient rendre prochaine [1] ?

---

[1]. D'après M. Darimon, *Notes*, 158, l'intervention, en faveur de l'armée, de celui qu'il avait nommé le « grand historien national », toucha tellement Napoléon III, qu'il songea très sérieusement à lui confier le ministère de la guerre, lors de son départ pour l'armée. Un billet dans ce sens fut adressé par lui au maréchal Le Bœuf.
Fait peu connu, un rapport de M. de Maupas, 8 mai 1857, contient un projet de ministère où entreraient MM. Thiers, de Persigny, Abbatucci, Canrobert ou Pélissier, de Flavigny (*Papiers sauvés des Tuileries*, 194).

IV

LA DÉCLARATION DU 6 JUILLET

Les conseils du 5 juillet. — Le conseil du 6. — Attitude de l'empereur. — La déclaration. — Motifs qui ont pu influer sur l'empereur. — Note du 5 juillet. — Séance de la Chambre. — Effet au dehors. — La presse.

Le 5, après le dépôt de l'interpellation, le conseil s'est réuni à Saint-Cloud. Il se montre partagé quant à la forme de la réponse à M. Cochery. Presque tous d'accord sur la nécessité de maintenir la paix, les assistants ne prévoient certainement pas l'imminence d'une rupture. L'empereur est plus silencieux que de coutume; il paraît soucieux, mais on ne peut concevoir aucun doute sur ses sentiments pacifiques[1]. L'insuffisance des renseignements recueillis fait décider à 5 heures qu'il y aura le soir une nouvelle réunion. Elle a lieu sans que les dispositions de Napoléon III semblent modifiées. Il est arrêté que MM. Émile Ollivier et de Gramont rédigeront un projet de déclaration; ils le soumettront au conseil le lendemain[2].

Le 6 juillet, à 10 heures du matin, les ministres se réunissent à Saint-Cloud, et leur étonnement est extrême, quand, de prime abord, ils constatent un changement complet d'attitude de la part de l'empereur. Le projet rédigé est conçu en termes modérés :

« Il est vrai que le maréchal Prim a offert au prince Léopold de Hohenzollern la couronne d'Espagne et que ce dernier l'a acceptée.

« Mais le peuple espagnol ne s'est point encore prononcé et nous ne connaissons *pas* encore les détails vrais de *cette* négociation qui nous a été cachée.

---

1. Darimon, *Notes*, 61.
2. Darimon, *Notes*, 62.

« Aussi une discussion ne saurait-elle aboutir *aujourd'hui* à aucun résultat pratique ; nous vous prions, Messieurs, de l'ajourner.

« Nous n'avons *pas* cessé de témoigner nos sympathies à la nation espagnole, et d'éviter tout ce qui aurait pu avoir l'*apparence* d'une immixtion quelconque dans les affaires intérieures d'une noble et grande nation en plein exercice de sa souveraineté.

« Nous persistons dans notre conduite, mais nous comptons sur la sagesse du peuple allemand et l'amitié de l'Espagne pour écarter un projet qui ne tend à rien moins qu'à détruire l'équilibre européen au détriment de nos intérêts[1]. »

La discussion commence. Les trois premiers paragraphes subissent peu ou point de modifications. A partir du quatrième, l'empereur prend une part active à la discussion. Son changement d'attitude, déjà manifeste avant la lecture du projet, se montre alors avec une violence faite pour surprendre les ministres. Il fait ajouter une phrase au quatrième paragraphe et modifie entièrement le cinquième, dont la rédaction devient des plus provocantes. Ce n'est pas sans opposition qu'elle est adoptée. « Tous » les ministres font valoir « des raisons sérieuses pour ne pas agir trop témérairement ; ils approuvaient, quant au fond, la déclaration proposée par l'empereur, mais pensaient qu'il était préférable de s'en tenir à la rédaction primitive qui n'excluait pas la possibilité d'en formuler plus tard, s'il était nécessaire, une plus nette ». L'un d'eux, s'adressant particulièrement à Napoléon III, déclare que le terrain est brûlant, qu'il ne faut pas jouer avec le feu.

« L'empereur insista de nouveau, très vivement, pour que sa rédaction fût adoptée, et tous les ministres donnèrent leur approbation, mais non sans une certaine crainte. » Ils s'efforcent alors de pallier ce que cette phrase a de trop brutal en proposant deux nouveaux paragraphes, les sixième et sep-

---

1. Les mots soulignés ont été modifiés dans le texte définitif.

tième, à tendances conciliantes. Ils sont adoptés, malgré une certaine opposition de Napoléon III, qui trouve le dernier superflu. Au contraire, il propose de terminer par quelques mots renfermant à l'adresse de la Prusse une menace non dissimulée. C'est l'objet d'une longue discussion. Plusieurs ministres s'y montrent opposés. Mais, devant « la volonté nettement, fermement exprimée par le souverain, faisant prévoir qu'il ne changera pas d'avis, le conseil a la faiblesse de s'incliner[1] ».

L'empereur a donc changé de sentiment entre les deux conseils du 5 au soir et du 6 au matin. Cette modification si grave par ses conséquences peut-elle s'expliquer par l'une de ces brusques évolutions qui lui sont familières? Est-elle due plutôt à une cause extérieure? Dans la journée du 5, il a demandé au maréchal Le Bœuf une note sur la situation de l'armée. Elle lui est remise le lendemain, sans doute avant le conseil. Bien qu'elle soit très optimiste, elle n'est pas telle que l'on y puise une confiance absolue[2] :

---

1. *Enquête*, dépositions, I, Le Bœuf, 41 ; voir également *ibidem*, 46 ; déposition de Gramont, 95 ; *Indépendance belge* du 6 mars 1874, reproduite dans Darimon, *Notes*, 62-69, dans *Das Zeitalter des Kaisers Wilhelm*, I, 751 et suiv., et dans Oncken, 121, avec la date du 4 mai. Cet article, d'après M. Darimon, *loc. cit.*, 69-72, et M. Ranc (*Matin* du 15 août 1895), proviendrait directement du cabinet du duc de Gramont. C'est la version que nous avons suivie ; elle n'est pas contredite par la déposition du duc, ni par son livre, p. 49, mais par la déposition du maréchal Le Bœuf. Celui-ci assure qu'après avoir adouci les termes de la déclaration, sur l'avis de l'empereur et de plusieurs ministres, on revint à la forme primitive, en raison de l'excitation régnante à la Chambre : « Nous nous laissâmes entraîner, et la rédaction première ou une rédaction qui s'en approchait fut lue à la tribune. C'est du moins ce que je crois me rappeler. » M. de Gramont dit plus nettement le contraire. La note a été lue telle que dictée, mais la phrase finale, la plus menaçante, n'était pas dans le texte apporté au conseil par M. de Gramont (*Enquête*, dépositions, I, de Gramont, 95 ; De Gramont, 50-51). M. de Gramont quitta Saint-Cloud vers midi et demi, avec la minute de la déclaration. Il se rendit au quai d'Orsay, où il la fit copier en deux expéditions. Il donna lecture de l'une d'elles à la Chambre, l'y laissa, et garda l'autre dans ses papiers. Cette version paraît plus vraisemblable que celle du maréchal. D'ailleurs, la déposition de ce dernier indique que ses souvenirs n'étaient rien moins que précis.

2. Elle a été reproduite dans une brochure parue en 1872, *Les forces militaires de la France en 1870*, sous le nom de M. de La Chapelle, et attribuée à Napoléon III (Darimon, *Notes*, 72-73). D'après M. Darimon (*Figaro* du 8 janvier 1894), la note préparée par M. le colonel Lewal réduisait à 288,000 hommes l'effectif disponible. Le maréchal l'aurait modifiée avant de la remettre à l'empereur.

« Quinze jours après l'ordre donné par l'empereur, on aura formé deux armées comptant :

> 350,000 hommes de toutes armes,
> 875 bouches à feu...

« Il resterait :

	Hommes.
A l'intérieur	181,500
En Algérie	50,000
A Civita	6,500
Total	238,000
Ajoutant les chiffres ci-dessus	350,000
On trouve	588,000 disponibles pour la guerre.
Ajoutant non-valeurs	74,546
On obtient	662,546 hommes

comptant à l'armée régulière.

« A ces forces il y a lieu d'ajouter, dès le premier jour, 100,000 hommes de garde nationale mobile habillés, équipés, armés et organisés avec leurs cadres.

« A partir de l'ordre impérial, il faudrait environ trois semaines pour faire venir d'Afrique sur le Rhin : les trois régiments de zouaves, les trois régiments de tirailleurs et les remplacer en Algérie par quatre régiments d'infanterie de ligne.

« Il faudrait plus d'un mois pour faire venir à Marseille et à Toulon les quatre régiments de chasseurs d'Afrique.

« J'ai l'honneur de demander à l'empereur de vouloir bien me donner ses ordres à l'heure même où la résolution de Sa Majesté sera arrêtée[1]. »

---

1. D'après la déposition du maréchal, lors de l'enquête, ses déclarations au conseil furent sensiblement différentes : « Je promets donc 300,000 hommes d'armée régulière et 120,000 gardes nationaux disponibles pour la première mobilisation. Quant aux 300,000 hommes d'armée régulière, j'ai l'espoir que, dans quinze jours, nous en aurons 250,000 suffisamment organisés, avec des lacunes administratives naturellement, comme il y en a dans toutes les armées qui entrent en campagne, mais des lacunes qu'on pourra remplir rapidement. Pour réunir les 300,000 hommes, je crois qu'il faudra au moins trois semaines » (*Enquête*, dépositions, 1, Le Bœuf, 41-46).

Napoléon III sait, comme le maréchal, que la Prusse mettra en ligne plus rapidement des forces de beaucoup supérieures à ces 350,000 hommes. Ce n'est donc pas la note du ministre qui a pu transformer ainsi ses idées, mais sans doute l'influence de l'impératrice et de son entourage. Elle est, dit-on, toute acquise à la guerre. Dès le soir du 3, elle s'est montrée fort surexcitée. A la suite du conseil du 5, elle a avec l'empereur un entretien qui se prolonge jusqu'à une heure du matin [1].

L'après-midi du 6 juillet, l'assistance est nombreuse au Corps législatif. Parmi l'émotion générale, le duc de Gramont lit la déclaration destinée à de si tragiques conséquences : « Il est vrai que le maréchal Prim a offert au prince Léopold de Hohenzollern la couronne d'Espagne et que ce dernier l'a acceptée (*Sensation*).

« Mais le peuple espagnol ne s'est point encore prononcé et nous ne connaissons point encore les détails vrais d'une négociation qui nous a été cachée (*Mouvement*). Aussi une discussion ne saurait-elle aboutir maintenant à aucun résultat pratique. Nous vous prions, Messieurs, de l'ajourner.

« Nous n'avons cessé de témoigner nos sympathies à la nation espagnole et d'éviter tout ce qui aurait pu avoir les apparences d'une immixtion quelconque dans les affaires intérieures d'une noble et grande nation en plein exercice de sa souveraineté; nous ne sommes pas sortis, à l'égard des divers prétendants au trône, de la plus stricte neutralité, et nous n'avons jamais témoigné pour aucun d'eux ni préférence, ni éloignement (*Marques d'approbation*).

« Nous persisterons dans cette conduite.

« Mais nous ne croyons pas que le respect des droits d'un peuple voisin nous oblige à souffrir qu'une puissance étrangère, en plaçant un de ses princes sur le trône de Charles-Quint, puisse déranger à notre détriment l'équilibre actuel des forces de l'Europe... (*Vifs et nombreux applaudissements*)... et mettre en péril les intérêts et l'honneur de

---

[1]. Darimon, *Notes*, 72.

la France (*Nouveaux applaudissements. — Bravos prolongés*).

« Cette éventualité, nous en avons le ferme espoir, ne se réalisera pas.

« Pour l'empêcher, nous comptons à la fois sur la sagesse du peuple allemand et sur l'amitié du peuple espagnol.

« *M. Granier de Cassagnac.* — Et sur notre résolution !

« *Plusieurs membres.* — N'interrompez pas ! Attendez donc !

« *M. le ministre.* — S'il en était autrement, forts de votre appui, Messieurs, et de celui de la nation...

« *M. Laroche-Joubert.* — Il ne vous ferait pas défaut !

« *M. le ministre.* — ...Nous saurions remplir notre devoir sans hésitation et sans faiblesse... (*Longs applaudissements. — Acclamations répétées. — Mouvement et réclamations sur quelques bancs à gauche*).

« *M. Garnier-Pagès.* — Ce sont des questions dynastiques qui troublent la paix de l'Europe ! (*Bruyantes exclamations à droite*). Les peuples n'ont que des raisons de s'aimer et de s'entr'aider.

« *Voix nombreuses.* — Assez ! Assez ! Vous n'avez pas la parole. (M. le ministre des affaires étrangères, en descendant de la tribune et en retournant à son banc, est accueilli de nouvelles salves d'applaudissements[1].) »

Ainsi l'approbation est presque unanime au Corps législatif. Elle confine à l'enthousiasme[2]. L'agitation est si grande

---

[1]. *Journal officiel* du 7 juillet, 1189 ; De Gramont, 40-41 ; Benedetti, 428.

[2]. *Papiers et correspondance*, I, 417, télégramme de M. Conti à l'empereur, 3ʰ 10 du soir : « La déclaration du ministre des affaires étrangères, très habile, très nette et très ferme, a excité le plus vif enthousiasme au Corps législatif » ; télégramme du duc de Persigny à l'empereur, 3ʰ 30 du soir : « Recevez mes félicitations les plus ardentes ; la France entière vous suivra ; l'enthousiasme est unanime. » — Télégramme de M. Émile Ollivier à l'empereur : « La déclaration a été reçue à la Chambre avec émotion et immenses applaudissements... Le mouvement, au premier moment, a dépassé le but. On eût dit que c'était une déclaration de guerre » (C. Farcy, 8). — Lord Lyons a été « témoin de l'enthousiasme extraordinaire et de l'unanimité avec lesquelles a été accueillie l'annonce de la déclaration du gouvernement » (*Archives diplomatiques*, 1871-1872, 42-43, n° 31, dépêche à lord Granville, 7 juillet 1870). — M. de Maupas, à peu près seul, écrit que cette déclaration fut accueillie sans enthousiasme, mais avec une certaine chaleur d'approbation (II, 506).

qu'il faut suspendre deux fois la séance. Elle n'est reprise qu'à 3 heures et quart. Aussitôt M. Glais-Bizoin propose de renvoyer le budget à la commission. « Il est tout à refaire » (*Bruit*). M. Ernest Picard demande la communication des documents diplomatiques, quels qu'ils soient, touchant les événements présents. Il n'y a aucune communication à faire en ce moment, répond M. Chevandier de Valdrôme.

« *M. Crémieux.* — Les paroles qui viennent d'être dites par M. le ministre des affaires étrangères... sont, à mes yeux, la guerre déclarée (*Non! Non!*).

« *M. le garde des sceaux.* — Non ! Je demande la parole... Le gouvernement désire la paix!... (*Très bien! Très bien!...*). Il la désire avec passion... (*Exclamations à gauche*).

« Il la désire avec passion, mais avec honneur (*Très bien! Marques d'adhésion et d'approbation*).

« ...Nous disons notre pensée entière : nous ne voulons pas la guerre; nous ne poursuivons pas la guerre; nous ne sommes préoccupés que de notre dignité... »

« *M. Emmanuel Arago.* — ...J'affirme et je tiens à constater bien haut que le ministère a été imprudent... (*Allons donc! Allons donc!*).

« *Un membre à droite.* — Vous vous faites le défenseur de la Prusse !

« *M. Emmanuel Arago.* — ...plus qu'imprudent, je répète l'expression, en prenant aujourd'hui, vis-à-vis de la Prusse et de l'Espagne, l'attitude qu'il a prise (*Nouveaux cris : l'ordre du jour! l'ordre du jour!*). » La Chambre reprend la discussion générale du budget[1].

Malgré les protestations de M. Émile Ollivier, il semble que nous voulions autre chose que la paix, et l'on ne s'y trompe pas, à la Chambre comme au dehors. « On peut dire que, par un pareil langage, la France rompait toute négociation et rendait, pour la Prusse, toute adhésion impossible à ce violent et public ultimatum », a dit l'un des

---

1. *Journal officiel* du 7 juillet 1870, 1189.

fidèles de l'empire[1]. En entendant M. de Gramont, un député, M. Josseau, éprouve un tel frémissement qu'il court à lui en s'écriant : « Mais c'est la guerre ! C'est un défi que vous jetez à la Prusse ! — C'est la paix, répond M. de Gramont, si elle est encore possible; c'est la guerre, si elle est indispensable. » M. Josseau se tourne alors vers le ministre de la guerre : « Mais, Monsieur le Maréchal, pour vous jeter dans une telle entreprise, êtes-vous prêt et avez-vous des alliés? — Rassurez-vous, nous sommes prêts; ayez confiance en nous[2] ! »

La confusion est indicible à la Chambre. Les bonapartistes purs courent, crient, clabaudent, regardent d'un air de mépris ceux qui n'ont pas leur manière de voir. Les conservateurs sont inquiets. Quelques-uns laissent paraître le fond de leur pensée, toute pacifique[3]. Hors du Corps législatif, l'accueil est aussi enthousiaste, du moins à Paris et dans les grands centres. Le *Peuple français,* journal populaire, organe particulier de l'empereur, publie le soir même un article à sensation. La presque totalité des journaux applaudit à la fermeté du cabinet, sans toujours se rendre compte des suites probables de sa démonstration[4]. Les plus modérés sont pleins d'appréciations violentes.

---

[1]. De Maupas, II, 504 et suiv.; Pinard, II, 35. M. Darimon, *Notes*, XIV, parle de la déclaration du 6 juillet comme d'une « gasconnade diplomatique qui ressemble à une déclaration de guerre ». — « Ce sont, dit-il, les maladresses de M. de Gramont qui ont rendu la guerre inévitable. »

[2]. *Enquête,* dépositions, IV, Josseau, 333. « La guerre est déclarée après de semblables paroles ! » s'écrie M. Crémieux (*Enquête,* rapport Saint-Marc Girardin, 27). — « Par votre espèce d'ultimatum, vous vous êtes mis en dehors des formes diplomatiques ordinaires » (Paroles de M. Ernest Picard, séance du 7 juillet, *ibid.*). « Rien n'était plus fou qu'une telle manière de procéder, eût-on été aussi préparé qu'on l'était peu » (*Enquête,* dépositions, I, Thiers, 6).

[3]. *Enquête,* dépositions, I, Thiers, 6

[4]. C. Farcy, 8; de Maupas, II, 506; *Journal officiel* du 7 juillet, 1193; le 3 p. 100 qui a clôturé la veille à 72 fr. 20 c. comptant, ferme à 70 fr. 80 c.; l'*Univers* du 7 juillet : « Nos ministres ont été, en cette circonstance, les organes contenus de l'opinion générale »; l'*Opinion nationale :* « M. de Bismarck dépasse toutes les bornes. S'il veut conserver la paix, qu'il recule; quant à nous, nous ne le pouvons plus »; le *Gaulois :* « Pour la première fois, depuis le 23 février, le ministère a parlé un langage digne d'un cabinet français ! Si nous avions supporté ce dernier affront, il n'y aurait plus une femme au monde qui eût accepté le bras d'un Français. » Mme Carette, II, 76, porte ces citations au 16 juillet au lieu du 7.

« Comment s'imaginer en effet, écrit M. de Mazade dans la *Revue des Deux-Mondes*, que la France pût consentir tranquillement à se voir envelopper d'une ceinture dont les deux bouts seraient dans la main de la Prusse, qu'elle pût accepter cette extension de l'influence prussienne, déjà prépondérante en Allemagne et allant maintenant s'établir à Madrid sous le déguisement d'un royaume indépendant. Ce qu'elle ne pouvait admettre davantage, c'est ce procédé de surprise auquel on a eu recours, c'est ce secret dont on s'est entouré pour hâter une combinaison évidemment dirigée contre elle.

« On a dit que c'était un prétexte, une occasion qu'on saisissait pour faire une querelle à la Prusse; c'est bien possible, mais on ne voit pas qu'il y a des circonstances où tout est inévitable occasion et prétexte, parce que l'antagonisme est dans le fond des choses... Oui, sans doute, il ne faut pas se faire d'illusion, tout est prétexte; aujourd'hui c'est la candidature du prince de Hohenzollern au trône d'Espagne, hier c'était l'affaire du Luxembourg, demain ce sera autre chose : à la moindre apparence, c'est un frémissement universel, un perpétuel qui-vive, et il en sera ainsi tant que la situation respective de la France et de la Prusse restera ce qu'elle est depuis quatre ans[1]. »

M. de Mazade montre sous leur vrai jour les motifs qui poussent le ministère à prendre cette attitude de défi. Vainement, M. Émile Ollivier affirme à M. Thiers qu'il est tout disposé à se contenter d'une concession de la Prusse. Bientôt il va être débordé. « Le ministère français s'est jeté d'un tel bond dans cette affaire, qu'il lui est difficile aujourd'hui de s'arrêter sur place et de contenir les ardeurs qu'il a déchaînées... Par la déclaration hautaine et incontestablement inusitée qu'il portait à la tribune, il s'exposait à dépasser le but et à frapper trop fort[2]. »

---

[1]. *Revue des Deux-Mondes*, 15 juillet 1870, 503-505.
[2]. Ch. de Mazade, *Revue des Deux-Mondes*, 15 juillet 1870, 506-510.

V

NÉGOCIATIONS D'EMS

Envoi de M. Benedetti à Ems. — Malentendu entre M. de Gramont et lui. — M. de Bismarck et la déclaration. — M. Benedetti à Ems. — Agitation à Paris. — Le duc de Gramont. — Le roi Guillaume.

Le 1er juillet, M. Benedetti est parti de Berlin pour les eaux de Wildbad. C'est là qu'il reçoit le premier avis de l'acceptation du prince Léopold. Il écrit aussitôt au duc de Gramont pour se mettre à sa disposition. Le 7, à 11h45 du soir, le ministre lui télégraphie de se rendre à Ems. Un attaché d'ambassade, M. de Bourqueney, quittera Paris le 8 au matin, porteur d'instructions et d'un chiffre[1]. En effet, une dépêche du même jour met notre ambassadeur au courant de la situation. « ...Il est d'un grand intérêt que la lumière se fasse sur les véritables dispositions de la Prusse. » Son projet est « aussi blessant pour notre dignité que contraire à nos intérêts ». M. Benedetti devra demander au roi d'intervenir « sinon par ses ordres au moins par ses conseils ». M. de Gramont insiste sur cette idée : « ...Efforcez-vous d'obtenir que S. M. *conseille* au prince de Hohenzollern de *revenir* sur son acceptation... » Une lettre particulière de lui, datée elle aussi du 7 au soir, est conçue en termes beaucoup moins mesurés. Elle réclame une réponse catégorique : « ...Voici la seule qui puisse nous satisfaire et empêcher la guerre :

« Le gouvernement du roi n'approuve pas l'acceptation

---

[1]. *Enquête*, dépositions, I, Benedetti, 87 ; Benedetti, 315. Le même jour, 7 juillet, M. de Gramont adresse à M. Le Sourd une dépêche dans un sens identique : « Le roi peut, dans le cas présent, ou permettre ou défendre. S'il n'a pas permis, qu'il défende... Nous regarderions une détermination semblable... comme un excellent procédé à notre égard, et nous y verrions un puissant gage du désir de la Prusse de resserrer les liens qui nous unissent et d'en assurer la durée » (De Gramont, 54-56).

« du prince de Hohenzollern et lui donne l'ordre de revenir
« sur cette détermination, prise sans sa permission… »

« Nous sommes très pressés, parce qu'il faut prendre les devants dans le cas d'une réponse non satisfaisante, et dès samedi commencer les mouvements de troupes pour entrer en campagne dans quinze jours[1]. »

Singulière négociation que celle qui commence sur ce ton! Il semble que M. de Gramont s'adresse, non aux vainqueurs de Sadowa, mais à une lointaine peuplade d'Afrique. Dans sa lettre, le mot *guerre* revient quatre fois. Évidemment, s'il ne veut pas la guerre, il fait blanc de son épée, afin d'intimider le gouvernement prussien. C'est la seule explication de ses rodomontades.

En outre, on peut se rendre compte qu'un malentendu des plus graves va se produire entre lui et M. Benedetti. Le duc de Gramont entend que le roi intervienne, « au moins par ses conseils », auprès de Léopold. Pour M. Benedetti, il s'agit « d'obtenir le désistement du prince… et l'acquiescement implicite du roi…[2] ». M. de Gramont veut infliger un échec personnel à ce dernier et indirectement à M. de Bismarck. M. Benedetti juge, avec toute raison, que c'est là une exigence exagérée qui conduirait droit à la guerre.

Dans cette terrible partie, le partenaire allemand du duc de Gramont, M. de Bismarck, n'est pas non plus dans un état d'âme conciliant, il s'en faut. Le 7 juillet, à Varzin, il lit dans l'*Indépendance belge* la déclaration du 6 et tend le journal à sa femme, en disant: « Le duc de Gramont doit être las de son portefeuille; naturellement je vais être forcé de réclamer son changement. » Mais, en se promenant dans le parc, la vérité lui apparaît tout à coup, croit-il, et il s'écrie: « Napoléon veut la guerre et a dicté ce discours à Gramont. » Il rentre, avec la pensée de télégraphier au roi: « Mobiliser aussitôt, déclarer la guerre et attaquer avant que la France soit prête serait le mieux. » Il se couche et

---

1. Benedetti, 317-323; de Gramont, 58-63.
2. Lettre du 25 novembre 1870, servant de préface à *Ma mission en Prusse*; De Gramont, 64-66.

songe à la situation. Vis-à-vis de l'Europe et de l'Allemagne du Sud, l'offensive immédiate aurait de graves inconvénients. Le premier effet de l'incident Hohenzollern en Allemagne n'a été rien moins que favorable à la Prusse. On blâme la forme et non le fond de la déclaration du duc de Gramont[1]. M. de Bismarck juge nécessaire de jouer serré. Il renonce à son télégramme, qu'il remplace par un autre conseillant de ne pas s'engager avec M. Benedetti. Si celui-ci devient trop pressant, le roi lui répondra: « Le ministre des affaires étrangères est à Varzin. » Il va même, dit-on, jusqu'à proposer à Guillaume Ier de suggérer sous main la renonciation au prince Léopold[2]. Ce serait une manière de faire disparaître la difficulté.

Par contre, il est fermement résolu à n'accepter aucune humiliation pour le gouvernement prussien. Le ton pris, dès le début, par notre diplomatie le met dans l'impossibilité de reculer, fût-ce d'une semelle. La déclaration du 6 juillet est « une menace officielle, faite devant l'Europe, la main sur la garde de l'épée ». Le mot trivial des journaux : « La Prusse cane », suffirait à rendre toute concession impossible[3]. Le chancelier télégraphie au secrétaire d'État von Thile (8 juillet) : « J'ai devant moi le texte officiel du discours du duc de Gramont, et je trouve son langage plus raide et plus présomptueux que je ne croyais. Je ne sais si cela doit être attribué à la stupidité ou à une décision prise d'avance. La probabilité de cette seconde alternative semble se confirmer par les démonstrations bruyantes qui ont accompagné ce discours et qui rendent impossible tout retour en arrière. J'hésite à protester officiellement contre les paroles de Gramont pour des raisons internationales, mais notre presse

---

1. Dépêches de M. Rothan, 9 et 17 juillet (G. Rothan, *L'Allemagne et l'Italie*, I, 3, 24).
2. Oncken, 123-125, d'après les *Erinnerungen eines alten Mannes*, publiés en septembre 1895, par A. Andræ dans la *Kreuzzeitung*. M. Oncken établit que la date du 9 juillet, donnée par M. Andræ, doit être libellée *7 juillet*. Voir également J. Favre, *Gouvernement de la défense nationale*, I, 176-177, conversation avec M. de Bismarck à Ferrières.
3. Bismarck, *Pensées et souvenirs*, II, 98-100.

devrait l'attaquer très vivement et cela dans le plus de journaux possible[1]. »

Quant au roi Guillaume, il n'est rien moins que désireux de la guerre. Il écrit à la reine Augusta : « ...Les ministres ont parlé avec beaucoup de sens à Paris (le 7 juillet) et ont obtenu l'ajournement... » Il attribue la déclaration du duc de Gramont au mécontentement éprouvé par l'empereur en voyant son candidat, le prince des Asturies, près d'être supplanté par un Hohenzollern. Napoléon III n'aura pas de peine à combattre aux Cortès cette dernière combinaison. « *Entre nous soit dit,* pourrais-je ajouter, si Léopold n'était pas choisi ! » Visiblement il n'attache à cette candidature qu'une faible importance ; il ne prévoit pas de sérieuses complications[2].

M. Benedetti arrive à Ems le 8 juillet, à 11 heures du soir, avec M. de Bourqueney, qu'il est allé attendre à Coblenz. Il descend à l'hôtel de la Ville de Bruxelles et annonce le lendemain qu'il sera reçu le même soir par le roi, entre 3 et 4 heures. Avant cette audience, le baron de Werther vient le voir, afin de le pressentir sur ses intentions. Il reconnaît que Guillaume a approuvé la candidature et qu'il lui est bien difficile de revenir sur cette approbation. Déjà notre ambassadeur doute fort du résultat de ses démarches[3].

En effet, il est reçu à 3 heures. Il se montre très calme, écrit le roi, sauf quand il s'agit des journaux qui, dit-il, « *demandent ma tête et un tribunal pour me juger*[4] ». Il fait appel à la sagesse et au cœur du souverain pour le déterminer à conseiller la renonciation. Ce n'est pas comme roi, c'est comme chef de famille que j'ai approuvé cette candidature, répond Guillaume. M. Benedetti riposte que cette

---

1. Bismarck, *Mémoires* recueillis par M. Busch, II, 22.
2. Lettre du 7 juillet à la reine Augusta, Oncken, 184 ; *ibid.*, 125-126. Les mots en italique sont en français dans le texte. — Le prince royal n'est pas plus belliqueux que son père (G. Rothan, *L'Allemagne et l'Italie*, I, 2).
3. Télégrammes de M. Benedetti au duc de Gramont, 9 juillet, 7 heures et 10h 15 du matin, Benedetti, 323 ; 1h 30 du soir, de Gramont, 366-367.
4. Le roi à la reine Augusta, 10 juillet, Oncken, 186. Les mots soulignés sont en français dans le texte.

distinction ne sera pas comprise en France. Mais si Léopold et son père veulent bien retirer leur acceptation, le roi approuvera cette décision comme il a fait pour la précédente. Il ne peut prendre d'autre engagement[1].

Évidemment, il a « vivement ressenti » la seconde partie de la déclaration. Il y voit ce qu'elle est : « presque une provocation[2] ». Il reçoit de Paris des nouvelles « très alarmantes » par le comte von Solms-Sonnenwalde. « Gramont a dit à Olozaga, qui lui faisait remarquer qu'il s'agit d'une affaire espagnole et non prussienne : L'Espagne est tout à fait hors de cause pour la France, mais nous voulons la guerre avec la Prusse[3]. »

La journée du 10 juillet se passe sans que M. Benedetti voie le roi et en reçoive aucune communication. Pourtant, le prince Antoine écrit qu'il ne peut reculer, malgré ses inquiétudes. Léopold voyage dans les Alpes tyroliennes, et l'on ignore son avis. Antoine croit que l'initiative de la renonciation doit être prise par le chef de la maison Hohenzollern. Guillaume n'en veut rien faire, mais il accueillerait avec joie un retrait de la candidature[4].

Cependant, à Paris les esprits fermentent de plus en plus. Le 7 juillet, M. John Lemoinne écrit, dans le *Journal des Débats,* un article calmant : « La France prend feu ; nous ne voulons pas encourager cette erreur. » Mais le *Constitutionnel* annonce que M. Olozaga doit notifier officiellement l'acceptation du prince Léopold[5]. L'agitation des journaux et de la Chambre gagne le ministère. Le duc de Gramont n'a reçu que le matin du 10, à 10 heures et demie, la dépêche

---

1. Télégramme de M. Benedetti, 9 juillet, 8 heures du soir (Benedetti, 323-328 ; de Gramont, 367-369) ; le roi à la reine Augusta, 10 juillet, Oncken, 186.
2. Dépêche de M. Benedetti du 9 juillet (de Gramont, 369-378) ; lettre particulière au duc de Gramont, 9 juillet (Benedetti, 338 ; de Gramont, 378-379). « Benedetti pensait qu'un mot de moi, la renonciation, arrangerait tout, sur quoi je lui dis que ce n'était pas à moi, mais à son gouvernement de réparer à la tribune la faute qu'il avait commise en accusant la Prusse d'octroyer un roi à l'Espagne, alors que la Prusse n'avait rien à y voir, et que j'avais eu à m'en occuper seulement comme chef de famille... » (Lettre à la reine Augusta, 9 juillet, déjà citée).
3. Lettre à la reine Augusta, 9 juillet.
4. Lettre à la reine Augusta, 11 juillet, Oncken, 186.
5. C. Farcy, 11.

de M. Benedetti datée de la veille à 8 heures du soir. Encore était-elle tronquée. Il réclame une « réponse décisive ». Nous ne pouvons attendre, « sous peine d'être devancés par la Prusse dans nos préparatifs. La journée ne peut pas s'achever sans que nous commencions [1] ».

Cette nouvelle mise en demeure ne lui suffit pas. Obéissant plus que jamais à l'inconsciente pression de l'opinion, ou plutôt au courant d'idées grossi et déformé par la presse, il songe à se ménager des armes pour une déclaration de guerre qu'il pressent prochaine : « Écrivez-moi une dépêche que je puisse lire aux Chambres, ou publier, dans laquelle vous démontrerez que le roi a connu et autorisé l'acceptation du prince de Hohenzollern, et *dites surtout qu'il vous a demandé de se concerter avec le prince avant de vous faire connaître ses résolutions* [2] ». M. Benedetti se borne à répondre qu'il espère obtenir une audience du roi le lendemain 11. Il ne dissimule pas que la guerre deviendrait inévitable si nous commencions des préparatifs ostensibles [3].

Le même soir, l'ambassadeur rencontre Guillaume Ier qui l'arrête : il n'a, dit-il, aucune réponse du prince Léopold. Il recevra M. Benedetti le matin du 11 juillet [4]. Ses disposi-

---

1. Télégramme du duc de Gramont, 10 juillet, 1[h] 20 du soir (Benedetti, 342 et suiv.). M. de Gramont, p. 72, ne reproduit pas ce télégramme, mais une lettre particulière dans le même sens. — Les accidents survenus au télégramme du 9 sont attribués par l'administration allemande à un violent orage (Télégramme de M. Benedetti, 10 juillet, 11[h] 30 du soir). — M. de Gramont écrit, p. 71, sans preuve à l'appui : « Nous venions d'apprendre que l'ordre avait été donné en Prusse de tout préparer pour la mobilisation des corps d'armée. » M. G. Rothan écrivait de Hambourg, le 14 juillet : « Depuis plusieurs jours déjà, les réserves ont été appelées sous les drapeaux, sans bruit, par convocations individuelles, et les soldats sont rompus aux fatigues par des marches forcées... » (*L'Allemagne et l'Italie*, I, 21). L'état-major prussien (*Der deutsch-französische Krieg 1870-1871*, I, 49) porte à la nuit du 15 au 16 juillet les premiers ordres de mobilisation. Dans la *Moltkes militärische Korrespondenz* (I, 138), le premier mot relatif à la guerre de 1870 est une annotation au crayon sur un rapport du major comte von Waldersee, daté du 12 juillet, et la correspondance véritable ne commence que le 16.
2. Télégramme du duc de Gramont à M. Benedetti, 10 juillet, 1[h]25 du soir (Benedetti, 342 et suiv.; de Gramont, 71).
3. Télégramme de M. Benedetti, 10 juillet, 8 heures du soir (Benedetti, 342 et suiv.; de Gramont, 380-381).
4. Télégramme de M. Benedetti, 10 juillet, 11[h]30 du soir (Benedetti, 342 et suiv.; de Gramont, 381-382).

tions paraissent déjà moins pacifiques. Il croit à des arrière-pensées de notre part. Si nous ne voulons pas admettre l'absence de Léopold, c'est qu'il y a une raison cachée « et je crois la connaître, écrit-il à la Reine, car les expressions de Gramont et les armements de la France me sont connus ». Il espère recevoir dans vingt-quatre heures une réponse du candidat. D'Ems, il a envoyé le colonel Strantz à Sigmaringen (10 juillet), avec une lettre de lui. Après avoir énuméré tous les symptômes alarmants, il laisse percer la satisfaction que lui causerait la renonciation du prince.

De Berlin, on annonce que nos armements commencent et que les chemins de fer ont reçu des commissaires militaires; mais ni les réserves ni les chevaux n'ont été rappelés[1]. « Gramont a dit à Nigra : avec l'Espagne nous restons sur un pied tout à fait amical, mais si la Prusse ne retire pas la candidature Hohenzollern, ne promet pas de ne jamais franchir la ligne du Mein, ne laisse pas tout à fait libre le sud de l'Allemagne, ne régularise pas les frontières des Duchés... et ne cède pas Mayence, la guerre sera inévitable !... Ainsi la plus grande forteresse de l'Allemagne dans des mains françaises... Cela confine certes à la folie... Nous ne faisons rien de visible, mais nous nous préparons tranquillement[2]. »

La paix est déjà fort compromise. Le duc de Gramont juge pourtant nécessaire de renouveler ses demandes dans

---

1. Lettre à la reine Augusta, 11 juillet, Oncken, 186-187; *Aus dem Leben,* II, 101. — Du 6 au 12 juillet, le maréchal Le Bœuf apprend, par son collègue de l'intérieur, que les « Landwehr prussiens » établis à l'étranger sont rappelés, qu'il est fait des achats de chevaux en Belgique. Notre marine obtient le rappel de 6,000 inscrits. Quant à l'administration de la guerre, elle se borne à des préparatifs sur le papier (*Enquête*, dépositions, I, Le Bœuf, 46). — D'après M. Darimon, *Notes,* 26, la lettre écrite par le roi Guillaume au prince Antoine aurait été conçue en termes positifs, impliquant l'ordre de renonciation. Copie de cette lettre tomba aux mains de la reine Olga de Wurtemberg, sœur d'Alexandre II, et de sentiments très pacifiques. Elle la fit tenir au duc de Gramont qui ne la porta jamais au Conseil. Certains ministres, notamment, M. Segris, ne la connurent qu'après la déclaration de guerre. — M. de Saint-Vallier télégraphiait, à la suite d'un entretien avec la reine Olga, « que le roi Guillaume avait prié le prince Antoine de détourner son fils de l'aventure espagnole et de lui rappeler la fin tragique de Maximilien » (G. Rothan, *L'Allemagne et l'Italie*, I, 13).

2. Lettre à la reine Augusta déjà citée. — Ce document montrerait, s'il en était besoin, la duplicité du chevalier Nigra en 1870.

les termes les moins conciliants. Il envoie le comte Daru à M. Benedetti, avec prière de le retourner aussitôt : « ... Nous ne pouvons plus attendre... On rappelle en Prusse les hommes en congé [1]... L'opinion publique s'enflamme et va nous devancer... Il nous faut commencer ; nous n'attendons plus que votre dépêche pour appeler les 300,000 hommes. Si le roi ne veut pas conseiller au prince de Hohenzollern de renoncer, eh bien, c'est la guerre tout de suite, et dans quelques jours nous sommes au Rhin [2]... » Il est difficile, on le voit, de montrer plus de criminelle légèreté, plus d'infatuation. Où trouver les 300,000 hommes « qui sont à appeler » ? Ce n'est pas le souci de nos intérêts, la justice de notre cause qui orientent notre action diplomatique, c'est l'« opinion publique », cet avis anonyme, si difficile à saisir, si trompeur, si peu responsable de ses brusques revirements, de ses emportements passagers, de ses abandons, de ses erreurs constantes !

La dépêche précédente ne suffit pas au duc de Gramont. Dans la nuit du 10 au 11, il revient sur la nécessité d'en finir : « Vous ne pouvez vous imaginer à quel point l'opinion publique est exaltée. Elle nous déborde de tous côtés, et nous comptons les heures. Il faut absolument insister pour obtenir une réponse du roi, négative ou affirmative. Il nous la faut pour demain. Après-demain serait trop tard [3]... »

Le 11 juillet, dans la matinée, notre ambassadeur obtient enfin l'audience attendue. Pendant plus d'une heure, il fait tous ses efforts pour que Guillaume Ier lui permette d'annoncer qu'il conseillera au prince le retrait de sa candidature. Le roi s'y refuse constamment ; il entend rester sur le terrain où il s'est placé dès l'origine, ne souscrire aucun engagement qui blesserait le sentiment public en Allemagne. Il recevra « ce soir ou demain » une communication de Léopold, qui lui permettra de donner une réponse définitive.

---

1. Voir *suprà*, p. 242, note 1.
2. Lettre à M. Benedetti, 10 juillet (Benedetti, 346). — Le duc de Gramont ne cite que la première partie de cette lettre, et pour cause (p. 72).
3. Télégramme à M. Benedetti, 11 juillet, 1 heure du matin (Benedetti, 346 et suiv. ; de Gramont, 74).

Notre insistance à réclamer une prompte réponse trahit le dessein de provoquer un conflit. « Je n'ignore pas, dit-il, les préparatifs qui se font à Paris, et je ne dois pas vous cacher que je prends mes précautions pour ne pas être surpris. » A peine s'est-il exprimé de la sorte qu'il cherche à atténuer l'effet produit, mais inutilement [1].

Au moment où a lieu ce significatif entretien, M. de Gramont juge à propos de prendre une attitude encore plus accusée : « Votre langage, télégraphie-t-il à M. Benedetti, ne répond plus comme fermeté à la position prise par le gouvernement de l'empereur. Il faut aujourd'hui l'accentuer davantage... Nous demandons que le roi défende au prince de Hohenzollern de persister dans sa candidature et, si nous n'avons pas une réponse décisive demain, nous considérerons le silence ou l'ambiguïté comme un refus de faire ce que nous demandons [2]. »

De son côté, le roi prévoit une rupture. Il fait télégraphier au général von Roon, ministre de la guerre : « Les nouvelles de Paris, qui ont été communiquées à votre Excellence... exigent que l'on prépare les mesures qui peuvent devenir nécessaires pour la sécurité de la province du Rhin, de Mayence et de Sarrelouis. S. M. le roi attend d'urgence les propositions nécessaires, au besoin par le télégraphe. »

Roon répond à 4 heures du soir qu'il n'y a pas lieu de prendre des dispositions spéciales. Elles ne sont pas nécessaires et pourraient hâter la guerre. S'il faut absolument faire quelque chose, qu'on lance l'ordre de mobilisation [3]. Ainsi, des deux parts, la tension est extrême. Un incident suffirait à provoquer la rupture.

---

1. Télégrammes et dépêche de M. Benedetti, 11 juillet, 1ʰ 30 et 2ʰ 30 du soir (de Gramont, 89-91) ; 11ʰ 30 du soir (Benedetti, 349-356). M. de Gramont reproduit (382-389) la dépêche et une lettre particulière de M. Benedetti (5 heures du soir). D'après la dépêche, lors de l'acceptation de Léopold, il a été convenu que les Cortès seront convoqués après un délai de trois mois et que la combinaison adoptée ne sera rendue publique qu'à l'ouverture de cette assemblée. Léopold part alors en voyage, sans se douter que l'indiscrétion de Prim fera connaître prématurément sa candidature.
2. Télégramme du 11 juillet, 6ʰ 50 du soir (Benedetti, 361).
3. Oncken, 127, texte de ce télégramme d'après le général von Verdy du Vernois, *Im grossen Hauptquartier 1870-1871*, 3ᵉ édition, 3-4.

VI

NÉGOCIATIONS AVEC L'ANGLETERRE

Effets de la déclaration sur l'Angleterre. — Son action à Berlin et à Paris. — L'Autriche et la déclaration. — L'Italie. — Les conditions d'une entente d'après M. de Gramont. — Le gouvernement prussien. — Nouvelles demandes de M. de Gramont.

Quoi qu'on en ait dit, l'Angleterre tente les plus grands efforts pour clore à notre avantage l'aventure où l'on nous a si légèrement engagés. Ce n'est pas qu'elle approuve notre attitude. Le 5, lord Lyons a une conversation avec M. Émile Ollivier, dont il résume ainsi les conclusions : « Nous ne sommes pas inquiets parce que nous avons le ferme espoir que la chose n'aura pas lieu ; mais, si elle avait lieu, nous ne la tolérerions pas. » Il ne s'attendait nullement à voir la protestation du duc de Gramont revêtir pareille forme. « Après cette déclaration, écrit lord Lyons, les ministres français ne se sont laissé aucune retraite, et s'ils ne réussissent pas à prévenir le succès du prince par des moyens pacifiques, ils n'ont, de leur aveu, d'autre alternative que de recourir à la guerre ». Mais la nation est avec eux : « La déclaration, cependant, quelque violente qu'elle ait été, ne va pas au delà des sentiments du pays [1]. »

L'ambassadeur d'Angleterre ne nous dissimule rien de sa surprise et de ses inquiétudes : « J'ai dit au duc de Gramont cet après-midi que je ne pouvais qu'être inquiet au sujet de la déclaration... faite la veille au Corps législatif. Je ne pouvais m'empêcher de penser, ajoutai-je, qu'un langage plus modéré aurait rendu plus facile la tâche de négocier avec la Prusse et l'Espagne... » M. de Gramont met en avant l'impossibilité de lutter contre l'opinion : « La nation était si

---

[1]. Télégrammes de lord Lyons à lord Granville, 6 et 7 juillet; *Enquête*, pièces justificatives, II, 2ᵉ partie, 50 et suiv.; rapport Saint-Marc Girardin, 16, d'après les *Parliament. Papers*, 1870, et les *Archives diplomatiques*, 1871-1872.

fortement animée sur cette question que l'on ne pouvait... résister à sa volonté [1]... »

Lord Lyons n'admet pas cette nécessité : « ... Le baron Werther s'était engagé à faire part de l'opinion du gouvernement français au roi de Prusse, à Ems ; il eût été naturel d'attendre le résultat de cette démarche [2]... »

Ce n'est pas que l'empereur et ses ministres renoncent à l'espoir de la paix. « En ce moment, ils espèrent fermement réussir, sans la guerre, à empêcher le prince de Hohenzollern de porter la couronne d'Espagne. Ils pensent que, s'il en est ainsi, ils gagneront de la popularité à l'intérieur... et qu'ils relèveront leur crédit au dehors aussi bien qu'au dedans... Ils ne sont en outre pas fâchés d'avoir une occasion de constater le sentiment public à l'égard de la Prusse. Enfin, ils sont convaincus qu'il aurait été impossible de supporter ce que, à tort ou à raison, la nation aurait considéré comme un nouveau triomphe de la Prusse sur la France.

« Cependant, en poursuivant cette politique, ils ont couru le risque d'enrôler l'orgueil de l'Allemagne, aussi bien que celui de l'Espagne, dans la cause du prince de Hohenzollern [3]. »

Dès le 6 juillet, M. de Gramont réclame les bons offices de l'Angleterre, par l'entremise de lord Lyons, bien qu'il ait tenu, le 5, un langage belliqueux à ce dernier, ainsi qu'au prince de Metternich. Lorsqu'il en est informé, lord Granville écrit à lord Loftus, le représentant britannique à Berlin : « Le gouvernement de la Reine espère et ne peut pas faire autrement que de croire que le projet, ignoré de lui jusqu'à ce jour, n'avait pas reçu la sanction du roi... Vous ne manquerez pas de faire ressortir que le roi de Prusse, dont le règne a procuré un agrandissement si considérable à ce pays, a maintenant une occasion non moins signalée... de

---

1. Télégramme de lord Lyons à lord Granville, 7 juillet; *Enquête, ibid.*, 52 et 57, d'après les mêmes sources. Voir aussi une dépêche du comte de Beust au prince de Metternich, 11 juillet (Beust, *Mémoires*, II, 331); G. D. Weil, *L'attitude de l'Angleterre vis-à-vis de la France en 1870-1871*, 11 et suiv.

2. Lord Lyons à lord Granville, 7 juillet, d'après une conversation avec le comte von Solms-Sonnenwalde, chargé d'affaires de Prusse.

3. Lord Lyons à lord Granville, 7 juillet; *Enquête,* rapport Saint-Marc Girardin, 21.

rendre un service inestimable à l'Europe pour le maintien de la paix[1]. »

On voit l'ordre d'idées dans lequel se place dès maintenant le gouvernement britannique. Il désapprouve la candidature de Léopold et surtout les conditions dans lesquelles on l'a vue surgir. Il n'approuve pas davantage le ton menaçant de la diplomatie française, son « langage altier ». Il ne perd pas un instant pour conseiller à l'Espagne le retrait d'une candidature si mal accueillie d'un proche voisin. « Le gouvernement de la Reine n'a pas le désir de recommander à l'Espagne aucune personnalité spéciale comme futur souverain, ni d'intervenir en aucune façon dans le choix de la nation espagnole... Mais... il est impossible qu'il ne ressente pas d'anxiété pour les conséquences de la mesure adoptée par le gouvernement provisoire et il vous invite... à user de toute pression sur lui pour l'induire à abandonner ce projet[2]... »

Le comte de Beust n'est pas moins pressant dans un télégramme au représentant de l'Autriche à Berlin. Il montre « le danger de véritables perturbations dans la candidature du prince Léopold ». Il exprime « le ferme désir que l'amour de la paix et la haute intelligence du roi empêchent qu'il ne fasse entrer dans la politique européenne un élément de discorde si plein de périls[3] ». Lui aussi exprime « sa désappro-

---

1. Lord Granville à lord Loftus, 7 juillet, Darimon, *Histoire d'un jour*, 2 et suiv.; lord Granville à lord Lyons, 7 juillet (*Archives diplomatiques*, 1871-1872, n° 15, 23); lord Granville à lord Lyons, 8 juillet, *Enquête*, pièces justificatives, II, 2ᵉ partie, 55 : lord Granville a fait connaître à l'ambassadeur de Prusse l'importance de donner une solution amicale à la question, sans tenir compte « de paroles précipitées, prononcées dans un moment de grande excitation ».

2. Lord Granville à M. Layard, 7 juillet (*Archives diplomatiques*, 1871-1872, n° 25, 37); lord Granville à M. Layard, 8 juillet (*Enquête*, pièces justificatives, II, 2ᵉ partie, 57) : le gouvernement britannique « fera tous ses efforts pour calmer l'irritation que ce qui s'est passé dans les Chambres françaises a pu provoquer à Berlin, et pour dissuader le gouvernement prussien d'entretenir l'idée de placer sur le trône d'Espagne un prince de la famille Hohenzollern... ». Il engage fortement le gouvernement provisoire « à chercher un moyen compatible avec sa dignité et son amour-propre de mettre fin à la crise actuelle ».

3. Télégramme du comte de Beust, 7 juillet, Darimon, *Histoire d'un jour*, 2-5, d'après les *Archives diplomatiques*, 1871-1872. — Le comte de Beust écrit en français au prince de Metternich : « Gramont veut-il ma recette ? La voici : ne pas s'attaquer au roi de Prusse, traiter la question en question espagnole, et si, à Madrid, on ne tient pas compte des réclamations et (on) envoie la flot-

bation et son regret de la façon précipitée avec laquelle le gouvernement français a parlé aux Chambres...[1] ». On le voit, la note dominante est la même que pour l'Angleterre. Quant à l'Italie, elle proteste également de son désir de conciliation, mais en termes moins nets[2]. De Florence on va faire savoir au gouvernement anglais qu'on est tout prêt à imiter ses efforts. M. de Cadorna est même chargé de rechercher jusqu'à quel point une action commune pourrait être combinée entre les deux diplomaties. L'Italie prélude ainsi à la ligue des neutres, qui doit avoir pour nous de si fâcheux résultats. Le gouvernement britannique répond qu'une action commune ne paraît pas désirable pour l'instant. Néanmoins, on tiendra Florence au courant de ce qui se fera à Londres et l'on compte sur la pareille[3].

D'ailleurs, le duc de Gramont ne ferme pas encore la porte à une entente. « Ce qu'il y aurait de mieux à faire, ce serait que le gouvernement austro-hongrois fît comprendre à Berlin qu'en face de l'irritation nationale qui se manifeste ici, on ferait bien d'engager le prince Léopold à refuser la candidature[4]. »

Envers lord Lyons, le duc est encore plus affirmatif : « Il y a une autre solution de la question sur laquelle M. de Gramont m'a prié d'appeler l'attention particulière du gouvernement de Sa Majesté. Le prince de Hohenzollern pourrait de lui-même abandonner ses prétentions à la cour d'Es-

tille qui doit prendre le prince de Hohenzollern dans un port de la mer du Nord, faire sortir une escadre de Brest ou de Cherbourg pour l'empoigner. Si la Prusse se fâche pour cela, elle aura de la peine à faire marcher le midi ; si, au contraire, vous vous attaquez à elle, le midi lui appartient. » M. de Metternich communiqua le tout au duc de Gramont, qui répondit : « M. de Beust m'envoie une scène d'opéra-comique » (Beust, *Mémoires*, II, 344).

1. Lord Bloomfield à lord Granville, 9 juillet, *Archives diplomatiques*, 1871-1872, n° 56, 69-70.
2. Télégramme de M. Visconti-Venosta, 7 juillet (Darimon, *Histoire d'un jour, ibid.*); M. Layard à lord Granville, 10 juillet, *ibid.* : « Mon collègue italien m'informe qu'il a reçu des instructions de son gouvernement pour presser le gouvernement espagnol avec toute l'énergie possible d'éviter de provoquer une rupture avec la France, et d'arriver à quelque arrangement par lequel la candidature du prince de Hohenzollern pût être écartée. »
3. Lord Granville à lord Loftus, *Enquête*, pièces justificatives, II, 2ᵉ partie, 60.
4. Télégramme du prince de Metternich au comte de Beust, d'après une conversation avec le duc de Gramont (Darimon, *Histoire d'un jour*, 2-5).

pagne... Une renonciation volontaire de la part du prince... serait, dans l'opinion du duc de Gramont, une solution heureuse de questions difficiles et compliquées, et il prie le gouvernement de Sa Majesté d'user de toute son influence pour l'obtenir », sans dissimuler, d'ailleurs, qu'il se prépare en vue d'une guerre possible.

Le retard mis à répondre par le gouvernement prussien fait que l'on ne peut différer plus longtemps les préparatifs : « Quelques mesures en ce sens ont déjà été prises, et demain les autorités militaires commenceront à travailler sérieusement. Les mouvements de troupes seront arrêtés dans le conseil de cabinet qui doit être tenu à Saint-Cloud demain dans la matinée [1]... »

Cette dépêche est d'une extrême importance, pour différentes raisons. L'engagement qu'elle signale est formel de notre part. Que Léopold renonce à sa malencontreuse candidature, et tout est terminé. Le surlendemain, 10 juillet, cette promesse se nuance d'une réserve. « Si le prince, a dit le duc, veut, sur l'avis du roi de Prusse, retirer son acceptation, toute l'affaire sera terminée ; mais si le prince, après sa conférence avec le roi, persiste dans sa candidature, la France déclarera immédiatement la guerre à la Prusse. » L'arrière-pensée est visible déjà ; lord Lyons doute qu'il y ait lieu de poursuivre les négociations commencées en vue d'assurer la paix [2].

A l'égard de la Prusse, les mêmes efforts se heurtent à un parti pris véritable. Le comte von Bernstorff a reçu d'Ems, de Berlin et de Varzin des lettres d'où il résulte que l'affaire ne concerne aucunement le gouvernement prussien. Guillaume Ier est resté étranger, assure l'ambassadeur, aux négociations qui ont eu lieu avec le prince Léopold, mais il ne lui défend pas d'accepter la couronne. Lord Granville n'en insiste pas moins en faveur d'une solution pacifique, sauf à

---

1. Télégramme de lord Lyons à lord Granville, 8 juillet (*Archives diplomatiques*, 1871-1872, n° 38, 52).
2. Lord Lyons à lord Granville, 10 juillet (*Parliament. Papers*, 1870, 1er fascicule, n° 25 ; *Enquête*, pièces justificatives, II, 2e partie, 61 ; de Gramont, 70).

ne pas tenir compte de « paroles précipitées, prononcées dans un moment de grande excitation [1] ».

Le gouvernement britannique ne se dissimule pas la difficulté d'un rôle que notre attitude complique singulièrement. Aussi n'a-t-il pas cessé « de regretter la teneur des déclarations successives faites dans les Chambres françaises et dans la presse, déclarations qui tendent à exciter plutôt qu'à calmer les sentiments d'irritation qui se sont manifestés en France... Les regrets du gouvernement de la Reine, ajoute lord Granville, ont encore été augmentés par suite de la déclaration que vous a faite le duc de Gramont au sujet des préparatifs militaires... Une telle attitude est calculée, nous le craignons, pour faire avorter les efforts du gouvernement de Sa Majesté en vue d'un règlement amical de la question... Peut-être serait-il mieux de les réserver pour l'avenir, alors que les deux parties seront disposées à nous seconder par leur modération [2]. »

Le 10, lord Lyons prend pour thème d'un entretien avec M. de Gramont la dépêche qui précède. Le cabinet anglais a « confiance que le gouvernement de l'empereur agira avec calme et modération dans la direction future de la discussion. Il ne peut que regretter le langage altier dont a usé le gouvernement comme la presse française. Il est plus inquiet encore des préparatifs militaires en voie d'exécution, et doit se demander si, dans cet état de choses, il serait judicieux de continuer ses efforts pour amener une solution à l'amiable... »

A ces reproches si peu voilés, M. de Gramont ne trouve que sa réponse ordinaire : « ... Dans cette affaire, les ministres français ne font que suivre et non pas diriger la nation... Quant aux préparatifs militaires, la prudence... commande qu'ils ne soient point retardés [3]... »

---

[1]. Lord Granville à lord Lyons, 8 juillet (*Enquête*, pièces justificatives, II, 2ᵉ partie, 55).
[2]. Lord Granville à lord Lyons, 9 juillet (*Enquête*, pièces justificatives, II, 2ᵉ partie, 58).
[3]. Lord Lyons à lord Granville, 10 juillet (*Enquête*, pièces justificatives, II, 2ᵉ partie, 61).

Pourtant, les efforts de l'Angleterre et des autres puissances vont aboutir à un premier résultat. Le 10 juillet, lord Granville le confie au marquis de La Valette, notre ambassadeur à Londres : « Le général Prim s'occupe avec M. Layard de rechercher le moyen de terminer l'affaire... sans attenter à l'honneur de l'Espagne [1]. » On peut admettre, avec M. Darimon, que cette nouvelle, communiquée à M. de Gramont, produit sur lui une mauvaise impression. Il écrit dans ce sens à M. Benedetti. La renonciation pure et simple ne lui suffit pas. Il y veut l'intervention du roi Guillaume. C'est dans ces dispositions que lord Lyons le trouve le 11 juillet, à midi. L'ambassadeur anglais ne lui cache pas sa surprise : Il y a tout lieu d'espérer le retrait de la candidature ; il « serait vraiment déplorable de voir la France entamer une guerre dont la cause pouvait être écartée... ». Pourquoi cette aggravation de ses demandes ? Le cabinet britannique est « en droit de se sentir déçu, pour ne pas dire blessé. Il avait été amené à croire que le retrait absolu des prétentions du prince de Hohenzollern à la couronne d'Espagne était tout ce que désirait la France. Il a fait tous ses efforts pour arriver à ce résultat, et maintenant on lui dit que la France demande davantage [2] ! »

On le voit, l'incohérence de notre politique nous a aliéné l'Angleterre, sans que nous ayons contre elle le moindre sujet de plaintes. Nous avons pris à tâche de décourager ses efforts très réels en vue du maintien de la paix [3]. Rien d'étonnant qu'elle nous en sache mauvais gré. Elle nous le prouvera constamment au cours de la guerre.

---

[1]. Lord Granville à lord Lyons, 10 juillet (*Enquête*, pièces justificatives, II, 2ᵉ partie, 60).

[2]. Lord Lyons à lord Granville, 11 juillet (*Archives diplomatiques*, 1871-1872, n° 136, p. 146).

[3]. Lord Granville à lord Lyons, 14 septembre 1870, cité par M. Duvergier de Hauranne, L'alliance anglaise et la ligue des neutres, *Revue des Deux-Mondes*, 1ᵉʳ juin 1872, 492.

VII

NÉGOCIATIONS AVEC LA RUSSIE

Nos illusions. — La Russie et le traité de 1856. — L'alliance anglaise. L'empereur Alexandre. — Le chancelier.

Le jour même où il jette dans le monde sa trop célèbre déclaration, le duc de Gramont invoque les bons offices du gouvernement russe, sans lui rien cacher de la gravité des circonstances, et en faisant appel à ses dispositions pacifiques : « ...Nous sommes persuadés... que la Russie reconnaîtra l'impossibilité où nous serions d'accepter une combinaison si visiblement dirigée contre la France, et nous serions heureux d'apprendre qu'elle veut bien user de son influence à Berlin pour prévenir les graves complications qui pourraient naître d'un dissentiment à ce sujet..., car... si cette puissance insiste pour l'avènement du prince Léopold, c'est la guerre [1]. »

Dès la première heure, il semble que, de notre part, il y ait tendance à se payer d'illusions au sujet du gouvernement russe. D'après sir A. Buchanan, l'ambassadeur d'Angleterre à Saint-Pétersbourg, le chancelier Gortschakoff estime que « la Russie ne saurait éprouver aucune alarme de la puissance de la Prusse »; il admet comme entière la non-responsabilité du gouvernement prussien dans la candidature d'un Hohenzollern [2]. Au contraire, le général Fleury écrit, le 8 juillet, au duc de Gramont : « Mon impression est, malgré la réserve affectée par le chancelier, que la netteté bien accentuée de notre langage amènera le Czar à envoyer à Berlin des représentations énergiques pour dissuader le roi

---

1. Dépêche de M. de Gramont au général Fleury, 6 juillet 1870, Comte Fleury, *Revue de Paris*, 15 janvier 1899, 292-293.
2. Sir A. Buchanan à lord Granville, 9 juillet, J. Klaczko, Deux chanceliers, *Revue des Deux-Mondes*, novembre-décembre 1875, 398.

Guillaume d'aller plus en avant (*sic*) dans cette périlleuse négociation[1]. »

D'ailleurs, nous ne savons même pas saisir, quand peut-être il en est temps encore, l'occasion de nous concilier le gouvernement russe. Les 8 et 9 juillet, le général et le chancelier ont une conversation « fort grave » : La Russie, dit Gortschakoff, est toujours désireuse de voir s'établir une entente cordiale avec la France, mais il serait nécessaire que celle-ci donnât des gages de conciliation en Orient. Le gouvernement russe a regretté de voir dans une récente discussion[2] le chef du cabinet invoquer les traités de 1856 et de 1866 comme une garantie inviolable de paix, alors qu'ils n'ont été respectés ni l'un ni l'autre.

L'invitation est positive : le prince Gortschakoff n'a jamais caché son désir de voir anéantir le traité de Paris ; il voit dans les prochains événements l'occasion d'accomplir ce rêve de sa vie. Mais le gouvernement de l'empereur n'a pas encore pris parti à cet égard. Combattu entre le souci de ne pas mécontenter l'Angleterre et celui de se concilier la Russie, il ne sait pas faire un choix indispensable. Le général Fleury, qui n'a aucune instruction, répond avec calme « à cette sortie », sans s'engager[3].

Auprès d'Alexandre II, il croit rencontrer « un accueil très ouvert, très libre d'arrière-pensée ». L'empereur de Russie « comprend tout ce que l'offre du trône au prince de Hohenzollern a de blessant pour la France ». Il « reconnaît, quel que soit le peu de valeur du candidat, que ce prince ne deviendrait pas moins un drapeau pour la Prusse à un moment donné ». Aussi charge-t-il l'ambassadeur « de faire connaître à l'empereur qu'il a de fortes raisons de croire

---

1. Le général Fleury au duc de Gramont, 8 juillet, Comte Fleury, *loc. cit.*, 293.
2. Celle du 30 juin 1870. Voir *supra*, p. 178.
3. Comte Fleury, *loc. cit.* Le comte de Beust avait proposé la revision du traité de 1856 au prince de Metternich, par dépêche du 1ᵉʳ janvier 1867. La Russie déclina ces ouvertures (Beust, *Mémoires*, I, 60, 63). Voir *ibidem*, 70, l'introduction au *Livre rouge* de 1868 ; d'après M. de Beust, au cours des pourparlers d'Ems en juillet 1870, la Russie s'assura de l'assentiment de la Prusse à la dénonciation du traité de Paris (*Mémoires*, II, 422). Voir *supra*, p. 199.

que cette trame ourdie par le maréchal Prim n'aboutira pas. D'un autre côté, ajoute le général Fleury, le comte Chotek a reçu du prince Gortschakoff l'information que le cabinet de Russie avait fait entendre au cabinet de Berlin le langage de la plus grande modération [1]... »

Dès le lendemain, la confiance du général paraît moins grande : « La presse gouvernementale ici ne me semble pas favorable, ni disposée à suivre le gouvernement français sur le terrain de sa susceptibilité [2]... » Il demande des renseignements pour motiver la déclaration qu'il a faite la veille. Le duc de Gramont répond qu'elle l'est suffisamment par celle que lui-même a faite le 6 juillet. On ne peut considérer comme une preuve de susceptibilité excessive un langage dicté par le souci de notre honneur et de nos intérêts [3].

Dans la réalité, les impressions du chancelier ne sont point en notre faveur. Il fait dire au général Fleury, par M. de Westmann, que, tout en comprenant notre manière de voir, il regrette la forme par trop comminatoire de nos communications, parce qu'elle rend la conciliation plus difficile. Le roi de Prusse n'est pour rien, ni son gouvernement non plus, dans l'offre de la candidature faite au prince Léopold [4].

Alexandre II semble mieux disposé. On annonce que, le 10 juillet, il envoie le prince Gortschakoff en Allemagne,

---

1. Comte Fleury, *loc. cit.*, 294, le général Fleury au duc de Gramont, 9 juillet, 7ʰ 50 du soir ; Darimon, *Histoire d'un jour*, 15 ; Benedetti, 433.
2. Par contre, la *Gazette de Moscou*, dont le directeur, M. Katkof, est très hostile à la Prusse, nous est favorable (Extraits en date des 16, 17, 18 juillet, reproduits par le *Journal officiel* des 6 et 7 août 1870, p. 1375, 1376, 1380). Voici le dernier : « Les journaux de Saint-Pétersbourg commencent à revenir de leurs préventions contre la France. On peut dire avec certitude qu'à l'heure qu'il est, neuf personnes sur dix, si elles ne prennent pas ouvertement parti pour la France, du moins ne l'accusent plus d'être la cause de la guerre. »
3. Comte Fleury, *loc. cit.*, 295 : Le général Fleury au duc de Gramont ; le duc au général, 10 juillet. La première rédaction de M. de Gramont portait : « Je ne pense pas qu'on puisse appeler terrain de susceptibilité celui de notre honneur national et, si vous n'êtes pas disposé à nous y suivre, nous y marcherons seuls » (G. Rothan, *L'Allemagne et l'Italie*, I, 43).
4. Le général Fleury au duc de Gramont, 11 juillet, comte Fleury, 296 ; Darimon, *Histoire d'un jour*, 16.

avec ordre « de faire entendre à Berlin les conseils les plus pacifiques et de corroborer ainsi la lettre déjà écrite dans ce sens au roi de Prusse[1] ». Il pric instamment son oncle d'ordonner le désistement du prince Léopold : « Ce serait le moyen de ménager les justes susceptibilités éveillées à Paris aussi bien qu'à Berlin, avec lesquelles les deux souverains sont également tenus de compter[2]. » Telle est du moins la version du général Fleury, mais nous allons être bientôt édifiés sur les dispositions réelles de l'empereur de Russie.

---

1. Le général Fleury au duc de Gramont, 11 juillet, comte Fleury, *loc. cit.*
2. Passage reproduit dans une dépêche du général Fleury au duc de Gramont, 12 juillet, comte Fleury, 297. Un rapport de sir A. Buchanan à lord Granville, analysé par M. Darimon, 16, porte que l'empereur recommande au roi Guillaume d'agir avec prudence, sans se laisser influencer par le langage de la presse et des Chambres françaises. Si le cabinet de Berlin déclare solennellement qu'il n'a pris aucune part au choix du prince Léopold, le gouvernement français reconnaîtra qu'il n'a aucun motif pour faire la guerre.

VIII

NÉGOCIATIONS AVEC L'ESPAGNE

Indifférence des Espagnols au sujet de la candidature. — Prim et Serrano. — Envoi du général Lopez Dominguez à Berlin. — M. Strat à Sigmaringen.

M. de Bismarck compte sur un soulèvement de la fierté espagnole contre l'intervention française. Il prévoit même que la déclaration de guerre de l'Espagne à la France suivra celle de la France à la Prusse. Il est bientôt détrompé : « Le point d'honneur espagnol, qui se montra si sensible dans la question des Carolines, ne se manifesta pas en notre faveur en 1870. » A en croire le grand ministre, l'explication de ce fait devrait être cherchée dans « les sympathies et les relations internationales des partis républicains[1] ». Il semble que la vérité soit plus simple : l'Espagne n'attache aucun prix à un projet de candidature suscité uniquement par l'étranger. Elle y renoncera sans peine.

D'ailleurs, le gouvernement britannique insiste vivement dans ce sens ; l'Italie fait de même[2]. Le ministre de France, M. Mercier de Lostende, renouvelle ses protestations auprès du gouvernement provisoire. Le maréchal Prim en est réduit à plaider les circonstances atténuantes[3]. A un ami, il écrit, dès la déclaration du duc de Gramont : « Vous connaissez mieux que personne mes sympathies et mon affection pour tout ce qui touche à la France, ainsi que mon respect pour l'empereur... Vous comprenez par conséquent mon profond chagrin... mais que faire, quand les intérêts de notre patrie sont en jeu ?

« Jamais je n'aurais pu croire que la France prendrait

---

1. Bismarck, *Pensées et souvenirs*, II, 96.
2. Lord Granville à M. Layard (*Archives diplomatiques*, 1871-1872, n° 25, 37, n° 37, 49); dépêche Visconti-Venosta (*loc. cit.*, n° 54, 67).
3. Voir *suprà*, p. 214.

cette question si à cœur ; jamais je ne prévoyais (*sic*) qu'elle pût donner lieu à des complications européennes... mais, au point où nous en sommes arrivés, reculer serait honteux. Il faut avant tout sauver l'honneur national... En avant et vive l'Espagne¹ ! »

Toutefois, cette première décision se modifie très vite. Le 7, il dit à M. Mercier de Lostende : « Comment sortir de là ? Je ne vois qu'un moyen : que le prince dise qu'il rencontre des obstacles au consentement du roi, et alors, au lieu d'insister, je lui facilite sa retraite. » Mais il refuse encore de prendre l'initiative de ce mouvement en arrière. L'action de l'Angleterre et des autres puissances va sans doute le déterminer à faire un pas de plus².

Le maréchal Serrano affecte d'être fort mécontent : « Prim fait toujours des choses comme cela³ ! » Son candidat était le duc de Montpensier ; c'est à défaut qu'il a accepté un Hohenzollern. Il a vis-à-vis de nous les sentiments les plus conciliants, et l'attitude du gouvernement espagnol en est modifiée. Dès le 9, d'après M. Mercier de Lostende, on ne songe plus à Madrid qu'à « sortir de l'affaire d'une manière convenable », en souhaitant que le roi Guillaume refuse son consentement. D'ailleurs, la certitude d'avoir la majorité aux Cortès décroît chaque jour⁴. Finalement, on apprend que le maréchal verra Prim le lendemain, 10 juillet. S'il y consent, on enverra une personne de confiance auprès du prince Léopold, pour le décider à la retraite⁵.

En effet, le 10, Serrano et Prim ont une discussion très vive. Le dernier finit par dire : « Il faut tâcher de retirer cette candidature ; vous ne vous êtes mêlé de rien jusqu'ici ; employez-vous-y⁶. » Le même jour, le régent apprend à

---

1. Cité par M. Darimon, *Histoire d'un jour*, 18.
2. Télégramme de M. Mercier de Lostende, 7 juillet, 4ʰ 20 du soir, de Gramont, 366.
3. *Enquête*, dépositions, III, deuxième de Chaudordy, 574.
4. Benedetti, 435 : télégrammes de M. Mercier de Lostende, 9 juillet, 10 heures du matin et 11ʰ 55 du soir. Le premier est reproduit par M. de Gramont, 380.
5. M. Mercier de Lostende au duc de Gramont, 9 juillet, *Archives diplomatiques*, 1871-1872, n° 46, 56.
6. Darimon, 18 et suiv.

notre ambassadeur qu'il envoie au prince Léopold un agent, le général Lopez Dominguez, autorisé à expliquer au roi et à M. de Bismarck les motifs qui militent pour une retraite de sa part. Ainsi, suivant l'expression de M. Mercier de Lostende, l'Espagne renonce plus vite au prince que le prince à l'Espagne [1].

L'ambassadeur d'Espagne à Paris, M. Olozaga, a d'abord refusé de croire à la candidature. Quand il acquiert une certitude à cet égard, il écrit au maréchal Serrano une lettre des plus vives. C'est cette lettre, dit-on, qui décide l'envoi à Berlin du général Lopez Dominguez.

Une autre circonstance intervient dans le même sens. Le prince Charles de Roumanie est inquiet du bruit fait autour de son frère. Il craint pour sa propre situation. Le duc de Gramont adresse des menaces non dissimulées à son envoyé, M. Strat. Celui-ci, deux heures après ce significatif entretien, part pour Sigmaringen. Il va éclairer les Hohenzollern sur l'état des esprits en France et en Roumanie, ainsi que sur les conséquences de la candidature Léopold [2].

Avant de quitter Paris, le 8 juillet, M. Strat juge nécessaire de s'entendre avec M. Olozaga, qui lui communique ses impressions : il est à peu près impossible qu'un candidat réunisse aux Cortès une majorité sérieuse. Sans doute, on pourra faire appel à l'orgueil national et déterminer ainsi une majorité factice, peu flatteuse pour l'élu. « ... Le prince Léopold, en maintenant sa candidature, allait déchaîner sur le pays... les malheurs d'une guerre extérieure, tandis qu'à l'intérieur, les partis hostiles se préparaient à le renverser par la guerre civile [3]. »

---

[1]. M. Mercier de Lostende au duc de Gramont, 10 juillet, 2ʰ 30 du soir, *Archives diplomatiques*, 1871-1872, n° 64, 73 ; Benedetti, 436 ; Darimon, 18 et suiv. ; lord Granville à lord Lyons, 10 juillet, d'après M. Layard (*Enquête*, pièces justificatives, II, 2ᵉ partie, 60). L'arrivée du général Lopez Dominguez en Allemagne fut trop tardive pour qu'elle ait pu influer sur la résolution de Léopold.

[2]. Darimon, 33-36 ; *Aus dem Leben*, II, 100-101 ; *Le dernier des Napoléon*, 322.

[3]. Darimon, *ibid*. — D'après M. Darimon, l'empereur, mis au courant de la mission Strat, l'approuva entièrement. M. Émile Ollivier (*M. Thiers devant l'histoire*, 27) affirme que Napoléon III y intervint directement. Cette version semble être confirmée par *Aus dem Leben*, II, 102.

A Sigmaringen, M. Strat trouve le prince Antoine très ému de la tournure des événements. Il ne se dissimule pas que, dans ces conditions, l'élection de son fils rencontrerait une résistance obstinée. Il craint surtout les suites pour le prince Charles. Dès lors il est disposé à la retraite. Sa décision n'est point encore définitive, quand M. Strat envoie à M. Olozaga une dépêche chiffrée faisant prévoir le succès (11 juillet au soir). L'ambassadeur se rend aussitôt à Saint-Cloud, pour communiquer cette nouvelle à l'empereur, qui ne dissimule pas sa joie. Tout semble terminé, grâce aux puissances européennes et malgré la déclaration au moins inopportune du duc de Gramont[1].

---

1. Darimon, 36.

IX

JOURNÉE DU 12 JUILLET[1]

L'opinion. — La presse. — Le conseil du 11 juillet. — Renonciation du prince Léopold. — Le duc de Gramont et la renonciation. — M. Émile Ollivier au Corps législatif. — Interpellation Duvernois. — M. de Gramont et M. Olozaga. — M. de Gramont et M. de Werther. — La demande de garantie.

Imprudemment surexcitée par la déclaration du duc de Gramont, l'opinion ne tarde pas à aller plus loin que le souhaiterait le gouvernement. On cherche en vain à enrayer sa course. Le 7 juillet, à la Chambre, M. Ernest Picard demande à connaître les réponses aux communications que nous avons adressées à Berlin (*Oui! Oui! Très bien! Très bien! à gauche*). M. Jules Favre propose de fixer la discussion de l'interpellation du 8 au 9 juillet « au plus tard ». Au contraire, M. Emile Ollivier demande un ajournement des débats. « *M. Jules Favre :* Indéfiniment, afin qu'on puisse faire des tripotages de Bourse! (*Vives exclamations au centre et à droite. — A l'ordre! A l'ordre*[1]*!*) » Le même jour, M. Robert Mitchell écrit dans le *Constitutionnel*, organe de M. Émile Ollivier : « Si, comme tout porte à le croire, le peuple espagnol refuse spontanément le souverain qu'on prétend lui imposer, nous n'aurons plus rien à demander au cabinet de Berlin. » Le 8, M. Léonce Détroyat répond dans la *Liberté* : « Nous ne sommes pas de l'avis du *Constitutionnel*; nous pensons qu'il resterait à la France et à l'Europe à demander au cabinet de Berlin des garanties qui le lient étroitement. » M. Émile de Girardin termine ainsi dans la *France* un article intitulé *Un congrès ou la guerre* : « Plutôt que de compromettre l'œuvre de M. de Bismarck, la Prusse refusera de se battre ; eh bien!

---

1. *Journal officiel* du 8 juillet 1870, 1197. Sept voix seulement se prononcent pour la discussion immédiate.

alors à coups de crosse dans le dos, nous la contraindrons de passer le Rhin et de vider la rive gauche[1]. » Ces sottes fanfaronnades paraissent toutes naturelles, tant la masse du pays ignore l'Allemagne et nos forces respectives.

Ainsi, le ton d'une grande partie des journaux devient de plus en plus violent ; il semble qu'on prenne à tâche d'affoler l'opinion, ou du moins ce qu'il est convenu d'appeler ainsi en France, où l'extrême centralisation prête une importance exagérée à la façon de voir d'une fraction, souvent minime, des habitants de Paris. La surexcitation est si grande que, dans la nuit du 10 au 11, M. de Gramont télégraphie à M. Benedetti : « Vous ne pouvez vous imaginer à quel point l'opinion publique est exaltée. Elle nous déborde de tous côtés, et nous comptons les heures[2]. »

Jusqu'alors nous n'avons rien obtenu du roi de Prusse ; deux télégrammes d'Ems qui arrivent à 7 heures et demie du matin, sans changer cette situation, font ressortir le danger de préparatifs militaires qui provoqueraient inévitablement la guerre[3]. Mais M. Benedetti annonce également qu'il sera reçu par le roi le lendemain.

Le 11 juillet, au conseil du matin, la discussion est longue. Finalement on décide d'attendre les résultats de l'audience accordée à notre ambassadeur[4]. A la Chambre, l'agitation est telle que le cabinet juge une communication nécessaire. Le duc de Gramont annonce que le gouvernement « attend la réponse d'où dépendent ses résolutions ». Il fait appel au « patriotisme et au sens politique » des députés pour qu'ils se contentent de ces déclarations. M. Arago intervient alors; « de sa voix tonnante », il demande si les questions adressées à la Prusse n'ont trait qu'à l'incident Hohenzollern, auquel cas on pourrait espérer la continuation de la paix. A ces mots, explosion de murmures et d'interpellations pas-

---

1. Cités par Mme Carette, II, 77 ; de Maupas, II, 506 et suiv.
2. Télégramme du 11 juillet, 1 heure du matin, de Gramont, 74.
3. Télégrammes du 10 juillet, 8 heures et 11^h 30 du soir (de Gramont, 380-382).
4. De Gramont, 77-79.

sionnées. M. de Gramont voudrait répondre : « Non, non, ne répondez pas ! Ne parlez pas ! » lui crie-t-on de tous côtés. Il reste muet, sans raison, car la réponse serait aisée[1].

La solution semble pourtant prochaine. Le 12 juillet, vers 11h 45 du matin, M. Olozaga reçoit ce télégramme :

« Sigmaringen, 12 juillet, 10h 28 du matin.

« A Monsieur l'Ambassadeur d'Espagne à Paris.

« Je crois de mon devoir de vous informer, comme représentant d'Espagne à Paris, que je viens d'expédier à Madrid, au maréchal Prim, la dépêche suivante :

« Maréchal Prim, Madrid.

« Vu les complications que paraît rencontrer la candidature de mon fils Léopold au trône d'Espagne et la situation pénible que les derniers événements ont créée au peuple espagnol, en le mettant dans une alternative où il ne saurait prendre conseil que du sentiment de son indépendance, convaincu qu'en pareille circonstance, son suffrage ne saurait avoir la sincérité et la spontanéité sur lesquelles mon fils a compté en acceptant la candidature, je la retire en son nom. »

C'est un succès inespéré, après les rodomontades du duc de Gramont. En l'apprenant, M. Guizot s'écrie, dit-on : « Ces gens-là ont un bonheur insolent ! C'est la plus belle victoire diplomatique que j'aie jamais vue de ma vie[2]. ».

M. Olozaga s'empresse de porter ce télégramme à la connaissance de l'empereur et de M. Émile Ollivier. Quant au duc de Gramont, il a déjà dû en recevoir communication

---

1. De Gramont, 80-83.
2 Darimon, *Histoire d'un jour*, 39 ; de Gramont, 111-112 ; de Maupas, II, 507 : « succès pour la France, échec pour la Prusse » ; Mme Carette, II, 14 ; *Aus dem Leben*, II, 101-102 ; *Le dernier des Napoléon*, 324.

par le service des télégraphes [1]. Il ne le communique pas à M. Benedetti, quoiqu'il lui adresse deux télégrammes, dont le dernier est tout à fait caractéristique : « Employez toute votre habileté, je dirai même votre adresse, à constater que la *renonciation* du prince de Hohenzollern vous est *annoncée, transmise* ou *communiquée par le roi de Prusse* ou son gouvernement. C'est pour nous de la plus haute importance. La participation du roi doit à tout prix être consentie par lui ou résulter des faits d'une manière *saisissable* [2]. »

On voit que M. de Gramont suit son idée : obtenir que le gouvernement prussien soit engagé dans le retrait de la candidature [3].

La situation est entièrement modifiée. Une réunion du conseil s'impose. Mais l'habitude est prise d'arrêter les résolutions importantes en petit comité, entre l'empereur et un ou deux des ministres. Ceux-ci ne se réuniront donc pas, au

---

[1]. M. le duc de Gramont a dit (*Enquête*, dépositions, I, de Gramont, 99) qu'il avait connu la renonciation par une dépêche de l'agence Havas destinée au maréchal Prim, et que lui apporta M. Olozaga. Il a écrit (*La France et la Prusse avant la guerre*, 112) : « Non seulement le roi de Prusse ne nous communiquait rien, mais nous apprenions le désistement par une dépêche télégraphique de l'agence Havas, expédiée au clair et, par conséquent, connue sur son passage par bien d'autres avant de nous arriver... Déjà, en effet, pendant notre entretien (avec M. Olozaga), elle nous était parvenue par la voie ordinaire des télégrammes d'agences... » Avec M. Darimon, *loc. cit.*, 68-74, nous estimons qu'il y a là une erreur. A cette époque, le bureau des télégraphes appelé le *service officiel* recevait communication, le premier, des dépêches adressées de province et de l'étranger aux journaux de Paris et même, par une interprétation abusive de l'article 3 de la loi du 9 novembre 1850, de toute dépêche politique, sous prétexte qu'elle était « de nature à compromettre la tranquillité publique ». Il en envoyait des copies au ministre de l'intérieur, ainsi qu'au ministre intéressé. M. de Gramont dut donc avoir connaissance du télégramme du prince Antoine, à peu près en même temps qu'il était remis à M. Olozaga.

2. De Gramont, 102-103, télégrammes de midi 45 et de 1ʰ 40 ; *Enquête*, rapport Saint-Marc-Girardin, 48. M. Benedetti, 358 et suiv., modifie ce texte par la suppression des mots « et même votre adresse ». Il écrit *suffisante* au lieu de *saisissable*. Il date ce télégramme de 2ʰ 15 comme le précédent, qui se termine ainsi : « Nous ne pouvons refuser au roi de Prusse le délai qu'il demande, mais nous espérons que ce délai ne s'étendra pas au delà d'un jour » (Benedetti, *loc. cit.*).

3. *Enquête*, dépositions, I, Gramont, 99. Nous ne croyons pas justifiée cette opinion émise par M. Darimon, 39 et suiv. : « Que veut-il donc ? Il a entrevu un succès pour l'empereur, et il veut en avoir l'honneur. » L'explication est plus simple.

risque de « l'incohérence d'opinions » qui va clairement se manifester[1].

M. Émile Ollivier est très heureux de la renonciation si aisément obtenue. Avec sa nature expansive, il éprouve le besoin d'en faire part à tous. En se rendant au Corps législatif, il rencontre sur la place de la Concorde le baron de Plancy, député, M. Léonce Détroyat et un autre journaliste. Il s'empresse de leur montrer la dépêche. « C'est la paix ! » ne cesse-t-il de répéter. Il entraîne ainsi M. Détroyat jusque dans le palais, en le priant de persuader à son oncle, M. Émile de Girardin, d'être moins belliqueux[2].

Dès son entrée dans la salle des Pas-Perdus, M. Émile Ollivier est entouré d'un groupe de députés et de curieux. Il fait connaître le contenu du télégramme reçu par M. Olozaga et ajoute : « Nous n'avons jamais demandé que le retrait de la candidature du prince de Hohenzollern ; nos communications avec la Prusse n'ont jamais porté, comme on l'a dit, sur le traité de Prague. La candidature du prince de Hohenzollern est retirée ; l'incident est terminé[3]. » En un instant, ces paroles courent le palais Bourbon. Des gens avisés sautent dans des fiacres et font assaut de vitesse pour gagner la Bourse. La rente monte de deux francs ; le journal officieux du ministère, *Le Constitutionnel*, va témoigner hautement de sa satisfaction[4].

Au Corps législatif, les avis sont partagés. M. Émile Ollivier aperçoit M. Thiers dans la salle des conférences. Il s'élance à lui : « Vous aviez raison ; oui, nous avons réussi, nous avons obtenu ce que nous désirions. C'est la paix ! »

---

1. Darimon, *loc. cit.*
2. Darimon, 56 et suiv. D'après le même auteur, M. de Girardin attend M. Détroyat à la sortie du pont sur la place de la Concorde, pour avoir des nouvelles. Il est avec M. Hector Pessard, très peu partisan de la guerre. Quand M. Détroyat lui a répété les paroles de M. Émile Ollivier, M. de Girardin le quitte brusquement, en haussant les épaules.
3. Darimon, *loc. cit.*, Pinard, II, 39 ; Comptes rendus du *Public*, de la *France*, du *Gaulois*, de la *Liberté*, du *Rappel*, de la *Gazette de France*, du *Pays*, cités par M. Darimon, 157-165 et suiv.
4. De Maupas, 524 et suiv. ; Darimon, *loc. cit.* Le 3 p. 100 passe de 68 fr. 80 c. à 70 fr. 80 c. au comptant (*Journal officiel* du 15 juillet 1870).

Il veut montrer la dépêche ; mais il faut courir à travers toutes les salles pour la ressaisir ; elle a passé de mains en mains. M. Thiers la lit : « Maintenant, dit-il, il faut vous tenir tranquilles [1] ». L'avis est mérité.

La première surprise passée, en effet, on blâme sévèrement l'indiscrétion, la légèreté impardonnable du ministre : il a paru se prêter à des manœuvres de Bourse. On étudie le texte du télégramme. Les partisans de la guerre remarquent qu'il émane du « père Antoine » et non de Léopold, l'intéressé. Partout des discussions violentes ; on menace les ministres d'une interpellation ; on les accuse de naïveté, sinon de sottise. C'est un concert de récriminations. On trouve la satisfaction obtenue incomplète et dérisoire [2]. M. Clément Duvernois et ses amis de la droite s'agitent surtout. Leur chef a sa demande d'interpellation en poche ; il a annoncé par avance qu'il la déposerait, « si les affaires tournaient à la paix ». Son but n'est aucunement dissimulé : il veut renverser le ministère. Mais, quoi qu'on en ait dit, l'empereur n'y est pour rien [3].

---

1. Darimon, 60-66. D'après M. Thiers (*Enquête*, dépositions, I, Thiers, 6-8) et M. Jules Simon, *Souvenirs du 4 septembre*, 161, M. Émile Ollivier court à M. Thiers, au début de la séance, et lui dit : « Vous aviez raison ; oui, nous avons réussi ; nous avons obtenu ce que nous désirions, c'est la paix », et après : « Soyez rassuré, nous tenons la paix, nous ne la laisserons pas échapper. »
2. Darimon, 60-66 ; de Maupas, II, 509 ; Pinard, II, 39 et suiv.
3. Darimon, *Notes*, 60-66, 86-96 ; marquis de Jaucourt, *Des relations de la France avec l'Allemagne sous Napoléon III*, Genève, 1871 (attribué à Napoléon III) ; Clément Duvernois, l'*Ordre* des 15 septembre et 15 octobre 1871, Darimon, 91-94. — Dans ses *Échos parlementaires*, datés de 1ʰ50, le *Gaulois* imprimait : « M. Duvernois, si les affaires tournent à la paix, interpellera le ministère » (Darimon, *Notes*, 85) On a parfois accusé l'empereur d'avoir provoqué l'interpellation. Selon M. Duvernois (l'*Ordre* du 15 septembre), « l'empereur ne la connut même pas et, quand il la connut après coup, il ne dut pas l'approuver ». En effet, Napoléon III regretta cette démonstration, « parce qu'elle obligeait, disait-il, son gouvernement à hâter le moment des explications que la prudence commandait, au contraire, de différer le plus longtemps possible ». Plus tard (l'*Ordre* du 25 octobre 1871), M. Duvernois essaya de donner à son interpellation un sens pacifique. Il entendait réclamer le désarmement : « Là, désormais, était la seule garantie qui pût nous assurer des bonnes intentions de la Prusse. »

Il avait contre M. Émile Ollivier des sujets particuliers d'animosité ; il prit une part active à la formation du cabinet, en fit même partie pendant deux heures et dut disparaître pour des raisons purement personnelles. Il parut d'abord se résigner, puis glissa à l'hostilité déclarée. Au sujet d'un article sur la loi

Dès l'ouverture de la séance, il dépose la demande suivante : « Nous demandons à interpeller le cabinet sur les garanties qu'il a stipulées ou qu'il compte stipuler pour éviter un retour des complications avec la Prusse. » Il n'insiste pas pour hâter la discussion : il est tout prêt à attendre le gouvernement.

A ce moment, M. Ernest Picard demande si la Chambre ne recevra pas une communication qui lui a été annoncée, d'autant mieux que des dépêches d'un véritable intérêt ont été sinon publiées, du moins publiquement communiquées dans les salles de conférence. Un ministre, M. Chevandier de Valdrôme, répond que le gouvernement n'est pas en état de le faire. M. Picard insiste sans obtenir de réponse.

« *Le président Schneider*. — Nous passons au chapitre 11 (*Bruyante hilarité. Agitation*).

« *M. Belmontel*. — Nous ferions mieux de passer le Rhin [1]. »

Vers trois heures moins un quart, le duc de Gramont est dans son cabinet du quai d'Orsay, en conférence avec le baron de Werther, qu'il a reçu avec son affabilité accoutumée [2], quand M. Olozaga se présente et insiste pour être reçu sans retard, annonçant une communication de la plus haute importance. M. de Werther consent à céder la place et passe dans un salon voisin.

M. Olozaga entre, la figure radieuse. Il présente au duc le télégramme du prince Antoine et même lui en remet copie, pour donner à sa démarche un caractère officiel. Mais

---

des conseils généraux, M. Émile Ollivier posa nettement la question de son renvoi du journal de l'empereur, le *Peuple français*. Il eut gain de cause. Duvernois fonda le lendemain le *Volontaire* (Darimon, *Notes*, 66-68, 84-85). Les *Papiers et correspondance* ne laissent aucun doute sur ce fait que le *Peuple français* était l'organe de Napoléon III. On appelait aux Tuileries M. Duvernois « la plume de l'empereur » (Darimon, *Notes*, 85).

D'après M. Darimon, les deux articles de l'*Ordre* furent inspirés par M. Rouher.

1. *Journal officiel* du 13 juillet 1870, 1236 ; Darimon, *Histoire d'un jour*, 60-66 ; de Gramont, 112-115.

2. M. de Werther est arrivé d'Ems le matin, un peu après 10 heures, avec M. de Bourqueney. M. de Gramont envoie immédiatement son chef de cabinet, comte de Faverney, pour le prier de l'aller voir (Rapport du baron de Werther au roi, 12 juillet, Benedetti, 440-443 ; de Gramont, 391-394).

M. de Gramont ne partage en rien la satisfaction de son interlocuteur. Il cherche à amoindrir la valeur de sa communication. Sans doute, le gouvernement espagnol est tout à fait dégagé ; mais, quant au reste, notre situation devient plus difficile, puisque nous perdons tout espoir d'une participation, même indirecte, du roi à la renonciation. Il est tout près de la considérer comme un échec de notre diplomatie. Il nie que le télégramme du prince soit une pièce officielle ; il affirme même le contraire[1].

Les deux diplomates se séparent dans les dispositions que l'on devine. Le baron de Werther rentre après le départ de M. Olozaga et M. de Gramont lui parle de la renonciation : « Évidemment, le roi a dû la conseiller? — Non, répond-il, il n'y a pas eu de conseil. » La conversation continue sur ce thème. M. de Werther invoque la parenté du prince de Hohenzollern avec l'empereur comme un motif pour que sa candidature soit bien accueillie en France. Mais « cet argument blesse ici d'une façon particulière[2] ». — « Si le roi est désolé de ce qui arrive, continue M. de Gramont, si le roi tient beaucoup à conserver de bons rapports avec l'empereur, s'il y a un malentendu, qu'il s'explique. Vous, M. de Werther, vous désirez autant que moi la paix ; si nous pouvions arranger tous les deux cette affaire, nous aurions rendu un grand service à nos deux pays. — Que pourrait faire le roi? — Il pourrait écrire une lettre à l'empereur[3]. » Pour mieux préciser, le duc rédige une note dont il remet copie à son interlocuteur : « En autorisant le prince Léopold

---

1. *Enquête*, dépositions, I, de Gramont, 99 ; Darimon, 68-74. — Dans la soirée, sans doute, M. de Gramont reçoit de l'agence Havas ce télégramme daté de Madrid : « Le président du conseil, maréchal Prim, a reçu du prince Antoine de Hohenzollern un télégramme l'avisant qu'en présence des complications qui peuvent être la conséquence de la candidature de son fils Léopold au trône d'Espagne, il l'a retirée en son nom.

« Le prince Antoine ajoute que, les derniers événements ayant créé à l'Espagne une situation telle qu'elle ne saurait prendre conseil que du sentiment de son indépendance, les votes ne sauraient être considérés comme sincères et spontanés, ainsi que cela est nécessaire pour l'élection d'un monarque » (Darimon, 74-89).

2. Rapport de M. de Werther, déjà cité.
3. *Enquête*, dépositions, I, de Gramont, 99-121 ; Rapport de M. de Werther.

de Hohenzollern à accepter la couronne d'Espagne, le roi ne croyait pas porter atteinte aux intérêts ni à la dignité de la nation française. Sa Majesté s'associe à la renonciation du prince de Hohenzollern et exprime son désir que toute cause de mésintelligence disparaisse désormais entre son gouvernement et celui de l'empereur [1]. »

Bien qu'il s'en défende [2], c'est une lettre d'excuses que M. de Gramont a la prétention d'arracher au roi de Prusse. Dans nos conditions respectives, après la brutale mise en demeure du 6 juillet, pareille demande confine à la folie, si elle n'est un moyen détourné de provoquer la guerre. Quelle idée se fait donc le duc de Gramont de la dignité personnelle du roi, de l'honneur d'un grand peuple, pour prétendre les soumettre à cette humiliation, de son chef, sans avoir pris les ordres de l'empereur, sans avoir consulté ses collègues?

A Berlin et à Ems, cette nouvelle exigence produira l'effet que l'on devine. Dans les circonstances présentes, elle équivaut à une déclaration de guerre. Il est difficile d'admettre

---

1. De Gramont, 122. En outre, le duc de Gramont donne, p. 123, le texte d'un projet de lettre du roi, rédigé par lui, mais qu'il ne communiqua pas à l'ambassadeur : « En renonçant spontanément à la candidature au trône d'Espagne, qui lui avait été offerte, mon cousin, le prince de Hohenzollern, a mis fin à un incident, dont on a mal interprété l'origine et exagéré les conséquences. — J'attache trop de prix aux relations amicales de l'Allemagne du Nord et de la France, pour ne pas me féliciter d'une solution qui est de nature à les sauvegarder. » Cette lettre, conservée par le duc, a été publiée dans l'*Enquête*, dépositions, I, de Gramont, 119.

2. « Mais il ne fut nullement question d'excuses. J'ai dans mes papiers la note qui indiquait le sens dans lequel pourrait être faite cette lettre ; vous la jugerez. M. de Werther parut l'approuver, et il écrivit à M. de Bismarck et au roi » (*Enquête*, dépositions, I, de Gramont, 119 ; de Gramont, 124).
Le 14, en entrant chez le duc, M. de Werther lui dit : « M. de Bismarck m'a écrit une lettre très sévère ; il blâme ce que j'ai fait, et il me donne ordre de quitter Paris » (*Enquête*, dépositions, I, de Gramont, 99 et suiv.).
Dans sa circulaire du 24 juillet (de Gramont, 412), M. de Gramont affirme que, lors de cet incident célèbre, M. de Werther insista sur ce fait que le roi n'avait jamais eu l'intention de blesser l'empereur ni la France. M. de Gramont fit observer que cette assurance serait de nature à faciliter l'accord cherché. « Mais je n'ai point demandé que le roi écrivît une lettre d'excuse, comme l'ont prétendu les journaux de Berlin... » Quant à la déclaration du 6 juillet, M. de Gramont n'admet pas avec le baron de Werther qu'elle ait été nécessitée par la situation parlementaire. Il a dit simplement « qu'aucun ministère ne pourrait conserver en France la majorité des Chambres et de l'opinion en consentant à un arrangement qui ne contint pas une garantie sérieuse pour l'avenir ». Il n'a point séparé l'empereur de la France (Benedetti, 445).

que le duc de Gramont ne s'en soit pas rendu compte, comme il l'affirme.

Quoi qu'il en soit, M. de Werther lui fait remarquer que la démarche sollicitée du roi a été rendue extrêmement difficile par la déclaration du 6 juillet. Mais la Prusse n'y a pas été nommée, assure M. de Gramont, et d'ailleurs ces paroles sont indispensables pour calmer la surexcitation de la Chambre [1].

A ce moment, M. Émile Ollivier survient et soutient d'une façon pressante la thèse de son collègue. Lui aussi réclame une lettre du roi à l'empereur. Tous deux déclarent que, si M. de Werther ne croit pas devoir la solliciter, ils seront obligés de s'adresser à M. de Bismarck. D'ailleurs, assurent-ils, cette affaire a beaucoup plus surexcité la nation que le souverain [2].

Vers 3 heures et demie, l'ambassadeur prussien quitte les deux ministres, après un entretien de trois quarts d'heure environ. Son rapport part de Paris par le train de 5 heures. Le lendemain matin, il sera à Ems, où il produira un effet immédiat [3]. M. de Gramont ne juge pas à propos d'avertir M. Benedetti de sa demande, bien qu'elle modifie entièrement l'état des négociations. « En s'abstenant de prévenir le comte Benedetti, M. le duc de Gramont commettait un acte d'étourderie inqualifiable. » Peut-être, en effet, notre ambassadeur eût-il pu empêcher le mauvais effet de cette exigence nouvelle, ou du moins l'amortir [4] ?

---

1. Rapport de M. de Werther déjà cité ; circulaire du duc de Gramont, 24 juillet. M. de Werther affirme que la lettre du roi devait être rendue publique ; M. de Gramont écrit le contraire, mais il se réservait de faire connaître « la substance » de cette lettre. Simple discussion de mots (Darimon, 79 ; de Gramont, 124).

2. Rapport de M. de Werther ; Gramont, 125 ; Darimon, 79 et suiv.

3. « L'Allemagne se lève comme un seul homme. Elle fera son unité » (Frédéric III, *Tagebuch*, 18).

4. Darimon, 79 et suiv. A 6 heures du soir, M. Benedetti télégraphie qu'il vient de rencontrer le roi ; celui-ci a reçu une dépêche annonçant que la réponse du prince lui parviendra sûrement le lendemain matin. M. de Bismarck est attendu, le 13, à Ems. M. Benedetti demande « l'autorisation de partir immédiatement, au cas où la communication du roi ne serait pas entièrement satisfaisante » (Benedetti, 358 et suiv.).

X

SOIRÉE ET NUIT DU 12 JUILLET

Tendances pacifiques. — La Chambre. — La presse. — Le duc de Gramont. — L'empereur. — Sa lettre au duc. — Demande de garantie. — Télégrammes de la nuit. — Incohérence de notre politique. — Les responsabilités.

Plusieurs ministres, MM. Louvet, Segris, Plichon, partagent l'impression première de M. Émile Ollivier, au sujet du désistement du prince Léopold. Même le maréchal Le Bœuf croit à la paix. Le 10 juillet, il a autorisé l'intendant général Blondeau à dépasser d'un million les crédits des services administratifs. Le 12, il le fait appeler : « Vous me rendrez bien mon million. — Il est dépensé. — Rendez-moi au moins cinq cent mille francs. — Pas un centime ; la dépense est engagée[1]. » L'empereur, lui aussi, est dupe de ces illusions. Le 12 juillet, il s'est rendu à Paris pour assister au conseil des ministres. En rentrant à Paris, il dit au général Bourbaki, qui l'accompagne : « C'est la paix ; l'Espagne renonce à la candidature Hohenzollern. La guerre serait une absurdité sans aucune nécessité. Supposons qu'une île se soit élevée dans la Méditerranée, sur les côtes de France ; l'Allemagne veut s'en emparer, je m'y oppose. Mais, pendant que nous sommes en présence, l'île disparaît. Ni l'Allemagne, ni la France n'auront la folie de se battre pour une île qui aura disparu[2]. »

---

1. Darimon, 79 et suiv., d'après la déposition de l'intendant général Blondeau lors de l'*Enquête*.
2. Le soir même, Bourbaki écrivit à sa femme :

« Ma chère Aline, « 12 juillet.

« Je t'embrasse.

« La paix est assurée, le désistement est arrivé pour le trône d'Espagne. »
Le 14, à 6 heures du soir, il prévenait Mme Bourbaki du nouveau changement survenu (d'Eichthal, *Le général Bourbaki*, 47 ; Journal manuscrit d'un officier de la garde, extrait reproduit par de Lonlay, *Français et Allemands*, VI, 252).
Deux ambassadeurs de grandes puissances ont assuré à M. Thiers que l'empereur leur avait dit dans l'après-midi : « C'est la paix ; je le regrette, car l'occasion était bonne ; mais, à tout prendre, la paix est un parti plus sûr ; vous

Au Corps législatif, pendant la fin de la séance, l'agitation est extrême. Les plus vives discussions se produisent dans les couloirs ; le courant belliqueux s'accuse : « Ce sont des lâches, des misérables ! » dit-on des ministres. « Comment ! ils se contentent de cette insignifiante concession ! La France serait déshonorée ; elle ne le souffrira pas. » D'autres ont des doutes. « Nous sommes prêts, leur dit-on ; la Prusse ne l'est pas ; finissons-en tout de suite : c'est l'affaire d'une bataille ; dans un mois, nous serons à Berlin [1]. »

La droite se montre la plus hostile à la paix. Ses fureurs intimident le centre, qui craint en général les conséquences de la guerre. Vers la fin du jour, M. Thiers et plusieurs ministres sont réunis dans un bureau. Il les entretient longuement, essayant de leur inculquer ses convictions. Il y met toute son âme ; il est haletant, tout baigné de sueur. Mais la décision est déjà prise en dehors de ses auditeurs [2].

Le silence du gouvernement produit une impression fâcheuse. Aussi, M. Guyot-Montpayroux exprime-t-il la pensée d'un très grand nombre de ses collègues en annonçant l'intention de contraindre, dès le lendemain, le ministère à parler. Il est permis de regretter ce délai. « Si le télégramme du prince Antoine eût reçu la publicité de la tribune, il eût sans nul doute été accueilli comme une promesse de paix [3]. »

---

pouvez regarder l'incident comme terminé » (*Enquête*, dépositions, I, Thiers, 6-8). Ce récit n'a jamais été démenti (Darimon, 105). M. Benedetti (*Essais diplomatiques*, 374) a eu entre les mains la minute d'une dépêche adressée à Victor-Emmanuel, dans l'après-midi du 12, par un de ses agents, après un entretien avec l'empereur, et annonçant que S. M. « jugeait avec satisfaction le désistement du prince Léopold... comme le dénouement pacifique de la crise ». Voir également *Le dernier des Napoléon*, 326.

1. Darimon, 96-102 ; *Enquête*, dépositions, I, Thiers, 6-8 ; de Maupas, II, 509 ; Pinard, II, 39. « Le courant belliqueux semble l'emporter de nouveau. A la salle des conférences du Corps législatif, un député vendéen a dit hautement que, si le ministère se contente de la renonciation faite par le prince Antoine au profit de son fils, l'extrême droite ne s'en contentera pas. En somme, la majorité semble être portée à la guerre ; il se pourrait que le ministère fût renversé s'il s'arrêtait maintenant » (*Gazette de France* du 13 juillet, Échos parlementaires).

2. Ces ministres étaient MM. Mège, Richard, Chevandier de Valdrôme, Segris et un autre dont M. Thiers ne put se rappeler le nom (*Enquête*, dépositions, I, Thiers, 6-8).

3. Darimon, 96-104 ; *Enquête*, pièces justificatives, II, 2ᵉ partie, 109 ; Rapport Saint-Marc-Girardin, 54 : « *M. Guyot-Montpayroux.* — Avant que la séance

L'irritation de la Chambre gagne l'opinion. Le soir, les boulevards ont leur aspect des jours de grande agitation ; bien que la population soit loin de désirer unanimement la guerre, une minorité bruyante fait taire toute opposition. Quant aux journaux, plus encore que la tribune, ils contribuent à jeter le pays hors de la raison. Le *Constitutionnel* écrit : « Le prince de Hohenzollern ne régnera pas en Espagne. Nous n'en demandions pas davantage, et c'est avec orgueil que nous accueillons cette solution pacifique. Une grande victoire qui ne coûte pas une larme, pas une goutte de sang[1] ! » Mais, de tous côtés, cette opinion est tournée en ridicule. La presse presque entière est à la guerre ; sa violence est extrême. Dans cet assaut d'invectives et d'excitations, souvent plus voulues que sincères, le journal de M. de Cassagnac, le *Pays,* se signale tout particulièrement : « Nous sommes dans la situation de ces officiers qui désespèrent de leurs chefs et qui, brisant leur épée, la jettent en morceaux.

« C'est avec faiblesse, presque avec dégoût, que nous consentons à prendre encore notre plume, cette plume impuissante à conjurer la honte qui menace la France...

« La Prusse se tait, la Prusse refuse de répondre, et garde un dédaigneux silence. Et les avocats qui nous gouvernent, satisfaits de leur plaidoirie de l'autre jour, abandonnent leur client, la France, sans s'inquiéter davantage de son honneur, de sa dignité, de ses intérêts.

« Oh ! si les événements devaient prendre cette tournure définitive, ce serait à rougir d'être Français et à demander à être naturalisé Prussien !...

« Il faut en finir, attendre plus longtemps devient intolérable...

---

soit levée, je tiens à prévenir MM. les ministres de l'intention où je suis, intention qui, je crois, est partagée par plusieurs de nos amis, de faire demain tous les efforts possibles pour contraindre le cabinet (*Oh ! oh ! à droite*) à sortir, relativement aux affaires étrangères, d'un silence que je considère comme indique de l'Assemblée et comme préjudiciable aux intérêts du pays ! (*Vive approbation à gauche. — Rumeurs à droite.*) [D'après les *Annales du Corps législatif.*]

1. Numéro qui paraît le matin du 13 ; Pinard, II, 41 ; de Maupas, II, 514.

« Comment ! on n'a rien à nous donner, rien à nous fournir, depuis cinq jours, qu'une dépêche d'un vieillard ! On n'a rien arraché à la Prusse, on n'a rien obtenu d'elle ! Quand nos ministres lui parlent, elle nous tourne le dos et hausse les épaules ! Après cinq jours, il n'y a rien de fait...

« Oui, ce serait la paix, mais la paix qui tue, la paix qui brise, la paix qui fait marcher la tête basse...

« Et pendant que nous essayons de rendre un peu de courage à nos ministres, la Prusse coupe ses blés, rentre ses moissons, s'arme et se prépare.

« Nous n'avons plus que dix jours d'avance sur eux... » Puis, M. de Cassagnac annonce la chute du « ministère de la honte ». Il flétrit « sa reculade [1] ». Beaucoup d'autres journaux imitent la violence du *Pays*. Il semble qu'un vent de folie tourne toutes les têtes. De suite après son entretien avec M. de Werther, c'est-à-dire vers quatre heures, M. de Gramont part pour Saint-Cloud. Nous l'avons dit, l'empereur est dans les dispositions les plus conciliantes. Il déplore l'interpellation de M. Clément Duvernois, car elle peut provoquer de fâcheuses « explications [2] ». Le duc est de sentiment tout à fait contraire. On ne doit pas accepter le désistement sans stipuler des garanties. Il faut « s'associer au sentiment national ». De cette opposition d'idées résulte un débat prolongé, mais Napoléon III penche de plus en plus vers une solution pacifique. Il est même question d'une note qui sera lue le lendemain aux Chambres, pour annoncer que le gouvernement considère l'incident comme terminé [3]. Le ministre ne renonce pas à sa façon de voir; tou-

---

1. Darimon, 152-171, d'après le *Pays* du 13 juillet ; voir également, *ibid.* des extraits de la *France*, du *Gaulois*, du *Rappel*, de la *Gazette de France* du 13 juillet, tous plus ou moins belliqueux ; Benedetti, 404-410 ; télégramme de lord Lyons à lord Granville, 12 juillet, « constatant l'excitation du public, la colère de la nation » (*Parliament. Papers*, 1870).

2. De Gramont, 130 ; Clément Duvernois, l'*Ordre* du 15 octobre 1871.

3. Darimon, 105-107 ; *Le dernier des Napoléon*, 326 ; M. de Gramont, 130-131, ne fait aucune mention de cette note. Il déclare simplement : « ...Le souverain et ses conseillers ne cherchaient qu'une solution pacifique ». — « En 1870, il (l'empereur) n'était aucunement décidé à la guerre ; il ne l'aurait pas déclarée s'il n'avait été entraîné par l'élan populaire momentané, mais factice » (Beust, *Mémoires*, II, 329). — En 1871, M. de Gramont dit au comte de Beust qu'il

tefois, le télégramme qu'il adresse à M. Benedetti dès son retour à Paris (sept heures du soir) ne fait aucune mention de la lettre « de garantie » dont il a parlé à M. de Werther. Il se borne à réclamer une déclaration verbale. C'est évidemment sous l'influence de l'empereur qu'il a modifié sa ligne d'action [1].

Depuis la révélation de la candidature Hohenzollern, M. de Gramont voit partout la main de la Prusse et de M. de Bismarck. Le 12, à une heure du soir, M. Benedetti lui télégraphie : « M. de Bismarck est attendu demain à Ems ». Il en conclut que le langage de Guillaume Ier cache un piège : « Quand le roi rencontra l'ambassadeur de France le 12 juillet à cinq heures du soir, il ne pouvait pas ignorer le désistement du prince ; ce qu'il dit n'avait pour but que de gagner du temps pour s'entendre avec M. de Bismarck sur les actes ultérieurs [2]. »

était d'avis d'accepter la renonciation, mais que l'empereur avait été d'une opinion opposée. Le maréchal Le Bœuf serait entré dans une violente colère, quand on émit au conseil des doutes sur la certitude de la victoire ; il aurait jeté son porte feuille à terre.
Dans ses mémoires, p. 373, lord Malmesbury raconte un autre entretien avec M. de Gramont après la guerre : d'après lui, l'empereur aurait voulu accepter la renonciation contre l'avis des ministres. M. de Beust explique ces divergences par la mobilité d'imagination du duc de Gramont (Beust, *Mémoires*, II, 343).

1. Benedetti, *Essais diplomatiques*, 380, télégramme du 12 juillet, 7 heures du soir.
2. *Enquête*, dépositions, I, de Gramont, 100 ; de Gramont, *La France et la Prusse avant la guerre*, 134 ; Darimon, 108-115. M. Darimon écrit que ce raisonnement est basé sur la supposition que le télégramme de Sigmaringen doit être à 5 heures du soir connu du roi. Or, ce télégramme ne fut publié en Allemagne que fort tard dans la soirée, ainsi que le prouvent les dépêches de l'agence Reuter. La *Gazette d'Augsbourg* annonce ainsi la nouvelle : « On télégraphie de Berlin à 9 heures du soir :

« Sigmaringen, 12 juillet.

« Le prince héritier de Hohenzollern, pour rendre à l'Espagne la liberté de son initiative, renonce à la candidature au trône d'Espagne, fermement résolu à ne pas laisser sortir une question de guerre d'une question de famille, secondaire à ses yeux.

« Par ordre du prince,
« *Le Conseiller de la Chambre :*
« Lesser. »

Ce raisonnement est vicié par le fait que le roi connaît dans la journée du 12, par une autre source, la renonciation du prince (Lettre à la reine Augusta, 12 juillet, Oncken, 189).

En effet, Guillaume Ier connaît le désistement du prince :
« Il arrive justement, écrit-il à la reine Augusta, un télégramme du colonel Strantz, qui annonce à mots couverts que Léopold... se retire. J'ai une pierre de moins sur le cœur ! Mais silence envers tous, pour que la nouvelle ne vienne pas de moi ; je ne dirai rien non plus à Benedetti jusqu'à ce que nous ayons demain matin la lettre par Strantz. Raison de plus pour que, toi aussi, tu insistes encore aujourd'hui sur ce fait, que je laisse une décision aussi importante aux Hohenzollern, comme pour l'acceptation[1]... »

Ainsi, le silence du roi ne cache pas autre chose que son constant désir de traiter la candidature du prince Léopold en affaire de famille, ne concernant aucunement la Prusse et son gouvernement. Jamais on n'admit ce point de vue en France. Il n'est donc pas surprenant que le duc de Gramont ait attribué le mutisme de Guillaume Ier à une cause tout autre que celle qui l'imposait réellement.

Vers 10 heures, deux heures environ après l'arrivée du dernier télégramme de M. Benedetti, daté de 6 heures, on remet au duc de Gramont la lettre suivante :

« Mon cher Duc,

« En réfléchissant à nos conversations d'aujourd'hui et en relisant la dépêche du prince Antoine, je crois qu'il faut se borner à accentuer davantage la dépêche que vous avez dû envoyer à Benedetti, en faisant ressortir les points suivants :

« 1° Nous avons eu affaire à la Prusse et non à l'Espagne ;

« 2° La dépêche du prince Antoine, adressée à Prim, est un document non officiel pour nous, que personne n'a été chargé en droit de nous communiquer ;

---

[1]. Lettre à la reine Augusta, 12 juillet, Oncken, 189. Dans la même lettre, le roi écrit : « Le discours pacifique d'hier est probablement la suite du télégramme de Benedetti après notre entretien d'hier à 10 heures...

« Bismarck sera demain matin ici ; il est intérieurement encore pour la candidature. Pourtant il dit que la question est devenue si sérieuse, qu'on doit mettre tout à fait de côté les Hohenzollern, en leur laissant le soin de prendre une résolution finale... »

Dans une lettre du même jour, le roi ajoute : « Ce n'est pas Gramont qui a exprimé à Nigra les idées citées hier, mais un article paru dans le journal [*Moniteur* du 8 juillet], qui doit avoir été discuté en conseil » (Oncken, *loc. cit.*).

« 3° Le prince Léopold a accepté la candidature au trône d'Espagne, et c'est le père qui renonce;

« 4° Il faut donc que Benedetti insiste, comme il en a l'ordre, pour avoir une réponse catégorique, par laquelle le roi s'engagerait pour l'avenir à ne pas permettre au prince Léopold (qui n'est pas engagé) de suivre l'exemple de son frère, et de partir un beau matin pour l'Espagne;

« 5° Tant que nous n'aurons pas une communication officielle d'Ems, nous ne sommes pas censés avoir eu de réponse à nos justes demandes;

« 6° Tant que nous n'aurons pas cette réponse, nous continuerons nos armements;

« 7° Il est donc impossible de faire une communication aux Chambres avant d'être mieux renseignés.

 « Recevez, mon cher Duc, l'assurance de ma sincère amitié [1]. »

De cette lettre, il ressort que l'empereur, sans approuver formellement la demande adressée à M. de Werther, donne son entière approbation au télégramme envoyé à M. Benedetti (7 heures du soir): «...Pour que cette renonciation du prince Antoine produise tout son effet, il paraît nécessaire que le roi de Prusse s'y associe et nous donne l'assurance qu'il n'autoriserait pas de nouveau cette candidature.

« Veuillez vous rendre immédiatement auprès du roi pour lui demander cette déclaration qu'il ne saurait refuser, s'il n'est véritablement animé d'aucune arrière-pensée [2]. »

Ainsi, de la propre volonté de l'empereur et du duc de Gramont, l'affaire entre dans une nouvelle phase. Il ne s'agit plus d'obtenir que la renonciation de Léopold nous soit « annoncée, communiquée ou transmise par le roi de Prusse », suivant les termes du télégramme de 1ʰ40; nous réclamons un engagement en vue de l'avenir. Il n'y

---

1. De Gramont, 136-137; *Enquête*, rapport Saint-Marc Girardin, 50. L'empereur autorisa la publication de cette lettre par M. de Gramont.
2. Benedetti, *Ma mission en Prusse*, 369; *Essais diplomatiques*, 380; de Gramont, 131-132. — De la déposition de M. de Gramont (*Enquête*, dépositions, I, 100) il résulte une certaine confusion entre ce télégramme et ceux que M. de Gramont envoya vers minuit.

a pas eu nouvelle délibération du conseil des ministres, quoi qu'on en ait dit. C'est M. de Gramont qui, constamment, a agi de son chef depuis l'arrivée de la dépêche du prince Antoine[1].

Dans cette soirée historique du 12 juillet, M. Émile Ollivier se rend aux Affaires étrangères avec sa jeune femme. A peine sont-ils introduits, que le ministre le fait entrer dans son cabinet et lui communique la lettre de l'empereur, ainsi que la dépêche envoyée à M. Benedetti. Cette lecture cause à M. Émile Ollivier une impression douloureuse : « Vous allez tout droit à la guerre, fis-je remarquer au duc..., ou tout au moins vous rendez la conservation de la paix fort difficile. »

De là « une altercation assez vive », qui prend fin seulement lorsque M. de Gramont consent d'adresser à notre ambassadeur une dépêche atténuant la première. Pour plus de précaution, elle est envoyée en double expédition à une heure d'intervalle. Le malheur veut que, lorsqu'elle arrive à Ems, déjà M. Benedetti a vu le roi[2]. « En engageant des négociations dans cette voie sans la participation de ses collègues, a dit M. Émile Ollivier, le ministre des affaires étrangères manquait de procédés vis-à-vis d'eux et surtout vis-à-vis de moi. Puisqu'il donnait une autre tournure aux négociations, il aurait dû me prévenir. L'empereur et le duc de Gramont auraient dû se souvenir qu'ils étaient en présence d'un cabinet responsable[3]... »

---

1. Darimon, *Histoire d'un jour*, 115-120, et *Notes*, 77. — M. Pinard, II, 42, écrit à tort qu'il y eut une nouvelle réunion du conseil à Saint-Cloud, dans la soirée du 12, sur l'initiative de M. Émile Ollivier. Après une longue et vive discussion, la majorité serait revenue sur les décisions du matin.

2. Darimon, *Histoire d'un jour*, 115-120, et *Notes*, 75 et suiv., d'après une conversation avec M. Émile Ollivier, du 6 août 1879. M. de Gramont se borne à écrire, 137-138, que M. Ollivier prit connaissance de la lettre impériale et qu'ils convinrent « d'adresser au comte Benedetti un second télégramme plus explicite que le premier... ».

3. Darimon, *Notes*, 80-81, d'après une conversation avec M. Ollivier. Il faut ajouter qu'au 2 janvier, l'empereur s'était expressément réservé la présidence effective du conseil, la nomination des ministres de la guerre, de la marine et des affaires étrangères. — Les deux dépêches, datées de 11h 45 et minuit 30, diffèrent très peu dans le fond comme dans la forme. La seconde débute par ces mots : « Confirmant ma première dépêche, je vous prie de faire remarquer »,

Cette déplorable phase des négociations met à nu le défaut d'homogénéité du cabinet, l'absence d'unité de vues entre MM. de Gramont et Benedetti, de même que l'inertie des partisans de la paix. Elle ne montre pas moins l'extrême versatilité de M. de Gramont, l'incohérence de ses prétentions. A la première nouvelle de la renonciation, il est disposé à l'accepter, pourvu qu'elle lui soit « annoncée, communiquée ou transmise par le roi de Prusse ». Quelques heures après, il faut que ce souverain « s'y associe et nous donne l'assurance qu'il n'autorisera pas de nouveau cette candidature ». Avec l'ambassadeur prussien ses exigences sont sans limites ; vis-à-vis de M. Benedetti, il les réduit à une demande de garantie, encore atténuée à la fin de la soirée. Que penser de pareils changements en si peu d'heures[1] ?

Il faut ajouter que, si M. de Gramont encourt ce jour-là les plus lourdes responsabilités, d'autres sont à peine moins coupables : l'empereur en modifiant brusquement ses dispositions pacifiques, sous des influences encore mal expliquées ; les collègues du duc, la Chambre et l'opinion en se laissant mutuellement entraîner, par la griserie de mots sonores, à des résolutions auxquelles nul ne pensait quelques jours auparavant. Dans ces tristes heures, aucun des acteurs de ce drame ne fit son devoir. « Il y a des moments... où chacun perd le sens de ce que commandent l'esprit politique et la raison, et où l'on marche, sans le savoir, et comme porté par une force irrésistible, à la ruine et à la chute. Le 12 juillet 1870, nous étions à un de ces moments-là[2]. »

---

et ne comporte pas cette phrase : « Dites bien enfin au comte de Bismarck et au roi que nous n'avons aucune arrière-pensée, que nous ne cherchons pas un prétexte de guerre, et que nous ne demandons qu'à sortir honorablement d'une difficulté que nous n'avons pas créée nous-mêmes. » D'après M. Benedetti, 372-375, ce télégramme, daté du 13 à 1ʰ 45 du matin, arrivait à Ems à 10ʰ 30. Voir le texte des deux télégrammes, de Gramont, 137 et 395.

1. Darimon, *Histoire d'un jour*, 124-126.
2. Darimon, 124 et suiv.

XI

L'ATTITUDE DE L'ANGLETERRE

Lord Lyons et le duc de Gramont. — Le cabinet de Londres. — Ses protestations.

A l'étranger, l'impression est déplorable. Dans l'après-midi du 12, lord Lyons s'est entretenu avec M. de Gramont, faisant remarquer que divers renseignements permettent d'espérer une solution pacifique. Le duc répond que députés et public sont d'accord pour reprocher au ministre « ses lenteurs et son manque d'énergie ». D'ailleurs, des considérations militaires exigent une action immédiate. Le gouvernement n'a reçu aucune réponse ; il attendra néanmoins un jour de plus, non sans redouter une désapprobation générale et une extrême impopularité. « Il est très vrai, ajoute lord Lyons, que le pays est excessivement impatient et que, plus le temps marche, plus le parti de la guerre devient exigeant[1]. »

Quelques instants après, nouvel entretien des deux diplomates. « Le duc m'a dit que la réponse du roi n'était ni courtoise, ni satisfaisante. » L'opinion est à ce point surexcitée que le cabinet serait probablement renversé, s'il devait annoncer le lendemain à la Chambre que l'affaire est terminée sans qu'on ait obtenu entière satisfaction[2].

« Je ne dissimulai à M. de Gramont, écrit lord Lyons, ni ma surprise, ni mon regret de voir le gouvernement français

---

[1]. Lord Lyons à lord Granville, 12 juillet (*Enquête,* pièces justificatives, II, 2ᵉ partie, 62). Pourtant, lors de cet entretien, le duc doit avoir reçu de l'administration des télégraphes la copie du télégramme du prince Antoine (Voir *suprà,* p. 263).

[2]. Lord Lyons à lord Granville, 12 juillet, *Enquête,* pièces justificatives, II, 2ᵉ partie, 63-64, d'après les *Archives diplomatiques,* 1871-1872, n° 91, 100. La réponse du roi est sans doute celle transmise par M. Benedetti, le 11 juillet. Le 12, il n'envoie que deux télégrammes, l'un insignifiant, de 8ʰ 30 du matin, l'autre de 6 heures du soir, et annonçant une réponse pour le 13 (Benedetti, 358 et suiv.).

hésiter un instant à considérer la renonciation du prince comme une solution de l'affaire. Je lui rappelai en détail les assurances qu'il m'avait formellement autorisé à donner au gouvernement de la Reine, à savoir que, si le prince retirait sa candidature, tout serait fini. J'insistai aussi énergiquement que possible sur toutes les raisons qui rendaient pénible et inquiétant pour le gouvernement de Sa Majesté le retrait des assurances qui lui avaient été données. Je fis observer en outre, à M. de Gramont, que la renonciation du prince avait totalement modifié la position de la France; si la guerre survenait à présent, toute l'Europe dirait que c'était de la faute de la France, que la France s'était jetée dans une querelle sans cause sérieuse, simplement par orgueil et par ressentiment... En effet, dis-je, la France aura contre elle l'opinion du monde entier et sa rivale aura tout l'avantage d'être manifestement contrainte à la guerre pour sa défense et pour repousser une agression [1]. »

Lord Lyons n'a pas exagéré le mécontentement de son gouvernement :

« Mylord, écrit le 13 juillet lord Granville à lord Lyons, le gouvernement de S. M. a appris avec un vif chagrin... que, malgré la renonciation au trône d'Espagne faite par le prince de Hohenzollern au nom de son fils..., le duc de Gramont vous avait donné à entendre que le cabinet des Tuileries continuait à être très mécontent des communications qu'il avait reçues du roi de Prusse..

« ... J'ai cru de mon devoir de vous prier, par télégramme, de renouveler vos représentations avant la réunion du conseil des ministres... et de rappeler au duc de Gramont que c'était le gouvernement impérial qui, au début, avait demandé la médiation du gouvernement de S. M.... Dans ces circonstances, le gouvernement de la Reine est tenu de représenter au gouvernement impérial l'immense responsa-

---

[1]. Lord Lyons à lord Granville, *ibid.* Il est à remarquer que la demande de garantie du duc de Gramont fut reprise par la Bavière et adressée directement au roi de Prusse (Lord Lyons à lord Granville, 19 juillet 1870; de Gramont, 145 et 395, d'après les *Parliament. Papers*, 1870, 1er fascicule, n° 106).

bilité qui pèserait sur la France, si elle cherchait à élargir les causes de la querelle...[1] ».

Un peu plus tard, lord Granville proteste contre cette assertion de M. de Gramont, portée le 11 à la tribune, « que tous les cabinets... paraissent admettre » la légitimité de nos griefs. Il n'a « jamais admis pareille chose ». Il presse « très vivement » M. de La Valette de représenter au gouvernement impérial que le cabinet britannique, « après les efforts qu'il a faits à la demande de la France », croit avoir le droit d'insister pour qu'elle n'assume pas « la responsabilité d'une querelle de pure forme », alors qu'elle a obtenu satisfaction sur le fond. Il ne dissimule pas « le grand désappointement » éprouvé par le cabinet de Londres, en apprenant les termes de la déclaration de M. de Gramont le jour même, 13 juillet[2].

Telle est l'opinion du gouvernement anglais sur notre attitude, telles sont les dispositions dans lesquelles il va nous voir entrer en campagne. Presque partout en Europe, il en sera de même. Grâce à l'incohérence, à la légèreté de notre politique, nous avons refroidi nos amis, effrayé les indifférents, irrité nos futurs adversaires et tous ceux qui leur sont sympathiques.

---

1. Lord Granville à lord Lyons, 13 juillet, et confirmation du même jour en termes aussi énergiques (*Parliament. Papers*, 1870, 1er fascicule ; *Archives diplomatiques*, 1871-1872, nos 109 et 111, 117-119 ; *Enquête*, rapport Saint-Marc Girardin, 41, et pièces justificatives, II, 2e partie, 65-69 ; G. D. Weil, *loc. cit.*, 17-20).
Ce télégramme, daté du 13, à 2h 30 du matin, arrive à lord Lyons à 9h 30 seulement. L'ambassadeur ne peut donc voir M. de Gramont avant la réunion des ministres. Il lui envoie une lettre qui est remise à l'empereur en plein conseil : « ...Sa Seigneurie désire que je représente au gouvernement de l'empereur l'immense responsabilité qu'il encourrait s'il élargissait le terrain du conflit et ne se déclarait pas immédiatement satisfait de la renonciation du prince... »
2. Télégramme de lord Granville à lord Lyons, 13 juillet, *ibid*.

LIVRE IV

LA DÉPÊCHE D'EMS

I

LE 13 JUILLET A EMS

Le roi Guillaume et M. Benedetti. — Le rapport Werther. — Irritation du roi. Refus d'audience. — Son caractère.

Le télégramme du duc de Gramont, parti le 12 à 7 heures du soir, est parvenu à M. Benedetti dans la nuit. De son côté, le roi reçoit le matin le supplément de la *Kölnische Zeitung* qui annonce la renonciation. Il l'envoie aussitôt à l'ambassadeur qui répond qu'il a déjà reçu cette nouvelle de Paris. M. Benedetti se rend ensuite auprès de l'aide de camp de service, prince von Radzivill, pour le prier de solliciter une audience du roi. Celui-ci est à la promenade. Il fait connaître qu'il recevra l'ambassadeur à sa rentrée [1].

Quelques instants après, à 9ʰ 10, Guillaume le rencontre dans la Brunnen-Promenade et vient à lui. Il n'a pas encore reçu, dit-il, le message attendu de Sigmaringen. M. Benedetti lui fait alors les communications prescrites, en les atténuant dans la forme autant qu'il est possible. Que le roi lui permette seulement d'annoncer que, si un jour le prince revient à son projet, il interposera son autorité. Guillaume refuse nettement, malgré l'insistance de l'ambassadeur. « Comme celui-ci « devient toujours plus pressant et presque impertinent », il lui dit enfin : « *Mettons que votre empereur*

---

1. Benedetti, 369; Le roi à la reine Augusta, 13 juillet, 1870, Oncken, 190.

lui-même accepte cette candidature, alors, d'après la promesse que vous demandez, je devrais m'y opposer? » Il se réserve donc la faculté de consulter les circonstances[1].

L'insistance de M. Benedetti, d'ailleurs strictement conforme aux instructions de M. de Gramont, a déjà indisposé le roi. Il se rend compte de la portée de ce qu'on prétend lui imposer. C'est un désaveu du passé, une sorte d'amende honorable, en opposition formelle avec l'attitude qu'il a gardée jusqu'alors. Comme souverain il n'accepte à aucun degré la responsabilité d'un fait qu'il a autorisé comme chef de maison. C'est une nuance malaisément saisissable, que nul ne veut ni ne peut admettre en France. Ajoutons que Guillaume Ier a une trop haute idée de son rôle pour jamais se soumettre à une exigence du genre des nôtres.

Il vient de quitter M. Benedetti, en disant qu'il l'inviterait à se rendre près de lui dès l'arrivée de la réponse du prince[2]. L'ambassadeur reçoit (10^{h}30) le télégramme que M. de Gramont lui a adressé la nuit précédente, pour adoucir ses exigences de la veille. Il semble que ce retard soit voulu par le Destin. Peut-être, si M. Benedetti eût reçu avant l'audience du roi les dernières instructions de M. de Gramont, aurait-il encore davantage atténué ses demandes?

L'heure vient où notre politique va orienter vers la guerre l'Allemagne entière. Avant que l'ambassadeur ait revu le roi, celui-ci, rentré à l'hôtel *Zu den vier Türmen*, reçoit le rapport de M. de Werther, rendant compte de son entretien

---

[1]. Le roi à la reine Augusta, 13 juillet, *loc. cit.*; les mots soulignés sont en français dans le texte; télégramme de M. Benedetti, 13 juillet, 10^{h}30 du matin, 369-372. — Une pierre de la Brunnen-Promenade, à Ems, porte l'inscription suivante (Oncken, 127):

13 juillet
1870
9 heures 10 minutes
du matin.

Voir également le Rapport officiel sur ce qui s'est passé à Ems, rédigé sous la surveillance du roi, Benedetti, 436; *Enquête*, dépositions, I, Benedetti, 86.

[2]. Dépêche de M. Benedetti, 13 juillet, Benedetti, 375; de Gramont, 396. Il est bon de souligner que le roi Guillaume altérait la vérité, en disant qu'il ne connaissait pas encore la décision du prince, alors qu'il savait depuis la veille qu'elle impliquait la renonciation (Voir *suprà*, p. 276).

de la veille avec le duc de Gramont et M. Émile Ollivier. L'irritation de Guillaume est extrême : « Ils ont dit *ipsissima verba,* écrit-il à la reine Augusta : la renonciation de la candidature Hohenzollern n'est en somme qu'un accessoire ; la dissimulation des négociations est une insulte pour l'empereur et la France, par suite l'affaire principale ; cette insulte doit être réparée et cela au moyen d'une lettre à l'empereur, dans laquelle je déclarerai n'avoir pas eu l'intention d'insulter celui-ci ni la France. Cet écrit pourrait être publié et communiqué à la Chambre à titre de moyen de défense pour la Prusse ! — A-t-on vu pareille insolence ? Il me faudrait paraître devant le monde entier en pécheur repentant, pour une affaire que je n'ai ni entamée, ni conduite, ni dirigée, mais bien Prim, et on le laisse hors de cause ! Il est fâcheux que Werther n'ait pas quitté la place aussitôt après une pareille communication, en renvoyant son interlocuteur au ministre Bismarck. Ils ont été jusqu'à dire qu'ils chargeraient M. Benedetti de la chose !...

« Malheureusement, on doit conclure de ces incompréhensibles *procédés* qu'ils veulent nous provoquer *coûte qui coûte* (sic), et que l'empereur est débordé *malgré lui* par ces faiseurs inexpérimentés. La situation est donc devenue très grave en quelques heures. Il arrive justement un télégramme de Stuttgart, dans lequel Varnbühler dit que les demandes insultantes de la France sont si blessantes pour le Wurtemberg, qu'il a chargé l'envoyé français d'écrire aussitôt à Paris que l'on s'en garde... Du reste, Bray et Varnbühler ont dit dès le premier jour, à l'envoyé français, que si la Prusse est attaquée, toute l'Allemagne se lèvera comme un seul homme. Ce sera très beau — si cela arrive[1] !... »

En même temps, le roi envoie au conseiller secret Abeken le billet suivant : « Il est absolument nécessaire de chiffrer à

---

[1]. Le roi à la reine Augusta, 13 juillet, Oncken, 190-191. Les mots en italique sont en français dans le texte. M. Varnbühler est le premier ministre du Wurtemberg ; notre envoyé, M. de Saint-Vallier. En même temps que le rapport de M. de Werther, le roi recevait la réponse du prince Antoine confirmant la renonciation (Oncken, 127).

Werther que je suis indigné de l'invitation Gramont-Ollivier et que je réserve l'avenir [1]. »

A n'en pas douter, ces documents montrent que le roi Guillaume n'a nullement prévu, comme l'a fait M. de Bismarck, les conséquences de la candidature du prince Léopold [2]. Il voit avec peine la paix compromise et croit à notre gouvernement la volonté arrêtée de rompre. Il doute des sentiments de l'Allemagne du Sud, malgré toutes les raisons du contraire. Cette défiance de ses forces fait un douloureux contraste avec la jactance du duc de Gramont et de la presse française.

En quittant M. Benedetti, le roi a promis de le faire appeler dès la réception des nouvelles de Sigmaringen. Vers 2 heures, l'ambassadeur a la surprise de voir le prince von Radziwill lui apporter ces dépêches [3]. Le roi, ajoute Radziwill, considère l'affaire comme terminée. Mais M. Benedetti a reçu, depuis son entretien, un nouveau télégramme du duc de Gramont. Il se voit contraint d'insister afin que Guillaume Ier approuve la renonciation et donne l'assurance que cette candidature ne sera pas représentée [4].

Le prince retourne auprès du roi. Peu après, il revient : Guillaume approuve la renonciation de Léopold ainsi qu'il a fait de son acceptation [5]. « Quant au second point —

---

[1]. Communication du chancelier von Caprivi au Reichstag, 23 novembre 1892, Oncken, 127. — M. de Bismarck invite M. de Werther, par télégramme, à quitter Paris sur l'heure, en confiant les affaires au comte von Solms-Sonnenwalde. Il ne peut admettre qu'une pareille communication ait été faite à l'ambassadeur, qui doit avoir mal compris (M. de Bismarck au Reichstag, 20 juillet 1870 ; Horst Kohl, Die politischen Reden des Fürsten Bismarck, IV, 414). M. de Werther quitta Paris le 14 (de Gramont, 208).

[2]. De Gramont, 290, 293.

[3]. Benedetti, 375 ; Rapport du lieutenant-colonel prince von Radziwill, ibid., 438.

[4]. Rapport du lieutenant-colonel von Radziwill ; Benedetti, 380, dépêche du 13 juillet.

[5]. Rapport du lieutenant-colonel von Radziwill. M. Benedetti se borne à dire (télégramme du 13 juillet, 3h 45 du soir) : « Le roi m'autorise à faire savoir au gouvernement de l'empereur qu'il approuve cette résolution [du prince Léopold]. Le roi a chargé l'un de ses aides de camp de me faire cette communication, et j'en reproduis exactement les termes... » Le duc de Gramont affecte de voir un piège dans l'assurance donnée par le roi (Enquête, dépositions, I, de Gramont, 106).

l'engagement pour l'avenir — le roi ne pouvait que se référer à ce qu'il avait lui-même répondu le matin au comte. »
M. Benedetti accueille avec reconnaissance cette déclaration, qu'il transmettra à son gouvernement, ainsi qu'il y est autorisé. Mais, en ce qui touche le second point, il maintient sa demande d'audience, sans se faire illusion sur la possibilité de l'obtenir. Le roi n'est nullement disposé à céder ; il ne veut pas aggraver le mécontentement déjà très réel en Allemagne[1].

En effet, vers 5 heures et demie, il envoie une troisième fois le prince von Radziwill à M. Benedetti : « …Sa Majesté est obligée de refuser catégoriquement de s'engager dans une nouvelle discussion au sujet du second point visé ; ce qu'il en a dit le matin est son dernier mot[2]… »

Pour faire la guerre à la Prusse, M. Émile Ollivier et ses collègues vont s'appuyer sur le refus opposé par le roi à la dernière demande de M. Benedetti. Il y a eu, assurent-ils, insulte à l'égard du représentant de l'empereur, c'est-à-dire de lui-même[3]. Mais l'intention du roi est bien éloignée même d'un manque d'égards : « Est-il possible que l'on ait pu prétendre que je n'ai pas voulu recevoir Benedetti, alors que je l'ai reçu trois fois et que je n'ai refusé de le voir que la quatrième, parce qu'il voulait encore renouveler la proposition que j'avais catégoriquement repoussée… ! On doit avoir envie de la guerre jusque par-dessus les oreilles pour donner de tels motifs[4]. »

« Il n'y a eu à Ems ni insulteur ni insulté, et le roi lui-

---

1. M. Benedetti à M. de Gramont, 13 juillet, 3ʰ 45 du soir, Benedetti, 375 ; Rapport du prince von Radziwill. — Ce que dit Benedetti de la communication du prince ne concorde pas dans son télégramme et sa dépêche du 13 (p. 375-380). Celle-ci est datée de 7 heures du soir.
2. Rapport du prince von Radziwill ; *Enquête*, dépositions, I, Benedetti, 86 ; M. Benedetti à M. de Gramont, 13 juillet, 7 heures du soir, Benedetti, 375 : L'ambassadeur rend simplement compte que le roi ne peut consentir à reprendre la discussion. Il se borne à accorder son approbation entière et sans réserve au désistement du prince. « M. de Bismarck ne vient pas ici ; je remarque l'arrivée des ministres des finances et de l'intérieur » (Benedetti, 376).
3. Darimon, *Notes pour servir à l'histoire de la guerre de 1870*, 104 ; *Histoire d'un jour*, 129, d'après M. Émile Ollivier.
4. Le roi à la reine Augusta, 2 août 1870, Oncken, 197.

même a été fort surpris quand il a eu connaissance des fables publiées par certains journaux, qui croyaient pourtant reproduire le récit de témoins oculaires [1]. »

Il est douloureux d'avoir à le reconnaître ; mais, depuis cette funèbre date du 6 juillet, tous les torts sont de notre côté. Nous entassons légèretés sur provocations, sans paix ni trêve, jusqu'à la journée du 12, qui passe la mesure : « Le prince Léopold... renonce au trône d'Espagne. Ce devait être fini ; nous n'avions plus rien à demander, et nous avions le droit de considérer l'aventure comme un succès diplomatique.

« Je n'irai pas jusqu'à dire que c'était une querelle d'Allemand que nous allions chercher au roi Guillaume, mais c'était au moins une exigence imprudente... » Il ne faut pourtant pas l'oublier, « ...c'est la France qui a voulu la guerre, mais c'est M. de Bismarck qui l'a rendue inévitable, et c'est lui, en bonne justice, qui en est responsable [2]. » Nous allons le montrer dans les prochains chapitres.

---

1. M. Benedetti à un ami, 25 novembre 1870, Benedetti, 8.
2. Du Barail, *Mes souvenirs*, III, 141.

II

M. DE BISMARCK A BERLIN

Départ de Varzin. — La renonciation. — Colère de M. de Bismarck. — Lord Loftus. Demande de réparation.

Pendant les néfastes journées d'Ems, M. de Bismarck est à Varzin. Le roi l'invite à se rendre près de lui; il refuse sous prétexte d'affaires urgentes. En réalité, il croit le moment venu de « faire blanc de son épée », suivant sa propre expression. Son désir n'est pas d'arranger les affaires, mais de les embrouiller, ce qui ne peut se faire que de loin et par des procédés subreptices. « Je m'étais fait depuis longtemps des idées claires sur la situation et je me disais : « Si je vais à Ems, tout s'en ira à vau l'eau. Dans le cas le plus favorable, nous arriverons à un compromis pourri, et alors la seule solution possible, la seule solution honorable, la seule grande solution nous échappera[1]... »

Le 12, jugeant sans doute les choses assez avancées, il décide d'aller à Ems, « afin d'appuyer auprès du roi la convocation du Reichstag en vue d'une mobilisation ». En passant par Wussow, il fait à son ami, le vieux pasteur Mulert, un geste indiquant qu'il croit partir pour la guerre. A peine à Berlin, il reçoit des télégrammes qui lui montrent le roi, après les « menaces et les insultes » de la France, continuant de négocier avec M. Benedetti, « au lieu de se tenir sur une froide réserve et de le renvoyer à ses ministres ». Son indignation est grande[2].

Pendant le dîner, auquel prennent part Moltke et Roon, le premier revenu de Creisau pour la circonstance, arrive

---

[1]. Cité par M. le lieutenant-colonel Rousset, I, 26.
[2]. Bismarck, *Pensées et souvenirs*, II, 100 ; *Mémoires* recueillis par M. Busch, I, 24. — D'après une lettre (13 juillet) du chargé d'affaires de France, M. Le Sourd, à M. Rothan, M. de Bismarck arrive à Berlin à 6 heures; à 10 heures, il reçoit la nouvelle de la renonciation (*L'Allemagne et l'Italie*, I, 9).

de l'ambassadeur à Paris la nouvelle que le prince Léopold a renoncé à sa candidature. La première idée de M. de Bismarck est de donner sa démission. Il voit dans cette renonciation, qui contrarie tous ses plans, une humiliation pour l' « Allemagne », pire que celle d'Olmütz[1]. La France va l'escompter comme une victoire. Elle croira qu'une menace suffit à faire reculer la Prusse, que celle-ci ne se sent pas assez forte pour protéger l'honneur et l'indépendance de l'Allemagne.

Sous le poids de ces pensées, M. de Bismarck est très abattu. Il ne voit de remède que dans « une querelle sans motif sérieux ou provoquée avec art ». La guerre est « une nécessité ». On ne peut s'y dérober avec honneur. Mais il faudra du temps.

Le chancelier télégraphie donc à sa famille de ne pas quitter Varzin. Il reviendra sous quelques jours. Sa ferme intention est de décliner la responsabilité de la paix. Il renonce au voyage d'Ems et prie le comte von Eulenburg de s'y rendre pour exposer au roi sa manière de voir. Vis-à-vis de Roon et de Moltke, il développe les mêmes idées, sans doute sous la forme imagée et brutale qui lui est propre. La Prusse a reçu un soufflet de la France. Elle aura l'air de lui chercher noise, quand il faudra en venir à la guerre, qui seule, pourra laver l'injure faite à l'honneur prussien[2].

Quant à sa propre situation, M. de Bismarck la trouve « intenable ». Quatre jours de suite, le roi a reçu l'ambassadeur de France ; il a, sans l'assistance d'un ministre, exposé sa personne aux manœuvres insolentes d'un agent étranger. Par suite de sa tendance à se charger personnellement et seul des affaires de l'État, il s'est laissé acculer à un « état de choses », dont le chancelier ne peut accepter la responsabilité. Pour lui, le roi aurait dû repousser toute discussion avec un personnage d'un rang aussi inférieur au sien, et le renvoyer au ministre des affaires étrangères à Berlin,

---

[1]. Bismarck, *Pensées et souvenirs*, II, 100. C'est, en effet, le sentiment de notre chargé d'affaires (lettre citée du 13 juillet).
[2]. Bismarck, *Pensées et souvenirs*, II, 102.

seul compétent[1]. Mais Guillaume a 76 ans ; son humeur est pacifique ; il est peu disposé à risquer les lauriers de 1866. En outre, il porte des sentiments de galanterie chevaleresque à la personne de la reine, qui est hostile à la guerre. « On m'a conté, ajoute plaisamment M. de Bismarck, que la reine Augusta, toute éplorée, avait conjuré le roi, avant son départ d'Ems pour Berlin, d'éviter la guerre en souvenir d'Iéna et de Tilsitt. Je tiens le récit pour croyable, aux larmes près[2]. »

Le 13 juillet, le chancelier est dans les plus tristes dispositions. Néanmoins, son familier, M. Busch, qui se présente à lui de bonne heure, reçoit l'ordre de faire insérer dans les journaux la note suivante. Elle montre que, pour M. de Bismarck, tout espoir n'est pas perdu. Elle laisse voir, en outre, son appréciation sur la candidature Léopold et la politique de la France, en même temps que son désir de mettre à profit, sans scrupule, nos difficultés intérieures : « On ne peut nier qu'un gouvernement espagnol, disposé à protéger la paix et à s'abstenir de complots avec la France, serait pour nous d'une utilité considérable. Mais si, il y a quinze jours, l'empereur Napoléon s'était adressé confidentiellement à Berlin, ou bien avait fait savoir que l'affaire prenait de l'importance, la Prusse, au lieu d'adopter une attitude indifférente, aurait aidé à pacifier l'opinion publique à Paris. La situation s'est trouvée complètement modifiée par le ton agressif du discours de Gramont et par les demandes adressées directement au roi, qui séjourne *incognito* à Ems pour sa santé, sans être accompagné d'un seul ministre. Sa Majesté, avec raison, a refusé d'obtempérer à ces demandes.

« Cet incident a soulevé une telle indignation en Allemagne que beaucoup de gens regrettent la renonciation du prince Léopold. En tout cas, la confiance dans les intentions pacifiques de la France a été si complètement ébranlée,

---

[1]. Bismarck, *ibid.*, 102-103. M. de Bismarck insiste sur la tendance du roi, « à traiter personnellement les affaires importantes, sinon à en décider seul », tendance très réelle, d'ailleurs.

[2]. Bismarck, *ibid.*, 103.

qu'il faudra un temps considérable pour la rétablir. Si le commerce et l'industrie ont souffert de la découverte de ce repaire de brigands avec lequel il nous faut traiter en France, le peuple de ce pays doit en rendre responsable le régime sous lequel il vit[1]. » En même temps, le chancelier recourt à tous les moyens, le mensonge compris, pour attiser l'irritation de l'Allemagne[2].

Dans la matinée, M. de Bismarck apprend par le télégraphe ce qui s'est passé entre le roi et M. Benedetti[3]. Sa colère en est accrue. Peu après survient l'ambassadeur d'Angleterre, lord Loftus. Celui-ci croit naïvement devoir le féliciter de la solution survenue. M. de Bismarck se montre des plus sceptiques : En Prusse l'indignation est générale, par suite de « l'extrême modération du roi » et de « l'accueil courtois » qu'il a réservé à Benedetti. Déjà des télégrammes de Brême, de Kœnigsberg et d'autres villes sont survenus, « exprimant une désapprobation formelle de l'attitude prise à Ems par le roi de Prusse ». C'est un singulier langage dans la bouche du « fidèle serviteur » de Guillaume Ier, s'adressant à un agent de l'étranger. Il y ajoute des menaces non dissimulées contre nous.

Il sait par M. de Werther que le gouvernement impérial ne se tient pas pour satisfait, qu'il soulèvera d'autres réclamations. C'est qu'il cherche la revanche de Sadowa. Mais, en Allemagne, le sentiment de tous est qu'il ne faut supporter ni humiliation ni insulte de la France. On acceptera la guerre, si l'on est injustement provoqué. Même, à moins d'une déclaration du gouvernement français, portant que la solution actuelle de la question est considérée comme satisfaisante et qu'aucune autre difficulté ne sera plus soulevée, et à défaut d'un « rétractation ou explication suffisante du lan-

---

1. Bismarck, *Mémoires*, I, 24.
2. Voir de Gramont, 401-403, un télégramme de lord Lyons à lord Granville, 13 juillet, d'après les *Parliament. Papers, 1870* : Le gouvernement du Wurtemberg a été informé que, selon lord Granville, la France attaquerait immédiatement la Prusse, si l'on refusait d'accéder à ses demandes ; un télégramme de lord Granville, 14 juillet, établit la fausseté de ce bruit.
3. *Enquête*, dépositions, III, deuxième de Chaudordy, 575.

gage menaçant tenu par le duc de Gramont, le gouvernement prussien sera obligé d'exiger satisfaction de la France[1] ». En résumant cet entretien, lord Loftus ajoute « que si des conseils opportuns, une intervention amicale ne parviennent à calmer l'irritation qui existe entre les deux gouvernements, la brèche qui les sépare, au lieu d'être fermée par la solution de la crise espagnole, tendra au contraire à s'élargir.

« Il est évident pour moi que le comte de Bismarck et le ministère prussien regrettent l'attitude et les dispositions du roi à l'égard du comte Benedetti et que, en vue de l'opinion publique en Allemagne, ils sentent la nécessité de prendre une mesure définitive pour sauvegarder l'honneur de la nation[2]... »

Il n'est pas inutile de faire remarquer que, le matin du 13 juillet, M. de Bismarck est fermement résolu à la guerre, tandis que nous hésitons encore, comme le montrent les deux télégrammes envoyés dans la nuit du 12 au 13 par M. de Gramont à M. Benedetti[3]. Mais, au point où en sont les choses, la rupture est inévitable. Ce n'est pas la dépêche d'Ems qui l'entraîne, c'est la demande plus qu'inconsidérée adressée au baron de Werther par le duc de Gramont[4]. Dans nos dispositions présentes, nous n'admettrions jamais la demande de satisfaction exposée par M. de Bismarck à lord Loftus.

---

1. Lord Loftus à lord Granville, 13 juillet, *Enquête*, rapport Saint-Marc Girardin, 59; *ibid.*, dépositions, I, de Gramont, 117, d'après les *Parliament. Papers*, 1870, 1er fascicule, n° 53, et les *Archives diplomatiques*, 1871-1872, n° 118, 125; de Gramont, 85, 179-183.
2. Lord Loftus à lord Granville, 13 juillet, *ibidem*.
3. Voir *suprà*, p. 278.
4. Voir *suprà*, p. 268.

III

LA DÉPÊCHE D'EMS

Le télégramme d'Abeken. — Le télégramme Radziwill. — L'avis de Moltke et de Roon. La dépêche d'Ems. — Effet en Allemagne.

La résolution de M. de Bismarck n'a pas changé depuis a veille. Il est décidé à se retirer, s'il ne peut avoir gain de cause auprès du roi. Le général von Roon cherche inutilement à l'en détourner. Avec Moltke, il dîne chez le chancelier. A table, celui-ci expose encore une fois ses idées et ses intentions. Les deux généraux, fort abattus, lui reprochent ses idées de retraite, en l'accusant indirectement d'égoïsme. M. de Bismarck se défend avec vivacité : Il a le droit de ne pas sacrifier son honneur à la politique[1]. La discussion dure encore, quand on annonce une dépêche chiffrée d'en- d'environ deux cents groupes, envoyée d'Ems par le conseiller secret Abeken. On s'occupe de la traduire[2]. Peu après, la traduction est remise à M. de Bismarck, qui la lit à haute voix : « Sa Majesté le roi m'écrit : Le comte Bene-

---

1. Bismarck, *Pensées et souvenirs*, II, 103. D'après la version publiée en premier lieu par la *Nouvelle Presse libre*, de Vienne (lieutenant-colonel Rousset, I, 26), les trois convives devisent des événements et se félicitent de l'attitude prise par la France qui, en compliquant une situation déjà tendue, semble devoir « écarter le danger d'une issue *faiblotte* et sans gloire ». Ce récit est en contradiction avec la dépêche de lord Loftus citée plus haut. Nous lui préférons celui de *Pensées et souvenirs*, plus vraisemblable.

2. Il y a de nouveau discordance sur ce point entre les *Pensées et souvenirs*, les *Mémoires* de M. de Bismarck et la *Nouvelle Presse libre*. D'après celle-ci, la dépêche venant d'Ems serait la suivante, signée du prince von Radziwill : « Le comte Benedetti, qui a eu ce matin avec le roi un entretien à la suite duquel un aide de camp a été envoyé à l'ambassadeur de France pour lui communiquer que le prince de Hohenzollern avait confirmé au roi par écrit la renonciation de son fils, déclara qu'il avait reçu, après son entretien avec le roi, une nouvelle dépêche du duc de Gramont, par laquelle il était chargé de demander un nouvel entretien, afin que le roi :

« Approuvât la renonciation du prince ;

« Fournît l'assurance que cette candidature ne serait plus posée de nouveau à l'avenir.

« Le roi a renvoyé encore une fois son aide de camp chez Benedetti pour lui faire part de son approbation expresse de la renonciation. Quant au second point,

detti m'aborda à la promenade pour me demander d'une façon à la fin très pressante de l'autoriser à télégraphier aussitôt que je m'obligeais pour tout l'avenir à ne jamais donner mon consentement, si les Hohenzollern revenaient sur leur candidature. Je rejetais cette demande finalement avec un certain sérieux, parce qu'on ne doit ni ne peut prendre de tels engagements à tout jamais. Naturellement je lui dis que je n'avais encore rien reçu et que, comme il avait été informé plus tôt par Paris et Madrid, il voyait bien que mon gouvernement était hors de cause.

« S. M. a reçu depuis une lettre du prince. Comme S. M. avait dit au comte Benedetti qu'elle en attendait une, elle a décidé, d'après ce qui a été dit plus haut, et sur la proposition du comte Eulenburg et la mienne, de ne plus rece-

---

le roi s'en est référé à ce qu'il avait dit le matin à Benedetti. Néanmoins, Benedetti demanda un autre entretien. Là-dessus, S. M. m'envoya pour la troisième fois près du comte Benedetti, qui se trouvait à table vers 6 heures du soir, pour lui répondre que S. M. devait décidément refuser d'entrer dans de nouvelles discussions au sujet de déclarations obligatoires pour l'avenir; que ce qu'il avait dit le matin était son dernier mot en cette affaire, et qu'il ne pouvait que s'y référer tout simplement. Là-dessus, Benedetti déclara se contenter, de son côté, de cette déclaration » (Lieutenant-colonel Rousset, I, 394, d'après la *Nouvelle Presse libre*). Le texte de ce rapport, tel que le reproduit M. Benedetti, 438-440, n'est pas conforme au précédent. Même observation pour le texte reproduit par le duc de Gramont, 403-405. Ces deux derniers textes concordent rigoureusement et tout donne à croire qu'ils sont exacts.

Nous devons ajouter que, pour M. Henri Welschinger (*Journal des Débats* du 6 décembre 1898), la vraie dépêche d'Ems n'est pas celle de M. Abeken, citée dans *Pensées et souvenirs*, 104. Celle-ci serait un document rédigé ou reçu après coup, pour essayer d'amoindrir devant l'histoire une responsabilité devenue trop lourde. Mais, outre M. Oncken, 129, et le général von Caprivi (discours du 23 novembre 1892 au Reichstag), M. Busch (*Graf Bismarck und seine Leute während des Krieges in Frankreich* et *Mémoires du prince de Bismarck*, 233-234) assure formellement que la dépêche d'Ems était celle de M. Abeken. Si M. de Bismarck avait falsifié la dépêche Radziwill au lieu de celle de M. Abeken, il n'était pas homme à en faire mystère après sa mort. La dépêche Abeken compte 242 mots ; M. de Bismarck dit « environ 200 mots ». Il n'y a pas à s'étonner que M. Abeken, conseiller secret, ait correspondu avec le chancelier, plutôt que le prince v. Radziwill, aide de camp du roi. Mais le récit des *Pensées et souvenirs* ne s'applique ni à la dépêche Abeken, ni à la dépêche Radziwill. M. de Bismarck écrit (*ibid.*, 104) : « En présence de mes hôtes, sans ajouter ni changer un mot, je fis quelques suppressions, de sorte qu'elle se trouva formulée ainsi... » Il suffit de lire ces deux dépêches pour constater qu'il faudrait qu'elles eussent subi de bien autres modifications, avant de se confondre avec celle de M. de Bismarck. Celle-ci serait donc l'abréviad'une troisième dépêche inconnue, ou l'explication du chancelier n'est pas exacte, ce que nous croyons.

voir le comte Benedetti, mais de lui faire dire seulement par un aide de camp, que S. M. avait reçu du prince la confirmation de la nouvelle que Benedetti avait déjà eue de Paris, et qu'elle n'avait plus rien à dire à l'ambassadeur.

« S. M. laisse Votre Excellence libre de communiquer, si elle le juge à propos, à nos représentants comme à la presse, la nouvelle exigence de Benedetti et son rejet[1]. »

Cette lecture terminée, Roon et Moltke, d'un commun mouvement, laissent tomber couteau et fourchette sur la table; ils reculent leur chaise et il se fait un long silence. Les trois convives sont profondément abattus. Leur conviction est que « l'affaire se perd dans les sables ». Pourtant M. de Bismarck étudie à plusieurs reprises la dépêche et remarque l'autorisation donnée par le roi de la communiquer aux représentants de l'Allemagne du Nord à l'étranger, ainsi qu'aux journaux. Il s'adresse alors à Moltke : « L'instrument dont nous avons besoin pour la guerre, notre armée, est-il réellement assez bon pour que nous puissions la faire avec la plus grande probabilité de succès ? » Moltke avait ma confiance inébranlable, comme un roc. « Nous n'avons jamais eu de meilleur instrument qu'en ce moment », dit-il[2]. — « Je lui posai quelques questions au sujet de son degré de confiance dans l'état de nos armements, ou plutôt au sujet du délai qu'ils nécessiteraient encore, la guerre étant soudain devenue imminente. Il répondit que, si nous devions la faire, il n'attendrait pour nous aucun avantage d'un ajournement des hostilités. Quand même, tout d'abord, nous ne serions pas assez forts pour protéger contre une invasion française les pays de la rive gauche du Rhin, notre aptitude à entrer en campagne serait bien vite supérieure à celle de la France, tandis que, plus tard, cet avantage serait amoindri. Il considérait comme plus avantageux pour nous, en somme, d'ouvrir promptement les hostilités que de les traîner en lon-

---

1. Télégramme du 13 juillet, à 3ʰ 50 du soir, arrivé à 6ʰ 09 à Berlin (Discours du général von Caprivi au Reichstag, 23 novembre 1892, Oncken, 129).
2. Lieutenant-colonel Rousset, I, 394, d'après la *Nouvelle Presse libre* de Vienne.

gueur¹. » — « Roon, en qui j'avais, il est vrai, moins de confiance, confirma pleinement ce qu'avait dit Moltke. — « Eh bien ! alors, continuez de manger tranquillement, dis-je à mes deux commensaux². »

« En présence de l'attitude de la France, le sentiment de l'honneur national, à mon avis, nous forçait à la guerre. Si nous n'obéissions à ses exigences, nous perdrions pour l'achèvement de notre évolution nationale toute l'avance gagnée en 1866. Nous verrions nécessairement se refroidir, au sud du Mein, le sentiment national allemand. Nos succès militaires de 1866 l'avaient ranimé, comme le prouvait l'empressement des États du Sud à entrer dans notre alliance³. »

M. de Bismarck s'assied donc à une petite table ronde, couverte d'un marbre, à proximité de ses hôtes. Il relit attentivement la dépêche et, en quelques coups de crayon, lui donne un tout autre aspect. Maintenant, elle est ainsi libellée :

« La nouvelle de la renonciation du prince héritier de Hohenzollern a été officiellement communiquée au gouvernement impérial français par le gouvernement royal espagnol. Depuis, l'ambassadeur français a encore adressé à Ems, à S. M. le roi, la demande de l'autoriser à télégraphier à Paris que S. M. le roi, à tout jamais, s'engageait à ne plus donner son consentement si les Hohenzollern devaient revenir sur leur candidature. Là-dessus, S. M. le roi a refusé de recevoir encore l'ambassadeur français, et lui a fait dire par l'aide de camp de service que S. M. n'avait plus rien à communiquer à l'ambassadeur⁴.

---

1. Bismarck, *Pensées et souvenirs*, II, 104.
2. Lieutenant-colonel Rousset, *ibid*.
3. Bismarck, *Pensées et souvenirs*, II, 104.
4. Bismarck, *Pensées et souvenirs*, 104 et suiv. ; Pinard, II, 47 ; Oncken, 129. Il suffit de comparer le texte de cette dépêche à celui de la dépêche Abeken et du rapport Radziwill, pour se convaincre que, dans aucun cas, M. de Bismarck n'a pu procéder par « quelques suppressions », « sans ajouter ni retrancher un mot », comme il l'écrit dans ses *Pensées et souvenirs*, ou en ne laissant subsister que la tête et la queue de la dépêche, ainsi que l'a dit d'après lui la *Nouvelle Presse libre*, ou enfin, en condensant « les deux cents mots de la dépêche en une vingtaine, mais sans rien y altérer ni y ajouter. C'était le même télégramme que celui dont venait de nous parler Abeken. Il était seule-

« La différence dans l'effet que devait produire le texte abrégé de la dépêche d'Ems, comparé à celui qu'eût produit l'original, ne provenait pas de l'emploi d'expressions plus fortes. Elle tenait seulement à la forme qui donnait à cette déclaration le caractère d'un règlement définitif de la question, tandis que la rédaction d'Abeken n'aurait paru qu'un fragment d'une négociation encore en suspens et qui devait être continuée à Berlin [1]. »

M. de Bismarck lit à ses deux hôtes la dépêche nouvelle. Ils y applaudissent : « Voilà qui sonne tout autrement, s'écrie Moltke ; c'était une chamade ; à présent, c'est une fanfare, un appel de guerre [2]. » — « Et Moltke paraît ressusciter. Sa taille se redresse, il redevient jeune et frais ; il a sa guerre ; il va pouvoir enfin vaquer à ses affaires [3]... »

Comme l'a pressenti M. de Bismarck, en communiquant

---

ment plus court, conçu en termes positifs et moins ambigus » (Bismarck, *Mémoires* recueillis par M. Busch, I, 233-234).

D'autre part, admettre, comme le fait M. Oncken, p. 130, que les suppressions portaient sur les parties blessantes du télégramme du roi, exige une naïveté peu ordinaire.

La dépêche d'Ems fut transmise à Paris par l'agence Havas, sous cette forme :

« Berlin, 13 juillet, soir.

« On mande d'Ems :

« Après que la renonciation du prince Léopold de Hohenzollern au trône d'Espagne a été communiquée officiellement au gouvernement français par le gouvernement espagnol, l'ambassadeur de France demanda au roi à ne jamais donner de nouveau son consentement dans le cas où le prince de Hohenzollern reviendrait sur sa candidature.

« Le roi refusa de recevoir de nouveau l'ambassadeur de France et lui fit dire par l'adjudant de service que S. M. n'avait plus rien à lui communiquer.

« D'après d'autres informations venues d'Ems, le roi aurait faire dire à à M. Benedetti qu'il avait approuvé hautement la renonciation de son cousin au trône d'Espagne et qu'il considérait, dès lors, tout sujet de conflit comme étant écarté » (Darimon, 175). Les 2e et 3e paragraphes, seuls, furent communiqués aux gouvernements étrangers (*Parliament. Papers*, 1870, 3e fascicule, n° 8).

1. Bismarck, *Pensées et souvenirs*, II, 104 et suiv. ; Oncken, 130.
2. *Ibid.* « Maintenant la dépêche avait un tout autre air. Je la lus à Moltke et à Roon dans la nouvelle rédaction que je lui avais donnée. Ils s'écrièrent tous deux : — « Magnifique ! Cela va produire son effet ! » — Nous continuâmes à manger de meilleur appétit (*Nouvelle presse libre*, citée par le lieutenant-colonel Rousset, I, 395).

M. Oncken, p. 130, explique le mot de Moltke : « *Es war eine Chamade ; jetzt ist's eine Fanfare die zum Kriege ruft* », par le récit qu'aurait fait M. de Bismarck de l'incident Werther. Cette explication ne nous paraît pas défendable. Elle ne cadre pas avec le texte de M. de Bismarck.

3. Bismarck, *Mémoires*, recueillis par M. Busch, I, 233-234 ; Seinguerlet, 113.

le télégramme ainsi impudemment altéré à l'agence Wolf et aux représentants de l'Allemagne du Nord, il sera connu à Paris avant minuit : « Non seulement par ce qu'il dit, mais aussi par la façon dont il aura été répandu, il produira là-bas, sur le taureau gaulois, l'effet du manteau rouge. » Le résultat est infaillible et tout à fait dans les vues du chancecelier. Il faut que la Prusse se batte, si elle ne veut avoir l'air d'être battue sans combat. Il est essentiel aussi qu'elle paraisse être attaquée. « La présomption et la susceptibilité gauloises nous donneront ce rôle[1]. »

M. de Bismarck a donné ordre d'envoyer le plus rapidement possible « la dépêche d'Ems ». Il a encore ses convives près de lui, que déjà il reçoit les premiers renseignements sur l'effet produit à Paris. Le télégramme y a éclaté « comme une bombe ». Le résultat est certain. Grâce à la maladresse du duc de Gramont, à la faiblesse, à l'incohérence des résolutions de l'empereur et du cabinet, l'échec diplomatique de M. de Bismarck devient nôtre. Aux yeux de l'Europe entière, nous avons perdu le rôle de provoqués pour celui de provocateurs. Nous sommes acculés, sans l'avoir aucunement prémédité, à une guerre que MM. de Bismarck et Moltke souhaitent avec passion, qu'ils ont patiemment préparée[2]. Dès le premier jour de la crise, nous avons joué leur jeu.

---

1. Bismarck, *Pensées et souvenirs*, II, 104 et suiv. M. de Bismarck a nié que cette communication ait été faite aux puissances étrangères (Memorandum au comte von Bernstorff, 18 juillet 1870). Sans doute, elle n'a pas été faite directement, mais elle s'est produite quand même (de Gramont, 230-231 ; G. Rothan, *L'Allemagne et l'Italie*, I, 16).

2. M. Busch, *Le comte de Bismarck et sa suite pendant la guerre de France* 253 et suiv. M. de Bismarck a parfois prétendu qu'il ne voulait pas la guerre. Voir un récit de sa visite au lycée de Bar-le-Duc le 26 août 1870 (*Journal des Débats* du 4 août 1898) raconté par M. E. Gebhart, et ce passage de Mérimée, *Lettres à Panizzi*, 427, 25 juillet 1870 : « Tenez ceci pour certain. Le secrétaire qui a porté la déclaration de guerre est allé prendre congé de M. de Bismarck avec lequel il avait eu de très bonnes relations. M. de Bismarck lui a dit : « Ce sera pour moi le regret de toute ma vie de n'avoir pas été à Ems auprès du roi, lorsque M. Benedetti y est venu. » A Ferrières, il dit à M. Jules Favre, au sujet de la guerre : « Je ne l'aurais jamais faite si on ne nous l'eût déclarée, et encore ne pouvais-je croire... » (Jules Favre, *Gouvernement de la défense nationale*, I, 165 et 170). Ces deux traits complètent le personnage du chancelier.

En Allemagne, l'effet n'est pas moindre. Craignant qu'il ne soit pas encore suffisant, M. de Bismarck a fait joindre à la dépêche de la *Norddeutsche Zeitung* un commentaire savamment calculé : « Le représentant de la France avait accosté le roi sans respect sur la promenade publique. Dans des circonstances aussi graves, il était difficile de croire que ce manque de respect ne fût pas intentionnel. Le roi, préoccupé avant tout de sauvegarder sa dignité, l'avait fait avec cette noblesse et cette distinction de manières dont il est le modèle. — Se tournant tranquillement vers son aide de camp, qui s'était retiré à l'approche de l'ambassadeur de France, il lui avait dit : « Veuillez informer le comte Benedetti qu'il n'y a pas de réponse et que je ne puis plus le recevoir[1]. » Ces mensonges portent à son comble l'indignation des Allemands : « A 9 heures du soir, écrit le correspondant du *Times,* à Berlin, on voyait des crieurs en grand nombre, dans les rues et les lieux les plus fréquentés, distribuer gratis un supplément de la *Gazette de l'Allemagne du Nord*. Il contenait un court paragraphe rapportant, dans un langage sans prétention et sans aucune remarque, ce qui était arrivé. L'effet que ce bout de papier imprimé produisit dans la ville fut terrible. Il fut salué par les vieux et les jeunes. Il fut le bienvenu pour les pères de famille et les adolescents... Il n'y eut qu'une opinion sur la conduite virile et digne du roi ; il n'y eut qu'une détermination de suivre son exemple et de relever le gant jeté au visage de la nation. A 10 heures, la place devant le palais royal fut couverte d'une multitude excitée. Des hurrahs pour le roi et des cris « au Rhin ! » se firent entendre de tous côtés. De semblables démonstrations furent faites dans d'autres quartiers de la ville. Ce fut l'explosion d'une colère longtemps contenue[2]. »

[1]. D'après la traduction du correspondant du *Times*, *Enquête*, depositions, I, de Gramont, 107 ; dépêche du marquis de Cadore, Munich, 14 juillet, citée par M. Rothan, *L'Allemagne et l'Italie*, I, 16 ; *ibid.*, 21.

[2]. Extrait du *Times*, reproduit par M. de Gramont, 225-226, d'après Spectator, *Who is responsible of the War ?* (attribué à M. Gladstone). Voir aussi *Le dernier des Napoléon*, 317.

IV

LES 14 ET 15 JUILLET A EMS ET A BERLIN

Départ du roi pour Coblenz. — Voyage du 15 juillet. — Arrivée à Berlin.
La mobilisation.

L'accueil fait par le roi à la dernière demande d'audience de M. Benedetti est tel qu'il ne peut en aventurer une nouvelle. Mais, dans la matinée du 14 juillet, il voit le ministre de l'intérieur et précise la nature de l'assurance que nous réclamons de Guillaume Ier. Son interlocuteur annonce l'intention de soumettre ces observations au vieux souverain et de rapporter sa réponse. Mais il se borne à faire savoir, peu après, qu'il n'a rien à communiquer.

« Afin de ne pas manquer aux convenances », l'ambassadeur juge à propos de prévenir le roi, par l'aide de camp de service, qu'il part le soir même. Il manifeste le désir de prendre congé. Guillaume répond qu'il verra M. Benedetti « à la gare, dans le salon qui lui est réservé, quelques instants avant son départ ». On annonce, en effet, qu'il part à 3 heures, pour aller à Coblenz, où est la reine.

M. Benedetti connaît déjà la dépêche de M. de Bismarck, que la *Kölnische Zeitung* a reproduite et que la télégraphie privée a envoyée à Ems. Comme il a gardé sur les incidents de la veille un mutisme absolu, il en déduit que le télégramme est parti du cabinet du roi. Il sait de plus que, depuis la veille, on tient dans l'entourage de Guillaume « un langage regrettable [1] ». On annonce que, le soir, il reviendra de Coblenz et repartira le matin suivant pour Berlin, en avançant son retour de quelques jours [2]. Évidemment la situation s'est beaucoup aggravée depuis la veille.

---

1. Télégramme de M. Benedetti, 13 juillet, 12^h30 du soir, Benedetti, 384; de Gramont, 221; *Enquête*, dépositions, I, Benedetti, 87.
2. Télégramme de M. Benedetti, 14 juillet, 2 heures du soir, Benedetti, 387; de Gramont, 222.

A la gare, Guillaume se borne à dire, en tendant la main à M. Benedetti, qu'il n'a plus rien à lui communiquer. Les négociations éventuelles seront désormais confiées à son gouvernement[1].

Le roi ne croit pourtant pas à une guerre immédiate. Il nourrit un vague espoir de conciliation, à une condition essentielle, c'est qu'on ne touchera ni à son honneur, ni à celui de la nation. Il sait que l'émotion est grande dans toute l'Allemagne, que les exigences du cabinet des Tuileries y paraissent inadmissibles et qu'il va falloir en demander compte. Si la situation n'est pas désespérée, elle est des plus graves[2]. C'est ainsi qu'il s'exprime pendant son voyage de retour, le lendemain 15 juillet, en répondant aux autorités de Cassel et de Gœttingue accourues pour le complimenter. Mais déjà l'enthousiasme des populations lui montre qu'une phase décisive est ouverte. Son voyage est une « marche triomphale ». Toutes les stations sont envahies par la foule, même celles où il ne doit pas s'arrêter. On forme un train supplémentaire de Braunschweig à Börsum, seulement pour le saluer au passage. Jamais il n'aurait imaginé rien de semblable. Pour lui, il résulte même de l'excès de cet enthousiasme un sentiment pénible : « Combien de chances la guerre n'offre-t-elle pas, à l'occasion desquelles cette joie pourrait et... devrait s'éteindre[3] ! »

A la station de Brandebourg, le roi a la surprise de voir monter dans son wagon le prince royal, M. de Bismarck, les généraux von Moltke et von Roon. Le chancelier a déjà

---

1. « Adieu, Monsieur l'ambassadeur ; vous allez à Berlin, moi j'y serai dans quelques jours ; désormais l'affaire devra se traiter non entre vous et moi, mais de gouvernement à gouvernement » (Version du roi Guillaume, parlant à M. de Beust, à Gastein, en 1871, Beust, II, 497 ; Oncken, 129). Elle ne paraît pas exacte : M. Benedetti, partait pour Paris, non pour Berlin ; le roi devait être à Berlin, non dans quelques jours, mais le lendemain, ainsi qu'il le dit à M. Benedetti. La version de celui-ci nous semble plus conforme à la réalité (télégramme du 14 juillet, 3ʰ 45 du soir, Benedetti, 387 ; de Gramont, 223 ; *Enquête*, dépositions, I, Benedetti, 87).

2. Lettre du roi à la reine Augusta, 14 juillet, Oncken, 191 ; L. Schneider, II, 143.

3. Le roi à la reine Augusta, 15 juillet, Oncken, 194 ; Lettre du conseiller secret du cabinet von Wilmowski, 16 juillet, *Feldbriefe,* 10-11.

rejeté les suprêmes tentatives risquées par l'Angleterre[1]. Il lui demande la mobilisation de l'armée. Le premier mouvement de Guillaume est de refuser. Il ne veut pas prendre à son âge la responsabilité de telles hécatombes. De plus, il doute de la coopération ou même de la neutralité des États du Sud. On répond qu'il s'agit d'une mesure défensive, rendue indispensable par l'attitude de la France : à celle-ci d'en porter la responsabilité. Le vieux souverain hésite encore. Il se tourne vers son chef d'état-major : « Eh bien ! Moltke, vous ne dites rien? Ça ira-t-il ? » Et Moltke de répondre aussitôt, les yeux brillants : « Majesté, cette guerre est la pensée de ma vie. Ça ira magnifiquement avec le Sud de l'Allemagne ; ça ira bien sans lui, et ça ira même contre lui[2]. »

Guillaume n'est pas encore convaincu. Il reste insensible aux représentations de M. de Bismarck jusqu'à l'arrivée à Potsdam (8h 45 du soir). A ce moment, le chancelier lui remet le télégramme rendant compte de la déclaration de M. Émile Ollivier à la Chambre, le jour même. Sans ajouter un mot, M. de Bismarck lit la funeste dépêche une première fois ; puis, sur un ordre exprès, une seconde fois. Le roi n'en demande pas plus. Il fait connaître sa décision et, d'un cri, le prince royal l'annonce aux assistants anxieux : « Guerre ! mobilisation ! » C'est comme une traînée de feu dans toute la ville[3].

A 10 heures du soir, quand Roon présente au roi l'ordre du cabinet prescrivant la mobilisation, la population est

---

[1]. Voir infrà, p. 313. Dans la matinée du 15, le comte von Bernstorff reçoit un télégramme de M. de Bismarck exprimant le regret de ce que le gouvernement britannique ait fait une proposition qu'il lui serait impossible de recommander à l'acceptation du roi (Lord Granville à lord Loftus, 15 juillet, Enquête, pièces justificatives, II, 2e partie, 111, d'après les Archives diplomatiques, 1871-1872, et les Parliament. Papers, 1870, 1er fascicule, n° 49, 30); Enquête, dépositions, I, de Gramont, 102 ; de Gramont, 202.

[2]. Communication de M. Andræ à la Kreuzzeitung, septembre 1895, Oncken, 131.

[3]. Lettre du roi à la reine Augusta, 15 juillet, Oncken, 195 ; Tagebuch des Kaisers Friederich, Deutsche Rundschau, octobre 1888 ; Fürst Bismarck Bericht über das Tagebuch des Kaisers Friederich, 1888 ; Wippermann, Deutscher Geschichts-Kalender, 1888, II, 47, cités par Oncken ; von Wilmowski, Feldbriefe, 10-11.

déjà soulevée « comme un seul homme ». L'indignation est universelle contre les exigences de la France ; universel aussi est l'enthousiasme, des Alpes à la mer Baltique, du Rhin à la Vistule. Les incidents d'Ems ont achevé l'unité allemande avant même qu'une goutte de sang ait été répandue. Dès le lendemain, on dispose à Berlin des contingents du Sud[1].

Ce n'est pourtant pas de l'enthousiasme que montre le vieux roi dans ses lettres intimes. Bien loin de là : « Ainsi les dés de fer ont été jetés plus tôt qu'on ne pouvait l'attendre ! Les voies de Dieu ne sont pas les nôtres et je reste devant sa face avec une conscience tranquille, car je ne me sens point coupable d'une telle catastrophe[2] !... »

S'il est un fait positif, c'est celui que démontre toute cette correspondance de Guillaume Ier : il ne veut pas la guerre ; il ne la prévoit même pas avant le dernier moment. Si sa dignité royale lui tient fort à cœur, il est tout à fait indifférent à la candidature Léopold en elle-même. Mais la guerre lui aurait été imposée par le sentiment national allemand, même si M. Émile Ollivier ne l'avait virtuellement déclarée le 15 juillet. Par légèreté, par infatuation, par ignorance de l'étranger, nous avions su grouper contre nous, en un formidable faisceau, toutes les forces de l'Allemagne.

---

[1]. Oncken, 132 ; *Le dernier des Napoléon*, 317 ; prince de Hohenlohe-Ingelfingen, *Lettres sur la stratégie*, traduction, I, 261.
[2]. Lettre du roi à la reine Augusta, Oncken, 194.

V

LE 13 JUILLET A PARIS

M. Olozaga et la renonciation. — Conseil du 13 juillet. — Séance de la Chambre.
Le Sénat. — Dispositions du duc de Gramont.

Dès le 12 juillet, M. Olozaga, voyant, à son grand étonnement, que le télégramme de renonciation n'est pas communiqué aux Chambres, en fait connaître la substance à quelques journaux, notamment au *Gaulois*[1]. En même temps il tente auprès de son gouvernement une démarche pressante, afin d'obtenir une constatation officielle. Le 13, dans la soirée, on annonce l'envoi d'une circulaire aux représentants de l'Espagne à l'étranger, leur notifiant la décision du prince Léopold, avec mission de la communiquer aux gouvernements intéressés.

Le télégramme du maréchal Prim porte que l'intention du gouvernement espagnol est non seulement de prendre acte de la renonciation, mais de déclarer que la candidature ne sera plus représentée à l'avenir. En outre, M. Strat, revenu de Sigmaringen, ayant remis à M. Olozaga l'original du télégramme du prince Antoine, l'ambassadeur s'empresse de le transmettre officiellement au gouvernement français[2]. Mais déjà il est trop tard. A Paris comme à Berlin, les événements vont se précipiter.

Le 13 juillet, à 9 heures du matin, le conseil se réunit à Saint-Cloud. M. de Gramont rend compte de la situation résultant des télégrammes envoyés la soirée et la nuit précédente au comte Benedetti. Les partisans de la paix et ceux de la guerre sont aux prises. M. Émile Ollivier est, dit-on, des premiers, ainsi que l'indique le célèbre article du *Cons-*

---

1. Voir le numéro paru le 13 juillet; Darimon, *Histoire d'un jour*, 143.
2. Darimon 143; *Le dernier des Napoléon*, 325.

titutionnel, celui qui se termine ainsi : « Une grande victoire qui ne coûte pas une larme, pas une goutte de sang[1] ! » Il est convenu que le duc annoncera simplement aux Chambres le fait matériel du désistement et l'impossibilité d'entrer dans aucun détail au sujet d'une négociation qui n'a pas encore abouti. Vainement le maréchal Le Bœuf, appuyé, dit-on, par l'impératrice, insiste pour obtenir le rappel des réserves. Son mécontentement est tel, qu'au sortir du conseil, il annonce sa retraite. L'empereur, informé, décide qu'une nouvelle réunion aura lieu le lendemain 14, pour discuter également la question d'une mobilisation immédiate[2].

Vers 2 heures, la Chambre attend avec impatience la communication du gouvernement. Depuis la veille, la dépêche de Sigmaringen est partout commentée. Les journaux les plus pacifiques conseillent, comme extrême concession, de se contenter d'un désaveu officiel du cabinet de Berlin, ou d'une déclaration confirmant le caractère définitif de la renonciation[3]. Les dispositions d'une notable fraction des députés sont déjà des moins pacifiques.

Le duc de Gramont rend compte des massacres de Chine ; puis, ce hors-d'œuvre terminé :

« Voici maintenant les informations que je suis en mesure de donner à la Chambre au sujet de l'affaire Hohenzollern :

« L'ambassadeur d'Espagne nous a annoncé officiellement

---

1. Darimon, *Notes*, 98. Ce journal nia pourtant, dans une note officieuse, l'existence de tout dissentiment entre MM. Émile Ollivier et de Gramont (*Ibid.*, 101).

2. *Enquête*, dépositions, I, Le Bœuf, 47. M. de Gramont, p. 148-149, donne très peu de détails sur le conseil du 13. D'après M. Darimon, *Notes*, 101, qui reproduit une conversation avec le duc de Gramont, on songea à éliminer du ministère M. Émile Ollivier.
Suivant une conversation du duc de Gramont avec lord Malmesbury, « après quelques instants de discussion, l'impératrice, très surexcitée, prit la parole et déclara avec véhémence que « la guerre était inévitable si on avait souci de l'honneur de la France ». Elle fut aussitôt appuyée par le maréchal Le Bœuf, qui jeta avec violence son portefeuille par terre en jurant que, si on ne faisait pas la guerre, il ne le ramasserait pas et renoncerait à son bâton de maréchal » (Malmesbury, 373). Il est incertain que ce texte s'applique au conseil du 13 ou à l'un des conseils du 14 juillet.

3. De Gramont, 148-149.

hier la renonciation du prince Léopold de Hohenzollern à sa candidature au trône d'Espagne (*Sensation*).

« Les négociations que nous poursuivons avec la Prusse, et qui n'ont jamais eu d'autre objet ne sont pas encore terminées.

« *M. Clément Duvernois.* — Je demande la parole.

« *M. le Ministre.* — Il nous est donc impossible d'en parler et de soumettre aujourd'hui à la Chambre et au pays un exposé général de l'affaire. »

Aussitôt, de droite et de gauche, l'opposition se manifeste. MM. de Kératry et Guyot-Montpayroux réclament la parole.

« *M. le baron Jérôme David.* — Je demande à M. le ministre des affaires étrangères de qui émane la renonciation dont il nous a entretenus.

« *M. le Ministre.* — J'ai été informé, je le répète, par l'ambassadeur d'Espagne, que le prince Léopold de Hohenzollern renonçait à sa candidature à la couronne d'Espagne.

« *M. le baron Jérôme David.* — Je reprends ma question. Je désire pouvoir apprécier la portée des paroles que M. le ministre des affaires étrangères vient de prononcer.

« Hier le bruit a couru dans la Chambre que la renonciation ne provenait pas du prince lui-même, qu'elle était une déclaration de son père.

« Je pose nettement la question à M. le ministre et lui demande si c'est une renoncation du prince ou une renonciation affirmée par son père ?...

« *M. le Ministre.* — Je n'ai rien à ajouter aux paroles que viens d'avoir l'honneur de prononcer (*Mouvements divers*).

« J'ai reçu de M. l'ambassadeur d'Espagne une communication officielle. Je l'ai transmise à la Chambre telle qu'elle m'a été donnée.

« Quant aux bruits qui circulent dans les couloirs, je n'ai pas à m'en occuper (*Très bien! Très bien! — Vous avez raison!*)

« *M. le baron Jérôme David.* — Je n'accepte en aucune

façon la réponse qui vient d'être faite... et je vais vous en dire les raisons.

« Cette communication a été faite hier, dans les couloirs de la Chambre, par M. le garde des sceaux, qui a montré la dépêche non seulement à plusieurs députés, mais aux journalistes et à toutes les personnes qui l'entouraient.

« Or, je conteste à un ministre le droit de venir dire à la Chambre qu'il ne peut communiquer les termes exacts d'une dépêche publiquement divulguée dans les couloirs du Corps législatif et même en dehors de cette enceinte (*Rumeurs diverses*). Cette dépêche a été colportée hier à la Bourse. Je ne comprends donc pas pourquoi on refuserait de la communiquer... »

M. Clément Duvernois prie alors la Chambre de fixer le jour de l'interpellation qu'il a déposée la veille en commun avec le comte de Leusse [1]. Il voudrait que cette date fût très proche. Mais M. Jérôme David dépose une demande qui soulève une nouvelle agitation :

« Considérant que les déclarations fermes, nettes, patriotes du ministère, à la séance du 6 juillet, ont été accueillies avec faveur par la Chambre et par le pays ;

« Considérant que ces déclarations du ministère sont en opposition avec la lenteur *dérisoire* des négociations avec la Prusse (*Vives rumeurs sur un grand nombre de bancs*)... Je retire le mot *dérisoire* si vous voulez (*Bruit*)...

« Considérant que ces déclarations du ministère sont en opposition avec la lenteur des négociations avec la Prusse, je demande à interpeller le ministère sur les causes de sa conduite à l'extérieur, qui, non seulement jette la perturbation dans les branches diverses de la fortune publique, mais aussi risque de porter atteinte à la dignité nationale (*Exclamations et mouvements en sens divers*). »

Sur la proposition du duc de Gramont, la Chambre ren-

---

[1]. D'après ses confidences à M. Pinard, M. Clément Duvernois entend qu'on impose le désarmement à la Prusse. En réalité, il veut acculer le cabinet à la démission (Pinard, II, 48).

voie au vendredi 15 la discussion des deux interpellations, mais « une certaine agitation » succède au vote[1].

On le voit, c'est la droite bonapartiste qui prétend nous imposer une attitude belliqueuse. Son influence tend à s'accroître, sans qu'elle ait encore pour elle la majorité. Mais l'effet du réquisitoire de M. Jérôme David est considérable à la cour et dans la rue[2].

Au Sénat, en réponse à la communication du duc de Gramont, M. Larabit réclame l'exécution du traité de Prague. M. Chabrier s'écrie que l'Espagne s'est exécutée. Reste la Prusse : « J'espère qu'on l'obligera à s'exécuter aussi ! » Comme M. Jérôme David à la Chambre, M. Hubert-Delisle dépose une interpellation au sujet des négociations en cours. La discussion est aussi fixée au 15 juillet, non sans que le Sénat ait clairement manifesté son impatience[3].

Dans la pensée de M. de Gramont, « la demande de garantie » adressée au roi de Prusse n'est pas un ultimatum et ne doit pas être considérée comme telle. Elle est susceptible de nuances et d'accommodements. Rien d'arrêté au sujet de sa forme. Le gouvernement est disposé « à tous les tempéraments, je dirai même à toutes les transactions[4] ». Du moins, telles sont les impressions du duc à la sortie du conseil. Mais, entre ses deux déclarations à la Chambre et au Sénat, il reçoit le télégramme de M. Benedetti daté de 10h 30 du matin[5]. Pour lui, il en résulte que, jusqu'alors Guillaume Ier ne nous a fait « aucune concession ». Le roi affecte même d'ignorer, contre toute évidence, la renonciation du prince, et c'est M. Benedetti qui la lui annonce[6].

---

1. *Journal officiel* du 14 juillet 1870, 1243.
2. *Enquête*, rapport Saint-Marc Girardin, 55 : « Il n'y a pas eu à la Chambre de manifestation violente, mais il est certain que le parti de la guerre paraît y gagner du terrain » (Lord Lyons à lord Granville, 13 juillet 1870, *Parliament. Papers*, 1er fascicule, n° 40).
3. *Journal officiel* du 14 juillet 1870 ; de Gramont, 164 et suiv.
4. De Gramont, 148 ; *Enquête*, rapport Saint-Marc Girardin, 52.
5. Voir *suprà*, p. 284.
6. De Gramont, 157 et suiv. Il est à noter que, d'après le télégramme en question, le roi ne dit nullement qu'il ignore le désistement, mais qu'il n'a pas reçu le « message de Sigmaringen », ce qui peut et doit être exact. En revanche, d'a-

En quittant le Sénat, M. de Gramont retourne aux Affaires étrangères. D'après une communication qu'il y trouve, il court depuis la veille, à Munich et à Stuttgart, des bruits au sujet d'une lettre qu'aurait écrite Guillaume Ier, afin d'engager son cousin à se désister. Pour le duc, cette attitude serait inconciliable avec celle du roi pendant toutes les négociations. Il est même tenté de voir un piège dans cette nouvelle, bien loin qu'elle puisse changer nos résolutions[1].

---

près la dépêche de M. Benedetti, datée du 13 juillet, le roi aurait dit « qu'il ne connaissait pas encore la détermination du prince Léopold » (de Gramont, 397), ce qui est une inexactitude absolue. Voir également Benedetti, 378.

1. De Gramont, 170 et suiv. Il s'agit de la lettre confiée au colonel Strantz (Voir *suprà*, p. 243).

VI

TENTATIVE DE CONCILIATION DE L'ANGLETERRE

Lord Lyons et le duc de Gramont. — Dernières concessions du gouvernement français. Tentatives de l'Angleterre.

Il est 4 heures et demie environ, quand lord Lyons entre dans le cabinet du duc. Il a assisté à la séance du Corps législatif et se rend compte de l'état des esprits. Ses premiers mots sont pour exprimer « sa surprise et son regret » de ce que M. de Gramont ne se soit pas borné à annoncer à la Chambre la clôture de l'incident.

Il ne saurait être clos, objecte le ministre, puisque, de la Prusse, la France n'a rien obtenu. Il donne alors lecture d'un télégramme du général Fleury, d'après lequel l'empereur Alexandre a demandé au roi d'ordonner le retrait de la candidature. Il s'est même exprimé « dans les termes les plus amicaux pour la France » et a manifesté le très vif désir d'empêcher la guerre. Malgré cette démarche de son impérial neveu, Guillaume Ier n'a rien fait, « absolument rien », pour répondre à nos demandes. Nous ne voulons qu'une chose : c'est que le roi défende au prince de retirer plus tard sa renonciation. « Certainement, il n'était que raisonnable que la France prît quelques précautions contre une répétition de ce qui s'était passé, quand le frère du prince Léopold s'était rendu à Bucharest. Néanmoins elle ne demandait pas à la Prusse d'empêcher le prince d'aller en Espagne ; tout ce qu'elle désirait, c'était que le roi voulût bien lui défendre de revenir plus tard sur sa résolution actuelle. »

« Alors, reprend lors Lyons, m'autorisez-vous à déclarer catégoriquement au gouvernement de S. M., au nom du gouvernement de l'empereur, que, dans ce cas, l'affaire serait complètement résolue ? »

« Sans aucun doute », reprend le duc, et il écrit le memorandum suivant :

« Nous demandons au roi de Prusse de défendre au prince de Hohenzollern de revenir sur sa résolution. S'il le fait, tout l'incident est terminé. »

Lord Lyons objecte alors que, suivant toute vraisemblance, Léopold ne sera pas tenté de poser à nouveau sa candidature, ni le gouvernement espagnol de l'accepter, après ce qui s'est passé. Mais il est de notre devoir, assure M. de Gramont, de nous mettre en garde contre cette éventualité. D'ailleurs, le refus du roi donnerait à croire qu'il nourrit des arrière-pensées. Finalement, le duc demande si le gouvernement impérial « peut compter sur les bons offices de l'Angleterre pour l'aider à obtenir du roi cette défense » ? Lord Lyons promet d'en référer d'urgence à Londres[1].

Évidemment, M. de Gramont n'est point encore résolu à la guerre. En cette occasion, son attitude contraste avec celle de M. de Bismarck s'entretenant le même jour avec lord Loftus[2]. Le chancelier prussien a mené son jeu « de manière à assurer, dans tous les cas, la certitude d'une guerre avec la France[3] ». Mais il n'est que trop bien secondé par nos maladresses et nos imprudences.

Quelques heures après son entretien avec lord Lyons, vers 7 heures et demie du soir, M. de Gramont adresse à M. Benedetti un télégramme prescrivant un dernier effort auprès du roi : « Dites-lui que nous nous bornons à lui demander de défendre au prince de Hohenzollern de revenir sur sa renonciation. Qu'il vous dise : « Je le lui défendrai », et vous autorise

---

1. Lord Lyons à lord Granville, 13 juillet, *Parliament. Papers*, 1870, 1ᵉʳ fascicule, 41 ; *Enquête*, dépositions, I, de Gramont, 116 ; de Gramont, 176-178 ; *Enquête*, pièces justificatives, II, 2ᵉ partie, 65 et suiv. — M. Saint-Marc Girardin fait avec raison (*Enquête*, rapport, 62) remarquer la différence essentielle entre le memorandum du duc de Gramont et la solution suggérée, le 14, au comte von Bernstorff par lord Granville, solution approuvée par M. de Gramont (Lord Granville, à lord Lyons, 14 juillet, *Parliament. Papers*, 1870, 1ᵉʳ fascicule, 44 ; de Gramont, 198-199). Voir *infrà*, p. 313.

2. Lord Loftus à lord Granville, 13 juillet, *Parliament. Papers*, 1870, 1ᵉʳ fascicule, n° 53 ; de Gramont, 179-183. Voir *supra*, p. 292.

3. Scrutator, *Qui est responsable de la guerre ?* traduction de A. Sudre ; de Gramont, 184.

à me l'écrire, ou qu'il charge son ministre ou son ambassadeur de me le faire savoir, cela nous suffira. Si, en effet, le roi ne nourrit pas d'arrière-pensée, ce n'est pour lui qu'une question secondaire, mais pour nous elle est très importante... »

Au sujet des dispositions des autres puissances, M. de Gramont pousse fort loin l'illusion : « ... Les autres cabinets d'Europe nous trouvent justes et modérés. L'empereur Alexandre nous appuie chaleureusement. » Il termine en invitant M. Benedetti à rentrer à Paris le 15 avant midi, quelle que soit la réponse du roi. Il fait un nouveau pas vers la conciliation en suggérant à l'ambassadeur de fixer lui-même la portée des paroles de Guillaume Ier, de leur donner celle d'une garantie[1]. Un fait hors de conteste, c'est que, le soir du 13 juillet, le gouvernement français ne croit pas encore la rupture indispensable. Il va même plus loin qu'il n'allait dans la voie des concessions. A ce moment déjà l'Allemagne est toute à la guerre. Le cabinet de Saint-James va s'en rendre compte.

Comme le duc de Gramont l'a demandé à lord Lyons, lord Granville risque un suprême effort de conciliation. Le 14 juillet, il obtint du comte von Bernstorff de soumettre à Guillaume Ier la proposition suivante : Le roi *communiquerait* au gouvernement français son consentement au retrait de la candidature, si la France renonçait à sa demande de garantie[2]. « Cette proposition était, il faut le dire, habilement conçue et parfaitement formulée. Elle portait en elle le vrai germe d'une solution pacifique[3]. » Mais il est trop tard. Au point où en sont les choses, la conciliation n'est plus de mise, et M. de Bismarck va rejeter sans ménagement les suggestions de l'Angleterre.

---

1. « Peut-être pourriez-vous, en recevant du roi la nouvelle de la renonciation du prince de Hohenzollern, lui dire : « Sire, V. M. se porte garante de la parole du prince de Hohenzollern, car elle n'ignore pas que, comme puissance, nous n'avons point de rapport avec le prince et que, par conséquent, devant le pays, notre *garantie officielle* est dans la parole du roi » (M. de Gramont à M. Benedetti, 13 juillet, 8 heures du soir, de Gramont, 189; Benedetti, 385). M. Benedetti écrit *abri* au lieu de *garantie*.
2. Lord Granville à lord Lyons, 14 juillet, *Parliament. Papers*, 1870, 1er fascicule, n° 44 ; de Gramont, 198.
3. De Gramont, 199.

VII

LE 14 JUILLET A PARIS

Le conseil du matin. — Le conseil de l'après-midi. — Le rappel des réserves. — Le conseil du soir. — Nouvelles décisions. — La communication de M. de Bismarck aux puissances étrangères.

Le 14 juillet, à 9 heures du matin, lorsque se réunit le conseil des ministres, on ignore la tournure prise par les événements à Berlin. Le premier indice qui en parvienne est un télégramme de notre chargé d'affaires, M. Le Sourd. Il annonce la publication par l'officieuse *Gazette de l'Allemagne du Nord* de l'article inspiré, comme on sait, par M. de Bismarck[1].

Bien que cette manifestation paraisse fort inopportune, que l'agitation soit déjà très grande dans Paris et que des attroupements se montrent autour des Tuileries ou auprès des ministères, le conseil n'est pas disposé à admettre que l'article d'un journal étranger, quelle que soit son origine, puisse influer sur ses décisions. Vers midi, il se sépare sans avoir modifié les siennes. On continue d'espérer une solution pacifique[2].

Vers 11 heures, M. de Gramont a reçu la dépêche de M. Benedetti, datée de la veille. Elle confirme ses télégrammes précédents, tout en y ajoutant une remarque significative sur la difficulté que l'ambassadeur éprouvera désormais à voir le roi[3].

A 1 heure environ, le duc reçoit M. de Werther, dont le visage porte la trace de sérieuses préoccupations. Il informe le ministre, sans commentaires, que son gouvernement l'a blâmé de l'accueil qu'il a fait à nos suggestions et lui a donné

---

1. Voir *supra*, p. 291.
2. De Gramont, 206-207 ; *Enquête*, dépositions, de Gramont, 102.
3. Dépêche de M. Benedetti, 13 juillet, de Gramont, 396-401 ; *ibid.*, 207-208.

ordre de prendre un congé immédiat. M. de Solms le remplacera comme chargé d'affaires[1].

Vers 1 heure et demie, M. de Gramont quitte le quai d'Orsay pour retourner aux Tuileries, où le conseil est de nouveau convoqué. Il a quelque peine à y arriver, car les abords du ministère et du Corps législatif sont encombrés « par une foule impatiente et colère ». — « Sur tout le parcours du quai et jusqu'aux Tuileries..., des cris stridents, des protestations contre toute idée de négociation. » Il est des plus douteux que le gouvernement puisse résister à ces clameurs belliqueuses, surtout quand les journaux du soir auront répandu dans Paris la traduction de l'article lancé la veille par M. de Bismarck[2].

Délibérer dans ces conditions est difficile. D'ailleurs, l'entente n'est pas unanime, et la délibération du conseil se prolonge durant près de cinq heures, pénibles au delà de toute expression. Chacune des solutions admissibles est discutée et analysée. Dès le début, il est décidé, sur la demande instante du maréchal Le Bœuf qu'on va rappeler les réserves, mais à titre de précaution indispensable pour répondre aux préparatifs des Prussiens[3]. Pourtant la solution

---

1. De Gramont, 208; *Enquête*, dépositions, I, de Gramont, 102. — Dans sa circulaire du 19 juillet 1870, M. de Bismarck a tenté de prouver qu'il s'agissait « non d'un rappel, mais d'un congé, demandé par l'ambassadeur pour des raisons personnelles » (*Parliament. Papers*, 1870, 3e fascicule, n° 8). M. de Gramont n'a pas de peine à prouver (209-210) que ces prétendues explications ne tiennent pas debout.
2. De Gramont, 211; lord Lyons à lord Granville, 14 juillet, *Parliament. Papers*, 1870, 1er fascicule, n° 60; *Enquête*, rapport Saint-Marc Girardin, 68.
3. D'après l'*Enquête* (dépositions, I, Le Bœuf, 47), on autorise à 4 heures du soir le maréchal à expédier ses ordres de rappel. Il va même quitter la salle du conseil pour y procéder, lorsqu'un scrupule lui vient. Il demande personnellement à chaque ministre, s'il est bien d'avis d'envoyer ces ordres. La réponse de tous ou de presque tous est affirmative. A 6 heures, les ordres sont expédiés, lorsque le maréchal reçoit un billet de l'empereur, où il croit voir un certain regret de la décision prise. Il se rend à Saint-Cloud et demande un nouveau conseil, qui est réuni à 10 heures. A 11 heures, il est à peu près décidé que la mobilisation sera ajournée et que l'on fera de son mieux pour terminer l'affaire par la voie diplomatique. Le maréchal offre même de prendre la responsabilité de cette décision vis-à-vis des Chambres et de se retirer au besoin. Mais survient la dépêche adressée au ministre des Affaires étrangères. Elle est lue en conseil et emporte toutes les hésitations. — La version du duc de Gramont, que nous avons suivie, diffère sensiblement de celle-ci, mais les souvenirs du

proposée par le duc de Gramont et finalement adoptée est nettement pacifique. On fera le lendemain aux Chambres une communication à peu près en ces termes :

« Nous croyons que le principe adopté tacitement par l'Europe a été d'empêcher, sans une entente préalable, aucun prince appartenant aux familles régnantes des grandes puissances de monter sur un trône étranger, et nous demandons que les grandes puissances européennes, réunies en congrès, confirment cette jurisprudence internationale[1]. »

Engagées dans cette voie quelques jours auparavant, lorsque rien d'irréparable n'était encore survenu, les négociations auraient sans doute abouti à un succès diplomatique[2]. A l'heure présente, il n'y a plus chance pour une solution pacifique. La Prusse serait la première à la rejeter[3].

Quoi qu'il en soit, la décision adoptée par le conseil cadre mal avec le rappel des réserves décidé au début de la séance. Le maréchal Le Bœuf est le premier à s'en rendre compte. Il demande une nouvelle convocation qui a lieu à 10 heures du soir. A 11 heures, il est décidé qu'on s'en tiendra à la solution pacifique adoptée dans l'après-midi, et que, malgré

---

maréchal Le Bœuf manquent d'ordinaire de précision. D'après M. d'Eichthal, p. 47, le général Bourbaki écrit à 6 heures à sa femme que la guerre est décidée.

1. Lettre de M. de Gramont à M. de Vitzthum, citée par M. F. Pichereau, *Figaro* du 20 mars 1895; de Gramont, 212; *Enquête*, dépositions, I, de Gramont, 103; Beust, II, 346, d'après le chevalier Nigra : l'empereur lui fait lire à Saint-Cloud, le 14, « le message qui doit être présenté le lendemain au Corps législatif. Il est éminemment pacifique ». Voir également *Enquête*, Rapport Saint-Marc Girardin, 70; *Considérations sur l'histoire du deuxième empire et sur la situation actuelle de la France*, mai 1872, 2ᵉ édition, p. 22 (attribué à M. de Parieu). Le télégramme de lord Lyons, 14 juillet, reproduit par l'*Enquête*, pièces justificatives, II, 2ᵉ partie, 168, d'après les *Parliament. Papers*, 1870, 1ᵉʳ fascicule, nᵒ 60, représente, au contraire, le conseil de l'après-midi comme ayant abouti à des dispositions belliqueuses, sous l'influence du télégramme de M. Le Sourd, daté du 13. Cette version paraît être inexacte.

2. De Gramont, 213. Au cours de la séance du conseil, le duc de Gramont reçut de lord Lyons « un message pressant, lui demandant, au nom du gouvernement de la Reine, de ne pas précipiter des mesures extrêmes et, à tout événement, de ne pas engager le gouvernement par des mesures prématurées... » (Lord Lyons à lord Granville, 14 juillet, *Parliament. Papers*, 1870).

3. Voir *suprà*, p. 292.

LA DÉPÊCHE D'EMS. 317

de graves difficultés, on suspendra encore l'appel des réservistes[1].

Mais une série de nouvelles des plus inquiétantes, qui arrivent dans la nuit, modifient de nouveau les dispositions du gouvernement impérial. Il n'a rien prévu des événements que sa légèreté a déchaînés et se laisse surprendre par leurs conséquences inéluctables.

Les derniers télégrammes de M. Benedetti, ceux qu'il a lancés le 14 juillet, de midi et demi à 3ʰ 45, ne peuvent laisser aucune illusion sur les tendances du roi Guillaume. Mais, à vrai dire, on les connaissait déjà. Fait beaucoup plus grave : M. de Gramont reçoit, « par une voie détournée, un compte rendu très exact du langage tenu par M. de Bismarck, la veille, et de l'attitude prise, à dater du 13, par le cabinet de Berlin[2] ». Il en résulte, de la façon la plus nette, que ce dernier est décidé à faire la guerre. D'ailleurs, M. de Gramont apprend aussi que le ministère prussien a communiqué aux puissances étrangères, sous une forme des plus blessantes, le refus opposé par le roi à la demande d'audience de M. Benedetti. Notre représentant à Berne est le premier à en donner avis : il s'est trouvé là au moment où le ministre de Prusse venait de faire cette communication au président de la Confédération. Presque aussitôt survient de Munich une dépêche semblable. D'autres arrivent de tous côtés. Il n'est pas possible de douter un instant de leur exactitude[3].

---

[1]. De Gramont, 220 ; *Enquête*, dépositions, I, Le Bœuf, 47. D'après M. de Parieu, *Considérations, etc.*, « le conseil, divisé, fut cependant presque en totalité enlevé dans un conseil tenu à Saint-Cloud vers 10 heures du soir ». Les partisans de la paix étaient MM. Louvet, Segris, Plichon et de Parieu.

[2]. Ce rapport confidentiel reproduit presque mot pour mot l'entretien de lord Loftus avec M. de Bismarck, tel qu'il est donné dans la dépêche de lord Loftus (Voir *suprà*, p. 292). Il est même plus complet que cette dépêche (de Gramont, 223, note 1 ; *Enquête*, rapport Saint-Marc Girardin, 70).

[3]. M. G. Rothan (*L'Allemagne et l'Italie*, I, 16) donne le texte de ces deux dépêches. Voir de Gramont, 223-232 ; *Enquête*, dépositions, I, de Gramont, 107 ; Darimon, *Notes*, 117, d'après les déclarations du comte de Comminges-Guitaut, notre représentant à Berne ; *Parliament. Papers*, 3ᵉ fascicule, n° 8, inclosure n° 2, communication du comte von Bernstorff au comte Granville. — M. de Bismarck (*Memorandum* du 18 juillet au comte von Bernstorff) a joué sur les mots en prétendant qu'il n'y avait « ni note, ni dépêche par laquelle le gouvernement prussien eût notifié aux cabinets de l'Europe son refus de recevoir l'ambassadeur français ». La communication fut faite de vive voix au moins à Berne et à Munich.

Enfin, on assure que la Prusse commence activement sa mobilisation. En Allemagne, tout se passe depuis vingt-quatre heures, « comme si la guerre était déclarée[1]. » Dans ces conditions, il n'est plus permis d'hésiter. M. Émile Ollivier est devant son bureau, occupé à rédiger la déclaration conciliante dont l'esprit a été arrêté en conseil, quand M. de Gramont entre, vivement ému. Il tient en mains les télégrammes qu'il vient de recevoir : « C'est un soufflet que la Prusse applique sur la joue de la France ; je déposerai mon portefeuille plutôt que de supporter un pareil outrage. » Après un bref entretien, l'accord se fait entre les deux ministres. La nuit même, on décide le maintien des ordres du ministre de la guerre ; l'appel des réserves aura lieu. Dès le lendemain, après une dernière réunion du conseil, les Chambres seront informées de la situation et des résolutions qu'elle a dictées[2]. Maintenant, pour chacun des adversaires, la décision est prise.

---

1. De Gramont, 233 ; *Enquête,* rapport Saint-Marc Girardin, 70 ; dépositions, I, de Gramont, 102-108. — Voir *suprà*, p. 242, 244.
2. G. Rothan, *L'Allemagne et l'Italie,* I, 18, d'après une conversation de l'auteur avec M. Émile Ollivier, 5 mai 1871 ; de Gramont, 233. — M. Robert Mitchell, ami de M. Ollivier, a publié dans le *Courrier de France* du 24 septembre 1872, un récit qui n'a pas été contredit, d'après lequel, le matin du 14, M. Ollivier confirme verbalement à M. Mitchell ses intentions pacifiques. En le quittant, M. Mitchell rencontre M. Paul de Cassagnac, qui paraît très satisfait : « Je sors de chez Ollivier, lui dis-je ; grâce à Dieu, la paix est assurée. » — Il me répond : « Mon père sort de chez l'empereur ; la guerre est décidée. »
Le soir, M. Mitchell va avec M. Ollivier aux Affaires étrangères. Le duc de Gramont est sorti. On l'attend, en se promenant dans le jardin. Le chef de cabinet du ministre, M. Adelon, se joint à M. Mitchell pour « le conjurer de résister à la pression de l'empereur, aux menaces de la Chambre, aux vociférations de la foule ». M. Ollivier répond : « Si demain soir nous ne donnons pas satisfaction aux vœux de la majorité, nous serons renversés, et c'est un cabinet réactionnaire qui fera la guerre dans des conditions moins favorables. L'avènement du ministère Rouher serait une sorte de coup d'État. D'ailleurs, la guerre est inévitable ; notre devoir est de la rendre populaire » (*Enquête,* rapport Saint-Marc Girardin, 74-75). Contrairement à ce qui précède, M. de Vitzthum a écrit au duc de Gramont, 20 avril 1878 (F. Pichereau, *Figaro* du 20 mars 1895) que, dans la matinée du 15 juillet, l'empereur croyait encore à une solution pacifique. Il tentait même d'obtenir que l'Autriche prît l'initiative de proposer un congrès.

VIII

LE 15 JUILLET A PARIS

Le conseil du 15 juillet. — M. de Gramont au Sénat. — M. Émile Ollivier à la Chambre. — M. Thiers. — M. Émile Ollivier. — Propositions Jules Favre. — La commission. — Communication des pièces. — Rapport Talhouët. — Séance de nuit. — Gambetta. — Vote des crédits. — Opportunité de l'opposition.

Le conseil a été convoqué pour la matinée du lendemain, mais si hâtivement, que deux des ministres, MM. Segris et Plichon, ne peuvent y assister. L'empereur ouvre la séance en annonçant que, souverain constitutionnel, il ne veut peser en rien sur les résolutions du cabinet. A lui de les arrêter. La discussion n'est pas longue. Après une nouvelle intervention du maréchal Le Bœuf, la guerre est décidée à l'unanimité. La communication qui va être adressée aux Chambres ne laissera subsister aucun doute [1].

Dans l'après-midi, M. de Gramont se rend au Sénat pour la lire : « La manière dont le pays a accepté notre déclaration du 6 juillet nous ayant donné la certitude que vous approuvez notre politique et que nous pouvons compter sur votre appui, nous avons aussitôt commencé des négociations avec les puissances étrangères, afin d'obtenir leurs bons offices auprès de la Prusse...

« Dans ces négociations, nous n'avons rien demandé à l'Espagne, dont nous ne voulions pas éveiller les susceptibilités ni froisser l'indépendance ; nous n'avons pas agi auprès

---

[1]. De Gramont, 239 ; G. Rothan, *L'Allemagne et l'Italie*, I, 18, d'après les confidences de M. Émile Ollivier ; F. Pichereau, article cité. — D'après M. d'Hérisson, *La légende de Metz*, 78, la majorité n'a pu être établie, quand le maréchal Le Bœuf prend la parole et fait une sortie des plus violentes, sachant que l'empereur a horreur des discussions. Il ne comprend pas « qu'un conseil composé de ministres français puisse hésiter un instant ». L'empereur, qui n'a pas encore soufflé mot, se lève et dit simplement : « C'est bien, la cause est entendue. » M. d'Hérisson ne donne pas l'origine de cette version qui paraît sujette à caution. Voir *suprà*, p. 306, 315.

du prince de Hohenzollern, que nous considérions comme couvert par le roi; nous avons également refusé de mêler à notre discussion aucune récrimination, ou de la faire sortir de l'objet même dans lequel nous l'avions renfermée dès le début.

« La plupart des puissances ont été pleines d'empressement à nous répondre, et elles ont, avec plus ou moins de chaleur, admis la justesse de nos réclamations.

« Le ministère des affaires étrangères prussien nous a opposé une fin de non-recevoir, en prétendant qu'il ignorait l'affaire et que le cabinet de Berlin y était resté étranger.

« Nous avons dû alors nous adresser au roi lui-même, et nous avons donné à notre ambassadeur l'ordre de se rendre à Ems, auprès de S. M. Tout en reconnaissant qu'il avait autorisé le prince de Hohenzollern à accepter la candidature qui lui avait été offerte, le roi de Prusse a soutenu qu'il était resté étranger aux négociations poursuivies entre le gouvernement espagnol et le prince de Hohenzollern, qu'il n'y était intervenu que comme chef de famille et nullement comme souverain; qu'il n'avait ni réuni, ni consulté le conseil de ses ministres. S. M. a reconnu cependant qu'elle avait informé le comte de Bismarck de ces divers incidents.

« Nous ne pouvions considérer ces réponses comme satisfaisantes; nous n'avons pu admettre cette distinction subtile entre le souverain et le chef de famille, et nous avons insisté pour que le roi conseillât, et imposât au besoin, au prince Léopold, une renonciation à sa candidature.

« Pendant que nous discutions avec la Prusse, le désistement... nous vint du côté où on ne l'attendait pas, et nous fut remis le 12 juillet par l'ambassadeur d'Espagne.

« Le roi ayant voulu y rester étranger, nous lui demandâmes de s'y associer et de déclarer que si, par un de ces revirements toujours possibles dans un pays sortant d'une révolution, la couronne était de nouveau offerte par l'Espagne au prince Léopold, il ne l'autoriserait plus à l'accepter, afin que le débat puisse être considéré comme définitivement clos (*Approbation*).

« Notre demande était modérée, les termes dans lesquels nous l'exprimions ne l'étaient pas moins : « Dites bien au roi, écrivions-nous au comte Benedetti, le 13 juillet à minuit, dites bien au roi que nous n'avons aucune arrière-pensée, que nous ne cherchons pas un prétexte de guerre, et que nous ne demandons qu'à résoudre honorablement une difficulté que nous n'avons pas créée nous-mêmes (*Oui! Oui! C'est vrai! Très bien!*).

« Le roi consentit à approuver la renonciation du prince Léopold, mais il *refusa* de déclarer qu'il n'autoriserait plus à l'avenir le renouvellement de cette candidature (*Mouvements de surprise*).

« J'ai demandé au roi, nous écrit M. Benedetti, le 13 juillet « à minuit, de vouloir me permettre de vous annoncer enfin « que, si le prince de Hohenzollern revenait à son projet, « S. M. interposerait son autorité et y mettrait obstacle. Le « roi a *absolument refusé* de m'autoriser à vous transmettre « une semblable déclaration (*Sensation. — Rumeurs*). J'ai « vivement insisté, mais sans réussir à modifier les dispositions de S. M.

« Le roi a terminé notre entretien en me disant qu'il ne « pouvait ni ne voulait prendre un pareil engagement, et « qu'il devait, pour cette éventualité comme pour toute « autre, se réserver la faculté de consulter les circonstances (*Exclamations. — Vives protestations*).

« M. Duruy. — C'est un défi !

« M. de Gramont. — Quoique ce refus nous parût injustifiable (*Adhésions*), notre désir de conserver à l'Europe les bienfaits de la paix était tel, que nous ne rompîmes pas les négociations, et que, malgré votre impatience légitime, craignant qu'une discussion ne les entravât, nous vous avons demandé d'ajourner nos explications jusqu'à aujourd'hui (*Marques générales d'approbation*).

« Aussi notre surprise a-t-elle été profonde, lorsque hier nous avons appris que le roi de Prusse avait notifié, par un aide de camp, à notre ambassadeur, qu'il ne le recevrait plus (*Vif mouvement d'indignation*) et que, pour donner à ce refus un caractère non équivoque, son gouvernement l'avait communiqué officiellement aux cabinets de l'Europe (*Explosion de murmures*).

« *Quelques sénateurs.* — C'est trop d'impertinence et d'audace.

« Nous apprenions, en même temps, que M. le baron Werther avait reçu l'ordre de prendre immédiatement un congé et que des armements s'opéraient en Prusse.

« Dans ces circonstances, tenter davantage pour la conciliation eût été un oubli de dignité et une imprudence (*Vive adhésion. Bravos prolongés*). Nous n'avons rien négligé pour éviter la guerre; nous allons nous préparer à soutenir celle qu'on nous offre (*Oui! Oui! Très bien! C'est vrai!*), en laissant à chacun la part de responsabilité qui lui revient.

« Dès hier, nous avons rappelé nos réserves et, avec votre concours, nous allons prendre immédiatement les mesures nécessaires pour sauvegarder les intérêts, la sécurité et l'honneur de la France (*Bravos et applaudissements prolongés*)[1]. »

A ce moment, « tous les sénateurs se lèvent. — Des cris répétés de : Vive l'empereur! Vive la France! se mêlent aux applaudissements et aux bravos ». M. de Gramont, « en retournant à son banc, est entouré de nombreux sénateurs qui lui adressent de chaleureuses félicitations.

« Une deuxième salve d'applaudissements éclate et les mêmes acclamations de : Vive la France! Vive l'empereur! se font entendre de toutes parts. — Les tribunes publiques s'associent au mouvement de l'assemblée.

« L'émotion est profonde et générale.

« Après quelques instants de silence, les mêmes manifestations se reproduisent avec une énergie croissante. — Les impressions patriotiques du Sénat trouvent un nouvel écho dans les tribunes. Cette communauté de sentiment, qui se

---

1. *Journal officiel* du 16 juillet, 1259; *Enquête*, rapport Saint-Marc Girardin, 78-81; de Gramont, 233-238.

traduit sur tous les points de la salle avec une égale vivacité, excite un redoublement d'enthousiasme[1]... »

Au Corps législatif, l'accueil que rencontre la déclaration lue par M. Émile Ollivier est plus froid. « On se regardait les uns les autres avec une sorte de stupeur », a dit M. Thiers. Dès le premier moment, une opposition à la guerre se révèle irréductible, sinon imposante par le nombre. La demande d'un crédit de cinquante millions est seule l'occasion de manifestations d'opinion : « *Très bien! Très bien! Aux voix! Aux voix! — Agitation.* » Seize députés se prononcent contre l'urgence. Après ce vote, M. Thiers prend la parole. Bien que son discours soit l'acte du plus rare courage, il est haché d'interruptions, d'insultes même. Aucun de ses arguments qui ne soit brutalement coupé ; aucune de ses idées qui ne soit aussitôt travestie. Cinquante énergumènes lui montrent le poing, lui hurlent des injures : il se déshonore, il souille ses cheveux blancs. « Mais j'aurais bravé la foudre, avec la certitude d'être écrasé, plutôt que d'assister impassible à la faute qui allait se commettre », devait-il dire plus tard. Il parle d'abord de sa place, suivant son habitude. On le force de monter à la tribune :

« J'ai la certitude, la conscience au fond de moi-même, de remplir un devoir difficile, celui de résister à des passions, patriotiques si l'on veut, mais imprudentes (*Allons donc!*).

« *A gauche. — Oui! Oui! — Très bien! Très bien!...*

« Eh bien, Messieurs, est-il vrai, oui ou non, que sur le fond, c'est-à-dire sur la candidature du prince de Hohenzollern, votre réclamation a été écoutée et qu'il y a été fait droit? Est-il vrai que vous rompiez sur une question de susceptibilité? (*Mouvement*).

« Eh bien, Messieurs, voulez-vous qu'on dise, voulez-vous que l'Europe tout entière dise que le fond était accordé, et que, pour une question de forme, vous vous êtes décidés

---

1. *Journal officiel* du 16 juillet, 1259; *Annales du Sénat et du Corps législatif*, session de 1870, VI, 67 et suiv.; de Gramont, 239-240; *Enquête*, rapport Saint-Marc Girardin, 81.

à verser des torrents de sang! (*Réclamations bruyantes à gauche et au centre. — Approbation à gauche*).

« ... Laissez-moi vous dire que je regarde cette guerre comme une souveraine imprudence... Dans ma profonde conviction, et, si j'ose le dire, dans mon expérience, l'occasion est mal choisie (*Interruptions*).

« *Quelques membres à gauche. — Très bien!*

« ... Si vous ne comprenez pas que, dans ce moment, je remplis un devoir et le plus pénible de ma vie, je vous plains (*Très bien! Très bien! à gauche. — Réclamations au centre et à droite*).

« Oui! quant à moi, je suis tranquille pour ma mémoire. Je suis sûr de ce qui lui est réservé pour l'acte auquel je me livre en ce moment; mais, pour vous, je suis certain qu'il y aura des jours où vous regretterez votre précipitation » (*Allons donc! Allons donc!*)[1].

« *A gauche. — Très bien! Très bien!*

« *M. le marquis de Piré*, avec violence. — Vous êtes la trompette antipatriotique du désastre (*N'interrompez pas!*) Allez à Coblenz!... »

Puis M. Thiers demande la communication des dépêches qui ont provoqué des résolutions suprêmes. Il finit par décliner hautement la responsabilité d'une guerre aussi peu justifiée, non sans la vive approbation et les applaudissements d'une partie de la gauche.

L'attaque est vive. M. Émile Ollivier essaie d'y répondre, en justifiant la conduite du cabinet. « Nous avons été, au début, décisifs et rapides, parce que, si nous avions perdu

---

1. *Journal officiel* du 16 juillet, 1260; *Enquête*, dépositions, I, Thiers, 8-10; de Gramont, 240, 319. D'après ce dernier, M. Thiers ne dit pas un mot de notre infériorité militaire aux membres du gouvernement. Il en parle à quelques députés seulement, entre autres à un futur ministre du 9 août; il est muet là-dessus, lors de la réunion de quatre ministres, qui eut lieu dans un bureau de la Chambre, entre les deux séances du 15 (*ibid.*, 321). D'après M. Thiers (*Enquête*, dépositions, I, 8), ces ministres seraient MM. Mège et Maurice Richard, qui parurent silencieux et peu démonstratifs, troublés cependant; MM. Chevandier de Valdrôme et Segris, qui furent émus jusqu'aux larmes et « promirent de voter pour la paix ». Si M. de Gramont eût eu le moindre doute, il n'aurait jamais souscrit à une rupture (de Gramont, 320). En réalité, M. Thiers paraît s'être, tout le premier, fait illusion sur nos forces (*ibid.*, 322).

une minute, nous nous fussions trouvés en présence d'un fait accompli, et qu'étant obligés de faire la guerre, nous eussions eu à nos pieds le boulet qu'on voulait y mettre : l'Espagne prussienne.

« Ce premier moment passé, nous avons été modérés, patients, conciliants, équitables... Nous n'avons reçu que des dépêches confidentielles, que les usages diplomatiques ne permettent pas de communiquer. Nous ne communiquerons rien de plus (*Vives réclamations à gauche*)... »

Une interruption de Gambetta montre à M. Émile Ollivier qu'il fait fausse route. Il lit deux dépêches de nos agents :

« On m'a communiqué ce matin un télégramme du comte de Bismarck annonçant le refus du roi Guillaume de s'engager, comme roi de Prusse, à ne plus jamais donner son consentement à la candidature du prince de Hohenzollern, s'il en était de nouveau question, et le refus, également du roi, par suite de cette demande, de recevoir notre ambassadeur (*Mouvement*).

— « Je crois devoir vous transmettre la copie à peu près textuelle de la dépêche télégraphiée par M. le comte de X... :
« Après que la renonciation du prince de Hohenzollern a été
« communiquée officiellement au gouvernement français par
« le gouvernement espagnol, l'ambassadeur de France a de-
« mandé à S. M. le roi, à Ems, de l'autoriser à télégraphier à
« Paris que S. M. s'engageait à refuser à tout jamais son con-
« sentement, si les princes de Hohenzollern revenaient sur
« leur détermination. S. M. a refusé de recevoir de nouveau
« l'ambassadeur et lui a fait dire par un aide de camp qu'elle
« n'avait pas de communication ultérieure à lui faire... »

Un mouvement prolongé suit la lecture de cette dernière pièce. M. Émile Ollivier y joint une affirmation contestable : « Dans la nuit du 13 au 14, les mesures militaires commençaient en Prusse [1]. » Il ne dissimule rien des responsabi-

---

[1]. Voir *supra*, p. 242. Le texte des deux télégrammes lus par M. de Gramont ne concorde pas avec celui des dépêches du comte de Guitaut-Comminges et du marquis de Cadore (14 juillet), reproduites par M. G. Rothan (*L'Allemagne et l'Italie*, I, 16). Les deux dernières diffèrent entièrement.

lités qui lui incombent : « Oui, de ce jour commence, pour les ministres nos collègues et pour moi, une grave responsabilité (*Oui! à gauche*).

« Nous l'acceptons le cœur léger[1]... (*Vives protestations à gauche*).

« Oui, d'un cœur léger, et n'équivoquez pas sur cette parole, et ne croyez pas que je veuille dire avec joie ; je vous ai dit moi-même mon chagrin d'être condamné à la guerre ; je veux dire d'un cœur que le remords n'alourdit pas, d'un cœur confiant, parce que la guerre que nous faisons, nous la subissons...

« *M. Emmanuel Arago.* — Vous la faites ! (*Exclamations diverses.*)

« *M. Desseaux.* — Vous l'avez provoquée !

« *M. Guyot-Montpayroux.* — Oui, M. le ministre, vous avez raison, vous la subissez.

« *M. Émile Ollivier.* — Parce que nous avons fait tout ce qui était humainement possible de tenter pour l'éviter et enfin parce que notre cause est juste et qu'elle est confiée à l'armée française ! » (*Vives et nombreuses marques d'approbation. — Nouveaux applaudissements.*)

A ce moment, la discussion est interrompue par le dépôt de trois projets de loi, l'un appelant la garde nationale mobile à l'activité ; l'autre autorisant les engagements pour la durée de la guerre ; le troisième ouvrant à la marine un crédit de 16 millions. On vote l'urgence ; puis M. Émile Ollivier donne lecture des deux télégrammes de M. Benedetti, datés du 13 à $4^h 25$ et à $7^h 45$[2]. L'effet est peu marqué.

« *M. Thiers.* — Que tout le monde juge !

« *M. H. de Choiseul.* — On ne peut pas faire la guerre là-dessus. — C'est impossible !

« *M. Garnier-Pagès.* — Ce sont des phrases !

« *M. Emmanuel Arago.* — Ceci connu, le monde vous

---

[1]. Mot plus inconscient que coupable. Parole maladroite d'un homme d'État improvisé (de Maupas, II, 517).
[2]. De Gramont, 191-193, heures du départ. M. Benedetti les date de $3^h 45$ et de 7 heures, heures auxquelles ils furent écrits (Benedetti, 375-376).

donnera tort (*Bruit*). Ceci connu, si vous faites la guerre, c'est que vous la voulez à tout prix (*Exclamations sur un grand nombre de bancs. — Assentiment à gauche*).

« *M. Jules Favre.* — Cela est vrai, malheureusement... »

M. Émile Ollivier revient encore sur l'historique de la question ; puis il prend vivement l'offensive :

« ...Et d'où sont venues ces excitations? N'est-ce pas de vous, Messieurs de l'opposition? N'est-ce pas de vous qui, depuis 1866, n'avez cessé de représenter l'œuvre de Sadowa comme une déchéance intolérable qu'il fallait effacer (*C'est vrai! C'est vrai!*), qu'il fallait détruire? N'est-ce pas vous qui, toutes les années, une fois au moins par session, vous êtes levés pour reproduire cette humiliante démonstration que la France était descendue de son rang, qu'elle devait préparer la lutte qui le lui rendrait (*C'est vrai! C'est vrai!*)...

« Il y a quelques semaines, l'Europe était paisible et heureuse, partout la tranquillité et la confiance... Qui donc tout à coup a fait surgir au milieu de cette situation paisible une difficulté grosse de tempêtes?

« Est-ce nous ou ceux que vous défendez? (*Réclamations à gauche*)...

« *M. Thiers...* — Je suis désolé d'être obligé de dire que nous avons la guerre pour une faute de cabinet (*Vives dénégations sur quelques bancs à droite*)... » Nous avions obtenu le fond de nos demandes. Peut-il « entrer dans la pensée d'un homme de bon sens que la Prusse, après la campagne qu'elle venait de faire et qui lui avait valu le retrait de la candidature du prince..., voulût reproduire cette candidature... »?

« *M. de Gramont.* — Pourquoi n'a-t-elle pas répondu à cet égard? Pourquoi a-t-elle refusé de le promettre? (*Très bien! Très bien! Voilà la question!*)

« *M. Emmanuel Arago.* — Parce que vous avez commencé par la menacer à la tribune... (*Bruit et exclamations*).

« *M. Thiers.* — Puisque vous m'y obligez, M. le ministre,

je vais vous le dire. Elle l'a refusé, parce que vous avez mal commencé et mal fini... (*Vives réclamations sur un grand nombre de bancs. — Approbation à gauche*)...

« *M. le baron Jérôme David...* — Il faudrait beaucoup de bataillons prussiens pour faire à votre pays le mal que vous lui faites involontairement (*Vive approbation et applaudissements sur plusieurs bancs au centre et à droite*).

« *A gauche. — A l'ordre! A l'ordre! C'est une insulte...* »

La discussion se traîne ainsi, péniblement, à travers ces interruptions constantes, sans qu'on se rende compte de l'urgence d'en finir. M. Jules Favre demande « la communication des dépêches et notamment de celles par lesquelles le gouvernement prussien a notifié sa résolution aux gouvernements étrangers ». C'est encore le signal d'une longue agitation. M. de Kératry se sépare hautement de ses collègues de gauche. Retarder, dit-il, c'est laisser « aux canons prussiens le temps de se charger ». Après une nouvelle tempête, on consulte la Chambre sur la proposition de M. Jules Favre. Celui-ci croit devoir adresser au cabinet une suprême injure, bien peu opportune : « La dépêche aux gouvernements étrangers n'existe pas; c'est un document fictif. » Presque aussitôt, il réduit ses demandes : il s'agirait de la simple communication des pièces à une commission élue par la Chambre[1]. Mais il est trop tard. Pour beaucoup de

---

[1]. De Gramont, 252. Votèrent pour : MM. d'Andelarre, Arago, Baboin, de Barante, Barthélémy-Saint-Hilaire, Bastid, prince de Beauvau, Bethmont, Boduin, Boigne, Bourbeau, Brame, Buffet, Buisson, Calmette, Carré-Kérisouët, Chesnelong, de Choiseul, Cochery, Crémieux, Daru, Dessaignes, Desseaux, Dorian, Durand, de Durfort de Civrac, Esquiros, Favre, Ferry, Gagneur, Gambetta, Garnier-Pagès, Germain, Girault, Glais-Bizoin, Goerg, de Grammont, Grévy, de Guiraud, Guyot-Montpayroux, Haentjens, d'Hésecques, Houssard, Javal, Johnston, Josseau, de Jouvencel, Keller, Kolb-Bernard, Lacroix, Larrieu, Latour du Moulin, Le Cesne, Lefébure, Lefèvre-Pontalis, Le Hon, de Lespérut, Magnin, Malézieux, Mangin, Marion, de Marmier, Martel, de la Monneraye, Morin, Ordinaire, Pelletan, Ernest Picard, Piccioni, Planat, Rampont, Raspail, Riondel, des Rotours, Simon, de Soubeyran, Steenackers, de Talhouët, Tassin, Thiers, de Tillancourt, Viellard-Migeon, Wilson, d'Yvoire.

Ne prirent point part au vote :

MM. d'Aiguesvives, Barrillon, Belmontet, Bérard, Charlemagne, Dréolle, de La Guistière, Hamois, Paulmier, Petit, Pinard, de Quinemont, Rochefort, Rouxin, Schneider, de Veance, Werlé.

députés, le vote porte sur la paix ou la guerre : 84 voix, contre 159 seulement, se prononcent pour la proposition de M. Jules Favre. Presque toute la gauche et le centre gauche sont de ce nombre ; quelques députés de la droite se sont joints à eux.

Après cette première bataille, la séance est supendue à 5ʰ 45, au milieu de l'agitation que l'on peut croire. Les bureaux se réunissent pour nommer la commission qui va examiner les propositions du gouvernement, c'est-à-dire, en réalité, la question de paix ou de guerre[1]. La majorité décide de réclamer la communication des documents diplomatiques que vient justement de refuser la Chambre. Avant de les examiner, on entend successivement M. Émile Ollivier, le maréchal Le Bœuf et le duc de Gramont.

Les déclarations du ministre de la guerre surtout sont importantes en un pareil débat ; elles ne permettent aucun doute : « S'il nous eût laissé voir quelque hésitation dans son esprit, nous serions venus soumettre la situation à la Chambre, en l'éclairant sur la réalité des faits[2]. » Quant à MM. Émile Ollivier et de Gramont, ils donnent aussi à la commission « des explications très complètes et très nettes », en lui communiquant les pièces diplomatiques qu'elle réclamait[3]. Mais ces auditions ont lieu dans une hâte extrême,

---

[1]. Présidée par le duc d'Albuféra, elle comprend : MM. de Kératry, Dréolle, de Lagrange, de Talhouët, Pinard (du Nord), Sénart, Chadenet, Millon.

[2]. *Journal officiel* du 10 août 1870, M. de Kératry à la Chambre, le 9 août ; « M. le ministre de la guerre nous a justifié en peu de mots l'urgence des crédits demandés, et ses explications catégoriques, en même temps qu'elles nous conduisaient à l'approbation des projets de loi, nous montraient que, inspirées par une sage prévoyance, les deux administrations de la guerre et de la marine se trouvaient en état de faire face avec une promptitude remarquable aux nécessités de la situation » (Rapport de M. de Talhouët, 15 juillet 1870) ; M. Émile Ollivier et le maréchal affirmèrent que nous étions prêts, que nous avions 8 ou 10 jours d'avance sur l'ennemi (*Enquête*, dépositions, I, Dréolle, 230).

[3]. La commission posa trois questions à M. de Gramont : « Nos prétentions ont-elles été les mêmes depuis le premier jour jusqu'au dernier ? » — « Les dépêches qu'on nous envoie de différents côtés vous garantissent-elles que la dépêche même de M. de Bismarck soit de même nature ? » — « Espérez-vous des alliances ? » La réponse fut nettement affirmative pour les deux premières questions. Quant aux alliances, M. de Gramont donna à entendre que nous y comptions (*Enquête*, dépositions, I, de Talhouët, 124).

sans discussion sérieuse. M. de Talhouët bâcle son rapport sur un coin de table, si bien qu'il ne donne même pas une idée exacte des faits : c'est ainsi qu'il dissimule involontairement qu'à un certain moment nos exigences ont augmenté en raison des concessions obtenues[1].

La séance reprend à 9ʰ 35. On accueille avec des bravos le passage relatif aux déclarations confiantes du maréchal Le Bœuf, comme celui qui constate l'identité prétendue de nos réclamations du premier au dernier jour des négociations. M. de Gramont est absent et les assertions de M. de Talhouët ne trouvent aucun contradicteur. Le rapporteur termine en exposant que la commission est unanime à demander le vote des projets de lois. Que peut être la discussion dans de pareilles conditions, sur un exposé inexact

---

1. *Enquête*, rapport Saint-Marc Girardin, 92 ; Dépositions, I, de Talhouët, 120 ; *Ibid.*, de Gramont, 98. — Ce rapport s'exprime ainsi : « ... La première dépêche, adressée à notre ambassadeur, se termine par cette phrase qui indique que le gouvernement a nettement formulé sa légitime prétention :

« Pour que cette renonciation, écrivait M. le duc de Gramont à M. Benedetti, produise son effet, il est nécessaire que le roi de Prusse s'y associe et nous donne l'assurance qu'il n'autorisera pas de nouveau cette candidature.

« Veuillez vous rendre immédiatement auprès du roi pour lui demander cette déclaration... »

Cette phrase n'est pas extraite de « la première dépêche adressée à notre ambassadeur », comme l'avance si légèrement M. de Talhouët, mais d'un télégramme envoyé le 12 juillet à 7 heures du soir (de Gramont, 151 ; Benedetti, 369). M. de Gramont déclare que, s'il avait été présent lors de la lecture de ce rapport, il eût signalé « une erreur insignifiante par elle-même ». Mais cette erreur a été moins « insignifiante » qu'il ne veut bien le dire. Le *Journal officiel* du 16 juillet porte la dépêche du 12 comme la première envoyée et cite à l'appui le rapport de M. de Talhouët ; le même journal (Les documents anglais, 31 juillet) reproduit la même affirmation, appuyée de même (Darimon, *Notes*, 129).

Le ministre des affaires étrangères (*Enquête*, dépositions, I, 98) cherche à démontrer que les demandes du gouvernement impérial n'ont jamais changé. C'est la thèse officielle au début de la guerre : « Une puissance étrangère... avait voulu troubler l'équilibre de l'Europe. Que demandions-nous ? Une seule chose : l'assurance qu'une pareille tentative ne se renouvellerait pas.... le gouvernement de l'empereur, dès le début de l'incident et depuis la première phase des négociations jusqu'à la dernière, a poursuivi loyalement le même but, sans élargir et sans modifier un seul instant le débat » (Bulletin populaire hebdomadaire du *Journal officiel du soir*, 20 juillet 1870 ; *Archives diplomatiques*, 1871-1872, n° 192, 208 ; *Enquête*, rapport Saint-Marc Girardin, 92). Il ne serait pas moins injuste de dire avec M. Thiers, dans sa lettre du 13 septembre 1870, que, le 15 juillet, la Chambre « ne s'est laissée entraîner que par le mensonge fort coupable d'un affront fait à la France » (Jules Favre, *Gouvernement de la défense nationale*, I, 135).

des faits, au milieu d'une agitation qui, de la rue, a pénétré jusqu'au Palais-Bourbon? La tribune retentit des pires fanfaronnades : « ...Je pense, s'écrie M. Guyot-Montpayroux, que la Prusse a oublié ce que c'est que la France d'Iéna et qu'il faut le lui rappeler (*Vive approbation sur un grand nombre de bancs. — Rires ironiques à gauche*). Je pense qu'il est temps que la patrie de la Révolution et des idées modernes fasse sentir sa suprématie sur la Prusse, dernier rempart du moyen âge et de la féodalité... » Gambetta défend, non sans vigueur, la thèse opposée : « ...Quelqu'un peut-il contester que, le jour où vos régiments auront passé le Rhin, ce sera le démenti sanglant de la politique qui avait été nouée en 1864, lors des négociations primitives au sujet du Schleswig-Holstein, et qui avait amené la conclusion du traité d'alliance de la Prusse avec l'Italie, sous l'égide de l'empereur! Quelqu'un peut-il nier que c'est cette politique d'agrandissement, cette politique d'annexion de cette Prusse, qu'on trouvait mal configurée, qui avait besoin du silence des autres puissances, de l'assentiment de la France et du concours de l'Italie pour triompher?

« Quelqu'un peut-il nier que vous ayez ratifié de semblables combinaisons? Non! Vous avez été surpris, égarés; vous avez eu une confiance qui n'a pas été justifiée dans les prévisions ou les combinaisons de votre gouvernement... »

Encore qu'elles soient inopportunes, ces accusations ont un tel fond de vérité que Gambetta réussit à les faire entendre presque sans protestations. Il admet la nécessité du vote des crédits, mais à la condition que la commission aura reçu communication intégrale des pièces diplomatiques, notamment de la dépêche de M. de Bismarck. MM. de Gramont, Émile Ollivier et de Talhouët affirment de nouveau que la commission en a eu connaissance. Ce marchandage, si contraire à la majesté des circonstances, finit par lasser la Chambre. Un député obscur, M. Chagot, trouve le mot juste : « La continuation de cette discussion est indigne d'une chambre française... » Un autre, M. Zorn de Bulach, député alsacien : « Je suis sûr qu'on ne tiendrait pas un pareil langage dans une chambre prussienne et je proteste au nom de mon pays. » M. Émile Ollivier clot ainsi ce malheureux débat : « Unissons-nous, nous qui sommes animés par les mêmes sentiments, pour dire que le moment des paroles est passé (*Oui! Oui!*) et que celui des actes commence (*Oui! Oui!* — *Très bien! Très bien!*) ».

A minuit la séance est levée, après le vote presque unanime des quatre projets de loi [1]. Quelques curieux, groupés autour du Corps législatif, poussent des cris enthousiastes. Un seul, vêtu de noir, proteste en répétant avec force : *la paix!* On le traîne vers la Seine, et il n'échappe qu'avec peine à la mort. Ailleurs, il y a flux et reflux d'opinions. On réclame *la paix* sur l'air des « lampions »; d'autres crient : « Vive la guerre! A Berlin! », ou chantent la Marseillaise [2]. L'impression est moins vive qu'on ne pourrait le croire à la lecture des journaux, après une séance aussi agitée au Corps législatif.

Sans doute, M. Thiers, défendant la cause de la paix, a fait acte du plus grand courage. En véritable homme d'État, il a su, chose rare chez nous, braver l'impopularité pour dire bien haut ce qu'il croit la vérité. Mais ses déclarations et celles de ses collègues de gauche, Gambetta, Favre, Arago, viennent trop tard. Depuis le soir du 13 juillet, l'Allemagne est toute à la guerre. Si, par impossible, la Chambre ne suivait pas le cabinet du 2 janvier, M. de Bismarck saurait bien nous y forcer par des exigences que notre dignité même nous interdirait d'admettre [3]. Dès lors, puisque la guerre est maintenant inévitable, mieux vaudrait l'accueillir avec le sérieux et la résolution qu'elle nécessite. Des protestations comme celles de M. Thiers ou de Gam-

---

1. Le projet ouvrant au ministère de la guerre un crédit de 50 millions est voté par 245 voix contre 10; les trois autres, par 245 et 243 voix contre 1, celle de M. Glais-Bizoin (*Journal officiel* du 16 juillet, 1259-1263; *Annales du Corps législatif*, 1870, VI, 67 et suiv.; *Enquête*, pièces justificatives, II, 2ᵉ partie, 114-167; *ibid.*, rapport Saint-Marc Girardin, 78-92).

2. A. Dumesnil, *Paris et les Allemands*, 7-8; *Enquête*, rapport Saint-Marc Girardin, 68-69.

3. Voir *suprà*, p. 292; *Enquête*, rapport Saint-Marc Girardin, 83-85.

betta, émises en séance publique, ne peuvent qu'entamer notre énergie et même frayer la voie aux discordes prochaines[1].

---

[1]. « La gauche, hier, il faut bien le dire, quelque regret que j'en aie, la gauche s'est oubliée. Avant le sentiment national, avant la prudence qui lui commandait de ne pas affaiblir l'élan français, elle a fait passer ses rancunes, ses appréhensions. Les paroles qu'a fait entendre M. Arago pèseront certainement un jour ou l'autre sur lui et sur ceux qui les ont approuvées. Quant à M. Thiers, mieux eût valu pour sa mémoire que sa carrière fût achevée avant la fin de cette journée » (*Opinion nationale* du 16 juillet 1870; Mme Carette, II, 80).

IX

LA DÉCLARATION DE GUERRE

Vote du Sénat. — La neutralité belge. — La proposition russe. — Le comte de Bray. — Déclaration de guerre. — Le roi Guillaume et le Reichstag. — La Bavière. — L'incident Hohenzollern. — M. de Bismarck est le vrai auteur de la guerre.

Le lendemain, 16 juillet, le Sénat vote à l'unanimité les quatre projets de loi. Il éprouve d'autant moins d'hésitations qu'on annonce déjà la violation de notre territoire par les Prussiens, près de Sierck. L'impression produite est très vive [1].

La veille, au soir, après la séance de la Chambre, M. de Gramont a déclaré à plusieurs représentants des puissances étrangères notre ferme intention de respecter la neutralité de la Belgique et du Luxembourg [2]. La même nuit, il reçoit de lord Lyons une lettre proposant, au nom du gouvernement britannique, que la France et la Prusse, avant de recourir aux armes, fassent usage des bons offices d'une puissance amie, afin d'arriver à une réconciliation. Une démarche identique est faite à Berlin [3].

En l'état des choses, le gouvernement impérial juge avec raison qu'il n'y a rien à attendre de cette proposition. Elle tournerait à notre désavantage, en permettant aux Prussiens de regagner l'avance que nous croyons avoir sur eux. D'ail-

---

[1]. *Journal officiel* du 17 juillet; de Gramont, 261-264. Trois dépêches furent reçues, la deuxième infirmant la première et la troisième la confirmant. D'après M. de Gramont, la violation était réelle.

[2]. De Gramont, 275. Cet engagement est confirmé le 16, à l'égard de la Belgique (M. de Gramont au baron de Beyens, *Parliament. Papers*, 1870, 3ᵉ fascicule, n° 88 ; de Gramont, 332). Le 31 juillet, l'Angleterre propose simultanément à la France et à la Prusse de contribuer à défendre la Belgique contre la puissance qui violerait la première sa neutralité. C'est l'objet d'un traité signé à Londres le 11 août (lord Granville à lord Lyons, 3 août; le marquis de La Valette au comte Granville, 9 août; *Parliament. Papers*, 1870, 3ᵉ fascicule, 90, 112, 113, 114 ; de Gramont, 335, 416, 418, 420).

[3]. De Gramont, 276. C'était l'application du vingt-troisième protocole du congrès de Paris en 1856.

leurs, l'Angleterre a fait la veille une autre tentative de médiation que la Prusse a aussitôt rejetée[1]. M. de Gramont est chargé de le faire comprendre à lord Lyons, qui s'attendait à cette réponse[2].

La proposition anglaise trouve à Berlin le même accueil; mais M. de Bismarck a obtenu ce qu'il cherchait, la guerre. Il va donc s'efforcer d'en rejeter la responsabilité sur nous. C'est l'objet constant de ses efforts dans la deuxième quinzaine de juillet et les premiers jours d'août 1870. En déclinant l'offre transmise par lord Loftus, il fait habilement valoir que l'agression est venue de la France; c'est à elle de prendre l'initiative d'une démarche pacifique[3].

Une autre proposition ne nous est même pas communiquée. C'est le gouvernement russe qui l'a formulée par l'intermédiaire du baron Brunnow, ambassadeur à Londres. Le 13 juillet, il propose que les grandes puissances consignent dans un protocole la renonciation du prince Léopold. Ce serait donner à cet acte la garantie de l'Europe, au lieu de celle de la Prusse que le roi Guillaume nous a refusée. Mais c'est le 18 seulement, alors que, de l'avis de tous, il est trop tard, que le baron Brunnow remet à lord Granville un projet de protocole. Soumise en temps opportun au gouvernement impérial, cette proposition aurait « infailliblement » été acceptée par lui. Peut-être faut-il chercher à Berlin les raisons qui s'y opposèrent[4]?

Enfin, le ministre des affaires étrangères de Bavière, comte de Bray-Steinbourg, propose que le roi Guillaume promette, en ce qui touche l'Espagne, de se conformer au principe dont s'est inspirée la France, quand la couronne de Belgique a été offerte au duc de Nemours, et l'Angleterre, lorsque le prince Alfred a été élu roi de Grèce. Mais le gou-

---

1. Voir *supra*, p. 313.
2. Lord Lyons à lord Granville, 16 juillet, *Parliament. Papers*, 1er fascicule, n° 73.
3. Lord Loftus à lord Granville, 19 juillet, *Parliament. Papers*, 1870, 1er fascicule, n° 116; de Gramont, 276-277.
4. Lord Granville à sir A. Buchanan, 20 juillet, *Parliament. Papers*, 1870, 1er fascicule, n° 114; de Gramont, 278-279.

vernement britannique ne juge pas à propos d'appuyer cette suggestion d'un État secondaire allemand. Elle aurait très peu de chances d'être admise à Berlin [1].

La déclaration de guerre, dont la France prend l'initiative, datée du 17 juillet, est notifiée, le 19, à Berlin et à Paris. C'est M. Le Sourd, premier secrétaire d'ambassade, qui la remet, à 1 heure du soir, au comte de Bismarck, lui donnant ainsi le prétexte cherché de dire le 20 juillet au Reichstag, comme il a dit le 18 à lord Loftus : « La France a pris l'initiative de la guerre et y a persisté après que la première complication eût été matériellement écartée, de l'aveu même de l'Angleterre. »

Le même jour (19 juillet), le roi Guillaume, dans son discours à l'ouverture du Reichstag, fait appel à l'union de l'Allemagne. Tous ses efforts tendent à représenter la guerre comme nationale, à réveiller contre nous les passions mal assoupies depuis 1815. Il n'y réussit que trop, ainsi que le montre l'adresse du Parlement : « Des rivages de la mer au pied des Alpes, le peuple s'est levé à l'appel de ses princes unis dans une même pensée... Le peuple allemand trouvera enfin, sur un sol respecté de toutes les nations, une libre et paisible unité [2]. »

Le 21, Guillaume prescrit, pour le 27, un jour de prière extraordinaire, dans un rescrit où le sentiment de la justice de sa cause apparaît à chaque ligne. L'enthousiasme est universel, tel que l'on aurait été entraîné à la guerre sans la vouloir [3].

Ce même 19 juillet, un témoin voit rentrer l'empereur à Saint-Cloud, le soir vers 6 heures : « Jamais je n'oublierai son visage. Il était enfoncé dans sa voiture, pâle, la tête baissée, le regard fixe, dans l'attitude d'un véritable condamné à mort [4]... »

---

1. Lord Lyons à lord Granville, 19 juillet ; lord Granville à lord Lyons, 20 juillet ; *Parliament. Papers*, 1870, 1er fascicule, nos 106 et 110 ; de Gramont, 281-282.
2. Lieutenant-colonel Rousset, I, 29-31.
3. Oncken, 132-137.
4. De Baillehache, *Histoire d'un lancier de la garde impériale*, 143.

Telle est la conclusion de « l'incident Hohenzollern ». Il semble que, pour tout juge impartial, un certain nombre de faits s'en dégagent avec une parfaite netteté :

La candidature du prince Léopold constitue un légitime grief pour la France, comme le reconnaissent les puissances neutres. En dépit d'apparences fâcheuses et de maladresses inexcusables, le gouvernement français désire une solution pacifique, contrairement au comte de Bismarck et à l'entourage militaire du roi Guillaume. Le chancelier, surtout, se rend pleinement compte des conséquences du choix d'un Hohenzollern comme candidat au trône d'Espagne. Sa main se retrouve partout dans cette intrigue.

Il sait mettre à profit la légèreté et l'incohérence de notre action diplomatique, au point de nous acculer à une déclaration de guerre qui n'entrait aucunement dans nos vues premières, si elle répond entièrement aux siennes. Pour arriver à ses fins, il ne recule devant rien, pas même « l'invention gratuite et la publication d'un *esclandre* imaginaire à Ems[1]... ». Il est le seul et véritable auteur de la guerre, celui qui l'a longuement et savamment préparée, qui en a salué l'approche de ses cris de joie, comme naguère pour la campagne de 1866.

---

1. Scrutator, *Who is responsible of the War?* traduction A. Sudre ; de Gramont, 312.

X

LE SUD DE L'ALLEMAGNE

La diplomatie impériale et les États du Sud. — La Bavière. — Le Wurtemberg.

Si le gouvernement impérial s'est ainsi laissé entraîner, c'est qu'il nourrit des illusions sur l'attitude de plusieurs grandes puissances et aussi de l'Allemagne du Sud. Certains de ses diplomates sont égarés par de pures apparences. En Bavière, en Wurtemberg, dans la Hesse, l'action politique est surtout parmi les classes bourgeoises, et nos agents n'y fréquentent guère. Quelques-uns ne savent même pas l'allemand. Ils voient les cours, c'est-à-dire les centres où se rencontrent le plus d'amours-propres froissés, de situations menacées par la Prusse. Ils se leurrent ainsi en plus d'un cas. On doit d'ailleurs rappeler que ces erreurs d'appréciation ne sont pas le fait de tous. Pour ne citer que ceux-là, MM. Benedetti et Rothan n'ont rien laissé ignorer de la poussée formidable de l'Allemagne vers son unité. Quand éclate l'incident Hohenzollern, ces avertissements se précisent : « Je ne dois pas cacher à V. E., écrit M. de Saint-Vallier au duc de Gramont, le 10 juillet, le sentiment de stupeur et d'effroi qu'a provoqué dans l'opinion publique la déclaration du 6 juillet ; on nous donne généralement raison sur le fond..., mais on regrette que le sentiment de notre bon droit ne nous ait pas conseillé plus de modération dans la forme[1]. »

Ce n'est pas que plusieurs des cours de l'Allemagne du

---

[1]. Benedetti, *Essais diplomatiques*, 349 ; Albert Sorel, I, 42 ; dépêche de M. de Saint-Vallier, 15 juillet (G. Rothan, *ibid.*, 30). — Le fait des tendances particularistes de l'Allemagne du Sud, pendant la première moitié de 1870, est d'ailleurs positif (G. Rothan, *L'Allemagne et l'Italie*, I, 355, dépêches du 19 avril et de mai 1870). Voir également une lettre du prince Antoine de Hohenzollern au prince Charles, 5 décembre 1868 (*Aus dem Leben*, II, 312).

Sud ne manifestent à plusieurs reprises des velléités d'indépendance à l'égard de la Prusse. En Bavière, le successeur du prince Chlodwig de Hohenlohe, comte de Bray, obéit à ces tendances. Le 10 juillet, il écrit à M. de Beust, pour lui demander son avis sur la situation. Dans sa réponse, datée du 14, le chancelier autrichien fait luire, pour ce pays, la possibilité « de jeter un mot décisif dans la balance ». — Les traités de 1866 ont un caractère défensif; si la Bavière déclare à Berlin qu'elle ne se croit pas engagée à suivre la Prusse contre la France dans une guerre pour le trône d'Espagne, si elle déclare en même temps à Paris qu'elle est liée et doit le concours de ses forces militaires en cas d'agression sur le sol allemand, à Paris comme à Berlin l'effet d'une telle démarche ne pourrait manquer de se faire sentir[1]. » Mais ce conseil vient trop tard. Le 15 juillet, en fait, la France déclare la guerre, précipitant ainsi les décisions du midi de l'Allemagne. Déjà l'on sait, à n'en pas douter, que le sentiment national balaiera tous les obstacles et que le pays entier marchera contre nous comme en 1813[2]. Tout en faisant de grands efforts afin de maintenir la paix[3], le comte de Bray n'a pas caché que la neutralité serait impossible pour les États du Sud. En effet, la Chambre des députés bavaroise rejette le 19 juillet un projet de neutralité armée; la mobilisation a été ordonnée dès le 16.

A cette date du 19 juillet, M. de Gramont est « encore incertain de ce qui se passe en Bavière »; la Chambre paraît « favorable à la neutralité »; mais le comte de Bray a déclaré à M. de Cadore, en le priant de soumettre cette idée au cabinet des Tuileries, « que la Bavière ne pourrait être

---

1. Beust, II, 438-439.
2. M. de Beust, mieux placé que personne pour juger de l'opinion des États du Sud, est « convaincu que, si la France comptait sur la sympathie de ces États, elle commettrait une grave erreur » (lord Bloomfield à lord Granville, 13 juillet 1870, *Parliament. Papers*, 1er fascicule; *Archives diplomatiques*, 1871-1872, n° 111, 119; *Enquête*, rapport Saint-Marc-Girardin, 43).
3. Sir H. Howard à lord Granville, *Parliament. Papers*, 1870, 3e fascicule, n° 1; de Gramont, 327.

neutre qu'à la condition que la France et la Prusse prissent l'engagement de respecter la neutralité du sud de l'Allemagne, Bade compris ». M. de Gramont juge que ce serait rendre pour nous « toute campagne impossible ». D'ailleurs, la Prusse a pris ses précautions en mettant garnison à Rastadt et à Mayence. Dans ces conditions, M. de Gramont croit que les États du Sud marcheront avec la Prusse, mais « en se faisant tirer l'oreille ».

« Le grand-duc de Hesse nous a fait dire que, si ce n'était le canon de Mayence qui l'incommode, il serait tout à notre dévotion et qu'il n'attend que le jour où, l'empereur lui ayant rendu son indépendance, il pourra nous montrer ses sympathies (*Très confidentiel*).

« Quant au Wurtemberg..., dans ce pays, du petit au grand, on ne peut compter sur personne : leurs vrais sentiments ne se feront jour qu'après une victoire; et vous connaissez assez Varnbühler pour savoir quelle tendresse il éprouvera soudain pour les vainqueurs. Cette situation ne m'effraie nullement; je l'avais parfaitement pressentie et, à vrai dire, la neutralité de tous ces États serait, pour nous, une gêne considérable au point de vue stratégique... Le fait considérable et avantageux consiste... dans le peu d'entrain et d'élan que témoignent les Chambres bavaroises[1]. » Nous nous exagérons si bien « ce peu d'entrain », que le *Journal officiel* du 21 juillet annonce l'adoption de « la neutralité armée » par la Chambre des députés de

---

[1]. Le duc de Gramont au comte de Beust, 19 juillet 1870, cité par M. F. Pichereau, *Le Figaro*, 20 mars 1895; de Gramont, 328-329. — M. de Gramont assure à ce sujet que le langage à lui prêté par M. de Saint-Vallier (*La guerre de 1870. — La rupture avec le Wurtemberg*, Laon, 1871) est entièrement controuvé, ainsi que celui que M. de Saint-Vallier assure lui avoir tenu. Mais ces dénégations ne tiennent pas devant le récit d'un entretien du duc et de M. Rothan, le 23 juillet, écrit par ce dernier (*L'Allemagne et l'Italie*, I, 40). M. de Gramont ne veut pas de la neutralité du Sud : « elle gênerait nos opérations..., il nous faut les plaines du Palatinat pour développer nos armées ». — Le 15 juillet, le maréchal Le Bœuf croit à la neutralité de la Bavière (Lettre au général de Failly, *Revue militaire*, 1899, n° 3, 159). Voir *supra*, p. 335, ce qui est relatif à une proposition du comte de Bray en vue de faire disparaître les causes de difficultés entre la France et la Prusse (Lord Lyons à lord Granville, 19 juillet, de Gramont, 395, d'après les *Parliament. Papers*).

Bavière[1]. En réalité, la mobilisation est, depuis plusieurs jours, un fait accompli au sud du Mein. Trouverons-nous des alliés, à défaut de la neutralité d'une partie de l'Allemagne?

---

[1]. Les crédits pour la guerre furent votés en Bavière, mais par une très faible majorité. D'après M. de Gramont, p. 330, le scrutin eût même été négatif, si le ministre des affaires étrangères n'avait reçu, en temps opportun, deux télégrammes de Berlin, annonçant, l'un, notre déclaration de guerre, l'autre, un combat d'avant-postes près de Forbach. Bien que la réalité de ce combat ait été niée, la bonne foi du comte de Bray était entière (Voir son *Memorandum, Parliament. Papers*, 1870, 3ᵉ fascicule, n° 75 ; de Gramont, 331).

XI

PREMIÈRES NÉGOCIATIONS AVEC L'AUTRICHE ET L'ITALIE

M. de Bismarck et l'Autriche. — L'entrevue de Salzbourg. — Projets d'alliance. — Antipathies italiennes contre la France. — Les écoles. — Napoléon III et l'Italie.

Dès l'écrasement de l'Autriche en 1866, M. de Bismarck affecte une attitude conciliante à son égard. Il voudrait l'amener à chercher son point d'appui à Berlin plutôt qu'à Paris. Mais ses infractions répétées au traité de Prague ne sont pas pour hâter la réconciliation cherchée. D'ailleurs, depuis la fin de 1866, le chancelier autro-hongrois est le comte de Beust, naguère premier ministre en Saxe, que M. de Bismarck honore de son inimitié constante et dont il a provoqué la chute. Bien qu'il affecte d'oublier ses injures personnelles et de chercher uniquement l'intérêt de l'empire, il ne peut accepter les avances de son ancien adversaire, avances contredites par des faits significatifs[1].

La fin tragique de l'empereur Maximilien menace de creuser un abîme entre la France et l'Autriche, mais M. de Beust conseille de faire passer la politique avant le sentiment, et il est écouté. L'entrevue de Salzbourg (18 août 1867), le voyage de François-Joseph en France, lors de l'Exposition (octobre), lient plus étroitement les deux cours. Déjà il est question d'une alliance. Un observateur clairvoyant en signale la difficulté au mois de juillet 1867. La situation intérieure de la monarchie, la perspective d'une intervention « immanquable » de la Russie, empêcheraient l'Autriche de

---

[1]. Beust, II, 315-318, dépêche au comte Andrassy, 28 avril 1874; G. Rothan, Les relations de la France et de la Prusse de 1867 à 1870, *Revue des Deux-Mondes*, janvier 1886 et suiv., 523-527. Le peu de sérieux des avances de M. de Bismarck ressort d'une dépêche du baron de Werther, partie de Pesth, et communiquée aux légations prussiennes. Elle faillit amener le rappel du baron. — Voir *supra*, p. 81, 85, 144, au sujet des rapports de l'Autriche et de la Prusse après Sadowa.

se prononcer pour nous autrement qu'après une victoire, quand le besoin en serait passé[1].

L'entrevue de Salzbourg aboutit à une entente vague sur les diverses questions pendantes, constatée au moyen d'un *memorandum* rédigé par M. de Beust « dans un français douteux » et accepté tel quel par Napoléon III. « Pour maintenir le *statu quo* créé par le traité de Prague, l'Autriche n'aurait rien de mieux à faire que de développer sa situation constitutionnelle dans l'esprit d'un libéralisme conservateur, tandis que la France devait, par contre, éviter soigneusement toute apparence d'insinuation dans les affaires allemandes et, nommément, toute attitude comminatoire. Le reste du mémoire concernait la question crétoise, alors brûlante, et des éventualités probables en Roumanie[2]. »

Napoléon III souhaiterait davantage, dit-on, une alliance offensive et défensive, mais M. de Beust objecte que cette convention n'échapperait pas à la diplomatie prussienne ; M. de Bismarck provoquerait un conflit. C'est là un prétexte à peine vraisemblable. En réalité, l'Autriche ne peut s'engager d'une façon absolue, sans courir les risques les plus graves en cas d'échec de notre part. D'ailleurs, à en croire M. de Beust, les méfiances sont réciproques : « L'empereur Napoléon et moi nous étions, du moins dans nos conversations, comme deux écuyers, desquels cha-

---

[1]. G. Rothan, *Souvenirs diplomatiques, L'affaire du Luxembourg*, 477-479, d'après un rapport de l'auteur, juillet 1867, reproduisant les impressions de M. Anselme de Rothschild ; Le même, *Les Relations de la France et de la Prusse, de 1867 à 1870*, *Revue des Deux-Mondes*, janvier 1886 et suiv., 523-527.

[2]. Beust, *Mémoires*, II, 320-321. — C'est à tort que M. G. Rothan écrit (*Les Relations entre la France et la Prusse*, 532 et suiv.) que M. de Gramont fut tenu à l'écart de ces pourparlers. Le contraire est spécifié par M. de Beust dans sa dépêche du 28 avril 1874 au comte Andrassy. — D'après M. Darimon, *Notes pour servir à l'histoire de la guerre de 1870*, 4, les projets d'alliance franco-autrichienne auraient trouvé à Salzbourg une vive opposition de la part du comte Andrassy : « M. de Beust s'est beaucoup trop avancé..., aurait-il dit à Napoléon III. Je vous garantis que jamais la Hongrie ne permettra que l'Autriche fasse la guerre à l'Allemagne. » Cette assertion n'est pas confirmée par la lettre de M. de Beust au comte Andrassy, 28 avril 1874. Voir également le prince Napoléon, *Les Alliances de la France en 1869-1870*, *Revue des Deux-Mondes*, 1er avril 1878, 491-492.

cun craint que l'autre ne lui propose de sauter un profond fossé¹. »

Malgré ces hésitations, on peut prévoir que, bientôt, chacune des deux puissances s'avancera davantage. En quittant la France, François-Joseph dit au général Ducrot : « Comme vous, j'espère qu'un jour nous marcherons ensemble². »

Si, en Autriche, l'alliance française se heurte à certaines difficultés provenant des éléments allemand et hongrois, plutôt sympathiques à l'Allemagne, le même fait, plus accentué, se présente en Italie. Une fraction notable de la population nous est nettement hostile, et cela depuis des années. Les preuves en surabondent. Ainsi, les extraits de Gioberti, l'auteur du *Rinnovamento,* que Cavour mettait à côté de Machiavel, ce livre, disons-nous, ouvrage classique à l'usage des lycées italiens, révèle une hostilité violente, injurieuse contre la France. Il représente les Français comme « les premiers menteurs du monde³ ». De 1866 à 1878, la *Bibliografia Italiana* contient 283 publications hostiles à notre pays, dont 198 pour les quatre années de 1866 à 1870⁴. On a donc pu dire sans trop d'exagération : « La tradition la plus constante de la littérature italienne, depuis Machiavel jusqu'à Mazzini, est, sans contredit, l'antipathie du caractère et de l'esprit français⁵. » Tous les moyens sont bons pour la propager, surtout dans les écoles. Les *Elementi di Geografia,* de Silvestro Bini, parus avant 1869 et conformes au programme du 10 octobre 1867, portent Nice

---

1. Beust, II, 115, 320 ; dépêche du comte de Beust au comte Andrassy, 28 avril 1874 ; G. Rothan, *Les Relations entre la France et la Prusse,* 532 et suiv.; *La France et l'Italie,* 314.
2. *Vie militaire du général Ducrot,* II, 196, lettre à M. L. Rambourg, 9 novembre 1867.
3. *Pensieri et Giudizi di V. Gioberti sulla litteratura italiana.* Florence, Ugolini, 1879, 6ᵉ édition. Voir p. 82, 95, 189, 417, 423, 427, 433, 441, 443, 444 (d'après M. Brachet, *L'Italie qu'on voit et l'Italie qu'on ne voit pas,* 13). Gioberti mourut en 1853. — En 1859, les réfugiés italiens de Londres, parmi lesquels M. Crispi, protestent publiquement contre l'alliance franco-piémontaise (Lettre de M. Crispi, 6 avril 1882, au directeur de la *Riforma*).
4. Brachet, 23.
5. Brachet, 19, d'après les ouvrages d'Alfieri, de Leopardi, de Petruccelli della Gattina (*Storia della idea Italiana dall' anno 665 di Roma al 1870,* Naples, Pasquale, 1877, p. 6, 44, 105, 128, 169, 275, 311, 380, 383, 447, 506).

et la Corse parmi les colonies françaises, en les rattachant à l'Italie[1]. Même observation pour le *Manuale completo di Geografia e statistica*, de Luigi Schiaparelli; pour le *Corso elementare di Geografia*, de G. Pulina; pour les *Elementi di Geografia*, de G. Borgognò; pour le *Breve Corso di Geografia*, de E. Comba[2]. Dès 1861, on a enseigné dans les écoles du gouvernement les *Lezioni di Geografia*, de E. Sergenti, qui citent, elles aussi, la Corse et Nice, à côté de la Vénétie, parmi les pays italiens sous une domination étrangère[3]. Bien plus, une publication officielle, l'*Italie économique en 1867*, présentée à Napoléon III, lors de l'Exposition universelle, contient le même détail[4]. Professeurs et militaires sont d'accord pour répandre ces enseignements.

Si Napoléon III, si le prince Jérôme, si une grande partie de l'entourage impérial et des journaux parisiens sont tout à leurs sympathies italiennes, M. Thiers prédit au Corps législatif, dès le 13 avril 1865, que la reconnaissance de l'Italie aura « tout juste la durée de sa faiblesse ». Il ajoute, avec grande raison : « Il serait inique de prétendre créer une puissance pour qu'elle fût éternellement votre dépendante. » — « On a vu des gens se casser la tête contre les murailles, on n'avait pas encore vu de gens bâtir des murailles pour s'y casser la tête », dit-il dans son salon[5]. De fait, nos malheurs de 1870 trouveront en Italie un écho souvent très peu sympathique. C'est le colonel Marselli, avouant que les victoires allemandes, « loin de l'étonner, l'ont profondément réjoui[6] ». C'est un organe officieux, s'abstenant

---

1. P. 35, 37, 146 ; Brachet, 35.
2. M. Brachet, p. 35, en cite six autres parus de 1867 à 1878.
3. Milan, 1861, p. 66. Même note dans la *Geografia* d'E. Balbi, Milan, 1862, 35-40, dans la *Descrizione d'Italia* de Marmocchi, 1863, 300 (Brachet, 51-54).
4. P. 7, Brachet, 54 ; même note dans la *Geografia fisica e politica* du capitaine T. Fogliani, Rome, Voghera, 1879, 5e édition, 297 ; dans les *Appunti sulla difesa dell' Italia*, du colonel Ricci, Rome, 1873 ; dans *Nizza o il confine naturale d'Italia ad occidente* du capitaine Dotto di Daulli, Naples, 1873 (Brachet, 59).
5. Brachet, 69 et suiv.
6. Mort général en 1899 : *Gli avvenimenti del 1870-1871*, Rome, Loescher, 1873, 107 : « Neutralità ! fu il grido di tutti perchè era un dovere verso la giustizia e

de prononcer « d'inutiles paroles de compassion », qui ne correspondraient pas à son « sentiment intime ». Entre 1865 et 1870, l'Italie officielle s'exprime d'autre sorte, mais une importante fraction de la nation nous est, dès lors, foncièrement hostile.

Après 1866, Napoléon III est resté fidèle à ses sympathies italiennes. Il a le désir constant d'évacuer Rome et de revenir à la convention du 15 septembre 1864. Ce serait satisfaire l'Italie et en même temps nous délivrer d'une tâche qui peut devenir gênante. Mais il craint l'influence du clergé et n'ose s'exposer à son mécontentement[1]. D'ailleurs l'impératrice, Espagnole et catholique fervente, est toute-puissante sur lui. Souvent il se plaint de la fatalité qui semble le lier au maintien du pouvoir temporel, depuis l'expédition de 1849, commencée par d'autres, qu'il a dû continuer. Mais il se croit engagé au moins à l'égard de Pie IX et compte vaguement sur l'avenir, sur la mort du pape pour l'aider à sortir de cette impasse[2].

M. de Bismarck cherche à profiter de l'affaire de Mentana pour nous séparer de l'Italie. Pourtant, vers la fin d'octobre 1867, il serait facile de sauver des convoitises italiennes Rome avec une partie de son territoire, en obtenant par surcroît un traité d'alliance. Des démarches significatives sont faites dans ce sens par le chevalier Nigra et le général La Marmora[3]. Mais, en décembre, M. Rouher

---

verso il nostro onore il non combattere per la Francia » (*L'Italia esposta agli Italiani*, p. 22; « Le spectacle aujourd'hui offert par la France est sans doute fort affligeant, parce qu'il déplaît toujours de voir une grande nation périr misérablement ; toutefois, nous nous abstiendrons de prononcer d'inutiles paroles de compassion, qui, pour le dire avec franchise, ne correspondraient pas avec notre sentiment intime » (*Libertà* d'avril 1871, organe officieux du ministère Visconti Venosta, d'après la *Revue de France* de novembre 1871, article de M. Gaidoz). Ces citations sont empruntées à M. Brachet, 59-97. Voir aussi *Le dernier des Napoléon*, 137 et 142.

1. Prince Jérôme Napoléon, Les alliances de l'empire en 1869-1870, *Revue des Deux-Mondes*, 1ᵉʳ avril 1878, 489-490.
2. Prince Jérôme, 490-491. Voir *suprà*, p. 135 ; Lettres d'Arese à Ricasoli, 3 juillet 1861 ; de l'empereur à Arese, 2 janvier 1863 ; d'Arese à Pasolini, 16 et 18 mars 1863 (Bonfadini, 282-318, cité par le comte Grabinski, 193-210).
3. G. Rothan, Les relations de la France et de la Prusse, de 1867 à 1870, *Revue des Deux-Mondes*, novembre et décembre 1886, 72.

prononce son fameux : « Jamais l'Italie n'ira à Rome. » Dès lors, bien que les sentiments personnels de Victor-Emmanuel et de la plupart des hommes politiques aux affaires nous soient favorables, « les intérêts italiens leur commandent de ménager la Prusse [1]. »

---

[1]. Prince Jérôme, 491-492 ; dépêche du baron de Malaret, fin de 1867, citée par G. Rothan, *loc. cit.* — Le mot de M. Rouher fut répété sous une autre forme par le général Dumont, portant un toast à Rome : « A Pie IX ! à ce vénérable pontife que l'empereur et la France n'abandonneront jamais ! » (Lettre du général Dumont au général Frossard, 25 juin 1868, *Papiers et correspondances*, I, 412). Voir *Papiers sauvés des Tuileries*, 174, correspondance entre Napoléon et Victor-Emmanuel.

XII

PROJETS D'ALLIANCE AVEC L'AUTRICHE ET L'ITALIE

Premiers pourparlers. — Arrière-pensées de l'Autriche. — La question de Rome. — Rupture des pourparlers. — L'archiduc Albert en France. — Conseil du 19 mai. — Le plan de l'archiduc. — Les objections. — Le général Lebrun à Vienne. — Discussion du plan. — Données admises. — L'Autriche et l'incident Hohenzollern. — M. de Beust au 11 juillet.

L'année 1868 amène pour l'Autriche un refroidissement sensible avec la Prusse et un rapprochement marqué vers la France. En juillet, à Gastein, le prince de Metternich transmet au comte de Beust d'assez vagues allusions à des propositions de Napoléon III. Il précise davantage à Salzbourg, sans qu'on parvienne à s'entendre. L'empereur voudrait adresser, de concert avec l'Autriche, une communication à la Prusse au sujet de ses tentatives, toujours plus fréquentes, pour franchir la ligne du Mein. Beust entend, au contraire que la France mette en avant une proposition de désarmement réciproque, à la condition que la Prusse déclarera maintenir les stipulations du traité de Prague[1].

C'est l'Italie qui prend l'initiative de pourparlers plus sérieux, vers la fin de la même année. Elle cherche à obtenir indirectement Rome, le but constant de ses ambitions présentes. L'Autriche, mise au courant de ces projets, s'y montre très favorable pour divers motifs. L'empereur François-Joseph veut relever son prestige; le parti militaire entend effacer la tache de Sadowa; M. de Beust est hanté par le désir de jouer un rôle au-dessus de ses forces; enfin, le prince de Metternich voit dans des relations plus intimes entre la France et l'Autriche un moyen de rehausser sa situation personnelle à Paris[2].

---

1. M. de Beust au comte Andrassy, 28 avril 1874, Beust, II, 322-323.
2. Prince Napoléon, 492-494. — On juge de la conviction qu'apporte le gouvernement italien dans ses projets d'alliance française par le fait que, le 24 no-

Les premières ouvertures de l'Italie se bornent à des conversations fortuites, à quelques phrases de lettres intimes, ayant trait à d'autres sujets. Puis, l'empereur et le roi échangent leurs vues sur un traité d'alliance défensive pouvant prendre une autre forme. L'Autriche est constamment tenue au courant. Jusqu'en juin 1869, ces pourparlers se continuent par des intermédiaires officieux. MM. Rouher, de Beust, le chevalier Nigra paraissent être les principaux ; autour d'eux gravitent le prince de Metternich, qui agit moins en ambassadeur que comme familier des Tuileries ; le comte de Vitzthum, ministre d'Autriche à Bruxelles ; le comte Vimercati, attaché militaire d'Italie à Paris. Le général Menabrea intervient quand les négociations sont assez avancées déjà. Le prince Napoléon sert souvent d'intermédiaire entre Napoléon III et Victor-Emmanuel. Chose singulière, sur le désir exprès de l'empereur, son propre ambassadeur à Vienne, le duc de Gramont, ignore totalement ce qui se passe. C'est au dernier moment que nos ministres des affaires étrangères, marquis de La Valette et prince de La Tour d'Auvergne, en sont instruits[1].

A en croire le comte de Beust, ces pourparlers ne promettent, dès le premier abord, aucun résultat positif. Négativement, au contraire, ils ont pour l'Autriche, une grande importance. Connaissant les brusques revirements coutumiers à Napoléon III, le gouvernement autrichien redoute un double danger : la France peut entrer, à son détriment, en négociations avec la Prusse, ou précipiter la guerre contre celle-ci, sans s'inquiéter des convenances de ses alliés. Pour

---

vembre 1868, le marquis Pepoli, ambassadeur à Vienne, écrit dans ces termes au prince Charles de Roumanie : « Tout le monde tourne les yeux vers la France avec défiance, j'ajouterais avec colère ; on ne lui pardonne pas de tenir suspendue sur la tête de l'Europe l'épée de Damoclès » (*Aus dem Leben*, II, 308).

1. Prince Napoléon, 493 ; M. de Beust au comte Andrassy, 28 avril 1874 ; Beust, II, 322-323 ; M. de Beust au duc de Gramont, 4 janvier 1873 (*Enquête*, pièces justificatives, II, 2ᵉ partie, 180-183). — La *Vie militaire du général Ducrot*, II, 320, signale du 16 au 23 septembre 1869 des pourparlers actifs entre MM. de Beust et de Metternich, des allées et venues constantes entre Vienne et Paris.

parer à cette dernière éventualité, la plus à craindre, M. de Beust propose que toute question donne nécessairement lieu à une action diplomatique commune.

Le principal obstacle à une triple alliance réside dans Rome. La cour de Florence demande formellement l'évacuation des États de l'Église par nos troupes, le retour à la convention du 15 septembre 1864 et le droit pour les Italiens d'occuper Rome, sous prétexte de protéger le Saint-Père. Contre ce qu'on pourrait croire, l'Autriche se montre très hostile au pouvoir temporel, sans doute par égard pour la majorité libérale du Parlement autrichien. M. de Beust soutient avec énergie les demandes de l'Italie, qui en fait la condition *sine quâ non* d'une alliance[1].

C'est à la question romaine que se brisent tous ces projets. L'empereur persiste à refuser satisfaction aux Italiens, sacrifiant ainsi la raison d'État aux scrupules de sa conscience, « et plus encore, peut-être, aux passions de son entourage ». « Après des tentatives longues, laborieuses[2] », on ne peut s'entendre sur ce point, et le général Menabrea dit à Napoléon III, alors à Vichy : « Puisse Votre Majesté ne pas regretter un jour les trois cent mille baïonnettes que je lui apportais...! » Une communication officieuse du marquis de La Valette fait savoir que les négociations sont suspendues jusqu'à ce qu'elles aient chance d'aboutir.

Finalement, tout se borne à un échange de lettres personnelles entre Napoléon et Victor-Emmanuel, entre ce dernier et François-Joseph, comme entre François-Joseph et Napoléon. Elles constatent que la négociation n'a pu aboutir « à cause de la question romaine » ; elles promettent « un appui réciproque sans le préciser formellement[3] ». En outre, les

---

1. Prince Napoléon, 493 ; G. Rothan, Souvenirs diplomatiques. La France et l'Italie, *Revue des Deux-Mondes*, 15 novembre 1884 et suiv., 317 ; Beust, II, 324-325. M. de Beust était protestant.

2. G. Rothan, *ibid.* L'impératrice paraît avoir eu une très grande part dans ce refus.

3. Prince Napoléon, 494-496. — Dès mars 1869, le bruit court à Berlin que l'Italie et l'Autriche entretiennent des négociations secrètes avec la France. Le roi s'en montre préoccupé et en écrit quatre fois à M. de Bismarck dans la journée du 20 mars (Benedetti, 312, dépêche du 21 mars 1869).

souverains s'obligent à ne pas négocier, sans s'en avertir réciproquement, avec une puissance tierce[1].

Tout disposé, comme à son ordinaire, à se payer d'apparences, l'empereur croit voir dans ces lettres la certitude d'un traité d'alliance « à bâcler en quelques jours », quand le moment sera venu. En novembre 1869, il dit au général Lebrun qu'il est « permis de considérer l'alliance avec l'Italie comme certaine et celle de l'Autriche comme assurée moralement, sinon activement[2] ». MM. de Metternich et Nigra ne se font pas faute d'entretenir ces illusions, en engageant « leurs gouvernements plus qu'ils n'y sont autorisés ». Nous avons déjà signalé le danger de l'intimité que l'empereur admet entre lui et certains représentants de l'étranger. Dans ce cas encore, elle contribue à le tromper sur ce qu'il peut attendre de l'Autriche et de l'Italie[3]. Celle-ci prend mal son parti de l'ajournement de ses projets sur Rome. Vers la fin de janvier 1870, Victor-Emmanuel interroge l'empereur sur ses desseins. Napoléon III l'engage à la patience : il ne prévoit aucun conflit et espère rallier la Prusse à une politique de désarmement.

---

1. M. de Beust au comte Andrassy, 28 avril 1874, Beust, *Mémoires*, II, 324-325. — « Cette correspondance, revêtue d'un caractère tout privé, fut terminée en 1869 sans avoir abouti ; il n'y a eu absolument rien de signé... trois points la caractérisaient. L'entente avait un caractère défensif et un but pacifique ; il devait y avoir, dans toutes les questions diplomatiques, une politique commune, et l'Autriche se réservait de déclarer sa neutralité, dans le cas où la France se verrait forcée de faire la guerre...

« Le seul engagement qui en est résulté, sans toutefois avoir jamais été revêtu de la forme d'un traité, consistait dans une promesse réciproque de ne pas s'entendre avec une troisième puissance à l'insu l'un de l'autre... » (M. de Beust au duc de Gramont, 4 janvier 1873, *Enquête*, pièces justificatives, II, 2e partie, 181 ; Beust, *Mémoires*, II, 356-360).

M. Oncken (p. 108-109) admet, au contraire, que les lettres échangées comportaient des obligations sérieuses. Il en voit la confirmation dans la dépêche du comte de Beust au prince de Metternich, 20 juillet 1870, reproduite par le duc de Gramont dans sa lettre à M. de Beust du 8 janvier 1873. Voir également *Das Zeitalter des Königs Wilhelm I*, I, 721, et II, 495. M. von Sybel essaie vainement de nier l'existence de cet embryon d'alliance. Le fait des pourparlers a été confirmé par M. de Gramont dans la *Revue de France* du 15 avril 1878 (Darimon, *Notes*, 5). — M. Darimon (*ibid.*, 7-8) a eu sous les yeux les lettres échangées entre les *trois* souverains ; elles promettent, le cas échéant, un « appui réciproque, sans le préciser formellement ».

2. Lebrun, 59.
3. Prince Napoléon, 495. Voir *supra*, p. 94.

Nous avons dit l'échec de la proposition du comte Daru, présentée à la Prusse par le gouvernement britannique[1]. Peu après, les projets d'alliance semblent revenir à l'ordre du jour. Sous prétexte d'études, l'archiduc Albert vient en France aux mois de mars et d'avril 1870. Il est reçu comme il convient au vainqueur de Custozza. En réalité, il s'agit surtout pour lui de s'entretenir avec l'empereur des questions qui intéressent les deux pays[2].

Aux premiers jours d'avril, Napoléon III fait connaître au général Lebrun que l'archiduc et lui sont tombés d'accord sur la nécessité d'une entente en prévision d'une guerre contre la Prusse. Un plan de campagne sera concerté aussitôt que possible. Dès la rentrée de l'archiduc, « il s'assurera de l'assentiment de son souverain ». Avisé par lui, Napoléon enverra en Autriche un officier général ayant toute sa confiance, pour arrêter les grandes lignes du plan en question. On décide ainsi que le général Lebrun ira à Vienne au commencement, puis à la fin de mai[3].

C'est le 19 seulement que l'empereur réunit le maréchal Le Bœuf, les généraux Frossard et Jarras, celui-ci directeur du dépôt de la guerre, celui-là précepteur du prince impérial et jouissant d'une grande influence personnelle, enfin le général Lebrun. On examine le plan de campagne à arrêter, après que l'empereur a brièvement indiqué les idées de l'archiduc Albert. Il s'agit non seulement d'armées autrichiennes et françaises, mais de 100,000 Italiens que Victor-Emmanuel promettrait de leur joindre. Chacune des autres puissances constituera une armée de même force. Ces 300,000 hommes envahiront l'Allemagne du Sud et s'y concentreront sous les ordres d'un généralissime, tout en laissant

---

1. Voir *supra*, p. 171.
2. Lebrun, 59-69.
3. Lebrun, 70-71. D'après M. G. Rothan, Les relations de la France et de la Prusse de 1867 à 1870, *Revue des Deux-Mondes*, janvier 1886 et suiv., 532, après être sorti du cabinet de l'empereur, l'archiduc « revint sur ses pas et dit en entrebâillant la porte : « Sire, surtout n'oubliez pas, quoi qu'il advienne, que « nous ne serons pas en état d'entrer en ligne avant un an. » Cet incident, que M. Rothan porte au mois de février 1870, n'est confirmé par aucun témoin à notre connaissance.

à Munich 30,000 à 40,000 Italiens. Puis ils marcheront sur le haut Mein, en prenant pour base l'intervalle de Wurzbourg à Nuremberg ou à Amberg. En même temps, deux autres armées française et autrichienne se seront concentrées, d'une part, sur la Sarre et en Basse-Alsace, à cheval sur les Vosges ; d'autre part, en Bohême, entre Egra et Pilsen. Enfin, l'Autriche réunira des troupes destinées à la défense de son territoire, sur la frontière de la Silésie et de la Bohême.

Ces concentrations préliminaires achevées, la grande armée française passe le Rhin vers Strasbourg et marche vers la Franconie, de même que la principale des armées autrichiennes. Elles s'y réunissent aux trois armées qui ont envahi l'Allemagne du Sud. Puis la masse ainsi formée reprend purement et simplement le plan de Napoléon Ier en 1806, la marche directe sur Berlin par Leipzig.

Cet exposé de l'empereur terminé, les trois généraux sont unanimes à objecter que les futurs alliés doivent déclarer la guerre et commencer leur mobilisation le même jour, sans quoi la Prusse aurait beau jeu à les attaquer l'un après l'autre. Certains renseignements portent qu'elle peut concentrer une armée en onze jours sur la Sarre et qu'elle a sur nous une forte supériorité numérique, 900,000 hommes contre 600,000, gardes mobiles compris. Le danger serait évident. Il est convenu que le général Lebrun exposera à Vienne cette inéluctable nécessité. Ce sera la condition *sine quâ non* de l'alliance projetée[1].

---

1. Lebrun, 59-74 ; Jarras, 41-48. D'après ce dernier, p. 50, la Prusse se serait préparée à proclamer l'empire d'Allemagne, en prévision d'une faible majorité au plébiscite. — Suivant M. Darimon, *Notes*, 9 (qui a recueilli les confidences du général Lebrun), le maréchal Le Bœuf n'était pas avisé de la mission Lebrun. Tout se serait passé entre Napoléon III et l'archiduc Albert. M. Émile Ollivier ne fut mis au courant que longtemps après la guerre, et Le Bœuf la veille de l'entrée en campagne (*ibid.*, 18). En effet, le maréchal a affirmé devant la commission d'enquête qu'il n'y avait pas eu de négociations ouvertes, de propositions faites par l'Autriche lors du voyage de l'archiduc : « Je n'ai eu avec l'archiduc que des relations de courtoisie dans lesquelles nous avons beaucoup parlé des deux armées. »

« *Le comte Daru.* — J'étais aux affaires à cette époque ; il n'est pas exact qu'aucune négociation ait été alors engagée » (*Enquête*, dépositions, I, Le Bœuf, 42). L'affirmation du maréchal paraît inexplicable, puisqu'il assista au conseil du 19 mai.

Lebrun part le 28 mai. Le 6 juin, il est à Vienne où il remet à l'archiduc Albert une lettre autographe de l'empereur (7 juin). Aussitôt commencent entre l'archiduc et lui des entretiens confidentiels qui se prolongent durant plusieurs jours (7, 8, 9, 13, 14 juin). En 1868, le maréchal Niel comptait que la mobilisation et la concentration de notre armée exigeraient neuf jours seulement. Mais c'était là une fâcheuse illusion. On le reconnaît presque aussitôt et on admet que ce laps de temps doit être porté à 14 ou 15 jours. Du moins, le maréchal Le Bœuf suppose que nous pourrons passer la frontière le quinzième jour, avec un effectif de 400,000 hommes. Le général Lebrun en doute, mais il n'en communique pas moins ces données à l'archiduc Albert [1].

Comme il fallait s'y attendre, celui-ci déclare qu'il est impossible pour l'Autriche et l'Italie de commencer aussi tôt leurs opérations. Il leur faut un minimum de six semaines. D'ailleurs, qu'importe? Ne pouvons-nous pas entrer en campagne sans crainte avec nos 400,000 hommes? La neutralité de l'Autriche et de l'Italie suffira pour obliger les Prussiens à maintenir en Silésie et en Saxe des forces considérables. Il est évident, et le général Lebrun ne s'y trompe pas, que l'Autriche ne veut se risquer dans une nouvelle guerre qu'avec des chances de succès. Elle compte mettre à profit nos victoires, rien de plus, et l'on ne saurait s'en étonner après tant de campagnes malheureuses [2].

Malgré tout, le 13 juin, on arrête verbalement les grandes lignes du projet d'opérations qui doit ensuite être soumis aux trois souverains. L'archiduc Albert voudrait que la guerre éclatât au printemps, de manière à retarder le plus possible l'intervention de la Russie, qui ne peut guère commencer avant le mois de juin [3]. Il offre au général Lebrun de rédiger lui-même le projet d'opérations qu'il enverra ensuite à Paris. Cette offre est acceptée.

---

1. Lebrun, 74-76.
2. Lebrun, 76-79. — Voir *supra*, p. 342.
3. Note de l'archiduc Albert, 11 juin, Lebrun, 167.

Le lendemain 14, notre envoyé est reçu par François-Joseph au château de Laxenburg et obtient confirmation des déclarations de l'archiduc[1]. Le 22, il rentre à Paris; dès le 23, il voit l'empereur. L'archiduc lui fait tenir son projet d'opérations dans les délais convenus et Lebrun le soumet à Napoléon III, qui n'en est pas satisfait. Comme les généraux Lebrun, Jarras et Frossard, il voit un grave danger à la lenteur de la mobilisation austro-italienne. D'ailleurs, l'archiduc donne à son projet une base singulièrement fragile: il évalue à sept semaines le minimum de temps nécessaire à la Prusse pour concentrer sept corps d'armée sur nos frontières. D'où la possibilité de porter notre principale armée sans obstacles à Nuremberg, au-devant de l'armée de Bohême[2]. La fausseté des prémisses emporte celle des conclusions. Le moins qu'on puisse dire du projet dû à la collaboration de l'archiduc Albert et du général Lebrun, c'est qu'il est établi en dehors de toute appréciation sérieuse de l'adversaire.

Sans doute, l'empereur perçoit une partie de la vérité,

---

1. Lebrun, 79-81. On voit ce que pèse l'affirmation de M. de Beust (Dépêche au comte Andrassy, 28 avril 1874, Beust, *Mémoires*, II, 325): « Le duc de Gramont n'a jamais pu ni ne pourra prouver qu'avant la déclaration de guerre, il ait été dit ou écrit un mot donnant à la France le droit, ou la possibilité, de croire à un appui armé de l'Autriche. »

2. Lebrun, 89-100. Le texte du rapport du 30 juin à l'empereur sur la mission du général à Vienne figure dans son livre, p. 89. Il donne également, p. 100, les propositions de l'archiduc, p. 151, ses notes et, p. 325, un fac-similé de sa lettre du 20 juin.

Dans son projet, l'archiduc évalue le total des forces allemandes, le Sud compris, à 474,575 hommes, 59,375 chevaux et 1,572 canons; les nôtres, en Europe, à un maximum de 309,720 hommes, 31,185 chevaux, 972 pièces. Mais il admet que nous laisserons 2 régiments d'infanterie et 2 batteries en Algérie, au lieu de 8 régiments et 6 batteries, comme le suppose Lebrun, p. 119. Enfin, l'archiduc porte à 424,239 hommes, 37,269 chevaux et 1,248 pièces l'armée autrichienne; à 136,280 hommes, 10,730 chevaux, 360 pièces l'armée italienne. Une moitié de ces deux armées seulement sera utilisable au bout de 42 jours.

Le total des forces de la triple alliance, sans les Danois, atteindrait 901,679 hommes, 85,160 chevaux et 2,652 pièces. Dans une note du 13 juin à l'archiduc, Lebrun évalue ainsi nos forces:

Grande armée: 5 corps d'armée, 155,540 baïonnettes, 40 régiments de cavalerie, 660 pièces;

2ᵉ armée: 3 corps d'armée, 90,090 baïonnettes, 7 régiments de cavalerie, 288 pièces.

M. Darimon, *Notes*, 18-19, a donné d'intéressants détails sur les aventures du mémoire dans lequel le général rendit compte de sa mission.

bien que, lui tout le premier, il nourrisse des illusions sur nos forces comparées à celles de l'Allemagne. Quand Lebrun le quitte à la fin de juin 1870, c'est avec la conviction que nous allons chercher à améliorer, par la voie diplomatique, la convention à intervenir. Jusqu'au 7 août, il affirmera sa croyance en la collaboration de l'Autriche[1].

A ce moment survient l'incident Hohenzollern. La diplomatie autrichienne intervient activement pour nous déconseiller la guerre. Dans ses lettres privées, M. de Beust répète qu'il faut éviter toute démarche vis-à-vis de la Prusse, s'en prendre uniquement au prétendant et au gouvernement espagnol[2]. Une dépêche de lui au prince de Metternich, en date du 11 juillet, indique assez de quel œil le cabinet de Vienne nous voit engager une guerre *ex abrupto*.

Le chargé d'affaires de France, marquis de Cazaux, qui paraît jouir d'un médiocre crédit à Vienne, a réclamé le concours diplomatique de l'Autriche et sondé le terrain en vue d'une action militaire commune. Ces insinuations sont confirmées par le langage moins ambigu de M. Émile Ollivier et du duc de Gramont. Le comte de Beust juge d'abord inopportun d'entretenir ces illusions : « Il est important, écrit-il au prince de Metternich, qu'il n'y ait pas de malentendu sur ce point entre nous et le gouvernement français. Je tiens surtout à ce que l'empereur Napoléon et ses ministres ne se fassent pas l'illusion de croire qu'ils peuvent nous entraîner simplement à leur gré au delà de ce que nous avons promis et au delà de la limite qui nous est tracée par nos intérêts aussi bien que par notre situation matérielle.

« Parler avec assurance, ainsi que l'aurait fait selon vos rapports le duc de Gramont dans le conseil des ministres, du corps d'observation que nous placerons en Bohême, c'est pour le moins s'avancer bien hardiment. Rien n'autorise le duc à compter sur une mesure pareille de notre part...

« Le seul engagement que nous ayons contracté récipro-

---

[1]. Lebrun, 81-89 ; Jarras, 53.
[2]. Dépêche du comte de Beust au comte Andrassy, 28 avril 1874, Beust, II, 325. Voir *suprà*, p. 248.

quement consiste à ne pas nous entendre avec une puissance tierce à l'insu l'un de l'autre... La France... peut être parfaitement sûre que nous ne nouerons derrière son dos aucune négociation avec la Prusse, ni avec une autre puissance... Nous nous déclarons, en outre, hautement les sincères amis de la France, et le concours de notre action diplomatique lui est entièrement acquis... C'est à cela seul que se bornent nos engagements positifs.

« Le cas de guerre a bien été discuté dans les pourparlers; toutefois, rien n'a été arrêté, et même si on voulait donner une valeur plus réelle aux projets restés à l'état d'ébauche..., on ne saurait en tirer la conséquence que nous serions tenus à une démonstration armée, dès qu'il conviendrait à la France de nous la demander.

« Je n'ai pas besoin de vous rappeler qu'en examinant les éventualités de la guerre, nous avons toujours déclaré que nous nous engagerions volontiers à entrer activement en scène si la Russie prenait le parti de la Prusse, mais que, si celle-ci seule était en guerre avec la France, nous nous réservions le droit de rester neutres.

« J'admettais bien et j'admets encore que telles circonstances peuvent se présenter où notre intérêt même nous commanderait de sortir d'une attitude de stricte neutralité, mais je me suis toujours refusé à contracter sous ce rapport un engagement.

« J'ai revendiqué alors, comme je revendique maintenant, une entière liberté d'action pour l'empire austro-hongrois, et, si j'ai maintenu avec fermeté ce point quand il s'est agi de signer un traité d'alliance, je dois moins que jamais me considérer comme ayant les mains liées aujourd'hui où un traité n'a pas été conclu. »

La guerre, si elle devient nécessaire, le deviendra surtout par suite de l'attitude prise dès le début par la France, « car la candidature du prince n'était pas un fait de nature à mener par lui-même à de telles conséquences. » Les premières manifestations du gouvernement français, « ne portent pas le caractère d'une action diplomatique; elles sont bien plutôt une véritable déclaration de guerre adressée à la Prusse en des termes qui jettent l'émoi dans toute l'Europe et lui font croire aisément au dessein prémédité d'amener la guerre à tout prix... Les apparences indiquent un peu trop clairement qu'il y a désir, de la part de la France, de chercher querelle aux Prussiens et de tirer parti dans ce but du premier prétexte qui se présente... J'avoue franchement que je vois dans la manière dont cette affaire a été entamée à Paris un motif sérieux pour ne pas sortir d'une certaine réserve...

« Précisez bien, comme je l'ai fait, la portée de nos engagements ; assurez que nous les tiendrons, mais ne cachez pas que nous nous sentons d'autant moins portés à les dépasser, que nous ne pouvons apprécier la précipitation avec laquelle on pose, sans nécessité évidente, et en nous prévenant si peu, la question de guerre...

« Même si nous le voulions, nous ne pourrions pas mettre subitement sur pied des forces importantes... Je ne dis pas que telles éventualités ne puissent se présenter qui nous amèneraient à intervenir dans une lutte engagée sur une question d'influence entre la France et la Prusse ; mais, à coup sûr, ce n'est pas au début de la lutte qui s'engage aujourd'hui qu'on trouvera l'empire austro-hongrois disposé à y entrer...

« Faire accepter cette situation de l'empereur et de ses ministres, sans provoquer son mécontentement, voilà la difficulté qui vous attend. Il ne faut pas qu'un accès de mauvaise humeur contre l'Autriche prépare une de ces résolutions subites auxquelles la France nous a malheureusement habitués... Ayez les yeux bien ouverts. C'est là ma dernière et ma principale recommandation[1]. »

De cette dépêche si importante par son contenu et par sa date même, il ressort plusieurs faits : le cabinet de Vienne

---

1. M. de Beust au prince de Metternich, 11 juillet, dépêche publiée pour la première fois par le comte de Beust dans sa lettre du 4 janvier 1873 au duc de Gramont (*Enquête*, pièces justificatives, II, 2ᵉ partie, 180 ; Beust, II, 331). Une lettre particulière du comte de Beust au prince de Metternich, également

désapprouve entièrement la ligne que nous suivons depuis l'ouverture de l'incident Hohenzollern ; il entend réserver sa liberté d'action jusqu'à ce qu'il ait la presque certitude du succès ; il n'est pas autrement rassuré sur nos intentions à son égard ; il sait les dispositions de Napoléon III à « une rapide conclusion de la paix ». Il se croit certain d'en faire les frais[1]. Pour parer à ce danger imaginaire, il juge indispensable de ne pas décourager les espérances du cabinet des Tuileries, tout en se gardant d'un engagement prématuré, qui pourrait être dangereux. Nous verrons quelle voie il prendra afin d'y parvenir.

---

du 11 juillet, contient au sujet de l'alliance franco-autrichienne le passage suivant :

« Gramont ayant, à ce qu'il paraît, étudié notre dossier secret, parle de certaines stipulations comme si elles avaient passé de l'état de projet à l'état de traité. D'abord elles sont restées à l'état de projet, et il n'y a pas de notre faute si telle est la situation. Mais, lors même qu'elles auraient force de traité, quelle singulière application on s'imagine pouvoir en faire ! On était convenu — toujours à l'état de projet — de s'entendre partout et toujours sur une action diplomatique commune. Aujourd'hui, sans nous consulter, sans seulement nous prévenir, sans crier gare, on va hardiment en avant, on pose et résoud la question de guerre à propos d'une question qui ne nous regarde en aucune façon, et on présume, comme une chose qui s'entend, qu'il nous suffit d'en être informés pour que nous mettions notre armée sur le pied de guerre...

« Et, à l'heure qu'il est, on ne nous a pas seulement dit où et comment l'armée française compte opérer !

« Ensuite, on nous parle du bon terrain où l'on se serait placé en abordant la question de guerre dans une question qui ne saurait intéresser... la nation allemande.

« J'ai été le premier à le reconnaître... Mais je vois avec un profond regret qu'à Paris on fait son possible pour changer ce bon terrain en un très mauvais terrain... » (Beust, II, 340-341).

1. Dépêche du comte de Beust au comte Andrassy, 28 avril 1874 (Beust, II, 325).

XIII

L'ALLIANCE AUSTRO-ITALIENNE

M. de Metternich et la cour impériale. — M. de Vitzthum à Paris. — La question de Rome. — La neutralité réclamée en Italie. — M. de Vitzthum à Vienne. — Les décisions de l'Autriche. — Son changement d'attitude. — Dépêche du comte de Beust. — Lettre du prince de Metternich. — Le traité austro-italien. — La garantie de Victor-Emmanuel. — Intrigues de Vienne et de Florence. — Le général Türr. — Évacuation de Rome. — Le projet de traité à Metz. — Ajournement final.

Bien que le comte de Beust prescrive au prince de Metternich de donner connaissance au gouvernement impérial de sa dépêche du 11 juillet[1], il semble que l'ambassadeur ne se soit pas acquitté de cette désagréable mission. Fidèle à un système dès longtemps suivi, il évite de détruire les illusions de la cour des Tuileries, ainsi que son devoir étroit le lui impose[2].

C'est ainsi qu'il se borne à des indications vagues, qui causent pourtant au gouvernement impérial, pendant quelques jours, « d'assez sérieuses préoccupations ». Il se fait alors, entre le comte de Beust, le prince de Metternich et le duc de Gramont, un échange d'explications verbales ou écrites, qui dissipent « des malentendus regrettables ». Le

---

1. « Pénétrez-vous bien des considérations que j'expose dans cette lettre. Je m'en remets à vous avec confiance pour les faire valoir auprès de qui de droit. »

2. « J'apprends aujourd'hui que vous l'avez écrit plus tard au prince de Metternich, dans cette dépêche du 11 juillet que vous venez de m'envoyer, et que je ne connaissais pas, parce que M. l'ambassadeur d'Autriche ne nous l'a jamais montrée » (Le duc de Gramont au comte de Beust, 8 janvier 1873, Beust, II, 364); de Gabriac, 195. — Au contraire, M. de Beust écrit, II, 339, au sujet de cette dépêche : « S'il ne l'a pas montrée dans le sens propre du mot, s'il ne l'a pas lue au duc de Gramont, cela s'explique par l'existence de quelques passages... Mais le prince de Metternich aurait-il, en quelque sorte, mis la dépêche dans sa poche, et n'aurait-il pas tenu le langage qui lui était prescrit ? Sa constante fidélité à son devoir et à sa loyauté suffisent pour réfuter une pareille hypothèse. Ces mots « ne nous l'a pas montrée » doivent être pris au pied de la lettre : ils signifient que l'ambassadeur, tout en parlant de la dépêche et conformément à la dépêche, ne l'a pas présentée... » Ces dénégations sont trop intéressées pour être probantes.

comte de Vitzthum revient à Paris, et aussitôt s'efface toute trace de froideur. Du moins, M. de Gramont en juge ainsi[1]. La réalité est moins simple.

Le comte de Vitzthum est reçu par l'empereur le matin du 15 juillet, avant la décision finale. A l'issue du conseil, il a une nouvelle audience, puis confère près de trois quarts d'heure avec le duc de Gramont, en présence du prince de Metternich, du chevalier Nigra et du comte Vimercati. Au cours de cette réunion, on vient chercher le duc, que la commission chargée de l'examen des crédits de guerre réclame au Corps législatif. Pour ne pas interrompre son entretien, il est contraint de la faire attendre quelque temps[2]. M. de Vitzthum part ensuite pour Vienne et le comte Vimercati pour Florence.

Le même soir, Napoléon III écrit au duc de Gramont :

« Mon cher Duc,

« La guerre qui va commencer est trop sérieuse pour que nous ne rassemblions pas toutes nos forces. Il est donc indispensable de rappeler la brigade de Civita-Vecchia. Mais avant de le faire, il faut avertir et demander en même tems (sic) des garanties pour la frontière[3]. »

En effet, un télégramme de l'empereur, daté lui aussi du 15 juillet, prévient le roi d'Italie que nous allons retirer nos

---

1. Le duc de Gramont au comte de Beust, 8 janvier 1873, Beust, II, 364-365 ; Enquête, pièces justificatives, II, 2ᵉ partie, 190 ; Extrait d'une lettre de Vienne du Journal des Débats, Enquête, ibid., 192. D'après ce dernier document, qui paraît d'origine officieuse, le prince de La Tour d'Auvergne, en partant pour Vienne, « a reçu pour mission spéciale d'user de tous les moyens, et parmi ces moyens se trouvait aussi la menace. Il a fait comprendre au cabinet de Vienne que, s'il se montrait récalcitrant, l'empereur Napoléon, après la première bataille, s'entendrait avec la Prusse aux dépens de l'Autriche ! Le fait est authentique et sera prouvé en cas de besoin. Il donne la clef de la mission de M. de Vitzthum à Paris et des pourparlers qui ont suivi la déclaration de guerre... Le cabinet de Vienne ne pouvait pas dédaigner les menaces qu'on lui adressait ; il connaissait bien, et de longue date, la manière de procéder de la politique napoléonienne... ». — Lire également le prince Napoléon, Revue des Deux-Mondes du 1ᵉʳ avril 1878, et le duc de Gramont (Andréas Memor), Revue de France du 15 avril 1878 ; Darimon, Notes, 138 et suiv.
2. Lettre du duc de Gramont à un ami, 21 avril 1873, Figaro du 17 avril 1895 ; Enquête, dépositions, I, de Talhouët, 124.
3. F. Pichereau, Réponse à M. Nigra, Figaro du 20 mars 1895.

troupes de Rome, en confiant le sort de la Papauté à « l'honneur et à la loyauté » de Victor-Emmanuel. Cette première dépêche étant restée sans réponse, Napoléon III en envoie une deuxième à laquelle le roi répond le 17 seulement[1]. Rien ne ressemble moins à un engagement. C'est que, dans toute l'Italie, le courant s'établit fortement vers la neutralité. Le 17 juillet, des démonstrations significatives ont lieu, surtout à Florence, aux cris de « Vive la Prusse! Vive la neutralité! Vive Rome! A bas Mentana! A bas la France! » Le gouvernement nous présente des excuses[2].

Plusieurs jours se passent ainsi. Le 24 juillet, l'empereur écrit au duc de Gramont :

« Mon cher Duc, j'ai oublié de vous parler sur (sic) l'affaire de Rome. Il serait bon d'avertir le Vatican de nos intentions, quitte à ne donner l'ordre d'évacuation que lorsque j'aurai reçu la lettre du roi d'Italie.

« Croyez à ma sincère amitié[3]. »

Enfin arrive le document attendu. Il est précédé d'une lettre particulière, datée comme lui du 21 juillet et destinée à pallier le vague de ses termes : le roi fait une allusion voulue à « nos anciens projets » d'alliance ; il n'en rejette

---

1. « Sire, le retard de ma réponse à vos deux dépêches vient de ce que j'étais en voyage pour Florence.

« Je désire de tout mon cœur être agréable à V. M., tout en cherchant le véritable intérêt de la nation italienne.

« Je désirerais savoir quelles sont les dispositions de l'Autriche et s'il y a déjà des engagements de sa part.

« J'attends l'arrivée de Vimercati, pour les détails, et j'écrirai une lettre à V. M. sur l'affaire de Rome.

« Mon amitié, Sire, ne vous fera jamais défaut.
                                                « Victor-Emmanuel.
« Florence, 17 juillet, 11 heures du soir. »
                                                (F. Pichereau, loc. cit.)

2. G. Rothan, Souvenirs diplomatiques. La France et l'Italie, *Revue des Deux-Mondes*, 15 novembre 1884 et suiv., 504. — Dans un conseil présidé par le roi, le 16 juillet, on est d'accord pour réclamer des armements, mais les généraux et le roi entendent que ce soit à notre intention ; les ministres sont partagés. M. Visconti-Venosta est pour l'alliance française ; d'autres pour la neutralité ou l'attente, ce qui provoque une violente sortie du général Cialdini, à la Chambre. « Le roi Victor-Emmanuel manifestait personnellement les meilleures dispositions pour la France. Le ministère italien était plus exigeant » (Prince Napoléon, 497).

3. F. Pichereau, loc. cit.

nullement la pensée, tout en insistant sur la nécessité de ménager les aspirations du ministère italien[1]. Il semble, à vrai dire, malgré la vivacité de ses protestations, qu'il se garde une porte de sortie.

M. de Vitzthum est arrivé à Vienne le dimanche 17 juillet. Le lendemain, il y a conseil des ministres sous la présidence de l'empereur. Cette fois, l'on admet, dit-on, le principe d'une neutralité armée devant ensuite se changer en alliance offensive et défensive. Il sera fait, au préalable, une offre de médiation à la Prusse. Le prince de Metternich annonce cette décision au duc de Gramont, qui écrit, le 19 juillet, au comte de Beust :

« ...Je viens de voir le prince de Metternich, qui m'a donné de bonnes paroles. J'espère que bientôt nous aurons davantage ; il m'a informé que vous paraissiez disposé à accepter comme base d'entrée en matière, de concert avec l'Italie, une proposition de médiation faite en commun à la Prusse et demandant que celle-ci garantisse définitivement le *statu quo* territorial actuel. Je trouve certainement que cette idée est très convenable, comme base de médiation ou de congrès, mais je ne crains qu'une chose, c'est que, pour gagner du temps, on ait l'air de l'accepter en principe, quitte à ne plus s'entendre quand on serait occupé à la discuter. Je crois donc qu'il serait nécessaire d'accentuer

---

[1]. La lettre particulière est ainsi conçue :

« Je fais partir, ce soir, la lettre au sujet de l'évacuation.

« Que V. M. ne s'étonne pas des termes généraux dans lesquels elle est conçue, car, pour arriver à la réalité de nos projets, je suis obligé de ménager les susceptibilités d'un ministère ferme dans un but pacifique et que la rapidité des événements m'a empêché d'amener aussi promptement que je l'aurais désiré à la réalisation de nos anciens projets.

« Vimercati part ce soir pour Vienne ; Türr est attendu.

« Que V. M. ait confiance en moi qui suis et serai toujours son meilleur ami. »

Lettre de garanties :

« V. M. m'annonce son désir de faire exécuter la convention du 15 septembre, dont mon gouvernement accepte exactement les obligations. L'Italie comptant toujours, de la part de V. M., sur la détermination qu'elle veut bien prendre aujourd'hui, n'a jamais dénoncé la convention du 15 septembre. V. M. ne peut donc pas douter qu'elle ne continue à en remplir les clauses, confiante dans une juste réciprocité de la France à en remplir les engagements. » (F. Pichereau, *loc. cit.*).

davantage les propositions et d'y ajouter, par exemple, la résiliation des traités militaires de 1866 avec les États du Sud...

« Metternich a ajouté que je ne devais pas m'alarmer si dès l'abord vous commencez par poser avec quelque éclat votre neutralité, attendu que cette neutralité ne tarderait pas plus tard à se convertir en coopération[1]. Nous armons déjà, a-t-il ajouté. Et cependant, mon cher Comte, je ne dois pas vous cacher que les renseignements pleins d'autorité qui m'arrivent de Vienne, aujourd'hui même, établissent (en donnant à l'appui des indices que j'appellerais des preuves, si votre assertion ne les contredisait) que l'Autriche ne fait pas de préparatifs de guerre, qu'elle reste neutre dans *toute l'étendue du mot,* et que, dans l'armée, on dit, tout en le regrettant, qu'il a été irrévocablement décidé que l'Autriche n'agirait et ne ferait quelque chose que dans le cas où la Russie se déclarerait pour la Prusse.

« Rien ne me paraîtrait plus regrettable que de voir le cabinet de Vienne dirigé par une semblable pensée... Des rapports que j'ai reçus de Saint-Pétersbourg montrent l'empereur Alexandre indécis, plutôt porté vers le roi de Prusse, mais cependant très accessible à un ordre d'idées qui, en lui présentant quelques avantages pour la Russie, le désintéresserait dans la question.

« J'en ai causé avec l'empereur : il est d'avis que l'initiative devrait partir de Vienne... On pourrait proposer à la Russie trois choses : 1° de ne pas soulever la question polonaise ; 2° en ce qui touche les principautés danubiennes, d'en régler les conditions par une entente commune à nous

---

[1]. Ce passage, confirmé comme on le verra plus loin, répond assez aux assertions aventurées par M. Thiers : « A Vienne, MM. de Beust et Andrassy m'ont déclaré à moi, de la manière la plus positive, que, sans prévoir la candidature Hohenzollern, ils avaient dit à M. de Gramont, d'une manière générale, qu'il ne fallait laisser au gouvernement impérial aucune illusion, et le bien convaincre au contraire que, s'il s'engageait dans la guerre, l'Autriche ne l'y suivrait pas » (*Enquête,* dépositions, I, Thiers, 5). — Voir aussi le *Discours de M. Thiers sur l'emprunt de deux milliards,* Paris, Imprimerie nationale, 1871, 9. M. de Gramont a protesté contre cette déclaration dans sa lettre du 9 décembre 1872 (*Enquête,* pièces justificatives, II, 2ᵉ partie, 177, extrait du *Journal des Débats*).

trois, France, Autriche-Hongrie et Italie ; 3° revision du traité de 1856, en ce qu'il a de blessant pour les intérêts et la dignité de la Russie, particulièrement dans la mer Noire. Cette dernière idée vous appartient, comme vous le savez[1], et vous savez aussi qu'il a fallu vaincre quelques difficultés, pour la faire figurer au programme que je vous envoie. Vous pourriez dire à Saint-Pétersbourg que vous êtes assuré ou que vous vous assurerez de notre assentiment à ces trois propositions et demander en échange une neutralité complète. J'observerai cependant qu'il faut absolument garder le secret vis-à-vis de l'Angleterre, attendu que cette puissance attache beaucoup de prix au traité de 1856...

« Encore un mot sur les Principautés : pour le moment, je suis d'avis que le prince Charles est encore ce qu'il y a de mieux ; il nous fait de très belles promesses, nous offre sa neutralité et nous assure de ses sympathies[2]. »

De cette dépêche capitale, il est possible de tirer des conclusions positives. Évidemment, du 11 au 19 juillet, il s'est fait un changement complet dans les dispositions apparentes de l'Autriche. Rien de plus dissemblable que les déclarations du comte de Beust, le 11, et celles du prince de Metternich, le 19. Pourquoi cette opposition, qui frise la duplicité ? C'est que la guerre a été déclarée dans l'intervalle et que M. de Beust n'est nullement rassuré sur ce qui pourra en résulter pour l'Autriche[3]. Il craint le mécontent-

---

1. Voir *suprà*, p. 199.
2. F. Pichereau, *loc. cit.* — Une dépêche de l'envoyé du prince Charles à Paris, M. Strat, en date du 24 juillet, est relative à la coopération éventuelle de la Roumanie à une guerre contre la Russie et à une alliance avec la France (Le roi Charles de Roumanie et ses mémoires, *Figaro* du 26 août 1895, d'après *Aus dem Leben des Königs Karl von Rumänien*, II, 107-108). M. A. Malet, dans cet article, rapporte selon un témoin des mieux informés que, dans la deuxième quinzaine de juillet 1870, le roi Charles déposa sur la table du conseil une proposition d'alliance offensive contre la Russie et la Prusse, émanant de l'Autriche et de l'Italie. Mais il faut ajouter que, le 19 juillet, le prince Charles écrit au roi Guillaume dans des termes qui respirent le plus entier dévouement (*Aus dem Leben*, II, 105). Il est obligé de ménager les sympathies françaises de ses sujets, rien de plus.
3. Beust, II, 376 et *passim* ; dépêche du comte de Beust au prince de Metternich, 11 juillet, *ibid.*, 337-338 ; dépêche au comte Andrassy, 28 avril 1874, *ibid.*, 325.

tement de Napoléon III et juge prudent de lui donner des satisfactions platoniques, tout en réservant avec soin l'avenir.

Il convient d'ajouter que, dans cette dépêche, le duc de Gramont fait preuve d'une juste appréciation de la situation et même d'un sens politique que l'on n'attendrait guère de lui[1]. Il n'a aucune illusion sur la neutralité de l'Allemagne du Sud, ni sur la coopération immédiate de l'Autriche ou de l'Italie. Par contre, il sait qu'une intervention armée de la Russie en faveur de la Prusse n'est pas éventualité négligeable, et il suggère le meilleur moyen d'y parer en consentant à la revision du traité de 1856. Il n'est que juste d'en tenir compte, à l'actif de l'un de ceux dont la responsabilité est le plus engagée dans nos désastres de 1870.

Le 19 juillet, M. de Beust annonce à l'ambassadeur d'Angleterre, lord Bloomfield, que la neutralité de l'Autriche a été décidée dans un conseil tenu le jour même. « Diverses mesures relatives à cette décision vont être prises... », et le gouvernement la notifiera aux agents diplomatiques austro-hongrois. Lord Bloomfield ayant demandé si la mobilisation doit être ordonnée, M. de Beust répond que « des préparatifs seront faits pour mettre l'armée sur le pied de paix complet, que des achats de chevaux seront faits sans retard et qu'il sera pris d'autres mesures... » Ces préparatifs « placeront l'armée autrichienne dans une position qui permettra, s'il est nécessaire, de l'appeler à l'activité[2] ».

Le lendemain, 20 juillet, M. de Beust adresse à ses agents la circulaire annoncée. Tout en affirmant la neutralité autrichienne, il développe cette thèse qu'il est « du devoir du gouvernement de veiller à la sécurité de la monarchie, de sauvegarder ses intérêts en se mettant en mesure de les préserver de tout péril éventuel[3] ». Le même jour, il écrit au prince de Metternich deux dépêches destinées à être communiquées au duc de Gramont. L'ambassadeur en laisse

---

1. F. Pichereau, art. cité.
2. F. Pichereau, loc. cit., d'après les *Parliament. Papers* de 1870.
3. F. Pichereau, loc. cit.

copie (23 juillet). La première est une déclaration de neutralité; la seconde, confidentielle, est destiné à éclairer le gouvernement impérial sur le caractère de cette neutralité et les intentions de l'Autriche; c'est la confirmation expresse de la conversation mentionnée dans la dépêche de M. de Gramont au comte de Beust, en date du 19 juillet.

« Le comte de Vitzthum, écrit le chancelier, a rendu compte à notre auguste maître du message verbal dont l'empereur Napoléon a daigné le charger. Ces paroles impériales, ainsi que les éclaircissements que M. le duc de Gramont a bien voulu y ajouter, ont fait disparaître toute possibilité d'un malentendu que l'impression de cette guerre soudaine aurait pu faire naître. Veuillez donc répéter à S. M. et à ses ministres que, fidèles à nos engagements tels qu'ils ont été consignés dans les lettres échangées l'année dernière entre les deux souverains, nous considérons la cause de la France comme la nôtre, et que nous contribuerons au succès de ses armes dans les limites du possible[1]. » Il y a loin de ces affirmations, on le voit, à celles de la dépêche du 11 juillet.

M. de Beust ajoute : « ...Ces limites sont déterminées par nos affaires intérieures et par des considérations politiques de la plus haute importance. Je parlerai surtout des dernières.

« Nous croyons savoir, malgré les affirmations du général Fleury, que la Russie s'entête dans son union avec la Prusse,

---

[1]. Le duc de Gramont au comte de Beust, 8 janvier 1873, Beust, II, 360 et suiv.; *Enquête*, pièces justificatives, II, 2ᵉ partie, 187-192; le duc de Gramont au président de la commission d'enquête, 28 décembre 1872, *Enquête*, pièces justificatives, II, 2ᵉ partie, 177 (Extrait du *Journal des Débats*); F. Pichereau, *loc. cit.* — Dans sa lettre du 8 janvier 1873, M. de Gramont fait justement ressortir la contradiction entre les dépêches du 11 et du 20 juillet. Le 28 décembre 1872, il écrit : « J'ajouterai, enfin, que les assurances de concours envoyées le 20 juillet, remises et répétées le 23, avaient été également confirmées, le 21, par M. le ministre des affaires étrangères lui-même... » M. de Beust se borne à répondre (II, 376) : « Je ne saurais nier que plus d'un mot trop peu pondéré se soit échappé dans les documents en question, par suite des événements ou par le trop de zèle personnel du rédacteur de la minute, mais ce ne sont que des mots, ce ne sont ni des pensées, ni des actes... » Voir aussi Beust, II, 381, 384, lettre au comte Andrassy, 15 avril 1874, et lettre à un ami, sans date.

de telle sorte que, dans certaines éventualités, l'intervention d'armées russes pourrait être considérée, non comme vraisemblable, mais comme certaine. Si nous exprimons cette inquiétude, avec toute la franchise obligée entre amis, l'empereur Napoléon nous rendra, croyons-nous, la justice de ne pas regarder notre aveu comme la preuve d'un égoïsme étroit; nous pensons à lui autant qu'à nous. L'intérêt de la France n'est-il pas, comme le nôtre, que la lutte commencée entre deux puissances ne provoque pas trop vite de plus grandes complications?

« Mais nous croyons savoir que notre entrée en ligne entraînerait aussitôt celle de la Russie, qui nous menace non seulement en Galicie, mais sur le Pruth et le bas Danube. Aussi, maintenir la neutralité de la Russie, occuper cette puissance jusqu'au moment où la saison avancée ne lui permettra plus de penser à une concentration de troupes, éviter tout ce qui pourrait la blesser ou donner prétexte à son intervention, doit pour le moment être le but ostensible de notre politique. Qu'on ne s'y trompe pas à Paris : la neutralité de la Russie dépend de la nôtre. Plus elle sera bienveillante pour la Prusse, plus la nôtre se montrera sympathique à la France. Ainsi que je l'ai toujours fait remarquer, lors des pourparlers de l'an dernier, nous ne pouvons oublier que nos dix millions d'Allemands ne voient pas dans la guerre actuelle un duel entre la France et la Prusse, mais le début d'une lutte nationale. Nous ne pouvons nous dissimuler que les Hongrois, si disposés qu'ils soient à se soumettre aux plus grands sacrifices, s'il s'agissait de défendre l'empire contre la Russie, se montreront très hésitants avant de sacrifier leur sang et leur argent pour la restauration de notre influence en Allemagne[1].

« Dans ces circonstances, le mot « neutralité », que nous prononçons non sans regret, nous est imposé par une nécessité impérieuse et par une appréhension logique de nos

---

1. Passage que ne contient pas la lettre du duc de Gramont au comte de Beust, 8 janvier 1873, et emprunté à l'*Internationale Revue* de septembre

intérêts solidaires. Mais cette neutralité n'est qu'un moyen, le moyen de nous rapprocher du but véritable de notre politique, le moyen de compléter nos armements sans nous exposer à une attaque soudaine, soit de la Prusse, soit de la Russie, avant d'être en mesure de nous défendre[1].

« Mais pendant que nous déclarions notre neutralité, nous n'avons pas perdu un instant pour nous mettre en communication avec l'Italie au sujet de l'entente dont l'empereur Napoléon nous a confié le soin. Les nouvelles bases que vous venez de nous communiquer permettront-elles d'atteindre le but que le gouvernement français a en vue?

« En d'autres termes, seront-elles considérées comme inacceptables par la Prusse? Nous ne voulons pas nous en inquiéter davantage, et, comme je vous l'ai télégraphié, nous acceptons ces bases si l'Italie les accepte aussi comme point de départ d'une action combinée. — Je vous ai déjà parlé, dans un télégramme, de la nécessité de l'évacuation de Rome, une question qu'il importe, selon nous, de ne pas laisser en suspens, mais de résoudre immédiatement. La convention de septembre, qu'on ne se fasse pas illusion à cet égard, ne cadre plus avec la situation.

« Nous ne pouvons pas exposer le Saint-Père à la protection inefficace de ses propres troupes. — Le jour où les Français sortiront des États pontificaux, il faudrait que les Italiens pussent y entrer avec l'assentiment de la France et de l'Autriche. Jamais nous n'aurons les Italiens avec nous, de cœur et d'âme, si nous ne leur retirons leur épine romaine. Et, franchement, ne vaut-il pas mieux savoir le Saint-Père sous la protection d'une armée italienne que

---

1897 : *Die Enthüllungen des Generals Lebrun über französische Kriegspläne 1870*, 1046-1047. L'auteur rappelle que si M. von Sybel, dans le 7ᵉ volume de sa *Begründung des deutschen Reiches*, a nié l'existence de négociations sérieuses en vue d'une alliance austro-italienne en 1870, il a eu de nombreux contradicteurs, même en Allemagne, notamment MM. Rössler et Hans Delbrück dans les *Preussische Jahrbücher*.

1. Le comte de Beust au prince de Metternich, 20 juillet, cité dans la lettre du duc de Gramont au comte de Beust, 8 janvier 1873 ; *Enquête*, dépositions, III, deuxième de Chaudordy, 576. — Les mots « et par une appréciation logique de nos intérêts solidaires » ne se retrouvent pas dans le texte allemand de l'*Internationale Revue*.

le voir exposé aux entreprises de Garibaldi? Si la France nous laisse l'honneur de trancher la question romaine, elle nous facilitera grandement la tâche pour laquelle elle nous a accordé toute initiative à Florence. Bien plus : un seul acte de politique libérale indéniable permettrait à la France d'arracher une arme à son adversaire et d'élever une digue contre ce débordement du Germanisme, que la Prusse, une puissance surtout protestante, a su provoquer en Allemagne, et que nous avons doublement à craindre en raison de sa force incendiaire [1]. »

Plusieurs points de cette importante dépêche sont précisés par une lettre particulière que le prince de Metternich adresse au duc de Gramont, le soir du 24 juillet :

« Mon cher Duc,

« Je crois devoir compléter les informations que je viens de vous communiquer par des renseignements très confidentiels, puisées (*sic*) dans les lettres particulières du comte de Beust.

« Le chancelier croit que l'on se berce peut-être d'illusions à Paris en ce qui concerne la Russie. Il a, à cet égard, des données assez positives... Il sait de source sûre que la Russie s'est engagée avec la Prusse de (*sic*) paralyser, par un déploiement de forces imposant, l'action de l'Autriche, si celle-ci faisait mine d'unir ses armées à celles de la France.

« Le prince de La Tour d'Auvergne était attendu avec impatience... Le chancelier ne se dissimule pas combien ses rapports avec le chargé d'affaires actuel sont difficiles. M. de Cazaux paraît à M. de Beust avoir un caractère très susceptible et semble témoigner d'une aigreur regrettable.

« Le comte de Vitzthum m'écrit que « ce serait nous de-
« mander l'impossible que de demander d'entrer en cam-

---

[1]. Passage non cité dans la lettre du duc de Gramont, du 8 janvier 1873, et emprunté à l'*Internationale Revue*, *loc. cit.*, 1047-1048. Une partie a été reproduite par le prince Napoléon, *loc. cit.*, 497, et M. de Gramont en a reconnu l'exactitude.

« pagne avant le commencement de septembre ¹. C'est une
« conséquence de la surprise...

« L'empereur, l'archiduc Albert, Beust pensent comme
« vous et moi, et les paroles que l'empereur m'a adressées
« n'ont pas été discutées, parce qu'elles sont *indiscutables.*
« Soyez persuadé que le conseil présidé par S. M., lundi
« dernier (le lendemain de mon arrivée), n'était pas facile
« à diriger, et que c'est le tact de notre chef qui a amené
« cette unanimité avec laquelle on a résolu de faire des pré-
« paratifs d'armement, tout en prononçant la neutralité
« comme un *starting point.*

« On a à Paris d'étranges illusions sur la Russie, et Fleury
« me semble s'être laissé berner comme un novice qu'il est.

« Je repartirai avec Vimercati, qui arrive par Florence
« pour arranger les affaires. »

« Mille amitiés.

« Metternich ². »

En effet, MM. de Vitzthum et Vimercati partent ensemble pour Florence, où ils soumettent à Victor-Emmanuel le projet arrêté par le cabinet de Vienne. Le roi écrit à Napoléon III le 26 : « Je m'empresse de renseigner (*sic*) V. M. que l'Autriche nous propose un traité préalable de neutralité armée entre l'Autriche et l'Italie, ce qui faciliterait notre concours dans cette triple alliance.

« De cette manière, on dispose l'opinion publique d'une manière favorable ³. »

Il n'est donc pas douteux qu'à ce moment il s'agit d'un traité austro-italien, stipulant une neutralité armée, destinée à se transformer, le cas échéant, en une alliance effec-

---

1. Dans une lettre à M. de Gramont, avril 1878, M. de Vitzthum a nié qu'il eût jamais été envoyé pour négocier un traité en vue de la guerre (Darimon, *Notes*, 141). Ce passage de la lettre du prince de Metternich répond assez à des dénégations intéressées.
2. F. Pichereau, *loc. cit.* Nous avons remplacé l'initiale X par les noms de nos représentants à Vienne et à Saint-Pétersbourg, que contenait cette lettre. Dans celle du 8 janvier 1873, le duc de Gramont se borne à en résumer un passage (Beust, II, 366 ; *Enquête*, pièces justificatives, II, 2ᵉ partie, 190).
3. F. Pichereau, *loc. cit.*

tive avec la France. Dès que les deux puissances seront prêtes à entrer en campagne, elles adresseront à la Prusse un ultimatum réclamant l'engagement de ne rien entreprendre contre le *statu quo* établi par le traité de Prague. On admet qu'un refus est certain ; ce sera le signal des hostilités combinées[1].

Le comte de Vitzthum revient à Paris, où, de concert avec le prince de Metternich et le duc de Gramont, il pose « les bases, les articles mêmes de ce traité ». M. de Gramont préférerait une convention à trois, mais les représentants de l'Autriche font remarquer qu'elle exposerait la monarchie à une attaque immédiate de la Prusse ou de la Russie, tandis que « la neutralité armée autorise tous les préparatifs militaires, sans être une déclaration de guerre[2]. »

M. de Beust a soulevé un incident qui trahit certaines arrière-pensées de la part de nos futurs alliés. Le 23 juillet, nous l'avons vu, M. de Metternich remet au duc de Gramont une lettre du chancelier contenant ce passage :

« Le jour où les Français sortiront des États pontificaux, il faudrait que les Italiens pussent y entrer de plein droit, de l'assentiment de l'Autriche et de la France[3]. » Or, cette question a déjà été résolue directement entre Napoléon III et Victor-Emmanuel. Le duc de Gramont le fait remarquer au prince de Metternich, qui répond que la proposition de

---

1. Le duc de Gramont au comte de Beust, 8 janvier 1873 (Beust, II, 366-367) ; *Enquête*, pièces justificatives, II, 2ᵉ partie, 190 ; *ibid.*, dépositions, III, deuxième de Chaudordy, 576.

2. F. Pichereau, *loc. cit.* ; Darimon, *Notes*, 141-142. — M. de Beust a cru devoir plusieurs fois opposer une négation absolue aux affirmations de M. de Gramont, corroborées, on le voit, par nombre de documents. Il a dit notamment, dans sa lettre du 4 janvier 1873 à M. de Gramont : « Veuillez donc me citer un télégramme ou une dépêche, partie pour Vienne, pour rappeler à l'Autriche ses engagements et pour hâter ses opérations militaires. » M. de Gramont répond (8 janvier 1873) qu'il a « sous les yeux les minutes de plusieurs dépêches, entre autres de celles que je lui ai adressées (à l'ambassadeur de France) le 27 et le 31 juillet, et le 3 août, qui n'avaient pas d'autre objet » (Beust, II, 360-368).

3. Voir *supra*, p. 369 ; G. Rothan, Souvenirs diplomatiques. La France et l'Italie, *Revue des Deux-Mondes*, 15 novembre 1884 et suiv., 509 ; une dépêche du duc de Gramont au baron de Malaret, 23 juillet, confirme ce soupçon qu'on avait à Paris du double jeu de l'Autriche.

M. de Beust est sans doute le résultat des démarches du gouvernement italien.

Il n'y a pas là une supposition erronée, car, le 25 juillet, Victor-Emmanuel exprime à M. de Malaret le désir d'occuper, en cas de besoin, un point des États pontificaux. « Si l'empereur a assez de confiance en moi pour me faire donner verbalement par vous-même l'assurance qu'en présence de cette éventualité — Rome menacée par des bandes révolutionnaires ou d'autres analogues — il ne trouvera pas mauvais que nos troupes fassent dans l'État romain ce qu'y ont fait les siennes, c'est-à-dire veiller à la sécurité du territoire, en occupant quelques points stratégiques, cette assurance me suffira et tout deviendra facile. »

Ce ne serait « ni plus ni moins que l'abandon de la convention du 15 septembre[1] », et M. de Gramont n'en veut à aucun prix. La France le considérerait « comme un marché peu digne d'une grande nation et d'un grand souverain ». Du moins, c'est ce que le baron de Malaret fait observer au roi : cette question de Rome doit rester complètement étrangère aux négociations de la triple alliance. Il espère « qu'en tout cas, elle ne saurait en compromettre la conclusion ». Le roi répond affirmativement, mais sans renoncer à sa pensée première. L'opinion italienne fait de l'occupation, au moins partielle, des États du pape une nécessité inéluctable, si l'on veut qu'elle admette la possibilité d'une guerre contre la Prusse[2]. Le 28 juillet, M. de Metternich écrit au duc de Gramont que c'est le représentant de l'Italie à Vienne,

---

[1]. « Nous ne pourrions jamais souscrire à cela (l'entrée des Italiens dans Rome). La convention de septembre est le seul terrain possible. Veuillez vous employer à déjouer cette manœuvre » (Le duc de Gramont au baron de Malaret, 23 juillet, Rothan, *loc. cit.*, 509).

[2]. « Jamais nous n'aurons les Italiens avec nous de cœur et d'âme, si nous ne leur retirons leur épine romaine. Et franchement ne vaut-il pas mieux voir le Saint-Père sous la protection de l'armée italienne, que de le voir en butte aux entreprises garibaldiennes ? » (M. de Beust à M. de Metternich, 20 juillet ; voir *supra*, p. 369). « ... Si on désire entraîner l'Italie promptement en action, il faut faire quelque chose de plus quant à la question de Rome, car la convention de septembre, expliquée par M. Drouyn de Lhuys, au lieu d'un bien est une complication pour le gouvernement italien... » (Le général Türr [Hongrois au service de l'Italie] au duc de Gramont, 27 juillet 1870, cité par le prince Napoléon, 496).

chevalier Artom, et le comte Vimercati qui ont réclamé les bons offices de l'Autriche dans la question romaine[1]. A en croire M. de Beust, l'affaire est partie de Florence. Mais, à la légation d'Italie, il se tient un langage absolument opposé. Le chancelier autrichien lui-même aurait demandé aux Italiens que la solution fût remise entre ses mains. Peut-être y voit-il simplement un moyen d'empêcher la conclusion de l'alliance promise à Napoléon III[2]?

Quoi qu'il en soit, M. de Gramont juge avec raison qu'il est nécessaire de sortir de cette équivoque. Il invite M. de Malaret à réclamer du gouvernement italien une déclaration formelle. Se place-t-il sur le terrain de la convention de septembre, ou approuve-t-il le langage prêté à ses agents par le chancelier autrichien[3]? Le 28, notre représentant a une audience du roi, en présence de M. Visconti-Venosta. Il y est établi que, dans les circonstances présentes, le gouvernement italien renonce à demander autre chose que le retour pur et simple à cette convention, renonciation confirmée le lendemain à Paris[4]. C'est la confirmation de la

---

1. « Mon cher duc, Beust me télégraphie : « C'est le chevalier Artom qui nous a suggéré l'idée de prêter nos bons offices à l'Italie dans la question romaine.

« Vimercati a réclamé également nos bons offices au nom du roi. Il n'a jamais été question de l'entrée des Italiens à Rome, mais de chercher un moyen qui leur permette de remplir leurs engagements et d'assurer la paix à l'intérieur à la veille d'une action au dehors.

« Le chancelier ajoute qu'il m'envoie une dépêche explicative par le courrier de demain. Vous voyez que j'avais raison lorsque je vous disais que l'affaire partait de Florence.

« Mille amitiés.   « METTERNICH. »
(F. Pichereau, *loc. cit.*)

2. G. Rothan, La France et l'Italie, *Revue des Deux-Mondes*, 15 novembre 1884 et suiv., 510.

3. F. Pichereau, *loc. cit.* : « Si c'est l'entrée des Italiens à Rome après le départ de nos troupes que l'on demande, c'est impossible. Nous en avons prévenu Vienne. Dites-le sans ambage »; G. Rothan, La France et l'Italie, *Revue des Deux-Mondes*, ibid., 510-511.

4. Le 29, M. Nigra communique au duc de Gramont le télégramme suivant :
« Au ministre d'Italie à Paris. Florence, le 29 juillet.

« Je vous autorise à déclarer au ministre des affaires étrangères que, dès lors que la France rentre de son côté dans l'exécution de la convention du 15 septembre, l'Italie, qui n'a pas dénoncé cette convention, en exécutera entièrement les clauses, confiante dans une juste réciprocité de la France à remplir ses engagements.

« VISCONTI-VENOSTA. »
(F. Pichereau, *loc. cit.*)

lettre de garantie du roi, en date du 21 juillet[1]. Elle ne sera pas mieux respectée.

Tandis que ces négociations officielles se poursuivent entre Paris et Florence, d'autres ont lieu auxquelles prend part un Hongrois au service de l'Italie, le général Türr. Le 29, Mme Türr remet au ministre des affaires étrangères une lettre de son mari, datée de l'avant-veille, à Florence. « ...Si on désire entraîner l'Italie promptement en action, il faut faire quelque chose de plus quant à la question de Rome, car la convention de septembre... au lieu d'un bien est une complication pour le gouvernement italien...

« On comprend parfaitement que la France ne puisse pas livrer le pape pieds et poings liés », mais le gouvernement de l'empereur ne pourrait-il pas donner de secrètes promesses à l'Italie, afin que celle-ci « soit à même de dire au pays que la question nationale italienne aura sa parfaite solution après la guerre[2]... » ?

Aux Tuileries, l'on est bien loin d'entrer dans cette voie. Des fanatiques disent même : « Plutôt les Prussiens à Paris que les Italiens à Rome[3] ! » Le 30 juillet, le prince de La Tour d'Auvergne communique au général Türr la dépêche suivante : « Duc de Gramont, au prince de la Tour d'Auvergne. — Dites au général Türr : Reçu sa lettre. Il nous est impossible de faire la moindre chose pour Rome; si l'Italie ne veut pas marcher, qu'elle reste[4]. »

Cette attitude hautaine ne réussit à entraîner ni l'Italie, ni l'Autriche. Elles nous ménagent, mais veulent attendre les événements avant de se compromettre pour nous. D'ailleurs, ni l'une ni l'autre ne peuvent agir sur l'heure. En

---

1. Voir *supra*, p. 363; Darimon, *Notes*, 141.
2. Lettre publiée par les journaux anglais de l'époque et reproduite par le prince Napoléon, p. 496. Le général Türr en a reconnu l'authenticité.
3. G. Rothan, *La France et l'Italie*, 508.
4. Prince Napoléon, 497. — D'après M. Darimon, *Notes*, 198, malgré son passé, M. Émile Ollivier fut un puissant auxiliaire du duc de Gramont pour le maintien du pouvoir temporel. — Il n'est pas exact de dire avec le prince Napoléon, dans son discours du 24 novembre 1876, à la Chambre des députés, que c'est le « maintien du pouvoir temporel » qui empêche la conclusion d'une alliance austro-italienne, destinée à devenir une triplice. C'est nos défaites du 4 au 6 août.

Hongrie, le comte Andrassy tient en échec M. de Beust, et le Parlement italien harcèle le ministère d'interpellations continuelles[1].

Au sujet de la question romaine, le gouvernement impérial s'est trouvé « en présence d'assertions difficiles à concilier ». Il juge inutile « de rechercher davantage le mot de l'énigme (si c'en est une) ». Il considère l'incident comme « complètement terminé » et annonce le 30 juillet, à Vienne, que la brigade d'occupation évacuera Rome le 5 août[2]. Assurément, en l'absence de tout document positif, il est difficile de préciser l'origine de cet obstacle opposé brusquement à la conclusion d'une alliance. Mais on peut admettre que l'Autriche, beaucoup plus exposée que l'Italie à subir le contre-coup d'une guerre avec la Prusse et la Russie, est la première à retarder un accord qu'elle juge dangereux pour elle.

Le 1er août, le comte Vimercati revient de Vienne à Paris, porteur d'un projet de traité en quatre articles. L'empereur d'Autriche et le roi d'Italie s'engagent à mettre leurs forces de terre et de mer sur le pied d'une neutralité armée, destinée à être transformée en coopération effective avec la France, d'un commun accord et simultanément. L'entrée en campagne aura lieu dans les premiers jours de septembre, quand seront achevés les préparatifs de l'Autriche. Mais

---

1. G. Rothan, *La France et l'Italie*, 511. — Au commencement d'août, M. de Bismarck reçut à Hombourg la visite de républicains italiens convaincus que Victor-Emmanuel voulait venir en aide à la France et résolus à combattre cette tentative (Bismarck, *Pensées et souvenirs*, II, 122).

2. « Le duc de Gramont au prince de La Tour d'Auvergne, 30 juillet (F. Pichereau, *loc. cit.*). La cour de Rome mit tout en œuvre pour obtenir le maintien de la brigade d'occupation ou au moins de notre drapeau. La *Civiltà* traitait l'empereur d'infâme et l'*Unità cattolica* faisait des vœux pour l'Allemagne. M. d'Arnim prodiguait « des paroles veloutées » qui amenaient presque le Saint-Siège à croire que la Prusse victorieuse rétablirait le pouvoir temporel dans sa plénitude » (G. Rothan, *La France et l'Italie*, 515-516). Voir aussi la dépêche de lord Lyons à lord Granville, 29 juillet, *Parliament. Papers*, 1870, 3e fascicule, n° 59; de Gramont, 349. — On a dit que la Prusse avait fait à l'Italie des promesses concernant Rome : sans pouvoir l'affirmer, le prince Napoléon croit cette assertion inexacte. Les Italiens étaient assez inquiets de savoir comment, à Berlin, on prendrait leur entrée dans Rome. Le pape avait demandé l'appui de la Prusse et la réponse tarda quelques jours (Prince Napoléon, *loc. cit.*, 408).

cette puissance s'engage à obtenir pour l'Italie des conditions meilleures lors du règlement de la question romaine. Ce dernier article, contraire aux dernières vues échangées entre le duc de Gramont, MM. de Beust et Visconti-Venosta, a été inséré avant qu'elles aient été produites. M. de Gramont fait remarquer qu'il ne peut être maintenu. C'est l'avis de l'empereur, qui reçoit connaissance du traité à Metz, où le comte Vimercati le lui soumet. Il demande aussi ce que nous avons toujours demandé et ce que l'Autriche ne peut accorder, pour des raisons évidentes : que le moment où la neutralité armée se changera en un concours effectif soit fixé à bref délai[1]. Enfin, il trouve le traité mal rédigé.

Vainement le prince Napoléon presse l'empereur de ne

1. Prince Napoléon, *loc. cit.*, 497-498 ; F. Pichereau, *loc. cit.* D'après M. G. Rothan, *La France et l'Italie*, 511-512, le projet de traité concerté entre MM. de Beust et Visconti-Venosta comportait déclaration de neutralité armée, garantie réciproque des territoires et interdiction de toute entente séparée avec un tiers. Il stipulait l'effectif à mettre en ligne, les points de concentration, et assignait le 15 septembre comme terme de l'achèvement des préparatifs. L'Autriche promettait à l'Italie d'appuyer à l'occasion ses revendications sur Rome. Des articles additionnels prévoyaient une guerre avec la Prusse résultant de l'entrée en campagne de la Russie ou de l'initiative de l'Autriche. Dans ce cas, ils consacraient l'existence de la triple alliance, telle qu'elle avait été conçue en juin 1869. M. de Malaret écrivit à ce propos : « Je n'aime pas beaucoup ces arrangements qui se débattent sous nos yeux et dont nous sommes exclus. Je n'y vois d'avantages que pour l'Italie. »
Le prince Napoléon (p. 496) assure que c'est l'empereur qui prit l'initiative de proposer un traité en trois articles stipulant la coopération armée des trois puissances. Il fut envoyé à Florence et à Vienne. L'Italie y ajouta « un quatrième article portant que la France s'engageait à faire accepter par le pape un *modus vivendi* avec elle... Cet article additionnel, qu'elle proposait de laisser secret, fut soutenu avec vivacité par l'Autriche ». D'après le duc de Gramont (lettre à un ami, 21 avril 1873, *Figaro* du 17 avril 1895), les négociations « aboutirent à un traité en trois articles qui fut, après avoir été *approuvé* à Vienne et à Florence, porté à Metz par le comte Vimercati, lequel en revint avec l'approbation de l'empereur, sauf une légère modification qui fut d'ailleurs consentie par les deux autres puissances ; en sorte que ce traité sur lequel on était *tombé d'accord* n'attendait plus pour être parfait que les signatures des contractants, lorsque survinrent nos premières défaites. C'est là un fait positif...
« Or, un des articles de ce traité disait que la neutralité armée était destinée à être transformée en une *coopération effective*... L'époque de cette coopération était fixée, d'autre part, au moment qui avait déjà été indiqué pour l'entrée en campagne de l'Autriche, c'est-à-dire la première quinzaine de septembre. »
— D'après M. de Chaudordy, *Enquête*, dépositions, III, deuxième de Chaudordy, 576, il s'agirait d'un traité austro-italien, auquel la France n'était pas signataire. Mais l'empereur avait été consulté sur tous les articles. Ce traité arriva à Florence et à Vienne avant le 6 août. Après cette date, on n'en entendit plus parler.

pas s'arrêter à ces détails : « Signez, Sire, signez le projet même avec ses fautes d'orthographe ; elles importent peu. Prévenez, par le télégraphe, Vienne et Florence, que vous acceptez, pour engager vos alliés. Si nous sommes victorieux, vous obtiendrez facilement des modifications, et, si nous sommes battus, vous aurez au moins ce traité qui sera une sorte de retranchement où vous pourrez puiser un espoir d'appui ; mais signez avant que les armes aient prononcé. C'est utile à tous les points de vue[1]. »

L'empereur ne se laisse pas convaincre. Il écrit au duc de Gramont : « Malgré ce que propose X..., malgré les efforts de Napoléon, je ne cède pas pour Rome. » Le même jour, 3 août, le comte Vimercati part de Metz pour Florence, avec le traité modifié. Le 6, Victor-Emmanuel est au théâtre avec la comtesse de Mirafiore, quand l'aide de camp de service lui remet un télégramme annonçant nos défaites. Très ému, il quitte brusquement la salle, rentre au palais Pitti, et, se laissant choir dans un fauteuil : « Ah ! pauvre empereur ! mais f..., je l'ai échappé belle[2] ! »

---

1. Prince Napoléon, 497-498 ; F. Pichereau, *loc. cit.* ; G. Rothan, *La France et l'Italie*, 514. Voir également une lettre du comte Arese à M. Visconti-Venosta, 4 août 1870, Bonfadini, 359-360 ; Grabinski, 240 ; Conversation de M. Darimon avec M. le général Lewal, *Figaro* du 8 janvier 1894.

2. G. Rothan, *loc. cit.* ; F. Pichereau, *loc. cit.* D'après M. Darimon, *Notes*, 146-149, deux projets de traité auraient été rédigés, l'un entre la France et l'Italie, l'autre entre la France et l'Autriche (et sans doute un troisième entre l'Italie et l'Autriche). Le prince Napoléon vit le deuxième entre les mains de l'empereur, le 12 décembre 1872, portant les corrections faites par François-Joseph, et accompagné d'une lettre autographe qui ne laissait aucun doute sur les intentions de l'Autriche. Après la mort de Napoléon III, le prince ne trouva plus ce projet dans ses papiers. L'impératrice et lui furent d'accord pour attribuer cette disparition à un domestique qui s'était enfui auparavant avec 17,000 fr. Certaine démarche de la princesse de Metternich, et le fait que M. Thiers entretenait à Chislehurst quantité d'agents de la police secrète, leur donnèrent même à penser que cette soustraction avait été provoquée par le gouvernement autrichien, d'accord avec le nôtre.

Les papiers les plus importants de l'empereur, surtout ceux contenant sa correspondance avec François-Joseph et Victor-Emmanuel, furent envoyés vers le 2 septembre à Londres, au marquis de La Valette, par Dieppe. Les caisses furent arrêtées par la foule qui croyait qu'elles contenaient les diamants de la couronne. On les retourna à Paris sur l'ordre de Gambetta (*Enquête*, dépositions, IV, de Laubespin, 524 ; de Gramont, 345-347).

Les confidences du prince Napoléon à M. Darimon, au sujet du vol du traité à Chislehurst, ont été confirmées par une lettre de M. Darimon, 3 avril 1895, *Figaro* du 4 avril.

« Je ne doutais pas des intentions de Autriche, a écrit le duc de Gramont ; je n'en doute pas davantage aujourd'hui, et j'ai la conviction que, si nos revers aussi soudains qu'imprévus n'avaient rendu son concours impossible, ce concours nous eût été donné comme il avait été promis ; j'avais, je l'avoue, un peu moins de confiance dans la promptitude de ses préparatifs, bien que je reçusse à cet égard, de personnes très compétentes, des informations rassurantes... » Le duc ajoute, non sans ironie : « Il y aurait de notre part une certaine ingratitude à ne pas reconnaître qu'entre toutes les puissances, l'Autriche a été la dernière à abandonner complètement la France[1]. »

Un fait montre que, à la fin de juillet 1870, M. de Gramont ne doute point de ses intentions : le 25, le commandant Laveuve, aide de camp du général Lebrun, reçoit du colonel de Bouillé, attaché militaire à Vienne, une lettre affirmant que rien ne fait prévoir la mobilisation des Autrichiens. Le soir même, le général part de Metz pour Paris. Le premier des ministres qu'il rencontre est le duc de Gramont. Il lui expose le cas : « Est-ce donc que le colonel de Bouillé sait tout ce qui se passe à Vienne ? » répond le duc. « Allez ! Allez ! ajouta-t-il, en me frappant légèrement sur l'épaule, et soyez confiants[2] ! »

En réalité, l'Autriche fait quelques préparatifs. Elle prévoit une vigoureuse poussée des Français sur le territoire allemand ; M. de Beust entend en profiter de quelque façon que ce soit : « Le moment était peut-être venu pour l'Autriche de reprendre pied en Allemagne, en intervenant et en disant : Halte ! à l'envahissseur. Rien ne la liait à la France, rien ne l'empêchait de se placer entre les combattants[3]. » On dépense 19 millions en achats de chevaux, d'équipements et de vivres, en construction de

---

[1]. Lettre du 8 janvier 1873 au comte de Beust, Beust, II, 360 et suiv. ; *Enquête*, pièces justificatives, II, 2ᵉ partie, 190-192.
[2]. Lebrun, 182. La vraisemblance d'une alliance autrichienne est confirmée par le *Dernier des Napoléon*, 302, et par la *Moltkes militärische Korrespondenz*, III, 1, 139.
[3]. Beust, II, 439.

fortifications à Cracovie, à Olmütz, sur la ligne de l'Ems[1]. Nos premières défaites changent brusquement l'aspect des choses. « Sire, est-ce qu'on s'allie à un battu ? » répondra tristement le duc de Gramont à Napoléon III[2]. Bien plus, l'année ne se terminera pas sans que l'« entente la plus complète » intervienne entre l'Autriche et la Prusse[3].

---

1. Beust, II, 389 ; *Ibid.*, 379, lettre au comte Andrassy du 23 avril 1873 ; Correspondance de Vienne des 4 et 6 août, *Journal officiel* du 9 août 1870. L'Italie rappela sous les drapeaux les classes 1844 et 1845 (G. Rothan, *La France et l'Italie,* 511-513).
2. Beust, II, 344.
3. Voir le mémoire du comte de Beust à l'empereur, 25 décembre 1870, Beust, II, 445.

XIV

L'ALLIANCE DANOISE

Sympathies du Danemark. — Idée d'une diversion dans la Baltique. — Conseil du 19 juillet. — L'amiral Rigault de Genouilly et le prince Napoléon. — Ajournement de l'expédition.

Ce n'est pas seulement en Italie et en Autriche que nous comptons trouver des alliés. Un petit pays, que le gouvernement impérial n'a pas su défendre lorsqu'il était l'objet de l'agression la moins justifiée, paraît être, lui aussi, appelé à nous fournir un précieux point d'appui. C'est le Danemark, auquel sa situation entre la mer du Nord et la Baltique donne une importance considérable dans la guerre qui va commencer. Les dispositions de la cour sont favorables. Elle ne nous sait pas mauvais gré de notre inaction en 1864, et veut bien admettre que nous avons fait tout le possible pour elle, puisque l'empereur de Russie, qui lui est étroitement attaché par des liens de famille, n'a pas su intervenir davantage[1].

Quant à la population, ses antipathies pour l'Allemagne sont toujours aussi vives. Elle voit avec joie les premières perspectives d'une guerre, qui lui fournira, croit-elle, l'occasion rêvée d'une revanche[2]. « Déjà nous sommes un peu sous les armes..., écrit-on de Copenhague, le 14 juillet. — En cinq jours nous pourrions mettre en ligne 30,000 hommes[3]. »

---

1. Général Fleury, *Souvenirs*, II, 285, note 1.
2. D'après le *Dagbladet*, « la perspective d'une guerre de la France avec la Prusse a produit une grande surexcitation et éveillé des espérances de revanche » (*Journal officiel* du 17 juillet 1870). « La presse danoise, qui avait jusqu'ici observé une réserve prudente dans la question franco-prussienne, prend, aujourd'hui que la guerre est certaine, un ton tout à fait décidé » (*Ibid.*, 18 juillet).
3. *Journal officiel* du 19 juillet, d'après la *Correspondance du Nord-Est*.

Bien que, dès le 17, M. de Bismarck ait arraché au Danemark, en le terrifiant, une déclaration de neutralité, les dispositions du pays ne sont pas douteuses[1]. Quelques marins de la *Thétis* et du *Cassard,* débarqués à Copenhague le 30 juillet, y sont accueillis avec le plus grand enthousiasme[2].

Si les circonstances favorisent une entente avec le Danemark, ce n'est pas que nous y ayons contribué en quoi que ce soit. L'idée d'une diversion maritime contre la Prusse est à l'étude depuis 1869. Le ministre de la marine a envoyé plusieurs officiers à Copenhague; il a recueilli des informations certaines auprès d'un ancien fonctionnaire du Danemark. Il en résulte qu'on ne peut tenter dans la Baltique qu'une opération importante, impliquant la coopération de l'armée danoise : 30,000 Français joints à 30,000 ou 40,000 Danois pourraient s'emparer de Kiel, marcher sur Hambourg, et peut-être mettre le Hanovre en insurrection[3]. Mais nul ne prend soin de nous assurer cet indispensable allié. On semble attendre la dernière heure. Le 19 juillet seulement, l'empereur réunit un conseil dans lequel est discuté le principe même d'une diversion dans la Baltique. Selon ses vues, le prince Napoléon doit assumer la direction suprême de l'expédition, avec le général Trochu sous ses ordres, pour le commandement des troupes. Tous deux sont présents, ainsi que les ministres de la guerre, de la marine et le général Dejean.

« Parlant avec une lenteur et une sorte d'indifférence tranquilles », Napoléon III expose l'objet de la discussion et ter-

---

1. G. Rothan, *L'Allemagne et l'Italie,* I, 27, dépêche du 17 juillet. — Le *Hejmdal* du 18 juillet et le *Dagbladet* du 22 plaident énergiquement pour l'alliance avec la France (*Journal officiel* du 28). De même, le *Fædrelandet* du 25 juillet, qui se joint au *Hejmdal* et au *Folkets-Avis* (*Ibid.,* 2 août).

2. *Journal officiel* du 6 août, d'après la *Correspondance du Nord-Est* du 30 juillet. — « Au dire des journaux allemands eux-mêmes, la rupture de la neutralité par notre pays n'est plus qu'une question de temps » (Correspondance de Copenhague, 3 août, reproduite par le *Journal officiel* du 10).

3. *Enquête,* dépositions, I, amiral Rigault de Genouilly, 127.

mine par l'invitation au maréchal Le Bœuf de faire connaître les moyens dont il dispose pour cette opération. Le ministre, laissant voir par son attitude « sa tiédeur pour l'entreprise, et peut-être son parti pris », déclare aussitôt, en s'appuyant sur des chiffres, qu'à l'exception des troupes de la marine, il ne voit aucun élément susceptible d'entrer dans le corps expéditionnaire. Il s'offre à le compléter au moyen des régiments de mobiles en formation.

Ce début montre déjà l'impossibilité de mener à bien l'entreprise proposée. Elle paraît dans tout son jour, quand le ministre de la marine, amiral Rigault de Genouilly, se lève brusquement et, le visage empourpré, la parole cassante », signifie que, « tant qu'il aura la direction responsable, vis-à-vis de l'empereur, du département de la marine, il se refusera à donner au prince Napoléon la haute main sur notre flotte de guerre ».

On peut juger de l'effet d'une telle explosion en un tel lieu, devant une semblable réunion. C'est « la déroute de la discussion et de la diversion dans la Baltique ». L'empereur sourit sans paraître disposé à relever l'incident. Le prince, très maître de lui, va sans doute répondre, quand le souverain, levant la séance, dit que l'examen de la question n'a pas été suffisamment préparé et qu'il sera repris à une autre date. Chacun part sans mot dire. Au moment où le général Trochu, heureux d'être sorti d'une situation délicate, traverse le salon de service, un diplomate qu'il connaît de vue, M. de Cadore, vient à lui et l'interroge sur les résolutions prises, se déclarant autorisé à poser cette question par sa désignation récente pour aller négocier en Danemark une alliance offensive et défensive [1].

---

1. Trochu, *Œuvres posthumes*, I, 91-93; *Enquête*, dépositions, I, Rigault de Genouilly, 127. D'après M. le général Fay, *Journal d'un officier de l'armée du Rhin*, 46, c'est le 27 juillet que M. de Cadore quitta Paris. Le *Journal officiel* du 4 août, p. 1369, signale son arrivée à Copenhague le 3.

Au début, d'après l'amiral de Genouilly, il n'avait été question, pour le prince Napoléon, que du commandement des troupes de terre; le vice-amiral Bouët-Willaumez reçut le commandement de la flotte par décret paru au *Journal officiel* du 16 juillet. Le prince voulait prendre pour chef d'état-major *naval*

Ce déplorable incident laisse deviner à quel point sont affaiblis les ressorts du gouvernement impérial, combien l'autorité du souverain est précaire, quelle est l'imprévoyance de sa politique extérieure. Pour que l'amiral Rigault de Genouilly se soit ainsi risqué à contredire ses intentions avérées, en outrageant son cousin, il faut qu'il se sente soutenu par une puissance hostile à ce dernier et marchant de pair avec celle de Napoléon III. Comme dit le général Trochu, on peut en déduire l'existence, « au sommet de l'empire, de deux pouvoirs dirigeants et, sur certains points, divergents » : celui du souverain qui semble sans volonté et celui de l'impératrice qui en a certainement une. Autour d'eux, des ministres déférant à l'un ou à l'autre, selon leur tempérament et leurs calculs[1].

Rentré chez lui, le général Trochu reçoit la visite du ministre du Danemark, le comte de Moltke, qui vient lui demander ce qu'il sait des projets en cours : « Monsieur, lui dit-il, je ne suis pas diplomate, et c'est sans aucune hésitation que, dans l'intérêt de la vérité comme dans l'intérêt du Danemark, je vous déclare que ces projets sont mort-nés. Leur réalisation et impossible, et, si votre pays s'y engageait, il se perdrait sans aucun profit pour le mien[2]. »

M. de Cadore est arrivé à Copenhague la veille même de notre première défaite, le 3 août. Si le roi de Danemark a un instant songé à une alliance avec nous, il a déjà été contraint d'y renoncer sur les observations de la chancellerie russe[3]. D'ailleurs, Frœschwiller et Spickeren surviennent presque aussitôt. Au lieu d'aventurer un débarquement en

---

le vice-amiral La Roncière Le Noury, moins ancien que Bouet-Willaumez. D'où la probabilité de froissements que fit valoir l'amiral de Genouilly (*Enquête*, dépositions, I, 128).

1. Trochu, *Œuvres posthumes*, I, 93-94.
2. Trochu, I, 95.
3. Général Fleury, *Souvenirs*, II, 285, note 1 ; dépêche de M. Schuyler, ministre des États-Unis à Saint-Pétersbourg, à M. Fish, 26 août, citée par M. Klaczko, *Revue des Deux-Mondes*, novembre 1875, 398. « L'empereur Alexandre m'a dit avec vivacité qu'il regrettait beaucoup l'insistance de la France à entraîner le Danemark dans son alliance. Il pense que le Danemark s'expose à des représailles, quel que soit le résultat de la lutte » (Le général Fleury au duc de Gramont, 4 août, comte Fleury, 308 ; *ibid.*, 310).

Allemagne, il va falloir mettre tout en œuvre pour résister à l'invasion menaçante[1].

---

[1]. D'après le général Trochu, *Œuvres posthumes*, I, 90-91, il comptait consacrer à l'expédition dans la Baltique 30,000 hommes de bonne infanterie, une division de cavalerie démontée (à monter en Danemark), 3 pièces par 1,000 hommes et un parc de siège. Joint à 40,000 Danois, ce corps d'armée aurait eu pour objectif immédiat le siège, par terre et par mer, de Düppel, une marche rapide à travers le Schleswig-Holstein sur le Hanovre, où le général comptait soulever une révolution au profit de la dynastie dépossédée. Il fallait naturellement opérer le plus tôt possible, sous peine d'être arrêté par les glaces.

Suivant l'amiral Rigault de Genouilly (*Enquête,* dépositions, I, 128), les préparatifs commencèrent réellement. On entama des pourparlers avec la Compagnie transatlantique et les Messageries maritimes. Avant le départ pour l'armée du maréchal Le Bœuf, on était convenu de consacrer à cette opération une division de troupes du Midi. Elle fut envoyée sur la frontière allemande; on pensa la remplacer par des régiments de marche formés de 4es bataillons. La marine fit des objections et demanda la brigade de Civita-Vecchia qui ne fut pas accordée. Finalement, les troupes de la marine elles-mêmes furent appelées à Paris, vers le 9 août, et l'idée de l'expédition dut être abandonnée.

Des dépêches des 22, 25, 27, 29, 31 juillet, 2, 5, 6 août, annexées à la déposition de l'amiral de Genouilly (p. 140), montrent que l'on s'occupait à ces dates de l'expédition dans la Baltique.

XV

L'ATTITUDE DE LA RUSSIE

Antipathies d'Alexandre II. — L'audience du 15 juillet. — Menaces de guerre. — La médiation anglaise. — La neutralité russe. — Illusions du général Fleury. — La Russie et l'alliance franco-autrichienne.

Ainsi, au lieu de nous être favorable, comme l'a espéré naïvement le général Fleury, le gouvernement russe détourne le Danemark de coopérer à notre action. On peut même craindre, quelque temps, qu'il prenne à notre égard une attitude plus hostile encore. C'est que, nous l'avons vu, depuis le règne de Nicolas Ier, l'entente est complète entre les deux cours de Berlin et de Saint-Pétersbourg. Autant que les liens de famille, ceux du passé les attachent l'une à l'autre[1]. Les antipathies mal dissimulées que l'empereur Alexandre nourrit contre la France de la Révolution et de l'Empire sont avivées par la persuasion où il est que nous serons vainqueurs[2]. A la veille de la rupture, il s'est rencontré à Ems avec le roi de Prusse et a sans doute échangé avec lui des vues sur les éventualités possibles, peut-être des promesses verbales. Dès que surgit la possibilité d'une guerre, son attitude se dessine peu sympathique à notre égard. Il affecte une certaine bienveillance vis-à-vis de l'ambassadeur de France, général Fleury, mais le prince Gortschakoff ne fait pas mystère de ses sympathies prussiennes[3].

Nouveau venu sur ce terrain difficile, notre représentant croit d'abord aux « bonnes dispositions » d'Alexandre, et

---

1. *Enquête*, dépositions, III, deuxième de Chaudordy, 580. Voir *suprà*, p. 200-
2. *Enquête*, dépositions, II, de Chaudordy, 9 : « J'ai su que le prince Gort. schakoff, en passant par la France, au début de la guerre, disait à quelqu'un de conseiller à l'empereur Napoléon d'être très modéré... » ; *ibid.*, III, deuxième de Chaudordy, 580 ; I, Thiers, 12 ; Valfrey, I, 89 ; J. Klaczko, 399 ; général du Barail, III, 148.
3. Voir *suprà*, p. 204.

Napoléon III le charge pour lui de ses remerciements. De même, M. de Gramont compte sur les « bons procédés » de la Russie, au moment où il soulève la question des garanties[1].

Le 15 juillet, lorsque le général Fleury se présente au camp de Tsarkoé-Sélo pour les solliciter de l'empereur, l'attitude du souverain est entièrement changée. Alexandre a reçu de Berlin des télégrammes qui le mettent au courant de nos dernières demandes, non sans les exagérer. Il est persuadé que l'on a réclamé les excuses du roi Guillaume et va jusqu'à se montrer « assez nerveux », pour que le général craigne un moment d'être obligé de se retirer. Néanmoins, il tient bon. Avec calme, mais avec une respectueuse fermeté, il signale l'exagération des bruits dont on s'est fait l'écho vis-à-vis d'Alexandre. Celui-ci revient à des sentiments plus équitables[2]. Mais il n'en regarde pas moins « l'incident comme vidé ». Il ne peut donc, dit-il, peser davantage sur le roi de Prusse dont la fierté est blessée et qui se trouve, lui aussi, en face du sentiment national déjà froissé par la renonciation. Il voit avec regret la guerre s'engager à propos d'une question qui ne lui permet pas de s'interposer à nouveau. « Il eût mieux admis, cette affaire une fois terminée, une pression graduée exercée par la France sur le terrain du traité de Prague. » Il aurait même été jusqu'à s'y associer dans une certaine mesure, dit-il[3].

Ainsi, dès le 15 juillet, sa désapprobation n'est pas douteuse. Il va bientôt beaucoup plus loin, et l'ambassadeur de France n'en ignore rien, pas plus que le gouvernement de Napoléon III. Le 18, le baron Jomini, qui remplace par intérim le prince Gortschakoff, écrit au général Fleury que, si l'Autriche entrait en scène, les Russes ne resteraient pas inactifs. « Alors l'abîme entre la France et la Russie pour-

---

1. Le duc de Gramont au général Fleury, 13 juillet, *ibid*.
2. Le général Fleury au duc de Gramont, dépêche, 1er août (comte Fleury, 3o8). — Il est à noter que, dans son télégramme du 15 juillet, le général ne ne fait aucune allusion à cette scène (Voir comte Fleury, 299).
3. Le général Fleury au duc de Gramont, télégramme, 15 juillet (comte Fleury, 299); le général à l'empereur, télégramme, 19 juillet (*ibid.*, 3o1).

rait se creuser infranchissable. » Il le conjure de faire tous ses efforts pour empêcher ce malheur[1].

Le général en rend compte aussitôt à Napoléon III : « ...La Russie désire que la guerre reste localisée et considérerait comme une menace pour elle-même toute alliance effective entre la France et l'Autriche[2]... » De tous côtés on confirme au gouvernement impérial ces dispositions menaçantes. Le général Fleury fait nettement prévoir une intervention russe si l'Autriche prend part à la guerre. Déjà le bruit court de mouvements de troupes sur la frontière de Galicie. L'opinion et la presse soulèvent la question de la revision du traité de 1856 ; on semble en faire une condition d'entente avec la France. Les journaux, d'abord très hostiles, s'adoucissent sur cette espérance[3]. Le comte de Beust ne laisse rien ignorer de la situation au prince de Metternich ; elle est connue de toute l'Europe. A Paris, le chargé d'affaires russe, M. Okouneff, ne la dissimule aucunement au duc de Gramont[4].

---

1. Le baron Jomini au général Fleury, 6-18 juillet, comte Fleury, 299.
2. Le général Fleury à Napoléon III, 18 juillet, télégramme (comte Fleury, 299).
3. Le général Fleury au duc de Gramont, 18 juillet, télégramme (comte Fleury, 300).
4. « N'en déplaise au général Fleury, la Russie persévère dans son alliance avec la Prusse au point que, dans certaines éventualités, l'intervention des armées moscovites doit être envisagée, non pas comme probable, mais comme certaine » (Le comte de Beust au prince de Metternich, 20 juillet) ; le gouvernement russe a « adressé à Vienne l'avertissement très clair et très catégorique qu'il ne permettrait pas à l'Autriche de faire cause commune avec la France ; le général Fleury dut même bientôt s'estimer heureux d'avoir obtenu du moins que cette clause ne fût pas mentionnée explicitement dans la déclaration de neutralité que l'empereur Alexandre fit publier le 23 juillet » (Sir A. Buchanan à lord Granville, dépêche, 20 et 23 juillet, Parliament. Papers, 1870) ; Valfrey, I, 18 ; Enquête, dépositions, I, de Chaudordy, 9 ; ibid., III, deuxième de Chaudordy, 576-580 ; Lettre du prince de Metternich au duc de Gramont, 24 juillet 1870 ; F. Pichereau, réponse à M. Nigra, Figaro du 20 mars 1895 ; de Gabriac, 34 et 39, lettre de M. de Gabriac au comte de Chaudordy, 21 octobre 1870 : Un engagement secret aurait autorisé ou même obligé la Russie à occuper le grand-duché de Posen au cas où une intervention autrichienne eût fait craindre des troubles en Pologne ; du Barail, III, 148. — On voit ce qu'il faut penser de l'affirmation du duc de Gramont, La France et la Prusse avant la guerre, 348 : La Russie « à vrai dire n'est devenue hostile que du jour où elle a vu la révolution maîtresse de la France. Nos premiers revers l'ont trouvée sympathique, ceci n'est pas contestable... ».

Un moment, il paraît y avoir encore des chances pour le maintien de la paix. De Berlin on apprend à Saint-Pétersbourg que l'Angleterre a fait une proposition d'accommodement basée sur la revision du traité de 1856. C'est lord Lyons qui en a eu l'initiative ; elle est présentée à la fois par lord Loftus, par sir A. Buchanan et par le général Fleury[1]. L'empereur Alexandre accepte avec empressement. Il prie même Napoléon III de suspendre toute décision irréparable. Il a télégraphié au roi Guillaume qu'il se ralliait à la médiation proposée par l'Angleterre. Il est « animé maintenant des intentions les plus amicales..., il promet la neutralité en cas de guerre, à la condition que l'Autriche n'y prendra aucune part[2] ».

Mais il est trop tard ; nous avons déjà notifié la rupture à Berlin. D'ailleurs, M. de Gramont garde de persistantes illusions sur ce qu'il peut attendre des neutres : « Il nous faut absolument la neutralité armée de l'Autriche pour commencer, c'est-à-dire cent mille hommes en Bohême et, plus tard, son concours. Mais, en même temps, nous pouvons rassurer la Russie, et j'ai lieu d'espérer que le cabinet de Vienne ne tardera pas à lui faire dans ce but des propositions qui lui paraîtront acceptables. Nous ne demandons en échange, au cabinet de Saint-Pétersbourg, que sa neutralité[3]... »

Le général Fleury se garde d'encourager ces espérances. Il borne ses ambitions à obtenir que la déclaration de neutralité ne mentionne point le cas où l'intervention de l'Autriche impliquerait celle de la Russie[4]. En effet, ce document est ainsi conçu : « Sa Majesté est fermement résolue à ob-

---

1. Le baron Jomini au général Fleury, 7-19 juillet ; général Fleury, *Souvenirs*, I, 327 ; comte Fleury, 301.
2. Le général Fleury à l'empereur, 19 juillet, télégramme, comte Fleury, 301.
3. Le duc de Gramont au général Fleury, 20 juillet, télégramme, comte Fleury, 302. Le duc ajoute : « ...Je dois vous informer confidentiellement que nous négocions avec l'Italie en même temps qu'avec l'Autriche, et nous avons l'espoir d'arriver à une entente commune... »
4. Le général Fleury au duc de Gramont, 21 juillet, télégramme, comte Fleury, 302 ; sir A. Buchanan à lord Granville, 20 et 23 juillet, *Parliament. Papers*, 1870.

server une stricte neutralité à l'égard des puissances belligérantes, aussi longtemps que les intérêts de la Russie ne seront pas affectés par les éventualités de la guerre[1]. » Du moins la menace est voilée ; elle ne s'étale pas à nu.

A ce moment, nous redoublons d'efforts pour détourner les Russes de toute velléité d'intervention[2], non sans prévoir le cas où ils seraient inutiles. « Dites-nous, écrit M. de Gramont au général Fleury, si, dans votre pensée, la Russie serait prête à entrer en campagne et à le faire avec succès[3]. » Évidemment, Alexandre n'admet même pas que l'Autriche observe une neutralité armée. Si elle fait une concentration en Bohême, il répondra par la pareille sur les frontières galiciennes. Il cherche à pallier ce que ces décisions ont d'hostile par les égards qu'il prodigue au représentant de Napoléon III[4].

Bien que le bruit d'une alliance russo-prussienne soit fort répandu, le général Fleury ne peut y croire. D'après lui, l'opinion, la presse, l'armée se prononcent chaque jour avec plus d'énergie contre tout agrandissement de la Prusse ; elles nous deviennent sympathiques[5]. Mais que valent ces sympathies dans une monarchie absolue ? L'empereur seul a le droit d'y ordonner. Il le montre une fois de plus en pesant sur le Danemark, malgré nos engagements de ne lui créer aucune difficulté, surtout en Pologne[6]. Il ne prend nul soin de cacher sa partialité pour la cause prussienne. Notre

---

1. Le général Fleury au duc de Gramont, 22 juillet, comte Fleury, 303 ; *ibid.*, autre télégramme du même jour.
2. L'empereur au général Fleury, télégramme, 21 juillet : Si l'Autriche se met sur le pied de guerre, cela ne doit pas inquiéter la Russie ; le duc de Gramont au général Fleury, 25 juillet, télégramme : L'Autriche a fait une déclaration de neutralité pure et simple et ne concentre pas de troupes en Bohême (comte Fleury, 302-303) ; le même au même, 28 juillet, télégramme, comte Fleury, 305 : Le général peut affirmer hautement que la France ne songe à créer aucune difficulté à la Russie sur aucun point, particulièrement en Pologne.
3. Télégramme du 25 juillet, *loc. cit.*
4. Le général Fleury au duc de Gramont, 22 juillet, télégramme, comte Fleury, 303 ; le même au même, télégramme, 30 juillet, *ibid.*, 305-306, le même au même, dépêche, 1er août, *ibid.*, 306-308.
5. Le général Fleury au duc de Gramont, 26 juillet, télégramme, comte Fleury, 304.
6. Voir *supra*, p. 384.

ambassadeur ne croit pourtant pas qu'il faille s'en préoccuper : le grand-duc héritier est bien disposé pour nous ; la grande-duchesse Marie et tous les siens nous sont entièrement acquis ; l'impératrice est « parfaitement raisonnable » ; seul, le souverain est d'un avis opposé. D'ailleurs, on ne signale pas encore de mouvements de troupes, mais des achats d'approvisionnements, de chevaux, un contingent maintenu sous les drapeaux pour répondre aux préparatifs de l'Autriche[1]. Après avoir paru tout à fait opposé à une alliance franco-danoise, Alexandre II semble en admettre la possibilité, « mais il prie l'empereur d'agir avec modération et de ne pas exiger du roi Christian sa coopération ostensible et effective. C'est contraint et forcé, hors d'état de résister, que le roi devrait paraître agir et violer la neutralité ». Après avoir reçu une dépêche du chargé d'affaires russe à Paris, M. Okouneff, il revient sur la question autrichienne : « Il vous prie instamment, écrit le général Fleury, dans l'intérêt d'une neutralité qu'il désire garder, d'arrêter toute immixtion du côté de M. de Beust, que rien ne justifie. » Mais il admet la coopération de l'Italie à notre action militaire[2].

D'autres déclarations confirment l'hostilité si peu déguisée de ces dispositions : « M. Okouneff est venu m'informer, écrit M. de Gramont, que, si l'Autriche armait, la Russie armerait ; que si l'Autriche attaquait la Prusse, la Russie attaquerait l'Autriche. J'ai répondu que cette communication devait être faite à Vienne et non à Paris. Je ne vois pas comment la Russie justifierait une agression contre l'Autriche, si cette puissance n'attaquait pas la Russie, à moins qu'il n'existât un traité secret entre la Russie et la Prusse[3]... »

Ainsi, le duc de Gramont ne renonce pas à l'alliance autrichienne, malgré les menaces non déguisées de la Russie.

---

1. Le général Fleury au duc de Gramont, télégramme, 4 août, comte Fleury, 308.
2. Le général Fleury au duc de Gramont, 4 août, comte Fleury, 310.
3. Le duc de Gramont au général Fleury, 5 août, comte Fleury, 311.

Le général Fleury, qui ressent la difficulté de sa situation, croit trouver une opposition entre la déclaration qu'il a été chargé de faire le 28 juillet[1], et la conversation de M. de Gramont avec M. Okouneff. Il s'en plaint au ministre qui répond : « Ma conversation avec M. Okouneff n'est pas en contradiction avec ce que vous avez été chargé de dire. L'Autriche n'est liée avec nous par aucun traité, voilà le fait. Le cabinet de Vienne ne s'inspire que de ses intérêts, et, jusqu'ici, il ne nous a prêté aucun concours. J'ai dit, et cela va de soi, que, si nous étions battus, nous appellerions tous les concours, mais quelle est la puissance qui n'en ferait pas autant?... Veuillez appuyer sur ce fait que notre victoire a pour conséquence la paix et la sécurité de l'Europe, et notre défaite la révolution universelle[2]... » Le duc de Gramont termine, en annonçant l'échec de Wissembourg, cette dépêche qui montre trop bien la faiblesse et le décousu de notre politique.

Ainsi, telle est la situation au 6 août, le jour même où deux de nos corps d'armée subissent une entière défaite à Frœschwiller et à Spickeren : l'empereur de Russie n'a pas un instant dissimulé sa volonté bien arrêtée d'empêcher l'Autriche d'intervenir à nos côtés ; il désapprouverait une alliance du Danemark avec la France et, sans doute, ne se fait pas faute d'en détourner le roi Christian. Dès lors, les avantages d'une coopération de l'Autriche deviendraient plus que problématiques ; ils ne compenseraient certes pas le danger de nous faire un nouvel adversaire du grand empire du Nord. Nous en sommes donc réduits, même avant Frœschwiller et Spickeren, à l'abandon, au moins provisoire, de la plus souhaitable des alliances que nous avons rêvées, celle de l'Autriche. Tout au plus nous reste-t-il la possibilité de la réaliser, lorsque l'approche de l'hiver rendra plus difficile une intervention armée de la Russie.

On ne saurait trop insister sur la part de cet empire dans

---

1. Voir *suprà*, p. 390, note 2.
2. Le duc de Gramont au général Fleury, télégramme, 6 août, comte Fleury, 311 ; *ibid.*, télégramme du même jour.

les succès de la Prusse. En assurant ses derrières, en la garantissant des velléités de revanche des Autrichiens, Alexandre II lui rendit le plus signalé des services. On a été jusqu'à dire que mieux aurait valu pour nous une hostilité déclarée, qu'une neutralité aussi malveillante[1]. Il convient d'ajouter que l'empereur de Russie et le prince Gortschakoff, en coopérant ainsi de leurs mains à l'établissement de l'unité allemande et à la diminution de la France, commettaient au détriment de leur pays une faute irréparable. Ce n'est jamais impunément que la politique d'une grande nation se règle sur les antipathies ou les préférences personnelles de ses gouvernants. Il y faut des vues plus larges et plus lointaines.

1. Voir *supra*, p. 204.

INDEX

A

Abeken, conseiller secret, 294 et suiv.
Adams (diplomate), 226.
Adelon, 318.
Albemarle (lord), 185.
Albert (archiduc), 352.
Albert de Prusse, 201.
Albert (prince consort), 6, 197.
Alexandre II, 9, 142 et *passim*.
Allemagne du Sud, 102, 106, 116, 141, 143, 147, 177, 186, 286, 304, 338.
Alliance austro-italienne, 342.
Alliance danoise, 381, 391.
Alliance italo-prussienne, 30.
Alsace-Lorraine, 3, 6, 138, 184, 185.
Alvensleben (général von), 67.
Ambert (général), 40 et *passim*.
Andelarre (marquis d'), 175.
Andrae (A.), 239.
Andrassy (comte), 343 et *passim*.
André (baron d'), 108, 110, 121.
Angleterre et France, 8, 246, 280, 303, 310, 334, 389.
Annexions prussiennes en 1866, 89.
Ansbach, 83.
Anvers, 100.
Apponyi (comte), 138 et *passim*.
Arago (Emmanuel), 234 et suiv.

Arese (comte), 20, 35 et *passim*.
Armée française en 1866, 72.
Armistice, juillet 1866, 87.
Arnim (von), 116.
Aschaffenburg, 85.
Ashley (Evelyn), 8.
Asturies (prince des), 240.
Augusta (reine), 46 et *passim*.
Aumale (général duc d'), 155.
Aus dem Leben, 169 et *passim*.
Autriche et Prusse, 7, 8 et suiv.
Auxerre (discours d'), 50.

B

Bade (grand-duché), 102, 106, 116, 118, 141, 143, 147, 177, 186, 286, 304, 338.
Baillehache (de), 142 et *passim*.
Balbi (E.), 345.
Baltique (diversion dans la), 382.
Bamberger (L.), 36.
Banneville (de), 104.
Barail (général du), 40 et *passim*.
Barral (comte de), 23 et *passim*.
Bartholdi, 216.
Baudin (anniversaire), 174.
Baudin (ministre), 120 et suiv.
Bavière, 83, 85, 126. Voir *Allemagne du Sud*.
Bayreuth, 83.
Bazaine (maréchal), 182 et *pass*.
Bazzoni, 35.
Beauffremont (duc de), 96.

Belgique, 14, 43, 55, 80, 91, 92, 95, 99, 100, 101, 114, 123, 132, 170, 199, 334.
Belmontet, 267.
Benedeck (général), 188.
Benedetti (comte), 15, 180 et passim.
Benningsen (von), 131.
Benoît (de), 178.
Berezowski, 142.
Bernardi (agent secret), 147.
Bernhardi (Th. de), 24.
Bernstorff (comte von), 25 et pass.
Berti, 35.
Bethmann-Hollweg (von), 38.
Bethmont (Paul), 162.
Beust (comte de), 6, 248 et pass.
Bianchi (Nicomedo), 24.
Biarritz (entretiens de), 11.
Bini (Silvestro), 344.
Birkenfeld, 55.
Bismarck (prince de), 3, 11 et passim.
Blind (attentat de), 37.
Blondeau (intendant général), 271.
Bloomfield (lord), 249 et suiv.
Blumenthal (général von), 185.
Bohême, 83.
Bonaparte (prince Pierre), 174.
Bonfadini, 20 et passim.
Bonghi, 34.
Bordier (H.), 206.
Borgognò (C.), 345.
Bouët-Willaumez (amiral), 383.
Bouillé (colonel de), 379.
Bourbaki (général), 271, 316.
Bourqueney (de), 237.
Boyen (général von), 197.
Brabant hollandais, 99.
Brachet (A.), 23 et passim.
Brassier de Saint-Simon (comte), 25.
Bray-Steinburg (comte de), 335, 339.
Brougham, 6.
Brünnow (baron), 335.
Buchanan (sir A.), 10 et passim.
Budberg (de), 199.
Busch (Maurice), 11, 13 et passim.
Bylandt (de), 127.

C

Cabinet du 2 janvier, 169.
Cadore (marquis de), 300, 325, 383.
Cadorna (de), 249.
Calley Saint-Paul, 160.
Caprivi (général von), 286.
Carette (Mme), 13 et passim.
Carignan (prince de), 29 et pass.
Caro (E.), 12.
Cartes (les), 191.
Cassagnac (Granier de), 176, 233, 273, 318.
Castelnau (général), 73, 184.
Cavallacci, 15.
Cavour (comte de), 24.
Cazaux (marquis de), 356 et suiv.
Centralisation excessive, 152.
Cercey (papiers de), 69.
Chabrier, 309.
Chalus (commandant de), 150.
Chaudordy (comte de), 65 et pass.
Chauvy, 101.
Chazal (général), 127.
Chemins de fer (commission centrale), 194.
Cherbuliez (Victor), 11, 186 et passim.
Chevallier (Michel), 165.
Chevandier de Valdrôme, 220, 272, 324.
Chiala, 25.
Choiseul (H. de), 326.
Choppin (capitaine H.), 160 et passim.

Cialdini (général), 35, 68.
Clarendon (lord), 172.
Clément Duvernois, 169, 266, 307 et suiv.
Clermont-Tonnerre (colonel de), 19 et *passim*.
Cochery (interpellation), 222.
Coblenz, 55, 56.
Cohausen (colonel von), 134.
Cologne, 56.
Colson (colonel), 62, 73.
Comba (E.), 345.
Comminges-Guitaut (comte de), 317, 325.
Compensations pour la France (1866), 92.
Congrès (proposition pour un), 54.
Conneau (docteur), 20.
Considérations sur l'histoire du deuxième empire, 152 et *pass*.
Conti, 94 et *passim*.
Contingent de 1870, 175.
Convention du 15 septembre 1864, 117.
Convention du 9 juin 1866, 62.
Couza (prince), 31.
Crémieux, 235 et suiv.
Crète (soulèvement de la), 1866, 116, 199.
Creusot (grève), 174.
Crimée (guerre), 4.
Crispi, 344.
Custozza, 67.

D

Dalwigk (von), 6, 202.
Danubiennes (provinces), 31.
Darimon, 160 et *passim*.
Daru (comte), 171 et *passim*.
David (baron Jérôme), 307 et suiv.
Déclaration du 6 juillet, 228.

Déclaration du 15 juillet, 319.
Déclaration de guerre, 336.
Delafosse (Jules), 40 et *passim*.
Delbrück, 209.
Delbrück (Hans), 369.
Delile (Hubert), 309.
Depretis, 67.
Désarmement proposé, 171.
Desseaux, 326.
Desvaux (général), 23.
Détroyat (Léonce), 261.
Doering (colonel von), 34.
Dossier de la guerre de 1870, 153 et *passim*.
Dotto di Daulli (capitaine), 345.
Drouyn de Lhuys, 9 et *passim*.
Duchés (guerre des), 8.
Ducrot (général), 19, 44, 106, 149, 182 et *passim*.
Dumas (Alexandre), 39 et *passim*.
Dumas (sénateur), 164.
Dumesnil (A.), 332.
Dumont (général), 347.
Duruy, 61, 321.
Duvergier de Hauranne, 204.

E

Eichthal (d'), 271.
Elisabeth (rapport secret), 22, 24.
Ems (négociations), 236.
— (incident), 283.
— (dépêche), 294.
Endivisionnement permanent, 192.
Enfield (vicomte), 97.
Ernest II de Saxe-Cobourg-Gotha, 19, 41 et *passim*.
Espagne en juillet 1870, 257, 305.
État-major autrichien, 10, 30.
— prussien, 66, 242.
États tampons, 54, 90, 98, 99.
Eugénie (impératrice), 8, 60, 90, 94, 223, 232, 306, 346 et *pass*.

Eulenburg (comte), 295.
Exonération, 155.
Exposition de 1867, 131, 142.

F

Failly (général comte de), 147.
Farcy (Camille), 181.
Faure (général), 44 et *passim*.
Faverney (comte de), 267.
Favre (Jules), 126, 178, 260, 327 et suiv.
Fay (général), 383.
Ferron (général), 23.
Feuillet (Octave), 108 et *passim*.
Feuillet (Mme O.), 108 et *passim*.
Fish, 384.
Flandre (comte de), 119.
Fleury (général comte), 15, 202 et *passim*.
Fleury (comte), 202.
Florisdorf (lignes), 82.
Fogliani (capitaine T.), 345.
Fontaine, 175.
Fould, 49, 61 et *passim*.
Francfort, 90.
François-Joseph (empereur), 56 et *passim*.
Frédéric II, 14.
Frédéric III, 12 et *passim*.
Frédéric-Charles, prince, 207.
Frédéric-Guillaume IV, 4.
Frère, 175.
Frossard (général), 29 et *passim*.
Fürstentag (le), 19.

G

Gablenz (général von), 30, 52.
Gabriac (marquis de), 360 et *pass*.
Gambetta, 325 et suiv.
Garde mobile, 159, 161, 165, 175, 177.
Garibaldi (général), 146.
Garnier-Pagès, 138, 163, 176, 233.
Gastein (convention de), 10.
Gaulot (P.), 76.
Gebhart (E.), 299.
Gerlach (général von), 5, 37.
Giacometti (G.), 15.
Gioberti (V.), 344.
Girardin (Émile de), 220, 260, 265.
Giskra (bourgmestre), 82.
Glais-Bizoin, 233.
Gneisenau (général von), 2.
Goltz (comte de), 16 et *passim*.
Gorce (P. de la), 7 et *passim*.
Gortschakoff (prince), 14 et *pass.*
Gouvion-Saint-Cyr (maréchal), 160.
Govone (général), 10, 32 et *pass.*
Grabinski (comte), 20 et *passim*.
Gramont (duc de), 6 et *passim*.
Granville (lord), 216 et suiv.
Gressier, 161.
Gricourt (marquis de), 64.
Guillaume Ier, roi, 5 et *passim*.
Guizot, 6, 263.
Guyot-Montpayroux, 272 et suiv.

H

Hall, 12.
Hanovre, 83, 89 et *passim*.
Hansen, 64, 98.
Haussmann (préfet), 142.
Heine (Henri), 2.
Henri, prince des Pays-Bas, 120.
Hepp (capitaine), 181.
Hérisson (d'), 223.
Hesse, 83, 89.
Hesse-Darmstadt, 141.
Hesse-Hombourg, 55.
Hirth, 206 et *passim*.
Hohenlohe (prince), 143.
Hohenthal (comtesse de), 36.

Hohenzollern :
    Charles-Antoine, 205 et suiv.
    Charles, 205.
    Léopold, 206 et suiv.
    Frédéric, 206, 209.
    Marie, 119.
    Candidature, 205.
    Acceptation, 212.
    Retrait, 259, 263.
Hollande, 99.
Howard (sir H.), 339.
Hübner (baron de), 160.

I

Internationale (l'), 175.
Interpellation des 116, 169.
Isabelle (reine), 171.
Italie (guerre d'), 5.
Italie et Prusse, 18.

J

Jacini, 27.
Jacquin, 194 et *passim*.
Jaliffier (J.), 2.
Jarras (général), 39 et *passim*.
Jaucourt (marquis de), 266.
Javal, 163.
Jomini (baron), 387.
Josseau, 234 et suiv.
Juste (Th.), 4 et *passim*.

K

Karolyi (comte), 12, 30.
Katkof, 255.
Kératry (comte de), 328.
Keudell (von), 90, 91.
Khalil-bey, 14.
Klaczko (Julian), 9 et *passim*.

Klüpfel, 81.
Kohl (Horst), 213.
Krieg (Th.), 34.
Krupp (canons), 192.

L

La Chapelle (de), 230.
Lacroix-Saint-Pierre, 160.
La Marmora (général), 10 et *pass*.
La Marmora et l'alliance prussienne, 10 et *passim*.
Landau, 43, 99, 100.
Lano (P. de), 39 et *passim*.
Larabit, 309.
Laroche-Joubert, 233.
La Tour d'Auvergne (prince de), 96 et *passim*.
La Valette (marquis de), 66 et *pass*.
Laveuve (commandant), 379.
Lavisse (Ernest), 3.
Layard, 216 et suiv.
Le Bœuf (maréchal), 132, 196 et *passim*.
Lebrun (général), 133, 352 et *pass*.
Le Faure (Amédée), 22.
Lefebvre de Béhaine, 80 et *passim*.
Lemoinne (John), 249.
Leroy-Beaulieu (Paul), 188.
Le Sourd, 217 et suiv.
Leusse (comte de), 183.
Lichtenfeld (de), 120.
Limbourg hollandais, 120.
Lissa, 84.
Loë (colonel von), 79.
Loftus (lord), 137 et *passim*.
Londres (conférence de), 139.
Loulay (Dick de), 271.
Lopez Dominguez (général), 259.
Louvet, 271, 317.
Luxembourg, 43, 58, 99, 100, 111, 114, 118, 334.
Lyons (lord), 218 et suiv.

M

Machiavel, 115.
Maëstricht, 120.
Magne, 61 et *passim*.
Malaguzzi (comte), 28.
Malaret (baron de), 139 et *passim*.
Malet (A.), 365.
Malmesbury (lord), 20 et *passim*.
Manifeste du 11 juin 1866, 63.
Manteuffel (général von), 9, 10, 30, 37, 57, 97.
Maret, évêque de Sura, 66.
Marmocchi, 345.
Marselli (colonel), 345.
Massa (marquis Philippe de), 39, 225 et *passim*.
Massari, 6 et *passim*.
Massenbach, 2.
Maximilien (empereur), 131, 144.
Mayence, 55, 56, 96, 243.
Mazade (Ch. de), 42, 235 et *pass.*
Mazzini, 146.
Médiation française en 1866, 77.
Meding (Oscar), 171.
Mège, 272, 324.
Méloizes (des), 105.
Memor (Andréas), 89.
Menabréa (général), 349.
Mensdorff (comte de), 30 et suiv.
Mentana, 139, 146.
Mercier de Lostende, 208 et suiv.
Mérimée (Prosper), 17 et *passim*.
Metternich (le prince de), 4, 61.
Metternich (le prince de), ambassadeur, 219 et suiv.
Mexique (expédition du), 8, 20, 70, 74, 75, 190.
Miquel, 104.
Mirafiore (comtesse de), 378.
Miribel (capitaine de), 69, 73, 75.
Mitchell (Robert), 261, 318.
Mitrailleuses (les), 192.
Mobilisation prussienne, 303.
Moltke (général comte de), 6 et *passim*.
Moltke (comte de), ministre, 384.
Montereau (discours de), 57.
Montpensier (duc de), 216.
Morny (duc de), 40.
Mortemart (d.), 99.
Mouchy (duchesse de), 225.
Moustier (de), 94.
Mulert (pasteur), 289.
Müller, 211.
Muret (M.), 3.

N

Napier (lord), 199.
Nassau, 83.
Napoléon Ier et l'Allemagne, 2.
Napoléon III, 8 et *passim*.
Napoléon III (maladie), 70, 89, 93, 94.
Napoléon (Le dernier des), 18 et *passim*.
Napoléon (prince Jérôme), 8, 38 et *passim*.
Nationalités (principe des), 24, 103, 112.
Neufchâtel (affaire de), 5.
Niel (maréchal), 139, 193 et *pass.*
Nigra (chevalier), 18 et *passim*.
Nikolsburg (préliminaires de), 82.
Niox (général), 76.
Noir (Victor), 174.
Nothomb (baron), 127.

O

Okouneff, 388 et suiv.
Olga, reine du Wurtemberg, 243.
Ollivier (Adolphe), 217.
Ollivier (Émile), 48 et *passim*.

Olozaga, 216 et suiv.
Oncken (professeur), 31 et *passim*,
Orange (prince d'), 120.
Ornans (lieutenant-colonel d'), 184.
Oubril (d'), 95.

P

Palatinat bavarois, 85.
Panizzi, 48 et *passim*.
Papiers et Correspondance, 22 et *passim*.
Papiers sauvés des Tuileries, 19 et *passim*.
Papiers secrets, 64 et *passim*.
Parieu (de), 152, 223, 317.
Pasolini (comte), 26, 27.
Pelletan (Ernest), 163.
Pepoli (marquis), 5, 24, 32, 349.
Perponcher (comte), 127.
Persano (amiral), 67.
Persigny (duc de), 14, 59 et *pass.*
Pessard (Hector), 265 et *passim*.
Petruccelli della Gattina, 344.
Pfordten (de), 102.
Picard (Ernest), 162, 233 et suiv.
Pichereau (F.), 316 et suiv.
Pie IX, 116, 346.
Piétri, 114.
Pinard, 226.
Pingaud (A.), 9 et *passim*.
Piré (marquis de), 324.
Places fortes (nos), 193.
Plans d'opérations (nos), 192.
Plébiscite du 8 mai 1870, 175.
Plichon, 271, 317, 319.
Poggi (Enrico), 24.
Pologne (insurrection de), 8.
Pourtalès (comtesse de), 184.
Pradier-Fodéré, 9 et *passim*.
Prague (traité de), 100, 104, 126.
Presburg, 82.
Prévost-Paradol, 48.

Prim (maréchal), 206 et suiv.
Prusse (rapports avec la France), 6, 15 et *passim*.
Prusse et Italie, 23, 99.
Pulina (G.), 345.
Pyat (Félix), 174.

Q

Quaade (de), 12.

R

Radziwill (prince von), 283 et suiv.
Rambourg (L.), 167.
Ranc, 230.
Rancès (de), 206.
Randon (maréchal), 21 et *passim*,
Rascon (de), 216.
Rastadt, 118.
Rattazzi, 45, 146.
Ratti, 88.
Rechberg (comte de), 10.
Réduction de l'armée en 1865, 20.
Reeve, 6.
Renouf (Sydney), 99.
Réorganisation militaire de 1868, 108, 153.
Reuss (prince de), 136.
Rhin (rive gauche du), 5, 9, 15, 17, 18, 24, 43, 50, 55, 58, 60, 65, 89, 92, 95, 96.
Ricasoli, 117.
Ricci (colonel), 345.
Richard (Maurice), 272, 324.
Rigault de Genouilly (amiral), 383.
Rivero, 214.
Rochefort (Henri), 169.
Rome (question de), 171, 346, 350, 361, 372.
Roon (général von), 14, 67.
Rössler, 369.
Rothan (G.), 4, 106 et *passim*.

Rothschild (Anselme de), 144.
— (baron Charles Mayer), 134.
Rougemont (F. de), 189.
Rouher, 6 et *passim*.
Rouland, 164.
Rousset (lieutenant-colonel), 2 et *passim*.
Rousset (Camille), 152.
Russell (comte), 8, 10.
Russie (la) et la Prusse, 7, 8, 78, 97, 132, 136, 174, 198.
Russie et France, 196, 253, 313, 335, 384, 386.

S

Sabatier (colonel), 75.
Sadowa, 65.
Saint-Arnaud (maréchal de), 152.
Saint-Marc-Girardin, 40 et *passim*.
Saint-Vallier (comte de), 186 et *passim*.
Salazar (di), 206 et suiv.
Salzbourg (entrevue de), 144, 342.
Samuel (capitaine), 282.
Sand (Georges), 39.
Sarrebruck, 100.
Sarrelouis, 43, 100.
Saxe, 83, 90, 99.
Saxe-Meiningen, 83.
Saxe-Weimar (princesse de), 120.
Scharnhorst, 2.
Schiaparelli (Luigi), 345.
Schleinitz (baron von), 5, 184.
Schleinitz (général von), 25.
Schleswig, 143.
Schneckenbürger, 3.
Schneider (L.), 19, 201.
Schneider (président), 267.
Schuyler, 384.
Schweinitz (colonel von), 46.
Scrutator, 175 et *passim*.

Segato (lieutenant-colonel), 68.
Segris, 271, 272, 317, 319, 324.
Seinguerlet, 39 et *passim*.
Sergenti (E.), 345.
Serrano (maréchal), 214 et suiv.
Silésie, 50, 83.
Simon (Jules), 163.
Simonneau, 175.
Solms-Sonnenwalde (comte von), 241 et suiv.
Sophie, reine de Hollande, 109, 120.
Sorel (Albert), 3 et *passim*.
Stanley (lord), 137.
Stoffel (lieutenant-colonel), 121, 180 et *passim*.
Strantz (colonel), 243 et suiv.
Strasbourg, 74.
Strat, 169, 208 et suiv.
Stülpnagel (général von), 91.
Stuttgart (entrevue de 1856), 4.
Suisse, 43, 55.
Suzanne (général), 73.
Sybel (H. von), 8 et *passim*.

T

Taine, 108.
Talhouët (marquis de), 329 et suiv.
Talleyrand (baron de), 130 et *pass.*
Tauffkirchen (comte von), 136.
Tavannes (maréchal de), 156.
Thiers (A.), 15, 49, 125, 160, 177, 221, 224, 265, 323, 345, 364.
Thile (von), 112.
Thoumas (général), 22, 76 et *pass.*
Thouvenel, 14, 35.
Toulouse (émeutes), 152.
Traité des 24 articles, 126.
Traité de 1839, 126, 133.
Traité de 1856, 199, 365, 389.
Traité du 8 avril 1866, 43.
Trentin (le), 46, 77, 87.
Trochu (général), 23 et *passim*.

Troplong, 61.
Türr (général), 64, 375.
Tyrannie prussienne (La), 3 et *passim*.

U

Usedom (d'), 27 et *passim*.

V

Valbert (G.), 35.
Valfrey, 8 et *passim*.
Varnbühler, 286.
Vénétie (cession de la), 65.
Venise et l'empereur, 17, 23, 31, 44, 50, 59, 83.
Venloo, 120.
Verdière (de), 204.
Verly (A.), 157.
Vermorel, 158.
Vichy (instructions de), 96.
Victor-Emmanuel II, 25 et *passim*.
Victoria (reine), 197.
Vieil-Castel (de), 99.
Vienne, 82.
Vilbort, 98.
Villestreux (de La), 147.
Vimercati (comte), 349 et suiv.
Visconti-Venosta, 67 et *passim*.

Vitzthum (comte de), 78, 316, 349 et suiv.

W

Wagner (capitaine), 183.
Waldersee (major comte von), 242.
Walewski (comte), 49, 61 et *pass*.
Walpole (Spencer), 8, 21.
Waterloo, 162.
Weil (G. D.), 247.
Welschinger (H.), 85, 295.
Werder (colonel von), 201.
Werther (baron von), 95 et *pass*.
Werthern (baron von), 207.
Westmann (de), 255.
Wildbad, 237.
Wilmowski (von), 303.
Wimpffen (général de), 39 et *pass*.
Wimpfen (comte de), 102.
Wippermann, 303.
Wrangel (maréchal von), 33.

Z

Zeitalter (das) des Kaisers Wilhelm, 171 et *passim*.
Zollverein, 3, 26, 140, 142, 143.
Zorilla, 214.
Zuylen (comte de), 120.

TABLE DES MATIÈRES

Pages.

Introduction v

LIVRE Ier
SADOWA

I

LES ANNÉES DE PAIX. — LES CAMPAGNES DE CRIMÉE ET D'ITALIE

Napoléon Ier et l'unité allemande. — Le Zollverein. — Aspirations allemandes. — La guerre de Crimée. — Campagne d'Italie 1

II

L'INSURRECTION DE POLOGNE. — LA GUERRE DES DUCHÉS

La Prusse et la Russie. — La guerre des Duchés. — L'alliance de la Prusse et de l'Autriche. — La convention de Gastein 8

III

M. DE BISMARCK A BIARRITZ

M. de Bismarck. — Son passage à Paris. — A Biarritz. — L'empereur et l'Italie. — Les compensations pour la France. 11

IV

RÉDUCTION DE L'ARMÉE EN 1865

Le déclin de l'empire. — L'opposition et les dépenses militaires. — Les économies. — Suppressions de 1865 20

V

PREMIERS POURPARLERS ENTRE LA PRUSSE ET L'ITALIE

Venise et l'empereur. — L'empereur et l'alliance italo-prussienne. — Les antipathies entre l'Italie et la Prusse. — Le traité de commerce. — Mission Malaguzzi. — Retour de l'Italie vers la Prusse 23

VI

L'ALLIANCE ITALO-PRUSSIENNE.

Pages.

Premières difficultés entre la Prusse et l'Autriche. — Conseil du 28 février à Berlin. — Mission du général Govone. — Échec des pourparlers entre l'Autriche et l'Italie. — Méfiances réciproques de l'Italie et de la Prusse. — Le comte Arese à Paris. — Menaces de guerre. — L'opinion en Prusse. — M. de Bismarck et Napoléon III 30

VII

LE TRAITÉ SECRET

Les compensations pour la France. — Incohérence de notre politique. — Traité du 8 avril. — Propositions en vue du désarmement 43

VIII

PÉRIODE D'INCERTITUDES

L'opinion en France. — Discours de M. Thiers, 3 mai 1866. — Discours impérial d'Auxerre. — Essais d'entente entre l'Italie et l'Autriche. — Entre la Prusse et l'Autriche 48

IX

PROPOSITIONS EN VUE D'UN CONGRÈS

Les propositions pour un congrès. — Ouvertures de M. de Bismarck. — Les pays rhénans. — La Belgique, le Luxembourg et la Suisse. — Échec du congrès 54

X

INCERTITUDES DE M. DE BISMARCK

Sa sincérité vis-à-vis de la France. — L'attitude de Napoléon III. — Division du gouvernement impérial. — Les États tampons. — Traité avec l'Autriche. — Lettre impériale du 11 juin. — Les hostilités. 58

XI

CESSION DE LA VÉNÉTIE

Sadowa. — Cession de la Vénétie à l'empereur. — Médiation française. — L'Italie et la guerre. — Déboires de Napoléon III. — Conseil du 5 juillet. — Projets d'intervention armée. — Leur abandon. 65

XII

NOS FORCES MILITAIRES EN 1866

Utilité d'une démonstration armée. — Les effectifs disponibles. — Ressources en matériel. — L'expédition du Mexique et la guerre de 1866. . 72

XIII

LA MÉDIATION FRANÇAISE

Résistances de l'Italie. — Acceptation de la Prusse. — M. de Bismarck et la Belgique. — Ses intentions à l'égard de l'Autriche 77

XIV

LES PRÉLIMINAIRES DE NIKOLSBURG

Conseil de Czernahora. — Les vues du roi Guillaume. — Conflit entre lui et M. de Bismarck. — Négociations de Nikolsburg. — Les préliminaires de paix 82

XV

LES ANNEXIONS PRUSSIENNES

M. de Goltz et Napoléon III. — Les annexions. — Influences mises en œuvre. 89

XVI

LES COMPENSATIONS

Les ouvertures de M. de Bismarck. — Les demandes de la France. — L'attitude de la Russie. — Les instructions de Vichy. — Le projet du 6 août. — Duplicité de M. de Bismarck. — L'État-tampon. — Retraite de M. Drouyn de Lhuys 92

XVII

NOUVELLES DEMANDES DE LA FRANCE

Nouvelles instructions à M. Benedetti. — Projet de traité. — Les traités avec le Sud. — Les négociations dilatoires. — Situation créée par le traité de Prague 100

XVIII

ÉTAT DES ESPRITS EN FRANCE

Mécontentement général. — Avertissements à l'empereur. — L'opinion et la réorganisation de l'armée. — Avis de la reine Sophie. 106

LIVRE II

L'AFFAIRE DU LUXEMBOURG

I

PREMIERS POURPARLERS

M. de Bismarck et le Luxembourg. — La politique des nationalités. — Circulaire du 16 septembre. — Effet sur l'opinion 111

II

NOUVELLES NÉGOCIATIONS A BERLIN

Les traités avec le Sud. — Le congrès. — Préparatifs militaires en Allemagne. — Ouverture des Chambres en 1867 116

III

NÉGOCIATIONS AVEC LA HOLLANDE

Propositions faites au roi de Hollande. — Négociations à Berlin. — Sincérité de M. de Bismarck. — Les probabilités 120

IV

MENACES DE GUERRE

Les grandes puissances. — Discours de M. Thiers (16 mars). — Revirement de M. de Bismarck. — Accord avec le roi de Hollande. — Menaces de guerre. — Opposition de la Prusse 125

V

L'INTERPELLATION BENNINGSEN

Interpellation à Berlin. — Préparatifs de guerre. — Rupture des négociations. — M. de Bismarck et la guerre. — Notre renonciation au Luxembourg. — Menaces de la Prusse 130

VI

FIN DE LA CRISE

L'Autriche et la Russie. — L'Angleterre. — Revirement de la Prusse. — Incertitudes. — La conférence de Londres. — Double jeu de la Prusse. — Le traité de neutralité. — Effet en France 136

VII

APRÈS LA CRISE

Pages.
L'Exposition. — Guillaume Ier et Alexandre II à Paris. — La question du Schleswig. — L'Autriche et la France. — Entrevue de Salzbourg. — Circulaire du 7 septembre. — Son effet en France. 142

VIII

MENTANA

L'Italie et Rome. — Mission du général Dumont. — Mentana. — Effet à l'étranger. 146

IX

LES IDÉES EN FRANCE

Les avertissements du général Ducrot. — Nos rapports avec la Prusse. — La situation en France 149

X

RÉORGANISATION DE L'ARMÉE

Les campagnes de Crimée et d'Italie. — Excès de centralisation. — Conflit d'idées. — La loi de 1832. — La loi de 1855. — Les effectifs moyens. — Le projet Randon. — Le maréchal Niel. — La grande commission. — Le premier projet. — L'opposition. — Le Corps législatif. — Les illusions. — La gauche. — Le Sénat. — La loi de 1868. — L'accueil du pays. — Le maréchal Le Bœuf. — La garde mobile 153

XI

LA FRANCE DE 1868 A JUILLET 1870

La Chambre et les dépenses militaires. — La situation intérieure. — Le ministère Émile Ollivier. — M. de Bismarck et la Belgique. — La question romaine. — Le désarmement. — La réduction du contingent. — Le plébiscite. — Discussion du 30 juin. — Le budget de 1870 170

XII

CE QUE NOUS SAVONS DE L'ALLEMAGNE

Rapports de M. Benedetti. — Le colonel Stoffel. — Le général Ducrot. — Avertissements venant d'Allemagne 180

XIII

L'ARMÉE FRANÇAISE DE 1867 A 1870

Tentatives de réforme. — Les cartes. — Le canon Krupp. — Le commandement. — Les places. — La commission des chemins de fer. — Le maréchal Niel. — Le maréchal Le Bœuf 191

XIV

LA FRANCE ET LA RUSSIE JUSQU'EN JUILLET 1870

Premiers témoignages de sympathies. — La campagne d'Italie. — L'insurrection de Pologne. — La Prusse et la Russie. — Le soulèvement des Candiotes. — Centenaire de l'ordre de Saint-Georges. — Le général Fleury. — Ses illusions. — La politique russe 196

LIVRE III

LA CANDIDATURE HOHENZOLLERN

I

LES PRÉLIMINAIRES

Le prince Léopold. — Premiers bruits le concernant. — Refus de la candidature. — Rôle de M. de Bismarck. — Son but 205

II

ACCEPTATION DE LA CANDIDATURE

Le roi Guillaume et M. de Bismarck. — M. di Salazar à Berlin. — Retour à Madrid. — Le maréchal Prim et M. Mercier de Lostende. — Effet à Paris. — Effet au dehors. — La presse française. — Situation au 5 juillet 1870 212

III

GENÈSE DE L'INTERPELLATION COCHERY

Tendances pacifiques du gouvernement. — M. de Gramont. — L'impératrice. — Le maréchal Le Bœuf et M. Thiers. — M. de Massa et la duchesse de Mouchy. 222

IV

LA DÉCLARATION DU 6 JUILLET

Pages.

Les conseils du 5 juillet. — Le conseil du 6. — Attitude de l'empereur. — La déclaration. — Motifs qui ont pu influer sur l'empereur. — Note du 5 juillet. — Séance de la Chambre. — Effet au dehors. — La presse.   228

V

NÉGOCIATIONS D'EMS

Envoi de M. Benedetti à Ems. — Malentendu entre M. de Gramont et lui. — M. de Bismarck et la déclaration. — M. Benedetti à Ems. — Agitation à Paris. — Le duc de Gramont. — Le roi Guillaume   237

VI

NÉGOCIATIONS AVEC L'ANGLETERRE

Effets de la déclaration en Angleterre. — Son action à Berlin et à Paris. — L'Autriche et la déclaration. — L'Italie. — Les conditions d'une entente d'après M. de Gramont. — Le gouvernement prussien. — Nouvelles demandes de M. de Gramont.   246

VII

NÉGOCIATIONS AVEC LA RUSSIE

Nos illusions. — La Russie et le traité de 1856. — L'alliance anglaise. — L'empereur Alexandre. — Le chancelier   253

VIII

NÉGOCIATIONS AVEC L'ESPAGNE

Indifférence des Espagnols au sujet de la candidature. — Prim et Serrano. Envoi du général Lopez Dominguez à Berlin. — M. Strat à Sigmaringen   257

IX

JOURNÉE DU 12 JUILLET

L'opinion. — La presse. — Le conseil du 11 juillet. — Renonciation du prince Léopold. — Le duc de Gramont et la renonciation. — M. Émile Ollivier au Corps législatif. — Interpellation Duvernois. — M. de Gramont et M. Olozaga. — M. de Gramont et M. de Werther. — La demande de garantie   261

X

SOIRÉE ET NUIT DU 12 JUILLET

Pages.

Tendances pacifiques. — La Chambre. — La presse. — Le duc de Gramont. — L'empereur. — Sa lettre au duc. — Demande de garantie. — Télégrammes de la nuit. — Incohérence de notre politique. — Les responsabilités. 271

XI

L'ATTITUDE DE L'ANGLETERRE

Lord Lyons et le duc de Gramont. — Le cabinet de Londres. — Ses protestations 280

LIVRE IV

LA DÉPÊCHE D'EMS

I

LE 13 JUILLET A EMS

Le roi Guillaume et M. Benedetti. — Le rapport Werther. — Irritation du roi. — Refus d'audience. — Son caractère. 283

II

M. DE BISMARCK A BERLIN

Départ de Varzin. — La renonciation. — Colère de M. de Bismarck. — Lord Loftus. — Demande de réparation. 289

III

LA DÉPÊCHE D'EMS

Le télégramme d'Abeken. — Le télégramme Radziwill. — L'avis de Moltke et de Roon. — La dépêche d'Ems. — Effet en Allemagne. . . 294

IV

LES 14 ET 15 JUILLET A EMS ET A BERLIN

Départ du roi pour Coblenz. — Voyage du 15 juillet. — Arrivée à Berlin. — La mobilisation 301

V

LE 13 JUILLET A PARIS

M. Olozaga et la renonciation. — Conseil du 13 juillet. — Séance de la Chambre. — Le Sénat. — Dispositions du duc de Gramont. 305

VI

TENTATIVE DE CONCILIATION DE L'ANGLETERRE

Lord Lyons et le duc de Gramont. — Dernières concessions du gouvernement français. — Tentative de l'Angleterre 311

VII

LE 14 JUILLET A PARIS

Le conseil du matin. — Le conseil de l'après-midi. — Le rappel des réserves. — Le conseil du soir. — Nouvelles décisions. — La communication de M. de Bismarck aux puissances étrangères. 314

VIII

LE 15 JUILLET A PARIS

Le conseil du 15 juillet. — M. de Gramont au Sénat. — M. Émile Ollivier à la Chambre. — M. Thiers. — M. Émile Ollivier. — Proposition Jules Favre. — La commission. — Communication des pièces. — Rapport Talhouët. — Séance de nuit. — Gambetta. — Vote des crédits. — Opportunité de l'opposition 319

IX

LA DÉCLARATION DE GUERRE

Vote du Sénat. — La neutralité belge. — La proposition russe. — Le comte de Bray. — Déclaration de guerre. — Le roi Guillaume et le Reichstag. — La Bavière. — L'incident Hohenzollern. — M. de Bismarck est le vrai auteur de la guerre. 334

X

LE SUD DE L'ALLEMAGNE

La diplomatie impériale et les États du Sud. — La Bavière. — Le Wurtemberg 338

XI

PREMIÈRES NÉGOCIATIONS AVEC L'AUTRICHE ET L'ITALIE

M. de Bismarck et l'Autriche. — L'entrevue de Salzbourg. — Projets d'alliance. — Antipathies italiennes contre la France. — Les écoles. — Napoléon III et l'Italie 342

XII

PROJETS D'ALLIANCE AVEC L'AUTRICHE ET L'ITALIE

Pages.

Premiers pourparlers. — Arrière-pensées de l'Autriche. — La question de Rome. — Rupture des pourparlers. — L'archiduc Albert en France. — Conseil du 19 mai. — Le plan de l'archiduc. — Les objections. — Le général Lebrun à Vienne. — Discussion du plan. — Données admises. — L'Autriche et l'incident Hohenzollern. — M. de Beust au 11 juillet.............................. 348

XIII

L'ALLIANCE AUSTRO-ITALIENNE

M. de Metternich et la cour impériale. — Le comte de Vitzthum à Paris. — La question de Rome. — La neutralité réclamée en Italie. — M. de Vitzthum à Vienne. — Les décisions de l'Autriche. — Son changement d'attitude. — Dépêche du comte de Beust. — Lettre du prince de Metternich. — Le traité austro-italien. — La garantie de Victor-Emmanuel. — Intrigues de Vienne et de Florence. — Le général Turr. — Évacuation de Rome. — Le projet de traité à Metz. — Ajournement final . . 360

XIV

L'ALLIANCE DANOISE

Sympathies du Danemark. — Idée d'une diversion dans la Baltique. — Conseil du 19 juillet. — L'amiral Rigault de Genouilly et le prince Napoléon. — Ajournement de l'expédition............... 381

XV

L'ATTITUDE DE LA RUSSIE

Antipathies d'Alexandre II. — L'audience du 15 juillet. — Menaces de guerre. — La médiation anglaise. — La neutralité russe. — Illusions du général Fleury. — La Russie et l'alliance franco-autrichienne . . . 386

Nancy, impr. Berger-Levrault et Cie

BERGER-LEVRAULT ET Cie, ÉDITEURS

PARIS, 5, RUE DES BEAUX-ARTS. — 18, RUE DES GLACIS, NANCY

La Guerre franco-allemande de 1870-1871, décrite d'après l'ouvrage du grand état-major et avec son autorisation, par le major SCHEIBERT. Traduite sur la deuxième édition allemande, par Ernest JAEGLÉ, professeur à l'École spéciale militaire de Saint-Cyr. Nouvelle édition. 1895. 1 volume in-8 de 626 pages, avec 44 plans, broché. . . . . 10 fr.

La Guerre de 1870-1871. Résumé historique traduit de l'allemand. 1888. Volume in-12, broché. . . . . 2 fr. 50 c.

Récits sur la dernière guerre franco-allemande (du 17 juillet 1870 au 10 février 1871). *Wissembourg. Frœschwiller (Reichshoffen ou Wœrth). Sedan. Siège de Paris*, par C. SARAZIN, ancien médecin en chef de l'ambulance de la 1re division du 1er corps, etc. 1887. Volume in-12, broché. . . . . . . 3 fr. 50 c.

Impressions de campagne (1870-1871). *Siège de Strasbourg. Campagne de la Loire. Campagne de l'Est*, par H. BEAUNIS, ancien médecin en chef de l'ambulance de la 1re division du 18e corps. 1887. Volume in-12, broché. 3 fr. 50 c.

Souvenirs de la dernière invasion (sous Metz et dans le Nord). Épisodes de la guerre de sept mois, par Max GUILIN. 1873. In-8, broché . . . . 3 fr.

Journal d'un officier de l'armée du Rhin, par le général FAY. 5e édition, revue et augmentée. 1889. Un vol. in-8 de 410 pages, avec une carte, broché. 5 fr.

Wissembourg au début de l'invasion de 1870. Récits d'un sous-préfet, par Edgar HEPP. 1887. Grand in-8. 3 fr.

Relation de la bataille de Frœschwiller, livrée le 6 août 1870. Nouvelle édition. 1890. Volume in-8, avec une carte, broché. . . . . 3 fr. 50 c.

Strasbourg bombardé (1870). Vingt croquis à deux teintes, d'après nature, par E. BROUTTA. Album in-8 oblong. 3 fr.

Journal d'un habitant de Colmar (juillet à novembre 1870), par Julien SÉE, suivi du cahier de Mlle H... pendant le mois de janvier 1871 et d'autres annexes. 1884. Volume in-8, avec 3 croquis d'Aug. BARTHOLDI, et un dessin original d'Em. PERBOYRE, broché . . . . 7 fr. 50 c.

La Vérité sur le siège de Bitche (1870-1871), par le capitaine MONDELLI, adjoint au commandant de la place. 1900. Un volume in-12, broché. . . . 3 fr. 50 c.

Les Batailles de Nuits. Texte et dessins par Charles RÉMOND. 2e édition. 1884. Grand in-8, avec 14 gravures et 4 cartes, titre rouge et noir, broché . . 5 fr.

Le Colonel Bourras, par ARDOUIN-DUMAZET, rédacteur militaire et maritime du *Temps*. Suivi du Rapport sur les Opérations du corps franc des Vosges, par le colonel BOURRAS. 1892. Broch. in-12, avec 1 portrait et couvert. illustrée. 60 c.

La Guerre sur les communications allemandes en 1870. Première campagne de l'Est. Campagne de Bourgogne, par J.-B. DUMAS, capitaine d'infanterie breveté d'état-major. 1891. (*Mention honorable de l'Académie française.*) Un volume in-8 de 345 pages, avec 3 cartes, broché . . . . 7 fr. 50 c.

Une Mission diplomatique, en Octobre 1870, *de Paris à Vienne et à Londres*, par F. REITLINGER, avocat à la Cour d'appel de Paris. 1899. Un volume in-12, broché, couverture en couleurs . . . . 3 fr. 50 c.

Le Général Bourbaki, par le commandant GRANDIN, lauréat de l'Institut de France et de la Société d'encouragement au bien. 1898. Un volume in-8, avec portrait et fac-similé d'une lettre autographe de Bourbaki à l'auteur, broché. . . 5 fr.

Un Héros de la défense nationale. Valentin et les derniers jours du siège de Strasbourg, par Lucien DELABROUSSE. 1898. Un volume in-8, avec un portrait, une autographe de Valentin et deux cartes, broché . . . . 5 fr.

Les Héros oubliés. **La Défense de Rambervillers en 1870**, par Félix BOUVIER. Nouv. édit., revue et augmentée. 1895. Plaquette in-12, avec plan. 1 fr. 50 c.

Les Héros de la défaite. (Livre d'or des vaincus.) Récits de la guerre de 1870-1871, par Joseph TURQUAN. 1888. Un vol. in-12 de 406 pages, broché. 3 fr. 50 c.

Poésies d'un vaincu. Noëls alsaciens. Poèmes de fer, par SIEBECKER (Édouard). 1882. Un volume elzévirien in-12, broché . . . . 3 fr.

Les Femmes de France pendant l'invasion de 1870-1871, par Joseph TURQUAN. 1893. Un beau volume in-12 de 419 pages, broché . . . . 3 fr. 50 c.

Foi et Patrie. Discours prononcés pendant le *Siège de Paris* (1870-1871), par Ernest DHOMBRES, pasteur de l'Église réformée, avec une introduction et des notices résumant l'histoire du siège. Nouvelle édition, avec un portrait en héliogravure. 1896. Un beau volume in-8, broché. . . . . 4 fr.

BERGER-LEVRAULT ET Cⁱᵉ, ÉDITEURS
PARIS, 5, RUE DES BEAUX-ARTS. — 18, RUE DES GLACIS, NANCY

DU MÊME AUTEUR :

LA DÉFENSE NATIONALE EN 1870-1871
Huit volumes in-8, brochés (49 fr.)

Deux fois couronné par l'Académie française (second grand prix Gobert en 1899 et en 1900)

SIÈGE DE PARIS (3 vol. 18 fr.)

Iʳᵉ Partie : **Châtillon-Chevilly — La Malmaison.** 1898. 1 volume de 415 pages, avec 4 cartes . . . . **6 fr.**
IIᵉ Partie : **Le Bourget — Champigny.** 1898. 1 vol. de 447 pages, avec 4 cartes. **6 fr.**
IIIᵉ Partie : **Buzenval — la Capitulation.** 1898. 1 volume de 460 pages, avec 5 cartes. **6 fr.**

CAMPAGNE DE LA LOIRE (2 vol. 15 fr.)

Iʳᵉ Partie : **Coulmiers et Orléans.** 1893. 1 volume de 478 p., avec 5 cartes. **7 fr. 50 c.**
IIᵉ Partie : **Josnes, Vendôme, Le Mans.** 1895. 1 volume de 448 pages, avec 13 cartes . . . . **7 fr. 50 c.**

CAMPAGNE DU NORD

La Défense nationale dans le Nord de la France. Nouvelle édition, entièrement revue et corrigée. 1897. 1 volume de 359 pages, avec 9 cartes . . . . **6 fr.**

CAMPAGNE DE L'EST (2 vol. 10 fr.)

Iʳᵉ Partie : **Nuits-Villersexel.** 1896. 1 volume de 301 pages, avec 7 cartes . . **5 fr.**
IIᵉ Partie : **Héricourt-La Cluse.** 1896. 1 volume de 300 p., avec 4 cartes . . **5 fr.**

BIBLIOGRAPHIE GÉNÉRALE DE LA GUERRE DE 1870-1871

Répertoire alphabétique et raisonné des publications de toute nature concernant la guerre franco-allemande parues en France et à l'étranger, par le commandant PALAT, chef de bataillon breveté au 54ᵉ régiment d'infanterie, précédemment au 2ᵉ bureau de l'état-major de l'armée. 1897. Un beau volume in-8 de 592 pages, broché. **15 fr.**

GÉNÉRAL FAY
ANCIEN COMMANDANT DU 11ᵉ CORPS D'ARMÉE

ÉTUDE DE MARCHES — IÉNA-SEDAN

I. — **Marches de la Grande Armée en 1806** (jusqu'à Berlin).
II. — **Marches des armées allemandes en 1870** (du 31 juillet au 1ᵉʳ septembre).

Album-portefeuille gr. in-4, comprenant 56 pages de texte, 36 pages de tableaux et 2 superbes cartes des marches en 5 couleurs, grand in-folio. — Prix. **10 fr.**

L'EMPEREUR GUILLAUME
Par Louis SCHNEIDER

Souvenirs intimes, revus et annotés par l'Empereur sur le manuscrit original. Traduit de l'allemand par Ch. RABANY. 1888. 3 beaux volumes gr. in-8, avec fac-similé, br. **24 fr.**

La plus grande partie de l'ouvrage est consacrée aux campagnes de 1866 et 1870-1871.

Nancy, impr. Berger-Levrault et Cⁱᵉ.

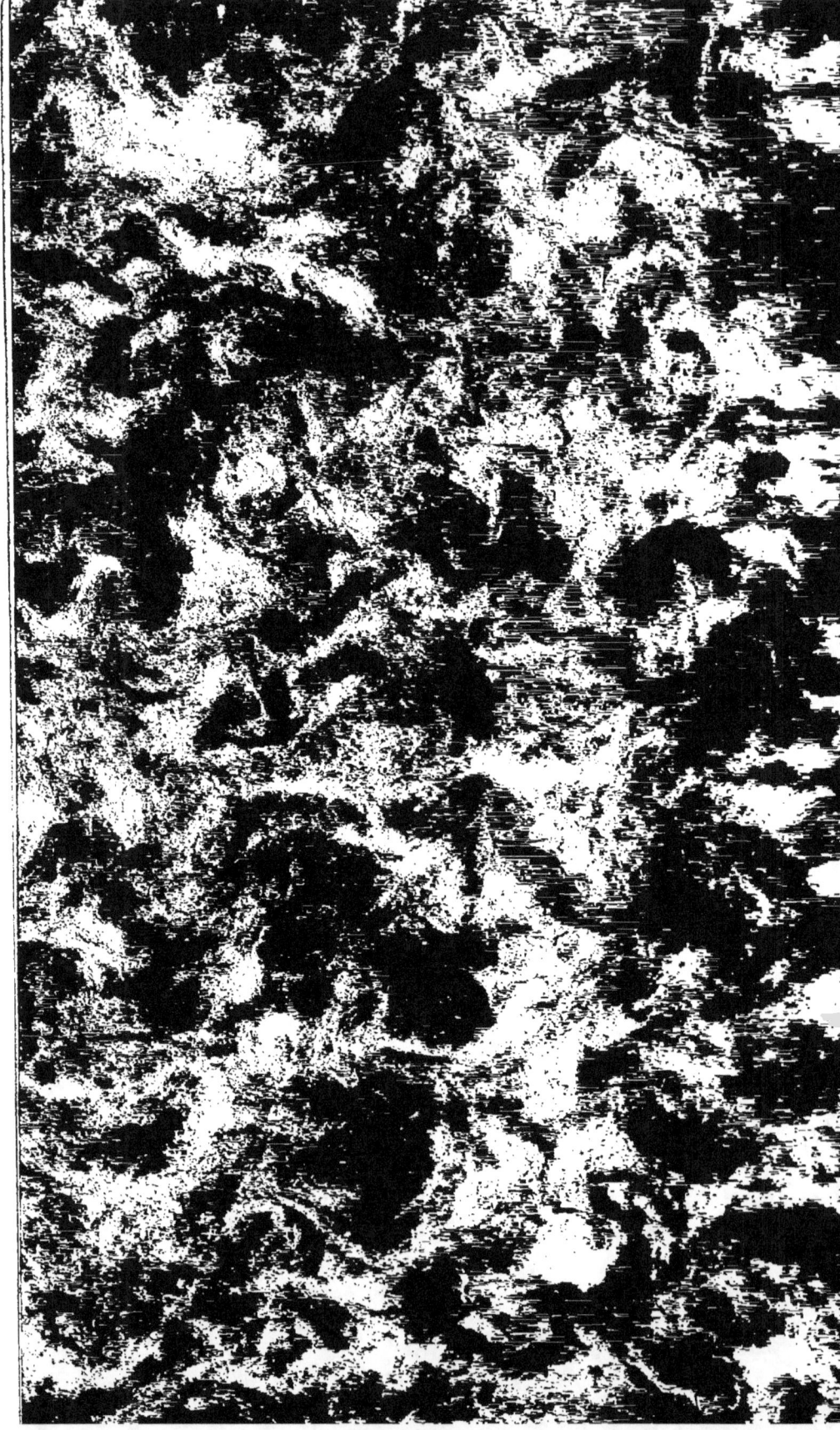

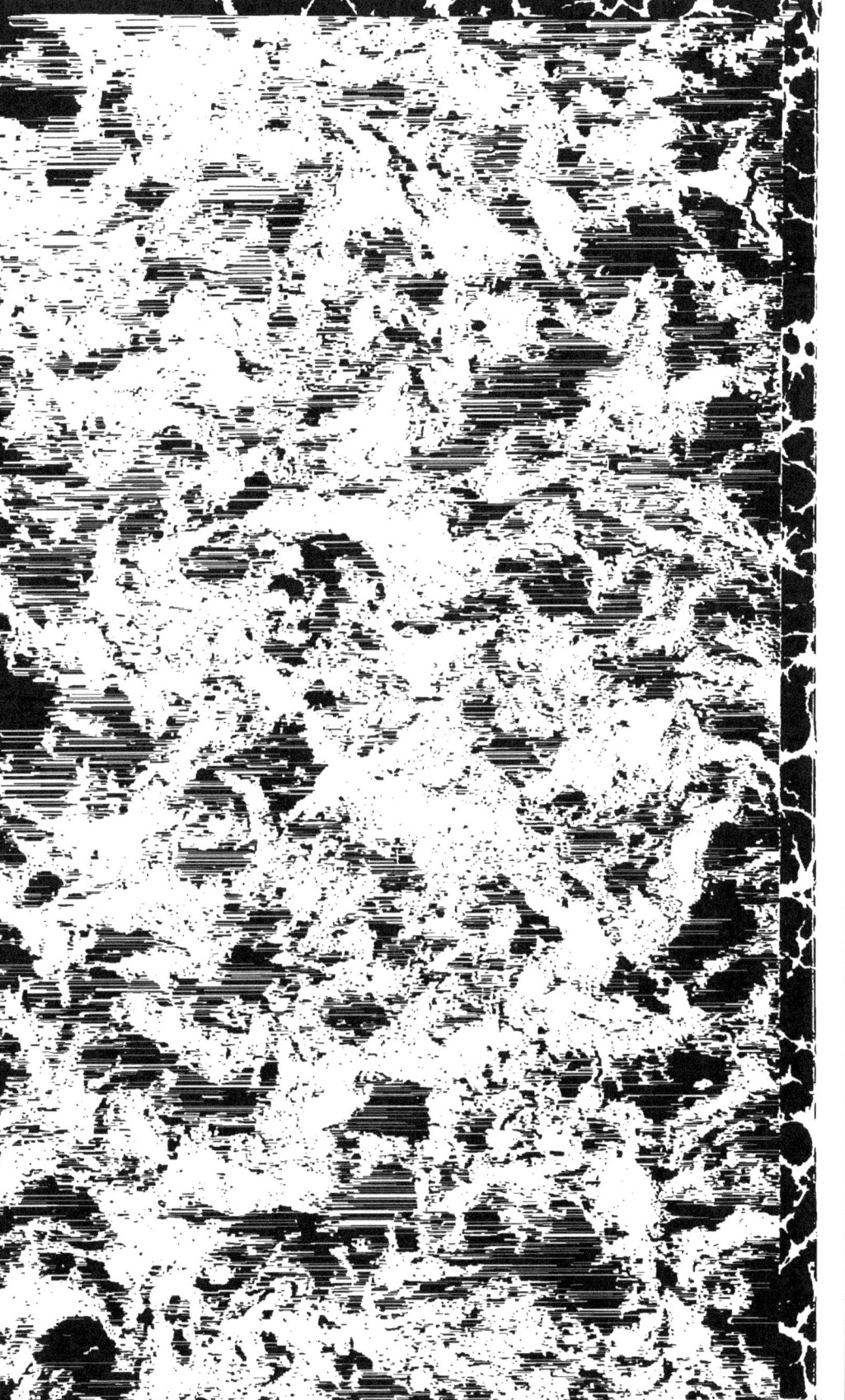

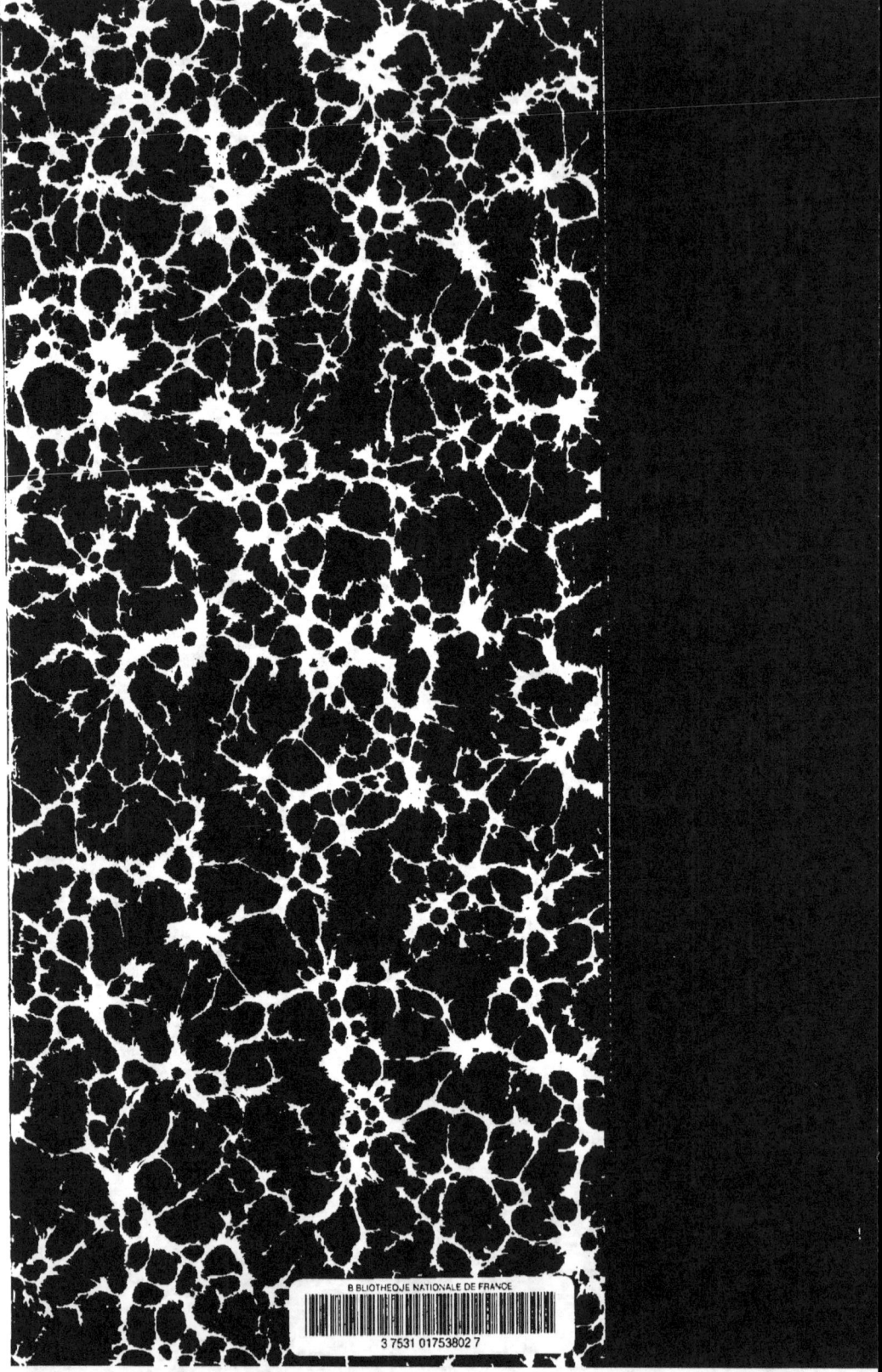